中央财政支持地方高校发展专项资金
贵州省特色重点学科建设支持项目

公共管理导引与案例系列教材

劳动合同法
导引与案例

LAODONGHETONGFA
DAOYINYUANLI

齐艳华 主编　徐欣 尤菲 副主编

中国财经出版传媒集团
经济科学出版社
Economic Science Press

图书在版编目（CIP）数据

劳动合同法导引与案例/齐艳华主编.—北京：经济科学出版社，2017.3
公共管理导引与案例系列教材
ISBN 978-7-5141-7883-8

Ⅰ.①劳… Ⅱ.①齐… Ⅲ.①劳动合同-合同法-中国-高等学校-教材 Ⅳ.①D922.52

中国版本图书馆CIP数据核字（2017）第060793号

责任编辑：周秀霞
责任校对：郑淑艳
版式设计：齐　杰
责任印制：潘泽新

劳动合同法导引与案例

齐艳华　主　编
徐　欣　尤　菲　副主编

经济科学出版社出版、发行　新华书店经销
社址：北京市海淀区阜成路甲28号　邮编：100142
总编部电话：010-88191217　发行部电话：010-88191522
网址：www.esp.com.cn
电子邮件：esp@esp.com.cn
天猫网店：经济科学出版社旗舰店
网址：http://jjkxcbs.tmall.com
北京汉德鼎印刷有限公司印刷
三河市华玉装订厂装订
787×1092　16开　18.5印张　370000字
2017年3月第1版　2017年3月第1次印刷
ISBN 978-7-5141-7883-8　定价：49.00元
（图书出现印装问题，本社负责调换。电话：010-88191510）
（版权所有　侵权必究　举报电话：010-88191586
　电子邮箱：dbts@esp.com.cn）

前 言

法学教育是高等教育的重要组成部分，教育的基本功能是育人，在于塑造德才兼备的高素质人才。法律教育的宗旨是培养知法懂法、追求正义的法律人。在我国实行市场化用工制度的历史时间不长、法治的实践也不长，加上我国众多的人口和就业群体，使我国的劳动用工情况异常复杂，如何对劳动者的权益进行保护就成为一项非常重要的任务。

而最基本的实现教育功能的重要工具就是教材。在2007年我国通过了《劳动合同法》、《劳动争议仲裁法》，而在法学教材的编写方面单独对劳动合同法进行论述的还较少。

一套好的教材，能够全面地对知识体系进行展示，能够表达深奥的法理。教材是学生学习的一个向导，是学生步入知识殿堂的一个阶梯。好的教材在向学生传授知识，培养学生接受价值观、法律的思维模式方面能起到重要的作用。

本书是贵州财经大学公共管理学院公共管理教材之一，突出了对案例的编写，以案例作为基础知识点的指引。教材中不仅注重基础知识的编写，还大量扩展了一些学术专题，由浅入深地对劳动合同法进行了讲述，最后在练习题中又以案例作为对学生学习的一个检测。

本书也从学生的需求方向出发，力求突出以下特点：第一，内容较为丰富；第二，引用的案例具有典型性；第三，知识体系较为全面。本书不仅适用于本科教学，还可适用于研究生的教学。

本书由齐艳华作为主编，负责全书的统稿、定稿。

具体分工如下：

徐欣：绪论；齐艳华：第一章至第十一章。尤菲负责书稿的校对。

齐艳华
2017年3月

目录
Contents

绪论 ·· 1
 第一节　劳动合同法概述 ···································· 1
 第二节　劳动合同法的基本原则 ······························ 8
 第三节　劳动合同立法概述 ·································· 10

第一章　劳动合同的概述 ·· 12
 第一节　劳动合同的概念与特征 ······························ 12
 第二节　劳动合同的性质与立法例 ····························· 14
 第三节　劳动合同的确认 ···································· 18

第二章　劳动法律关系 ·· 27
 第一节　劳动法律关系概述 ·································· 27
 第二节　劳动法律关系主体 ·································· 32
 第三节　劳动法律关系的内容 ································· 39
 第四节　劳动法律关系的产生、变更与消灭 ····················· 45

第三章　劳动合同的订立 ·· 49
 第一节　劳动合同的概述 ···································· 49
 第二节　劳动合同订立的原则 ································· 52
 第三节　劳动合同订立的程序 ································· 56
 第四节　劳动合同的续订 ···································· 60
 第五节　劳动合同的形式与内容 ······························ 62
 第六节　劳动合同约定条款的特别规定 ························ 74
 第七节　劳动合同的效力 ···································· 84

第八节　劳动合同的无效 …………………………………………… 87
　　第九节　非法用工 ………………………………………………… 90

第四章　劳动合同的履行与变更 …………………………………… 97
　　第一节　劳动合同的履行 ………………………………………… 97
　　第二节　劳动合同的承继 ………………………………………… 107
　　第三节　劳动合同的变更 ………………………………………… 111

第五章　劳动合同的解除与终止 …………………………………… 117
　　第一节　劳动合同的解除 ………………………………………… 117
　　第二节　劳动合同的终止 ………………………………………… 137
　　第三节　劳动合同解除与终止的法律后果 ……………………… 144

第六章　劳动合同的特别规定 ……………………………………… 153
　　第一节　工会 ……………………………………………………… 153
　　第二节　劳动规章制度 …………………………………………… 160

第七章　集体合同 …………………………………………………… 171
　　第一节　集体合同的概述 ………………………………………… 171
　　第二节　集体合同的订立 ………………………………………… 175
　　第三节　集体合同的内容与效力 ………………………………… 181
　　第四节　集体合同的履行、变更、解除与终止 ………………… 186

第八章　劳务派遣 …………………………………………………… 193
　　第一节　劳务派遣的概述 ………………………………………… 193
　　第二节　劳务派遣的立法概述 …………………………………… 197
　　第三节　劳务派遣法律关系 ……………………………………… 199
　　第四节　劳务派遣的效力 ………………………………………… 206

第九章　非全日制用工 ……………………………………………… 216
　　第一节　非全日制用工的概述 …………………………………… 216
　　第二节　非全日制用工的立法概况 ……………………………… 218
　　第三节　非全日制用工合同 ……………………………………… 219
　　第四节　非全日制用工的特殊规定 ……………………………… 224

第十章　劳动争议处理制度 ……………………………………………… 230
第一节　劳动争议处理制度概述 …………………………………… 230
第二节　劳动争议调解 ……………………………………………… 236
第三节　劳动争议仲裁 ……………………………………………… 239
第四节　劳动争议诉讼 ……………………………………………… 250

第十一章　违反劳动合同法的法律责任 ………………………………… 264
第一节　违反劳动法的法律责任概述 ……………………………… 264
第二节　用人单位违反劳动合同法的法律责任 …………………… 266
第三节　劳动者违反劳动合同法的法律责任 ……………………… 276
第四节　劳动行政部门的法律责任 ………………………………… 280

参考文献 ……………………………………………………………………… 285

绪 论

第一节 劳动合同法概述

一、劳动合同法概念

劳动合同法是规范劳动关系的一部重要法律，在中国特色社会主义法律体系中属于社会法。劳动合同法是指调整劳动关系以及与劳动关系密切联系的社会关系的法律规范总称。

二、《劳动合同法》的立法背景

劳动合同是整个劳动关系的核心，是劳动关系建立的基础。《劳动合同法》是调整用人单位和劳动者订立、履行、变更、解除和终止劳动合同行为的法律规范的总称。

《劳动合同法》出台的背景如下：

（一）已有的法律滞后

我国的劳动合同制从 1980 年开始，但是对劳动合同的规定几乎没有。到 1986 年国务院发布了《国营企业实行劳动合同制暂行规定》，各地才开始大规模实施劳动合同制度。1995 年 1 月 1 日开始实施的《劳动法》对劳动合同作了专章规定。应该说，《劳动法》中对劳动合同和集体合同的规定是对我国改革开放以来的劳动合同制度的总结，也借鉴了国外的一些先进的立法经验。毋庸置疑，自《劳动法》实施以来，其关于劳动合同的规定是发挥了积极作用的，对劳动关系的调整也起到了积极的影响。但是，已有《劳动法》的规定落后于实践的发展。

第一,《劳动法》对劳动合同的规定过于简单。如试用期、违约金、竞业禁止等内容的规定都过于笼统。

第二,劳动合同签订率低。《劳动法》第16条规定了建立劳动关系要签订劳动合同,但是,在实践中不签订劳动合同仍然是非常普通的。根据2005年全国人大常委会的一次全国劳动法执法检查显示,中小型企业和非公有制企业的劳动合同签订率不到20%,个体经济组织的签订率更低;调查还显示,60%以上的用人单位与劳动者签订的劳动合同是短期合同,大多是一年一签劳动合同,有的甚至一年签订几次劳动合同。①

第三,劳动合同短期化严重。由于解除劳动合同的成本高,用人单位在签订劳动合同时更加侧重于短期劳动合同的签订,因为短期劳动合同对用人单位更有利,可以随时裁员、控制自己的人力资本成本等,但是对劳动者来讲,则随时面临失业的危险,劳动关系处于不稳定的局面,整天担心失业,就业心理不稳定,不利于和谐社会的构建。

第四,用人单位往往利用其处于强势的地位签订劳动合同,损害了劳动者的利益,带来了新的不稳定。由于劳动力过剩,用人单位在与劳动者签订劳动合同时,往往利用处于强势的地位,使得劳动者不得不在劳动合同不利于自己的情况下,与之签订劳动合同。

(二) 建立统一的劳动力市场需要《劳动合同法》

由于劳动法规定的滞后,各地制定了大量的地方性法规,但地方法规的问题在于,各地立法之间的差别较大,立法不统一也给用人单位带来了麻烦,企业异地用工的麻烦比较大,因此,建立统一的劳动力市场需要统一的《劳动合同法》。

(三) 社会经济的发展需要《劳动合同法》

由于我国处于转型时期,改革不断深入、经济发展迅速,各种社会矛盾也开始凸显,劳动合同制度在实施过程中出现了很多问题,劳动关系出现了许多新的形式,如灵活就业、劳动者兼职、劳务派遣等问题出现。有资料显示,我国的灵活就业者已经占城镇人口的20%~41%。灵活就业者,在劳动报酬、劳动保护、劳动时间、劳动强度,以及劳动者应该有的福利和社会保险方面,容易出现问题,需要法律对这些问题作出回应。

在这样的背景下,制定《劳动合同法》就被提上了议事日程,2005年2月18日全国人大宣布将《劳动合同法》列入2005年的立法计划。劳动与社会保障部所起草

---

① 《2008年新劳动法全文解读》,http://www.ahjst.gov.cn/ahjst/infodetail/? infoid = 830160ac - 889c - 4dbf - a5cc - b6295b4c2c0e&categorynum =003005。

的《劳动合同法》2005年首次送国务院审议，国务院法制办、劳动与社会保障部、全国总工会在征求意见后形成了《劳动合同法草案》，2005年10月经过国务院讨论通过后报送全国人大审议，12月人大审议后于2006年3月开始向全社会公开征求意见，社会各界积极响应，收到了191849条意见，这个数字创下了全国人大立法史上的新纪录，表现出社会各界对《劳动合同法》的高度关注。2006年12月全国人大进行了第二次审议，并回应了社会各界意见。2007年4月又进行了三审，2007年6月29日在全国人大常委会第28次会议上再次审查并获得一致通过。

三、《劳动合同法》的立法宗旨

所谓立法宗旨，是指立法的主导思想，也称为立法的主旨，强调的是立法所要达到的主要的目的、立法的中心意思和要点等。任何一门法都有自己的立法宗旨，当然，《劳动合同法》也不例外。《劳动合同法》第1条明确规定："为了完善劳动合同制度，明确劳动合同同双方当事人的权利和义务，保护劳动者的合法权益，构建和发展和谐稳定的劳动关系，制定本法。"这一规定说明了其立法宗旨，《劳动合同法》的立法宗旨有三层意思。

（一）完善劳动合同制度，明确劳动合同当事人双方的权利义务

我国在1986年发布了《国营企业实行劳动合同制暂行规定》，首次对国营企业新招收的员工实行劳动合同制度。1994年的《劳动法》将劳动合同制作为法定的用工制度，规定劳动合同适用不同所有制的用人单位，劳动者的范围扩大到了所有劳动者。《劳动法》关于劳动合同的专章规定是我国劳动合同制度的主要内容。应该说，《劳动法》对劳动合同的规定对于调整劳动关系起到了积极的作用。但是，随着我国经济的发展，劳动关系发生了巨大的变化，一些新型的劳动关系出现了，如非全日制用工、劳务派遣工、家庭用工、个人用工等。同时在实行劳动合同制的过程中也出现了有的单位不签订劳动合同、劳动合同短期化、滥用试用期、随意解除劳动合同等问题，侵害了劳动者的合法权益，破坏了劳动关系的和谐稳定，也给社会的和谐稳定带来了隐患，因此，有必要完善劳动合同制度。《劳动合同法》的颁布实施，就是用专门立法的方式，对劳动合同进行规范，明确劳动合同双方的权利和义务，促进和谐劳动关系的建立。

（二）保护劳动者的合法权益

《劳动合同法》加大了对劳动者的保护力度。《劳动合同法》的立法宗旨是保护劳动者的合法权益，还是保护劳动者和用人单位的合法权益？也就是说，是单保护还

是双保护，这是立法中的一个焦点问题，争论非常激烈。有人认为，劳动合同是在双方平等协商的基础上达成的，劳动合同法当然应该保护双方的权益，即应该双保护。这种观点认为，劳动合同应该依照民法中的债和合同法中的合同本质是双方当事人的意思自治，处于平等地位的民事主体应该得到法律的同等保护，不宜偏颇。劳动合同应该是平等主体之间签订的合同，具有民事合同的性质，应该纳入民事合同的调整范围。因此，《劳动合同法》的立法宗旨应该是保护双方的合法权益，即保护劳动者的合法权益。多数人认为，在劳动关系中要侧重于对劳动者的保护。立法者最终采纳了保护劳动者合法权益的观点。采纳这一观点的理由主要是基于：（1）从劳资关系的现状看。由于劳动力过剩，资本处于强势、劳动者处于弱势，导致劳动者与用人单位之间力量对比的严重不平衡，实践中侵害劳动者权利的现象较为普遍。如果对双方平等保护，就会导致劳资双方关系的不平衡，这样的话，不符合《劳动合同法》的价值取向。规定平等自愿签订劳动合同的原则，并不能改变事实上的不平等现象，为了使劳动合同制度真正保持我国劳动关系的和谐稳定，就要向劳动者倾斜。（2）从《劳动合同法》与《劳动法》的关系上看。《劳动法》的宗旨应该是作为下位法的《劳动合同法》的立法宗旨，即保护劳动者的合法权益。（3）从民事合同的性质看。将劳动合同纳入民事合同的调整范围是不妥当的，因为合同法强调合同自由，包括选择相对人的自由和缔约内容的自由，劳动合同则不能够适用该原则，在劳动者的利益几乎成为社会公共利益的时代背景之下，必须向保护劳动者的权益倾斜，因此，不能将劳动合同纳入民事合同。（4）从保护劳动者的权益与用人单位利益的关系看。保护劳动者的合法利益并非以侵犯或损害用人单位的权益为代价。即从另外一个角度看，现行《劳动合同法》的规定，并不是不保护用人单位的合法权益。在具体的制度设计上，也体现了对用人单位合法权益的保护。（5）从劳动合同的性质看。《劳动合同法》是一部社会法，应该着眼于解决现实劳动关系中用人单位不签劳动合同、拖欠工资、劳动合同短期化等侵害劳动者利益的问题。所以，从构建和谐劳动关系的目标出发，立法应当定位于向劳动者倾斜。

（三）构建和发展和谐稳定的劳动关系

和谐稳定的劳动关系，是稳定和正常的生产秩序和社会秩序的必然要求，构建、发展和谐稳定的劳动关系是《劳动合同法》的最终价值目标。劳动合同制度的建立，就是通过法律的手段，调整劳动合同关系，充分发挥劳动合同双方的积极性和创造性，维护健康、和谐稳定的劳动关系，促进社会经济的发展和进步。要确保劳动关系的和谐，立法者必须寻找主体之间利益的平衡点。因为任何立法都是为了对权利义务进行分配和社会利益的配置，《劳动合同法》规定了保护劳动者的利益，但并不意味着不保护或忽视用人单位的合法权益。比如，对公司高管和一些专业技术人员违反合同约定的"跳槽"行为，《劳动合同法》也进行了规制，以维护用人单位的合法权益。

四、劳动合同法渊源

法律渊源一般是指法律的具体表现形式。劳动法的渊源即由我国国家制定或认可的劳动法律规范的表现形式。

（一）宪法中有关劳动合同问题的规定

宪法是我国的根本法，是由最高国家权力机关——全国人民代表大会制定和修改并监督实施的，它具有最高的法律权威和法律效力。一切基本法、行政法律和地方性法规都不得与其相抵触，它是指导国家政治生活、经济生活、社会生活的最高准则，是制定一切法律规范的依据。

我国宪法中有关劳动问题的规定，构成全部劳动法律规范的立法基础。

（二）全国人民代表大会及其常委会制定的有关劳动合同的基本法

在我国，由全国人民代表大会及全国人民代表大会常务委员会负责制定和发布基本法和其他法律。一切基本法和其他法律不得与宪法相抵触，其效力仅次于宪法。

属于这一层次的劳动合同法渊源，主要包括：

第一，全国人大常委会在2007年6月29日制定并在2008年1月1日发布实施的《中华人民共和国劳动合同法》，此法是专门调整劳动合同关系的法律，对劳动合同法律制度进行了具体、全面的规定，其是规范劳动合同法律制度最主要的规范性法律文件。

第二，在1994年7月5日，由全国人大常委会制定并在1995年5月1日发布实施的《劳动法》中，对劳动合同和集体合同进行了规定。

（三）国务院制定的劳动合同行政法规

国务院是我国的最高国家行政机关，它有权根据宪法和法律制定和发布行政法规，包括条例、规定、决定、命令、办法、实施细则等。其内容不得与宪法和法律相抵触，具有普遍的法律效力。国务院颁布的大量的劳动法规，是当前我国调整劳动关系的主要依据。如1988年1月国务院发布的《女职工劳动保护规定》、1999年1月发布的《失业保险条例》、2000年11月发布的《矿山安全监察条例》、2003年颁布的《工伤保险条例》、2004年5月1日实施的《集体合同规定》、2004年11月颁布的《劳动保障监察条例》，2008年9月18日制定并实施的《劳动合同法实施条例》，对《劳动合同法》中的一般性规定进行了说明、补充，使《劳动合同法》更具有操作性，国务院为落实《劳动合同法》的相关规定，发布的《劳动合同法实施条例》等，都是劳动合同法的重要渊源。

（四）国务院各部委制定的劳动合同规章

国务院所属各部委根据法律和行政法律、决定、命令、有权在本部门范围内发布命令、指示和规章，其中有关劳动关系的规章，也是劳动法的法律渊源。例如，劳动部就曾颁布了大量的有关劳动关系的规章，如1990年1月劳动部颁布的《女职工禁忌劳动范围的规定》，同年7月劳动部发布施行的《工人考核条例》，2000年12月劳动和社会保障部发布的《工资集体协商试行办法》，2004年1月劳动和社会保障部发布的《集体合同规定》等，这些都是调整劳动关系的重要规范。

（五）地方性劳动合同法规

在我国，依据宪法规定，由省、直辖市的人民代表大会及其常务委员会，在不同宪法、法律、行政法规相抵触的前提下，可以制定地方性法规，报全国人民代表大会常务委员会备案。民族自治地方的人民代表大会有权依照当地民族的政治、经济和文化的特点，制定自治条例和单行条例，报全国人民代表大会常务委员会批准后生效。按规定地方各级人民代表大会、地方各级人民代表大会常务委员会、县以上各级人民政府，依照法律规定的权限，发布决定和命令。

上述这些适用于本地区的地方性法规中的劳动法规，也都属于劳动合同法渊源的范畴。

（六）我国政府批准生效的国际劳工组织通过的劳动合同公约和建议书

国际劳工组织通过的劳动公约和建议书属于国际劳动法的范畴，其中经我国政府批准后的公约和建议书在我国具有法律效力，因此也是我国劳动法的组成部分。例如，1984年5月，我国承认的旧中国政府批准的14个国际劳工公约；1987年9月，我国政府批准的《残疾人职业康复和就业公约》等。

（七）工会制定的经政府部门认可或工会与国务院有关部委联合公布的有关劳动合同问题的规范性文件

按照我国《工会法》的规定，"工会是职工自愿结合的工人阶级的群众组织"。工会是重要的社会政治团体，工会本身不具有立法权，但工会有积极参与立法活动，工会制定的经政府部门认可或与国务院有关部委联合公布的有关劳动问题的规范性文件，亦应属于劳动合同法的渊源，具有法律效力和约束力。例如，1985年1月由全国总工会书记处通过的《工会劳动保护监督检查员暂行条例》、《基层（车间）工会劳动保护监督检查委员会工作条例》、《工会小组劳动保护检查员工作条例》等三个劳动保护条例，经国务院国家安全生产委员会批准在全国范围实施。因此，这类规范性文件也是我国劳动合同法渊源的组成部分。

五、《劳动合同法》与《劳动法》的关系

我国《劳动法》于1995年1月1日起实施，《劳动法》第16条明确规定："劳动合同是劳动者与用人单位确立劳动关系、明确双方权利和义务的协议。建立劳动关系应当订立劳动合同。"这一规定标志着我国劳动合同制度的建立。应当说，《劳动法》所确立的劳动合同制度，对于打破计划经济体制下的行政配置式的劳动用工制度，建立与社会主义市场经济体制相适应的用人单位和劳动者双向选择的劳动用工制度，实现劳动力资源的市场配置，促进劳动关系的和谐稳定发挥了极为重要的作用。但是随着社会的发展变化，劳动关系领域的新情况、新问题不断出现，再加上《劳动法》中对劳动合同的规定过于原则，可操作性比较差，《劳动法》已滞后于实践。正是基于完善《劳动法》所确立的劳动合同制度的目的，我国制定颁布了《劳动合同法》。在有《劳动法》的情况下颁布实施《劳动合同法》，它们之间的关系该如何理解，是值得关注的一个问题。

（一）《劳动合同法》与《劳动法》是特别法与一般法的关系

应当说，在劳动体系中，《劳动法》是基本法，它全面规范劳动关系，其位阶高于作为单项劳动法律的《劳动合同法》。既然《劳动法》是基本法，就应当在立法中细化和补充《劳动法》，不可突破《劳动法》的规定。但是，由于《劳动合同法》与《劳动法》都是由全国人大制定的，属于同一位阶法律，按照新法优于旧法的原理，《劳动合同法》作为新制定的法律，可以对《劳动法》作出一些突破性的规定。虽然《劳动合同法》中没有明确是以《劳动法》为依据制定的，但是，《劳动合同法》是依据《劳动法》的基本精神和立法目的来制定的，只是有选择性地对劳动法作出了突破性规定。即《劳动合同法》的制定，符合《劳动法》的基本精神和立法目的。

（二）劳动合同纠纷的法律适用

由于它们之间是属于特别法和一般法的关系，所以，在涉及劳动合同纠纷的法律适用方面，应当按照特别法优于一般法、新法优于旧法的原则，而优先适用《劳动合同法》，《劳动合同法》没有规定的，适用《劳动法》及相关司法解释的规定。

第二节　劳动合同法的基本原则

【案例】

禁止就业歧视①

2005年5月，某化妆品公司招聘大学生。面试中根据应聘大学生的血型分组面试，最后录用的50余名学生基本为O型血和A型血，其中30余人为男性，20余人为女性。该公司与录用大学生签订了1年劳动合同，试用期3个月。试用期满，该公司决定，部分员工需要延长试用期2个月。这些员工绝大部分为女大学生。其中的杨某、黄某等人非常气愤，认为自己在试用期表现良好，并不比男员工差，公司不能仅仅因为自己是女性便给予不公正的待遇。她们与公司多次协商未成，遂向劳动争议仲裁委员会申请仲裁，请求撤销公司延长其试用期的决定，按转正工资标准补发其超过法定试用期期间的工资差额。

劳动争议仲裁委员会经审理认为，该化妆品公司的行为属于性别歧视，支持申诉人的请求，撤销公司延长申诉人试用期的决定，要求该公司按转正工资标准补发申诉人超过法定试用期的工资。

劳动合同法的基本原则包括：劳动权平等原则、劳动自由原则以及倾斜保护原则。

一、劳动权平等原则

劳动权平等原则是宪法的平等原则与劳动权的规范性在劳动合同法中的具体体现。

劳动权平等原则体现为：

第一，劳动权平等原则体现为平等就业。平等就业原则的关键是反对就业歧视。平等就业原则是指劳动者应当获得平等的就业机会，不因性别、年龄、种族和宗教信仰等方面的不同而受到差别待遇。

第二，劳动权平等原则体现为待遇均等。待遇均等，是指在劳动关系中，对劳动者因种种原因而形成差别待遇或者产生的歧视现象加以防止或者禁止，主要指报酬平等或者同工同酬②。

---

① 黎建飞：《劳动法案例分析》，中国人民大学出版社2007年版，第38~39页。
② 同工同酬包含两个方面的含义：一是劳动者的劳动报酬应该与其劳动给付相当；二是给付相同的劳动的劳动者之间，应该享有相等的待遇，不因性别、年龄等与劳动无关的事由而受到差别待遇。

第三，劳动权平等原则体现为劳动条件平等。劳动条件平等是指劳动者的工作环境以及劳动保护平等，其核心是劳动者平等地享有劳动保护。

二、劳动自由原则

劳动自由原则体现为：

第一，劳动自由原则体现为契约自由。主要是劳动者具有缔结劳动合同的自由和解除劳动合同的自由。

第二，劳动自由原则体现为结社自由和团体自治。结社自由之劳动者有依法参加和组织工会的权利或者不参加和退出工会的权利。团体自治指工会的人格独立——独立于用人单位和国家的干涉；行动自治，主要指参与集体协商与企业经营基础的行动自由。

第三，劳动自由原则体现为禁止强迫劳动。因劳动力的人身属性，决定了劳动的不可强迫性。

三、倾斜保护原则

倾斜保护原则是指劳动合同法倾斜保护劳动者的合法权益。《劳动合同法》第1条规定，为了完善劳动合同制度，明确劳动合同双方当事人的权利和义务，保护劳动者的合法权益，构建和发展和谐稳定的劳动关系，制定本法。

倾斜保护原则的内容包括两个方面：一是在劳动者与用人单位之间，倾斜保护劳动者的合法权益；二是在一般劳动者与特殊劳动者之间，倾斜保护特殊劳动者的合法权益。

倾斜保护原则体现为：

第一，倾斜保护原则体现为解雇保护。在用人单位经济性裁员时，其解除劳动合同的条件受到严格的限制。在用人单位解除劳动合同时，劳动合同法规定了限制解除劳动合同的情形。

第二，倾斜保护原则体现为劳动基准法定。劳动基准法定指，国家对工资、工时以及休息休假等劳动条件的基准以法律的形式予以强制性规定，劳动合同法规定了最低工资制度、最高工时制度等，从而倾斜保护劳动者，以确保劳动者的生存。

第三，倾斜保护原则体现为对劳动者的救济保护。在劳动争议处理制度中，法律对劳动者设置了劳动争议仲裁免费制度、举证责任倒置制度、对小额的劳动争议案件以及执行国家的劳动标准发生的劳动争议案件，实行裁决终局，即一裁终局制度。

第三节 劳动合同立法概述

一、国外劳动合同立法简况

西方工业化国家的劳动合同经历了一个由民法到劳动法的过程。20世纪以前,劳动合同被载入民法,完全适用"契约自由"原则。例如,法国1804年制定的《拿破仑法典》中有关于劳动合同的专门条款,将其称为"劳动力租赁契约"。在该法典的影响下,意大利、丹麦、西班牙等欧洲国家,加拿大、智利、阿根廷等美洲国家,日本等亚洲国家,都把劳动合同列为其民法典的内容。

到20世纪初,出于国家干预劳动合同和协调劳动关系的需要,劳动合同才由民法范围转入劳动法范围。比利时于1900年3月制定《劳动契约法》,开创了从劳动法的角度进行劳动合同立法的先河。法国于1910年颁布的《劳动法典》第一卷,把雇佣合同列为第二篇。其后,许多国家相继把劳动合同置于劳动立法的范围。

现代劳动合同的立法有三种模式:(1)在劳动法典等劳动基本法中将劳动合同单列为一章或一篇,如德国、日本、加拿大等;(2)制定关于劳动合同的专项法规,如意大利、丹麦、印度等;(3)少数国家仍然沿用民法的合同法或者按普通法由判例对劳动合同进行规范,如英国、美国等。

二、我国劳动合同立法概述

我国的劳动合同立法有较长的发展过程。早在1931年中央苏区颁布的《中华苏维埃劳动法》即规定:"劳动合同是一个或几个工人与雇主订立的协定,劳动合同的协定,劳动合同的条件与劳动法和现行的劳动法令及集体合同的条件较恶劣者,皆不能发生效力。"1933年,中央苏区又公布《中华苏维埃共和国劳动法》,其第87条规定:"劳动合同,即两人或两人以上缔结的契约,一方面(被雇人)因受他方面(雇主)的报酬供给他的劳动力。"抗日战争时期《陕甘宁边区劳动保护条例(草案)》中也对劳动合同作了规定,1948年8月中国第六次全国劳动大会关于中国工人运动当前任务的决议指出:"劳动须有契约。"中华人民共和国成立以来,劳动合同立法一直是劳动立法的一个重要组成部分。新中国成立初期,在劳动部制定的《失业技术员工登记介绍办法》(1950年)、《关于各地招聘职工的暂行规定》(1951年)、《关于建筑工程单位往外地招用建筑工人订立劳动合同的办法》(1954年)等法规中,都要求通过订立劳动合同来确立劳动关系。社会主义改造完成以后随着固定工制度的普遍实行,在正式工中订立劳动合同的办法消失,有关法规中仅要求临时工与用人单位订立劳动合同。在始于20世纪80年代的劳动制度改革过程中,劳动合同立法有了突破性的发展。1980年,国务院发布了《中外合资经营企业劳动管理规定》,要求合资企业职工的雇佣、解雇和辞职,以及劳动关系各项内容,都通过订立劳动合同加以规定。1984年,国务院先后颁布和批转了关于矿山、建筑和搬运装卸作业从农村招用合同制工的几个规定,使劳动合同的法定适用范围,从国营企业的临时工扩大到正式工中的农民轮换工。1986年,国务院发布了《国营企业实行劳动合同制暂行规定》,要求全民所有制单位招用常年性工作岗位上的工人,统一实行劳动合同制。此后,在《全民所有制企业招用农民合同制工人的规定》(1991年)、《全民所有制企业临时工管理暂行规定》(1989年)、《私营企业管理规定》(1989年)、《关于股份制试点企业劳动工资管理暂行办法》(1993年)、《城乡个体工商户管理暂行条例》(1987年)等法规中,都要求把劳动合同作为缔结劳动关系的法律形式。

在我国劳动合同立法的发展过程中,《劳动法》(1994年7月)具有特别重要的意义。它就劳动合同的定义和适用范围,订立、变更和无效,内容、形式和期限,终止和解除等主要问题作出专门规定,为统一和完善劳动合同制度奠定了法律基础,使劳动合同立法进入了一个新的发展阶段。此后,劳动部制定了若干项与《劳动法》配套的有关劳动合同的规章,如《违反和解除劳动合同的经济补偿办法》(1994年12月)、《违反〈劳动法〉有关劳动合同的赔偿办法》(1995年5月)等。

进入21世纪后,劳动和社会保障部、国务院法制办公室在调查研究,总结借鉴国内外经验的基础上,针对劳动合同制度实施中存在的主要问题,起草出劳动合同法草案。草案于2005年10月28日经国务院第110次常务会议通过后,于2005年12月提请十届全国人大常委会第十九次会议审议。最终在2007年6月29日,《中华人民共和国劳动合同法》由第十八届全国人民代表大会常务委员会第二十八次会议通过,并于次日公布,自2008年1月1日起施行。这是一部重要的劳动法律,与同年9月18日颁布实施的与之相配套的《中华人民共和国劳动合同法实施条例》一起,标志着我国劳动和社会保障法律体系建设进入新的发展阶段。《劳动合同法》第1条明确规定了立法宗旨:"为了完善劳动合同制度,明确劳动合同双方当事人的权利和义务,保护劳动者的合法权益,构建和发展和谐稳定的劳动关系,制定本法。"综观全文,《劳动合同法》切切实实地关系着每一个劳动者的切身权益,从劳动合同的订立、履行和变更、解除和终止等多个方面,它进一步完善了劳动合同制度,明确了劳动合同双方当事人的权利和义务,为构建和谐劳动关系,保护劳动者的合法权益提供了坚实的法律依据。

第一章

劳动合同的概述

教学目标

通过本章的学习，了解劳动合同的性质，重点掌握劳动合同的概念与特征，难点是劳动合同与其他相关法律关系的界定。

关键术语

劳动合同　雇佣合同　劳务合同　承揽合同

第一节　劳动合同的概念与特征

【案例1-1】

劳动关系确认案[①]

2003年3月，被告上海市二分公司将其承包的、位于上海市中山西路178号的上海第一坊生态创意园区土楼酒店项目的地下室主体工程的劳务施工部分，分包给案外人广达建筑劳务公司。后者为建筑工程施工劳务分包企业，在2009年6月29日在上海市建筑业管理办公室作有备案登记。2010年4月20日，原告李某至上述土楼酒店地下室主体工程工地做木工工作，受案外人张某指挥，工钱与张某结算，2010年4月23日，原告李某在工作中不慎致左手外伤。2010年9月9日，原告作为申请人，向当地劳动人事争议仲裁委员会申请仲裁，要求确认其在2010年4月23日与被申请人即被告存在劳动关系。该仲裁委员会在2010年10月22日作出裁决，裁定不支持原告的仲裁请求。原告不服该仲裁裁决，依法向法院提起诉讼。

---

① 王林清、杨心忠：《劳动合同纠纷裁判精要与规则适用》，北京大学出版社2014年版，第303页。

法院经审理认为，当事人对自己提出的诉讼请求所依据的事实或者反驳对方诉讼请求所依据的事实，有责任提供证据加以证明。本案的争议焦点是双方之间是否存在劳动关系。首先，依据在案证据，可以认定原告在 2010 年 4 月 23 日在土楼酒店地下室主体工程工地施工中受伤，但现有证据尚不能证明原告系由被告直接招用并被安排在该工地工作，故不能认定双方存在人身和经济上的隶属关系。其次，依据原劳动部和社会保障部《关于确立劳动关系有关事项的通知》第 4 条规定，建筑施工企业把工程或者业务分包给不具备用工主体资格的组织或者自然人，对该组织或者自然人招用的劳动者，由具备用工主体资格的发包方承担用工主体责任。本案中，原告与证人均确认，原告工作由张某指挥，工钱与张某结算，但现有证据尚不能证明张某系受被告委托而代表被告或者张某直接从被告处承包了涉案工程，被告所提供的证据可以证明，被告承包涉案土楼酒店地下室主体工程后，把该工程的劳务施工部分分包给了案外人广达建筑劳务公司，后者系一家具备用工主体资格的企业，故被告不应承担应由广达建筑劳务公司或者其他有关责任主体承担的用工主体责任。

综上，原告提出要求确认其在 2010 年 4 月 23 日与被告存在劳动关系的请求，缺乏事实和法律依据，不予支持。

劳动合同是调整劳动关系的基本法律形式，也是确立劳动者与用人单位之间劳动关系的基本前提，它在劳动立法中具有核心地位。建立劳动关系，应该订立书面劳动合同。

一、劳动合同的概念

西方国家的劳动立法是从劳动关系的视角对劳动合同进行界定的，认为劳动关系是劳动者与劳动力使用者之间，为实现生产过程而结成的社会经济关系。并将作为劳动法调整对象的劳动关系，在宏观的角度，对劳动关系分为三个层面，即个别劳动关系[①]、集体或者团体劳动关系、社会劳动关系或者产业劳动关系。它是劳动关系的基本形态。个别劳动关系形成的法律形式是劳动合同[②]。

而在我国劳动立法中，对劳动关系没有作出上述的区分。从《中华人民共和国劳动合同法》（以下简称《劳动合同法》）调整的劳动关系的范围看，主要是用人单位与劳动者之间的劳动关系以及用人单位与工会之间的劳动关系。前者的法定形式是劳动合同，后者的法定形式是集体合同。但从实质上看，用人单位与劳动者之间的劳动

---

① 个别劳动关系，指劳动者个人与雇主之间的关系，也称为狭义上或者直接意义上的劳动关系。
② 常凯：《论个别劳动关系的法律特征——兼及劳动关系法律调整的趋向》，载《经济法学、劳动法学》2004 年第 9 期，第 36 页。

关系即是西方国家所谓的个别劳动关系，用人单位与工会之间的劳动关系即是西方国家所谓的团体劳动关系。

劳动合同，也称为劳动协议或者劳动契约，是劳动者与用人单位确立劳动关系，明确双方权利与义务的协议。

二、劳动合同的特征

劳动合同是劳动者与用人单位之间的双方法律行为，也是一种特殊的法律行为，与其他类型的合同相比，有其自身的特点。

一般地，劳动合同的法律特征主要是：

第一，劳动合同的附和性。劳动合同的附和性，是指在实践中，劳动合同的条款由用人单位提供，劳动者对其提供的条款，只能接受或者不接受。在劳动合同的签订过程中，只要用人单位提供的劳动合同内容不违法，劳动者对用人单位提供的劳动合同的主要条款只能表示全部同意的过程。

第二，劳动合同的从属性。劳动合同签订后，劳动者成为用人单位的一名工作人员，其与用人单位之间是管理者与被管理者、指挥者与被指挥者之间的关系，劳动关系只要建立，劳动者在人格上、组织上、经济上都从属于用人单位。其要按照劳动合同的约定接受用人单位的指示从事劳动，遵守用人单位的规章制度，完成用人单位约定的任务。

第三，劳动合同的继续性。继续性是指合同内容不是一次性给付就完成，而是继续地实现的。对劳动合同而言，双方当事人约定的权利义务在劳动关系存续的期间内继续存在，其是不能通过当事人之间的一次给付即实现合同的目的；而要通过双方当事人特别为劳动者持续不断地提供劳动才能达到目的。

第四，劳动合同的有偿性。劳动是劳动者生存的基本手段，劳动者付出劳动，就能获得相应的对价——劳动报酬。根据劳动合同，劳动者向用人单位提供劳动，并且取得用人单位向其提供的劳动报酬，这是一种等量劳动相交换的关系。

此外，劳动合同还具有最大诚信性，劳动合同必须当事人亲自履行，不能代理与继承。

第二节 劳动合同的性质与立法例

劳动合同的性质，即劳动合同的法律属性，与其调整的劳动关系的法律本质有着密切的联系。

一、劳动合同的法律属性

性质，是指一种事物区别于其他事物的根本属性。劳动合同的性质，即是劳动合同区别于其他合同的根本属性。

劳动法学界对劳动合同性质的研究，以我国台湾地区学者黄越钦[①]和大陆学者郑尚元[②]、周长征[③]、姜颖[④]等为代表。

劳动合同的法律性质，主要有以下几种观点：

第一，身份契约说。认为劳动力的给付与受领不是单纯的债务契约，从劳动地位的取得看，它具有更为明显的身份性。因此，有人认为，劳动契约，是一种"身份从属性契约"。

第二，租赁契约说。认为不应把劳动关系视为买卖关系，而应把其视为租赁关系，即所谓租赁物是劳动力，当契约关系消灭后即须回复劳动力，此说为罗马时代的租赁说的产物。

第三，劳动加工说。认为劳动合同适用民法物权"加工"的法理，劳动力在主物加工后仍为雇主所有，但需要雇主给付劳动报酬。这种理论，对劳动关系的本质没有作出充分的说明，不可取。

第四，特种契约说。认为劳动契约是民法中所有类型以外的一种，已形成一种独立的契约，这是现在的通说。

二、劳动合同的立法例

起源于英国的工业革命，后波及欧美国家，给劳动关系带来了大众化与普及化，使劳动立法成为各国法律的重要内容之一。19世纪以前，劳动关系的法律规制一直沿用罗马法的体系[⑤]。19世纪末以来，随着社会的发展，劳工问题成为各国政府关注

[①] 黄越钦认为：劳动契约的性质，有身份契约说、租赁契约说、劳动加工说和特种契约说，通说是特种契约说，认为劳动契约是民法中所有典型契约以外的一种，已形成一种独立的契约。

[②] 郑尚元认为，关于劳动合同的性质，学理上有身份契约说、租赁契约说、劳动加工说和特种契约说，他同意特种契约说的观点。

[③] 周长征认为，劳动合同的性质，主要有雇佣合同说、身份合同说、租赁合同说、独立合同说。他认为我国立法实际上采纳了劳动合同独立说。

[④] 姜颖从利益本位的角度出发，认为劳动合同的性质有三种观点：国家本位说、个人本位说、社会本位说。她认为劳动合同的性质应从社会法的角度去认识，同意劳动合同社会本位的观点。

[⑤] 罗马法上的劳动给付关系是被置于租赁关系中的，当时的租赁关系分为物的租佣租赁和承揽租赁，劳动力雇佣完全被作为财产关系来调整。1804年《法国民法典》从体例到内容上继受了罗马法，劳动关系被视为纯粹的财产给付交换关系。雇佣合同被作为劳动力的租赁，雇佣合同是租赁契约的一种，而不是独立的契约类型。

的社会问题,许多国家开始加强劳动立法,并逐步推行社会福利的政策。

各国对劳动关系的法律规制逐渐地开始摆脱传统民法关于劳动力租赁的规定,出现多元化的发展趋势。

劳动合同的立法例,主要有以下几种立法类型:

第一种类型:把劳动合同作为雇佣合同的一种,由民法典来规定,其典型的代表是德国。《德国民法典》第611~630条关于雇佣合同的规定构成了雇佣合同和劳动合同的基础①。其中第611条条款规定:"根据雇佣合同,允诺劳务的一方有义务提供所允诺的劳务,另一方有义务给予约定的报酬。雇佣合同的标的可以是任何一种劳务。"②另外,《德国民法典》第617~619条还规定了雇主在安排劳动过程中,应在劳务给付之本质所许可的范围内保护劳工免于生命即健康的危险。这就使雇佣合同关系不同于一般的给付交换关系。但民法典关于雇佣合同的条文不足以应对纷繁复杂的劳动关系,德国还颁布了大量的特别法,如《工资给付法》、《工作时间法》、《休假法》、《解雇保护法》、《职工参与决定法》等。

第二种类型:劳动合同完全取代雇佣合同,仍然在民法典中规定。其典型代表为瑞士。1911年瑞士公布实施的《瑞士民法典》最初也是把劳动合同作为雇佣合同的一种类型进行规定。1971年6月25日对其民法典中的债法作出了修改,把其中的雇佣合同一章改为劳务合同,条文从原来的44条增加到123条③。以后,相关的规定又多次被修改。另外,依据1956年9月28日法律,这些规定的适用范围扩大到集体合同。为民法典中以"劳动合同"取代"雇佣合同"之创举,落伍的雇佣合同概念从此从民法中消灭,具有浓厚社会色彩的劳动合同正式成为民事普通法的一部分④。

第三种类型:劳动合同作为劳动法的内容进行规定,劳动合同脱离于民法典,其典型代表是法国。20世纪后,随着劳动法观念的形成与发展,法国把雇佣关系从民法中分离出来,编撰了独立的《法国劳动法典》,法典共分为9卷990条,其中第一卷关于雇佣的规定主要规定了劳动合同。具体内容包括劳动合同的订立、合同形式、合同效力、合同期限、合同的终止、解除与经济补偿等。该法典把劳动合同和劳务合同作出明确的区分,涉及劳务合同的内容仍可适用民法典。《法国劳动法典》第123条规定:"适用劳务合同的特别条例将由民法典第1787条作出规定。"⑤

我国关于劳动合同法律属性的定位属于第三种类型⑥。涉及劳动合同的内容由

---

① 转引自林嘉:《劳动合同若干法律问题研究》,载《法学家》2003年第6期,第66页。
② 陈卫佐:《德国民法典》,法律出版社2004年版,第202页。
③ 孙瑞玺:《劳动合同法原理精要与实务指南》,人民法院出版社2008年版,第5页。
④ 参见黄越钦:《劳动法新论》,中国政法大学出版社2003年版,第83页。
⑤ 《法国民法典》第1787条规定:"为约定为他人完成某一工程时,可以约定仅提供劳动或者技艺,或者同时提供材料。"转引自罗结珍:《法国民法典》,中国法制出版社1999年版,第400页。
⑥ 也有学者我国劳动合同法律属性定位为类似于法国的立法例。涉及劳动合同的内容由《劳动合同法》进行规定,即劳动合同独立于民法。

《劳动法》、《劳动合同法》进行规定，即劳动合同独立于民法。从理论上说，我国劳动法与民法都是相当独立的两个法律部门，但就劳动合同与民事合同的关系问题，学术界一直存在争议，有人认为劳动合同应独立于民事合同；有人认为《合同法》的一般规定可以适用于劳动合同，或者说《合同法》是劳动合同的基础性法律；有人认为《合同法》没有规定雇佣合同是一大缺陷与不足[①]。此外，在司法实践中，涉及劳动合同的纠纷不服仲裁而起诉到法院的，按规定都有各级法院民事审判庭进行审理，这也使司法实践中，对劳动合同与民事合同存在一定的模糊认识。有学者针对理论上与实践中存在的问题，特别是针对有人提出的民法尤其是合同法是劳动合同的基础性法律，当劳动合同未规定时，可以适用合同法的一般原理观点提出了质疑。在《劳动合同法》的制定过程中，也有《劳动合同法》是根据《劳动法》还是根据《合同法》制定的争论。

从历史的发展进程看，劳动合同的确是源于民法中的雇佣契约，但劳动合同有其自身的特点，它的内容之一使作为当事人的劳动者必须向用人单位提供自己的劳动，不能把劳动者提供劳动，用人单位给付劳动报酬作为简单的商品交换，这有别于一般的商品交换。为了更好地对劳动关系进行协调，保护劳动者的权益，在社会经济发展与社会理念不断进步的环境下，各国开始颁布大量的劳动法律、法规，涉及工作时间、工资、集体合同、工会、劳动争议等多方面的内容，劳动法的以上内容完全超越了民法的规范，劳动法最终从民法中分离出来，成为独立的法律部门。

劳动合同在劳动合同法范畴内被赋予了新的意义。劳动合同尽管是由契约双方当事人协商签订，体现为一种"合意"，但与一般民事协议却有较大区别。为了对处于弱势地位的劳动者给予必要的法律保护，国家对劳动关系进行了很强的干预。相对于民事协议，劳动法对劳动合同的内容作了很多的限制，劳动合同已不能简单地适用合同自由原则。

概括来说，这种限制主要来源于两个方面：

第一，受到国家法律的限制。从劳动合同的订立到具体的条款，《劳动合同法》都作了很多限制性规定。比如在劳动合同的内容上，则更多体现了国家强制性规定，如规定最低工资标准、最长工作时间、法定休息休假、劳动安全保护、解除劳动合同给予经济补偿、提供社会保险等。

第二，受到集体合同的限制。一般国家立法都明确规定集体合同优先于劳动合同的效力。我国立法也不例外。《劳动合同法》第55条规定："集体合同中劳动报酬和劳动条件等标准不得低于当地人民政府规定的最低标准；用人单位与劳动者订立的劳动合同中劳动报酬和劳动条件等标准不得低于集体合同规定的标准。"因此，劳动合

[①] 参见梁慧星：《合同法的成功与不足（下）》，载《中外法学》2000年第1期。

同的内容,在有集体合同时,不得与其相抵触,或者不得低于集体合同的标准。劳动合同的这些特点,使劳动合同独立于民事合同,而只能置于劳动合同法的范畴。

正如劳动法在性质上属于社会法,《劳动合同法》也具有社会法的品性,其法理念在相当程度上体现了社会大众的利益,因此,我们不能简单地将劳动合同看作是劳动者与用人单位之间"私的合同",它相当多的内容已经超越了意义自治的范畴。因此对劳动合同的法律属性,应定位为劳动法的范畴。

从实践看,长期以来,我国劳动法和民法是两个并行而独立的领域。民事立法中没有对劳动关系进行明确的规范。不管是1986年的《中华人民共和国民法通则》(以下简称《民法通则》),还是1999年的《中华人民共和国合同法》(以下简称《合同法》),均既没有规范劳动关系的内容,也没有规范雇佣合同。劳动关系法律调整的任务一直以来是由劳动法承担。即在我国,涉及劳动合同的内容是由劳动法来规范与调整的①。《劳动合同法》与《合同法》依然是两个并行且独立领域,分别属于不同的法律部门。

第三节 劳动合同的确认

【案例1-2】

雇佣合同纠纷案②

1995年1月13日,刘某(被告)同某市运输社达成协议,约定刘某以自购车辆加入该运输社,车辆由刘某执行经营;运输社负责管理协调各种关系并定期收取管理费用。1996年8月起,陈某(原告)受雇为刘某工作,主要工作是跟随刘某经营的运沙车,为汽车换轮胎、在倒车时给主车连接拖车的转动三角架上插插销固定方向、提醒驾驶员注意安全等。双方口头约定:刘某每月付给陈某工资300元。同年10月7日,陈某在给车主连接拖车的转动三角架插销固定方向时,被正在转动的三角架夹断左腿。

陈某当日即被送到某医院住院治疗,治疗期间共用去医疗费2634.20元。刘某在一次性支付陈某1000元后未再给予任何补偿。陈某遂向某市人民法院提起诉讼。

陈某诉称:其在受雇为刘某看管运沙车期间,从汽车摔下并夹断左腿,经鉴定为

---

① 林嘉:《劳动法和社会保障法》,中国人民大学出版社2014年版,第111页;关于劳动法与民法关系的更为详细阐述参阅:黄越钦:《劳动法新论》,中国政法大学出版社2003年版,第32~37页;王全兴:《劳动法学》,高等教育出版社2004年版,第138页。

② 苏号朋:《劳动合同法案例评析》,对外经济贸易大学出版社2008年版,第11~13页。

5级伤残；请判令刘某赔偿其因工致伤的医疗费、住院费、住院生活补助费、护理费、一次性伤残抚恤金、一次性伤残补助金、一次性医疗补助金、残疾人轮椅费及律师费、差旅费等共计111760.20元。

刘某则辩称：其与陈某之间是劳动关系，本案属于劳动争议，依法应先进行劳动争议仲裁，法院不应受理。

法院审理认为，陈某与刘某之间达成口头协议，由陈某为刘某提供劳务，刘某给予陈某报酬，双方之间的合同是雇佣合同。该合同符合《民法通则》规定的民事法律行为成立与有效的全部要件，应受法律保护。依据最高人民法院1998年10月14日《关于雇工合同应当严格执行劳动保护法规问题的批复》的规定，陈某在受雇佣期间，依法应得到劳动保护。其在工作期间因职务行为而受伤，应当由雇主承担民事责任。刘某无证据证实此次事故的发生与陈某的故意或者重大过失有关，应当承担事故的全部赔偿责任。具体赔偿标准，参照劳动部《企业职工工伤保险试行办法》和省劳动厅的规范性文件确定。

《劳动法》第2条规定，在中华人民共和国境内的企业、个体经济组织和与之形成劳动关系的劳动者，适用本法。劳动部《关于贯彻执行〈劳动法〉若干问题的意见》第1条解释：《劳动法》第2条中的"个体经济组织"是指一般雇工在7人以下的个体工商户。刘某没有工商行政管理部门颁发的个体工商户营业执照，不是依法成立的个体工商户，故不能作为劳动法律关系的主体，本案争议不是劳动法律关系，而是雇佣法律关系，属于人民法院主管范围，劳动仲裁不是本案的必经程序。刘某以本案应属劳动法律关系为由，主张本案应先进行劳动仲裁，人民法院无权受理的理由不能成立，不予支持。

据此，某市人民法院作出如下判决：（1）被告刘某在本判决生效后10日内，一次性付给原告陈某医疗费2634.20元，伤残抚恤金71442元，医疗补助金7938元，合计82014.20元，（2）驳回原告陈某的其他诉讼请求。

【案例1-3】

劳务纠纷案①

1999年8月12日，吕某（被告）把其承包的一栋面积为3000平方米的住宅楼装修改造工程承包给王某，双方约定：工期从1999年7月31日到1999年9月25日止；承办方式为包工不包料；工程结算方法：王某按工程总造价的20%计取费用，脚手架、机具、机械费及运输费从总造价中扣除；乙方（王某）必须按工程进度计

---

① 苏号朋：《劳动合同法案例评析》，对外经济贸易大学出版社2008年版，第17~18页。

划完成各项工程，如不能如期完成任务，甲方（吕某）有权解除乙方的施工资格。

协议签订后，王某开始组织工人施工，1999年9月4日，由于王某施工进度太慢，不能按时按计划工期进行施工，于是吕某在召开工程会议时，决定解除与王某之间签订的工程承包合同，并决定原协议内容不改，已完成的工程量由王某结算；从当日起结算方法不变，此后完成的工程量由吕某直接与各班组进行结算。

张某（原告）所带班组是此工程的木工板组。9月4日后，张某所带班组即时作业应得劳务费是5500元。作业期间张某班组累计借款3891元，应付伙食费1105元，因吕某拒不支付劳务费，张某以索要劳务费为由起诉到人民法院。吕某认为，其与张某之间没有劳务关系，其无权追索劳务费。

法院审理认为，1999年9月4日，吕某在召开收回工程会议时，解除了与王某之间签订的工程合同，并决定从当日起工资发放执行原基价，原标准不变，以后发生的人工费由其负责，同时在工程结算时其已认可张某的人工费和机械费，故吕某是本案的给付义务主体。

张某在吕某与王某解除承包合同后继续施工，其与吕某之间已发生了相应的权利义务关系，故其主张劳务费并无不当。

据此，人民法院判决如下：被告吕某应给付张某劳务费5500元，扣除借款3891元、伙食费1105元，尚欠款504元，于本判决发生法律效力后5日内付清。

随着我国市场经济的建立与发展，劳动用工情况出现多样化，劳动关系发生了巨大的变化。劳动者与用人单位之间，既可以建立劳动合同，也可以建立劳务合同，甚至还可以建立雇佣合同。劳动合同已经认定，就会在劳动者与用人单位之间产生相应的劳动合同法上的权利与义务，因此，认定劳动合同，对当事人而言具有极其重要的意义。

一、劳动合同与雇佣合同

（一）雇佣合同的概念

雇佣合同，是指双方当事人约定，在确定或者不确定期间，一方向他方提供劳务，他方给付报酬的合同[①]。雇佣合同在大多数国家仍由民法进行调整。劳动合同是从雇佣合同发展而来的。在产业社会初期，雇佣关系的法律调整一直属于司法的范畴，而随着雇佣契约的履行渗入公力干预因素，雇佣契约也逐步向劳动契约过渡，但并不是全部的雇佣契约都纳入了劳动法规制的范畴。由于目前在我国法律中，没有明

[①] 张俊浩：《民法学》，中国政法大学出版社1998年版。

确规定雇佣合同,但在审判实践中,雇佣合同纠纷已普遍存在。

(二) 劳动合同与雇佣合同的联系与区别

1. 劳动合同与雇佣合同的联系。劳动合同与雇佣合同的共同之处是在外在表现上,都是一方提供劳动,另一方支付报酬。

2. 劳动合同与雇佣合同的区别。

第一,主体与法律地位不同。劳动合同的主体是用人单位和劳动者,主体具有单一性,其双方具有从属性;雇佣合同的主体是雇主和受雇人,主体无特殊规定,凡平等主体自然人之间,自然人与法人之间均可形成,其双方具有平等性。

第二,受国家干预程度不同。劳动合同受劳动法律规范的制约,劳动法规定劳动合同的订立、变更、解除、终止,规定了劳动者的工资报酬、社会保险、劳动安全卫生标准等。雇佣合同一般不受国家的干预,雇工一般没有社会保险、福利待遇,也不受最低工资保护,雇工的劳动行为是雇主意志的体现。

第三,适用的法律不同。劳动合同属于《劳动合同法》调整,劳动者在劳动过程中受到伤害的,用人单位应依据《劳动合同法》、《工伤保险条例》等法律法规,承担赔偿责任;雇佣合同属于民事合同,由《民法通则》与《合同法》调整;雇工在劳动过程中受到伤害的,雇主依据《最高人民法院关于审理人身损害赔偿案件适用法律若干问题的解释》第11条"雇主责任"的规定,承担责任。

第四,纠纷解决程序不同。劳动合同纠纷采用仲裁前置程序,即劳动合同纠纷不经过劳动争议仲裁机构处理,人民法院不予受理;雇佣合同的审理机关是人民法院,纠纷发生后当事人无须经过仲裁,有权直接向人民法院起诉。

第五,形式不同。我国的劳动合同根据《劳动合同法》的规定,应当采用书面形式,是要式合同;而法律对雇佣合同没有要求,依据《合同法》的规定,既可以采用书面形式,也可以采用口头形式,是不要式合同。

二、劳动合同与劳务合同

(一) 劳务合同的概念

在民法的合同分类中,按照提供劳务的侧重点不同,将广义的劳务合同划分为两类:一类劳务合同的标的侧重于劳务行为本身,它包括行纪合同、运输合同、保管合同、技术服务合同、委托合同、信托合同和居间合同等,它的含义相当于民法上所谓的"提供服务的合同";另一类劳务合同的标的侧重于劳务行为结果,主要包括承揽合同和建设工程合同两类,它的含义相当于民法上所谓的"完成工作的合同"。

劳务合同是为完成某项工作而使用了一方的劳动，另一方支付报酬的协议。在实践中，人们把提供劳动服务的过程称为劳务。劳务合同是指与提高劳务有关的协议，它属于民法的调整范畴，它是当事人双方就一方提供劳动给另一方服务过程中形成的债权债务关系的协议①。

（二）劳动合同与劳务合同的联系与区别

1. 劳动合同与劳务合同的联系。由于劳动合同是从劳务合同中分离出来的，因此二者之间存在许多共同点。第一，劳动合同与劳务合同均以当事人之间独立的意思表示为成立；第二，两者均以劳动给付为目的；第三，两者均为双务有偿合同。

2. 劳动合同与劳务合同的区别。

第一，合同的主体不同。劳动合同的主体一方是法人或者其他组织，即用人单位，另一方是劳动者个人，劳动合同的主体不能同时都是自然人；而劳务合同的主体双方当事人可以同时都是法人、组织、自然人，也可以单方是自然人与法人、组织。

第二，主体的性质及其关系不同。劳动合同的双方主体之间不仅存在财产关系即经济关系，还存在人身关系，即行政隶属关系。劳动者提供劳动之外，还要接受用人单位的管理，服从其安排，遵守其规章制度等，成为用人单位的成员。但劳务合同的双方主体之间只存在财产关系，即经济关系，彼此之间无从属性，不存在行政隶属关系，劳动者提供劳务服务，用人单位支付劳务报酬，各自独立，地位平等。

在判断劳动者是否为用人单位的成员时，可以考虑一下因素：（1）劳动者所从事的劳动是用人单位临时发生的劳务，还是单位性质决定的正常岗位劳动；（2）劳动者与用人单位的关系是否具有一定的稳定性；（3）双方是否存在管理与被管理的关系；（4）劳动者为用人单位劳动所取得的收入是否是其劳动收入的主要来源。如果劳动者所从事的是正常岗位劳动，与用人单位关系稳定，其劳动是按照用人单位的指令和标准完成工作，其从用人单位中获得的收入成为其生活来源，就应当认定为双方是劳动关系②。

第三，主体的待遇不同。劳动合同中的劳动者除获得工资报酬外，还有保险、福利待遇等；而劳务合同中的自然人一般仅指获得劳动报酬。

第四，合同双方当事人的义务不同。劳动合同的履行贯穿着国家的干预，为了保护劳动者，劳动法律、法规给用人单位强制性地规定了许多义务，如要求用人单位为劳动者缴纳养老保险、医疗保险、失业保险、工伤保险、生育保险，用人单位支付的劳动者工资不得低于政府规定的当地最低工资标准等，这些必须履行的法定义务，不得协商变更。劳务合同的雇主一般没有上述义务，当然双方可以约定上述内容，也可

---

① 张华贵：《劳动合同法：理论与案例》，清华大学出版社、北京交通大学出版社2011年版，第194页。
② 转引自王琳清、杨心忠：《劳动合同纠纷裁判精要与规则适用》，北京大学出版社2014年版，第4页。

以不约定上述内容。

第五，支付报酬的原则不同。在劳动合同中，用人单位按照劳动的数量和质量及国家的有关规定给付劳动报酬，体现了按劳分配的原则；而劳务合同中的劳务价格是按市场原则支付，完全由双方当事人协商确定。

第六，合同内容的任意性与受国家干预程度不同。劳动合同的许多重要条款由法律明确规定，不能由当事人协商，用人单位应为劳动者提供符合国家规定的劳动条件与劳动保护用品等，国家干预程度强；而劳务合同的内容是由合同双方当事人在不违背强行法规定的情况下自由协商的，主要取决于双方当事人的意思自治，任意性很强，受国家干预程度低。

第七，法律适用不同。劳动合同主要由《劳动法》、《劳动合同法》来进行规范；劳务合同主要由《民法通则》、《合同法》来进行规范。

第八，订立合同的形式不同。《劳动合同法》规定，劳动合同应当以书面形式订立；而《合同法》并没有规定劳务合同订立形式，既可以书面形式，也可以是口头形式或者其他形式。

第九，合同的法律责任不同。在劳动合同履行过程中，劳动者在工作中受到职业性伤害的，对劳动者适用无过错责任；在劳务合同履行过程中，劳动者在工作中受到伤害的，则对劳动者适用过错责任。劳动合同的当事人不履行合同义务，不仅有民事上的责任，而且还有行政上的责任，甚至刑事责任；劳务合同的当事人不履行合同义务，仅产生民事责任。

第十，争议的司法救济不同。一是案件的受理机关不同。因劳动合同的履行发生纠纷的，当事人必须先向劳动争议委员会申请仲裁，对仲裁结果不服的，可向人民法院起诉，即劳动仲裁程序是人民法院受理劳动合同争议案件的前置程序。根据我国法律的规定，因劳务合同发生纠纷的，当事人可以直接向人民法院提起诉讼。二是时效不同。因劳动合同发生纠纷的，当事人申请仲裁的时效是60天，而劳务合同的诉讼时效为2年。非基于不可抗力或者正当理由，劳动合同的仲裁申请时效不存在中止与中断的情况；而劳务合同的诉讼时效适用《民法通则》中，关于时效中止与中断的规定。

三、劳动合同与企业承包合同

企业承包合同分为企业外部承包合同和企业内部承包合同，二者与劳动合同的区别各有不同。

企业外部承包合同，即企业承包经营合同，它与劳动合同的区别十分明显。在承包经营合同中，当事人双方分别是企业财产的所有者和经营者，其内容以企业财产的所有权与经营权分离为核心；而在劳动合同中，当事人双方则分别为企业和职工，其内容以劳动力的所有权与使用权分离为核心。但二者也有相似之处，如承包经营合同所规定的承包经营者年收入中的基薪部分，与劳动合同所规定的劳动报酬都属于对劳动力支出的补偿。

企业内部承包合同，即企业内部责任制合同。它与劳动合同的相似之处在于：首先，承包合同与劳动合同都属于企业内部的关系，并且主体资格重合，承包人有的本来就是企业（发包人）的职工①，有的则是因承包合同的确立而被企业（发包人）聘为职工；其次，承包合同中有的条款是关于劳动权利和劳动义务的约定，故在内容上与劳动合同重叠；最后，从承包人和劳动者都必须接受企业的监督、遵守企业规章制度这一点说，二者的义务是共同的。

但企业内部承包合同与劳动合同仍存在区别：

第一，承包合同是以经营管理责任者为基本内容，劳动合同则以劳动权利和劳动义务为内容；

第二，承包人在其承包范围内是生产经营活动的组织者和建议管理者，而普通职工在劳动过程中则只是劳动者和被管理者；

第三，承包人对承包项目的经营成果负责，而职工只对承担的劳动任务负责；

第四，承包人的收入兼有经营收入和劳动报酬双重性质，而职工收入则只具有劳动报酬的性质。

承包合同与劳动合同虽然具有一些相似之处，但毕竟是不同性质的两种法律关系，应运用不同的法律加以调整。由履行劳动合同而引发的争议则由人民法院根据有关经济法律、法规加以裁决，但在现实生活中，有时用人单位与职工签订的承包合同在实质内容上与劳动合同的区别并不像以上所述的那么清晰。在这种情况下，如果用人单位与职工在内部承包协议中，涉及劳动权利、劳动义务、工资报酬以及社会保险待遇等劳动法上的内容，且不违反国家法律、法规，就应当把这份协议视为一份岗位劳动合同书，由此引发的争议应视为劳动争议，可由劳动争议仲裁委员会加以审理。

【理论链接】

档案关系与劳动关系②

（一）档案的定义

计划经济时代，档案是我们进行人事行政管理的基础。这种"档随人走"的管理

---

① 职工，旧时指事业单位、机关单位的工作人员。但现行职工是指在企事业单位、社会团体、民办非企业单位、基金会、律师事务所、会计师事务所等组织工作的人员。职工本质上就是与用人单位存在劳动关系的各种用工形式、各种用工期限的劳动者。

② 黎建飞：《劳动法案例分析》，中国人民大学出版社2007年版，第8~10页。

体制造成了一种错觉：档案关系就是劳动关系，即使人没有在用人单位工作，只要档案在某个单位，这个单位便应该承担劳动合同法规定的用人单位的责任。

档案是指企业劳动者的人事档案，《企业职工档案管理工作规定》第 2 条规定，企业职工档案是企业劳动、组织、人事等部门在招用、调配、培训、考核、奖惩、选拔和任用等工作中形成的有关职工个人经历、政治思想、业务技术水平、工作表现以及工作变动等情况的文件材料。是历史地、全面地考察职工的依据，是国家档案的组成部分。即企业对劳动者的档案管理是一种行政行为，并不是企业与劳动者之间的民事行为。《企业职工档案管理工作规定》第 5 条规定，职工档案由所在企业的劳动（组织人事）职能机构管理。实行档案综合管理的企业单位，档案综合管理部门应设专人管理职工档案，即劳动者的档案是由所在企业进行管理。

（二）档案关系与劳动合同的区别与联系

1. 档案关系与劳动合同的区别

第一，劳动关系只是在劳动过程中产生的，劳动过程是劳动关系产生的前提与基础，没有劳动过程，便不能产生劳动关系；而档案关系是企业对劳动者的档案进行管理的过程中产生的，并不是劳动过程中产生的。

第二，劳动关系的主体是劳动者和用人单位；而档案关系的主体是企业与国家有关部门。

第三，劳动关系既有法律上的平等性，又具有实现这种关系的隶属性。而档案关系则完全不具有平等性，企业在档案管理过程中要同时接受同级档案管理部门和劳动主管部门的监督与指导。

2. 档案关系与劳动合同的联系

第一，劳动关系是档案关系的前提与基础，企业对劳动者的档案进行管理首先是因为企业与劳动者建立了劳动关系，其次依照法律的规定对劳动者的档案进行管理。

第二，劳动关系解除后，用人单位负有义务把劳动者的档案按规定进行转移，把档案移交给下一个用人单位，转移档案是用人单位负有的劳动合同解除后的后合同义务。

【思考题】

1. 劳动合同的特征是什么？
2. 劳动合同的性质是什么？
3. 试述劳动合同与雇佣合同的区别。
4. 试述劳动合同与劳务合同的区别。
5. 试述劳动合同与承揽合同的区别。

【案例分析题】

1. 赵某在2002年3月被某公司招收后签订了3年期限的劳动合同。2005年3月劳动合同期满后,赵某不同意与该公司续签合同,劳动合同随即终止,赵某也离开公司。由于赵某与公司有一些债务没有结清,公司没有为其转移档案。2006年6月,赵某回到公司,以档案关系没有转移、自己和公司仍保持着事实劳动关系为由,要求公司补发2年多的基本生活费和补缴各项社会保险费。遭到公司拒绝后,赵某向当地劳动争议仲裁委员会提出申诉。

   问:什么是档案关系?档案关系与劳动关系的区别是什么?

2. 李某从2002年起在上海中心水产品批发交易市场从事装卸水产品的工作,并在2002年5月申领了外省市来沪工经商的在沪暂住证,有效期为2年。2005年1月23日下午,张某在上海中心水产品批发交易市场购买鱼制品时,临时雇用了李某等6人为其往卡车上装水产品,约好以每箱0.2元计算,共支付劳务费130元人民币,该款由刘某等6人平分。李某在车上装货时,不慎摔下,造成重度颅脑外伤、多发性脑挫裂伤,后经抢救无效死亡。同年4月,李某的亲属诉至法院,要求张某赔偿。

   问:李某与张某之间是什么法律关系?

3. 某广告公司,系从事设计灯箱、灯箱制作委托一些从事铝合金加工的小型作坊。赵某系无业人员,其妻子也无业,赵某主要在广告公司负责安装,并以其所得作为基本生活来源。某日,赵某在安装过程中,不慎从梯子上摔下,造成重伤。

   问:赵某与广告公司之间是什么法律关系?广告公司应否对赵某的工伤负责?

第二章

劳动法律关系

> **教学目标**
>
> 通过本章的学习,了解劳动法律关系的概念与特征,重点掌握劳动法律关系的主体、内容,难点是劳动法律关系与劳动关系的界定。
>
> **关键术语**
>
> 劳动法律关系　劳动法律关系主体　劳动法律关系内容

第一节　劳动法律关系概述

【案例 2-1】

劳动合同纠纷案[①]

2002 年 10 月 12 日,某篮球俱乐部有限公司(被告)与李某(原告)签订了《中国篮球协会俱乐部篮球队运动员服役合同书》,约定李某为某篮球俱乐部服役 2 年,李某应得工资 1 年 60 万元人民币(税后)。该服役合同签订后,李某提供了体能测试,并经由某篮球俱乐部向中国篮球协议注册,参与了 2002 年 12 月到 2003 年 3 月间的 2002~2003 年度中国男篮甲 A 联赛的比赛和训练,共上 19 场,344 分钟,得 68 分,期间因受伤病困扰,李某未能在场上出色发挥,因此,2003 年 2 月 28 日,某篮球俱乐部向李某发出通知,欲解除与其之间的服役合同。

之后,李某致函中国篮球协会,寻求解决办法,但未得到书面答复。2003 年 4 月 29 日,李某向当地劳动争议仲裁委员会申请仲裁。同年 5 月 6 日,该仲裁委员会

---

① 苏号朋:《劳动合同法案例评析》,对外贸易大学出版社 2008 年版,第 21~23 页。

以李某的请求事项不属于劳动争议受理范围为由,决定不予受理。李某对仲裁决定不服,遂向人民法院提起诉讼。

法律经审理认为,依据某篮球俱乐部与李某之间签订的服役合同的内容,李某与某篮球俱乐部之间具有身份上的隶属关系,故认定为双方构成劳动关系,双方争议属于劳动争议,应当受到《劳动法》调整。

【案例 2-2】

空壳劳动合同的确认问题①

1992 年 10 月 23 日,张某经某县第二轻工业局和就业服务管理局批准,同意被招收为某厂集体制工人。但张某从未到单位上班、领工资。

2007 年 12 月 28 日,某厂进入破产清算程序,并成立了破产管理人,法院在 2010 年 4 月 26 日作出民事裁定书,宣告某厂破产。同年 3 月 26 日,某厂破产管理人在公布安置人员时,未将张某纳入。张某向县劳动争议仲裁委员会申诉,要求确认与某厂之间的劳动关系,劳动争议仲裁委员会以不属于受案范围为由,决定不予受理。

张某不服仲裁裁决,遂向一审法院提起诉讼,请求确认自己与某厂双方劳动关系成立,并由某厂对其安置补偿。

一审法院认为,张某无充分的证据证明其向单位实际提供劳动且领取工资,仅凭一份集体所有制招工登记表和一份企业职工套改增资审批表,不能认定双方建立劳动关系。遂依据《劳动合同法》第 7 条、《民事诉讼法》第 64 条第 1 款,最高人民法院《关于民事诉讼证据的若干规定》第 2 条规定,判决驳回其诉求。

张某不服,提起上诉。

二审审理中存在不同意见。

第一种意见认为,张某已提供由主管部门批准的《招工通知书》,证明其被招聘为工人。原劳动和社会保障部《关于确立劳动关系有关事项的通知》第 2 条规定,劳动者填写的用人单位招工招聘"登记表"、"报名表"等招用记录的,应认定双方存在劳动关系。《规定》第 6 条规定,在劳动争议纠纷案件中,因用人单位作出开除、除名、辞退、解除劳动合同,减少劳动报酬,计算劳动者工作年限等决定而发生劳动争议的,由用人单位负举证责任。某厂未能提供证据证明已经对张某作出了开除、除名、辞退、解除劳动合同,减少劳动报酬,计算劳动者工作年限等决定而发生劳动争议的,由用人单位负举证责任。某厂未能提供证据证明已经对张某作出了开除、除名、辞退、解除劳动合同,双方的劳动关系已经终止,或者证明双方根本不存

---

① 王林清、杨心忠:《劳动合同纠纷裁判精要与规则适用》,北京大学出版社 2014 年版,第 314 页。

在劳动关系，故应认定双方存在劳动关系。

第二种意见认为，依据《劳动合同法》第7条规定，用人单位自用工之日起即与劳动者建立劳动关系，劳动关系是建立在劳动者与用人单位签订劳动合同，或者没有劳动合同而劳动者向用人单位提供劳动力获得工资报酬，用人单位使用劳动力的事实行为基础上的。前述证据只能说明双方有建立劳动关系的意思表示，且张某承认劳动合同是个"空壳"，双方自始至终未签订书面劳动合同。同时，该厂是1999年《劳动法》实施后才停产，双方根本没有实际履行劳动合同的权利义务的意思表示和事实。法律未规定当事人举证证明根本不存在的事实，本案应由张某举证证明自己与某厂之间存在书面劳动合同或者实际用工的事实，张某不能举证，应依法承担法律后果。故原判正确，应予维持。

一、劳动法律关系的界定

（一）劳动法律关系的概念

劳动法律关系[①]，是指劳动关系的参加者之间依据劳动法律规范而形成的一种权利义务关系。换言之，它是指劳动法律规范在调整劳动关系过程中所形成的一种当事人之间的权利义务关系。

（二）劳动法律关系与相关概念的区别与联系

1. 劳动法律关系与劳动关系。劳动法律关系与劳动关系的联系主要表现在：

（1）劳动关系是劳动法律关系形成的客观依据。劳动法律关系建立在劳动关系的基础上，是劳动关系在法律上的表现形式。没有劳动关系，就没有劳动法律关系，劳动法律关系正是劳动法对劳动关系进行调整所产生的直接后果。

（2）劳动法律关系对劳动关系具有一定的反作用。劳动法律关系并不是仅仅消极地反映劳动关系，国家可以通过劳动法律规范这一媒介对现实的劳动关系施以积极的影响，从而促进与维护劳动关系的发展。

总之，劳动关系是劳动法律关系的现实基础，而劳动法律关系是劳动关系的法律形式，即劳动关系经过劳动法调整后则上升为劳动法律关系。

劳动法律关系与劳动关系的区别主要表现在：

（1）属性不同。劳动关系是生产关系的组成部分，属于经济基础范畴；劳动法

[①] 我国以往的劳动法论著一直把劳动法律关系的主体局限于个体劳动者和用人单位，但是近年来劳动法学者开始关注和研究具有集体性因素的劳动法律关系，一些论著开始把双方的团体增列为主体。因此，前述概念中所谓"劳动关系的参加者"，应包括劳动者及其工会、用人单位及其团体。

律关系是劳动关系经过劳动法调整后形成的一种法律关系，它属于一种思想关系，归属于上层建筑范畴。

（2）前提条件不同。劳动关系形成以劳动者实际提供的劳动为前提，劳动法律关系的形成则以调整这一关系的劳动法律规范的存在为前提。每一个具体的劳动关系之所以形成劳动法律关系，必定有规定和调整这一劳动关系的劳动法律规范的存在，否则，劳动关系只是一种客观现实，不可能在劳动者和用人单位之间形成法律上的权利义务关系。

（3）内容不同。劳动关系的范围比劳动法律关系广泛，它包括国民经济领域中所有的劳动关系，而劳动法律关系只包括劳动法调整的部分劳动关系，如典型的劳动法律关系表现在劳动合同法律关系，它要求主体特定为劳动者与用人单位，内容特定为双方的劳动权利与义务，客体特定为劳动行为。而劳动关系则无此特殊要求。劳动法律关系体现为具体的劳动权利和劳动义务关系，并且是发生在特定主体之间（劳动者、用人单位），双方当事人之间具有平等性地位，但在生产过程中劳动者又隶属于用人单位，服从单位管理与领导，而其他劳动关系则无此要求。

2. 劳动法律关系与劳动法上的法律关系。依通说，劳动法的调整对象主要有两类：劳动关系、与劳动关系有密切联系的其他社会关系。劳动法调整这两类社会关系的后果，就形成了两类不同的法律关系：劳动法律关系和与劳动关系有密切联系的其他法律关系，它们通称为劳动法上的法律关系。与劳动关系密切联系的其他法律关系主要包括劳动行政主体与劳动行政相对人之间的劳动行政法律关系，以及劳动服务主体与劳动者和用人单位之间的劳动服务法律关系。

3. 劳动法律关系与事实劳动关系[①]。劳动法律关系与事实劳动关系的联系：劳动法律关系与事实劳动关系，二者都属于劳动法的调整范围，劳动部《关于贯彻执行〈劳动法〉若干问题的意见》第2条规定，在我国境内企业、个体经济组织形成的事实劳动关系适用《劳动法》，即事实劳动关系《劳动法》目前予以调整。

劳动法律关系与事实劳动关系的区别：

（1）性质不同。劳动法律关系是符合法定模式而建立的，事实劳动关系则是缺少法定模式要件而产生的。劳动法律关系属于一种法律关系，双方当事人的权利义务明确，而事实劳动关系，严格意义上讲不属于法律关系，由于缺少法定要件，当事人之间的权利义务关系是不明确和不稳定的。

[①] 关于事实劳动关系的概念、种类、合法性、法律规制等问题，我国劳动法学界说法不一，主要有"事实劳动关系无效论"、"事实劳动关系的模式转化及利益保护论"、"扩大事实劳动关系的保护范围论"三大观点。通说认为，事实劳动关系是指完全或者部分不符合法定模式，尤其是缺乏劳动法律关系赖以确立的法律事实的有效要件的劳动关系。在《劳动合同法》实施之前，学术界一般认为事实劳动关系主要有如下几种：（1）已存在劳动关系，但用人单位与劳动者未以书面形式订立劳动合同而形成的事实劳动关系；（2）双方当事人因履行无效劳动合同而产生的事实劳动关系；（3）劳动合同期满后，双方当事人未续订书面劳动合同，但仍继续维持劳动关系而形成的事实劳动关系；（4）因劳动者同时存在多重劳动关系而其中个别劳动关系不符合法定模式而形成的事实劳动关系。

（2）形式不同。劳动法律关系的建立，是双方当事人通过签订劳动合同，以书面形式确立的劳动关系，而事实法律关系表现为，一方当事人（劳动者）为另一方当事人（用人单位）提供劳动，用人单位支付劳动者报酬，双方并无书面合同形式，多以口头承诺和默示方式建立。

（3）效力不同。劳动法律关系受法律保护，劳动者与用人单位依法建立劳动法律关系后，劳动义务是双方应履行和承担的责任，一方不履行，对方可通过仲裁或者诉讼要求依法履行。而事实劳动关系，如不能依法转化为劳动法律关系，双方的权利义务关系不受法律保护，不具有法律效力。

二、劳动法律关系的要素

劳动法律关系与其他法律关系一样，都是由三个要素构成，这就是劳动法律关系主体、内容和客体，简称为劳动法律关系的"三要素"。鉴于本章以后几节具体讨论劳动法律关系的主体、内容、客体，此处从略。

三、劳动法律关系的特征

（一）意志性

劳动法律关系是一种意志社会关系。首先，双方当事人之间的权利和义务应依据劳动法律规范予以确定，而劳动法律规范中蕴含着国家的意志，因此劳动法律关系亦随着体现出国家意志性。其次，无论是劳动合同还是集体合同关系，都需要经当事人双方平等协商后自愿确立，同时其运行过程也需要体现出双方的真实意愿，从而劳动法律关系又体现出当事人的个体意志性。

（二）兼容性

劳动法律关系的兼容性特点与劳动关系的兼容性特点一脉相承，主要表现在：第一，平等性与从属性兼容。作为个别劳动法律关系主体的劳动者与用人单位，他们的法律地位是平等的。但是，在劳动法律关系的运行过程中，劳动者与用人单位之间又存在从属性，即劳动者必须成为用人单位的成员，并在用人单位的管理下提供劳动。第二，财产性与人身性兼容。劳动法律关系以劳动者付出劳动力与用人单位支付工资这一对价关系为其基本内容，这无疑具有财产性特点。同时，劳动法律关系的维系和运行必须依赖于双方当事人之间的高度互信，劳动义务必须由劳动者亲自履行，这些特点又体现出人身性。

(三) 职业性

劳动法律关系的职业性，是指劳动法律关系的形成和实现与劳动者个人或者其团体的社会劳动过程具有紧密相关性。劳动法律关系的形成是劳动者在用人单位的管理下，向用人单位提供有报酬的职业劳动，而劳动实现的过程，就是当事人行使劳动权利、履行劳动义务的过程，即劳动法律关系运行和实现的过程。

职业性的特点意味着，并非劳动关系当事人之间所有的权利义务都是劳动法律关系。劳动关系当事人之间的权利义务，既有可能是劳动法上的权利义务关系，也有可能是其他性质的权利义务关系（如民事债权债务关系等），而判断是否构成劳动法律关系的一个重要标准，则是当劳动关系双方当事人发生争议时，"职业性"就成为判断是否构成劳动争议的一个基础性的认定标准①。

第二节　劳动法律关系主体

【案例 2-3】

*准毕业生劳动关系案*②

王某系江苏广播电视大学药学专业 2008 届毕业生。2007 年 10 月 26 日，王某向益丰公司求职，并在益丰公司的求职人员登记表中登记为 2008 年毕业生。2007 年是其实习年。2007 年 10 月 30 日，王某与益丰公司签订劳动合同书一份，期限为 3 年，从 2007 年 10 月 30 日起至 2010 年 10 月 30 日止。合同还约定，录用条件之一为具备中专或者中专以上学历；王某从事营业员工作；试用期满后月工资收入不少于 900 元，试用期工资标准不低于同工种同岗位劳动者工资的 80% 等。2008 年 7 月 21 日益丰公司向劳动争议仲裁委员会提出仲裁申请，请求确认其与王某之间的劳动关系不存在。劳动争议仲裁委员会经审查，依据原劳动部《关于贯彻执行〈劳动法〉若干问题的意见》，在 2008 年 8 月 19 日作出仲裁决定，以王某系在校学生，不符合就业条件，不具备建立劳动关系的主体资格，在校学生勤工助学或者实习与用人单位之间的关系不属于劳动法的调整范围，故以益丰公司与王某之间的争议不属于劳动争议处理范围为由，决定终结益丰公司王某的仲裁活动，并在 2008 年 8 月 27 日送达了仲裁决定书。王某对此不服，诉至法院，请求确认双方之间的劳动合同有效。

一审法院判决：王某与益丰公司在 2007 年 10 月 30 日签订的劳动合同书有效。

---

① 林嘉：《劳动法和社会保障法》，中国人民大学出版社 2014 年第 3 版，第 56 页。
② 王林清、杨心忠：《劳动合同纠纷裁判精要与规则适用》，北京大学出版社 2014 年版，第 309 页。

二审法院判决：驳回上诉，维持原判。

【案例 2-4】

未取得教师资格的劳动合同无效案[①]

原告李某与被告北京市某中学签订了《兼职教职员工聘用书》，该聘用书约定李某工作岗位为英语教师，劳动合同期限为 2008 学年到 2010 学年。聘用合同到期后，双方未再签订书面协议。李某继续工作至 2011 年 7 月 13 日。李某在工作期间，从事过班主任工作。2009 年，某中学进行了体制改革，转制为公办美术特色高中。2011 年 7 月，某中学因改制及李某未取得教师资格，停止了李某的工作，但未作出解除劳动关系的书面决定。李某诉至法院，要求某中学与其签订无固定期限的劳动合同，并给付 2010 年 9 月至 2011 年 7 月的双倍工作 36191.6 元。

一审法院审理认为，依据法律规定，国家实行教师资格制度。由于李某未取得教师资格，其不具备与某中学进行签订劳动合同的条件。故李某要求与某中学签订无固定期限劳动合同的诉讼请求，依据不足，不予支持。但劳动合同是一种继续性合同，用人单位应支付未签订劳动合同的双倍工资。

法院判决如下：被告某中学支付原告李某 2010 年 9 月到 2011 年 7 月的双倍工资 36191.6 元，驳回原告的其他诉讼请求。

原、被告均不服，提起上诉。二审法院判决：驳回上诉，维持原判。

一、劳动法律关系主体的概念

劳动法律关系，是指参与劳动法律关系并在其中享有权利和承担义务的当事人。关于劳动法律关系主体的种类，学理上有"二方说"、"三方说"、"四方说"的观点。二方说认为，劳动法律关系的主体，一方是劳动者，另一方是用人单位。三方说认为，劳动法律关系主体主要包括劳动者、用人单位和工会。四方说认为，劳动法律关系主体包括劳动者、劳动者团体、用人单位、用人单位团体。二方说是我国传统劳动法学的通说。

二、劳动者

（一）劳动者的界定及范围

从广义而言，劳动者是指达到法定就业年龄（我国规定为年满 16 周岁）、具有劳

[①] 王林清、杨心忠：《劳动合同纠纷裁判精要与规则适用》，北京大学出版社 2014 年版，第 328 页。

动能力的自然人。从狭义而言，劳动者是指达到法定就业年龄、具有劳动能力并与用人单位建立劳动关系的自然人。劳动法上的劳动者，一般指后者，狭义的劳动者又被称为雇员、雇工、受雇人、工人、职工等。

（二）劳动者的范围界定

我国原劳动和社会保障部于 2005 年发布了《关于确立劳动关系有关事项的通知》，该通知第 1 条规定："用人单位招用劳动者未订立书面劳动合同，但同时具备下列情形的，劳动关系成立。用人单位和劳动者符合法律、法规规定的主体资格；用人单位依法制定的各项劳动规章制度适用于劳动者，劳动者受用人单位的劳动管理，从事用人单位安排的有报酬的劳动；劳动者提供的劳动是用人单位业务的组成部分。"可见通知采用了"控制标准"和"组织标准"的理论[①]。

1. 受训者和在校大学生。现在我国大量的在校生在单位实习或者工作。受训者，或称实习生，一般不适用劳动法，因为受训者的主要目的在于接受培训，而不是提供雇主期望的劳动，并且实习生一般不获取劳动报酬或者只是获取很低的报酬。

现在我国实践中一概否认在校大学生劳动者的身份值得商榷。如果在校生不仅仅是实习，而是事实上取代了用人单位的劳动者，在校大学生遵守了用人单位的规章制度，工作期限较长，而且用人单位支付了相当的工资，则不宜一概否认在校大学生的劳动者身份，必须把其纳入劳动法的保护范围。事实上，许多在校大学生在进入学校之前已具备丰富的工作经验，这部分在校大学生在就学期间，在工作内容和工作时间上完全可以同劳动者一样从事工作，如果对其劳动者身份予以否定，不利于对劳动者的保护。所以，在实践中，我国不应一概否定在校生的劳动者身份，而应根据培训和工作的内容、报酬等实际情况，区分实习生和非实习生，认定劳动者的身份。

2. 学徒。学徒与受训者的含义大致相同。我国《最高人民法院关于审理劳动争议案件适用法律若干问题的解释（二）》第 7 条第 5 项规定，"个体工匠与帮工、学徒之间的纠纷"不属于劳动争议。事实上，帮工与学徒之间存在差别，帮工主要起辅助作用，学徒则更侧重于接受培训，二者不应适用同样的规则。在实践中，法院会根据学徒工作的具体情况判定其与登记为个体工匠形成的劳动关系。如果学徒和帮工仅作为受训者，则不宜认定为劳动者，这有利于鼓励个体工匠或者其他主体为帮工或者学徒提供培训机会；反之，如果帮工或者学徒的工作内容事实上与普遍员工并无差别，则应认定为劳动者。

3. 公司高管。劳动部《关于贯彻执行〈中华人民共和国劳动法〉若干问题的意见》第 11 条规定："经理由其上级部门聘任（委任）的，应当与聘任（委任）部门

[①] 谢增毅：《劳动法的比较与反思》，社会科学文献出版社 2011 年版，第 9～10 页。

签订劳动合同。实行公司制的经理和有关经营管理人员，应当依据《中华人民共和国公司法》的规定与董事会签订劳动合同。"这说明，上述人员在我国劳动立法中被视为劳动者。在理论上，管理人员大多兼有单位行政和员工的双重身份。还有学者指出，董事、经理等形成委任关系的高级管理人员属于用人单位成员的范畴，不适用于劳动法的保护；而没有形成委任关系的管理人员属于劳动者的范畴，在劳动法各项制度上具有弹性适用的特点[①]。这个问题在中国主要存在三种不同的观点：第一种高级管理人员是劳动者，具备劳动合同的主体资格[②]。第二种高级管理人员应当排除在劳动者主体资格之外，属于用人单位范畴，不应享受劳动法的特殊保护[③]。第三种应当区别对待。

在非公有制企业和个体经济组织等用人单位，对于企业主、高级管理人员（如副厂长、副经理、业务主管等）属于用人单位成员，人们无多大争议。目前争议较大的是，对公有制企业中厂长、经理以及高级管理人员的身份如何认定？笔者认为，公有制的厂长、经理以及高级管理人员虽不是用人单位成员，但应属于由企业所有权人授权而经营管理企业的人员。他们与企业业主的关系是一种资本授权经营关系，即两权分离（企业所有权与经营权相分离）的关系。这些人员为用人单位工作，代表用人单位负责企业的日常生产经营、管理工作，与其他普遍劳动者在企业中的地位不同。他们的收入主要是与其经营业绩挂钩，实行"年薪制"、"股票期权制"等分配制度和方法；他们拥有指挥、管理、奖惩职工的权利等。所以，不应认定为劳动者。事实上，他们与用人单位之间的关系主要是通过物权法、公司法、企业法等其他法律加以规定的。

4. 家政服务人员。《最高人民法院关于审理劳动争议案件适用法律若干问题的解释（二）》第7条第6项规定，家庭或者个人与家政服务人员之间的纠纷。家政服务人员在不受雇于家政服务公司而直接为家庭或者个人服务时，其服务对象为家庭或者个人。由于家政服务者服务的家庭或者个人与一般企业、事业单位或者个体工商户明显不同，其不具备经营业务的资格，也没有工作规则，且没有登记，劳动主管机构不能对其监督检查用工情况，在组织上，家政服务者不能成为服务对象的成员，所以，家政服务者难以也不宜认定为劳动法上的劳动者。

5. 依法享受养老保险待遇的工作人员。依法享受养老保险待遇的工作人员是指达到退休年龄并依法领取养老金的工作人员。劳动部《关于实行劳动合同制度若干问题的通知》（1996年）第13条规定，已享受养老保险待遇的离退休人员被再次聘用

---

① 参见李凌云：《委任关系与劳动关系的三种状态》，引自董保华：《劳动合同研究》，中国劳动社会保障出版社2005年版，第78页。

② 潘志江：《解除高级管理人员职务的法律适用〈劳动合同法〉第35条与〈公司法〉第147条之冲突与解决》，载《中国劳动》，2008年第8期，第16页。

③ 李哲：《公司高级管理人员雇主地位问题之探讨》，载《兰州学刊》2007第12期，第78~80页。

时，用人单位应与其签订书面协议，明确聘用期内的工作内容、报酬、医疗、劳动待遇等权利和义务。2010年7月12日最高人民法院审判委员会第1489次会议通过的《最高人民法院关于审理劳动争议案件适用法律若干问题的解释（三）》（法释〔2001〕12号）第7条规定，即用人单位与其招用的已经依法享受养老保险待遇或者领取退休金的人员发生用工争议，向人民法院提起诉讼的，人民法院应当按劳务关系处理，即用人单位与依法享受养老保险待遇或者领取退休金的人员发生争议的，不属于劳动争议，是普通的民事纠纷。而对没有达到法定退休年龄的内退人员，其与用人单位之间发生的争议为劳动争议。《最高人民法院关于审理劳动争议案件适用法律若干问题的解释（三）》（法释〔2001〕12号）第8条规定，企业停薪留职人员、未达到法定退休年龄的内退人员、下岗待岗人员以及企业经营性停产放长假人员，因与新的用人单位发生用工争议，依法向人民法院提起诉讼的，人民法院应当按照劳动关系处理。

（三）劳动者的劳动权利能力和劳动行为能力

一个自然人要成为劳动者，必须具备一定的条件，即具有劳动权利能力和劳动行为能力。劳动权利能力是指自然人享有参加劳动的机会，并领受劳动报酬的资格。劳动行为能力是指自然人能够以自己的行为行使劳动权利和履行劳动义务的能力。

自然人的劳动权利能力和劳动行为能力与自然人的权利能力、行为能力相比，具有明显的特征：

第一，劳动权利能力与劳动行为能力同时产生，是统一而不可分割的。在民法上，自然人没有民事行为能力，仍可以享有民事权利能力。而在劳动法上，劳动权利能力和劳动行为能力的取得，是以自然人具有现实的劳动能力为基本前提的。自然人没有劳动能力或者丧失劳动能力，就没有劳动行为能力。同时，基于劳动义务不能代理、必须亲自履行的属性以及劳动法律关系的人身属性，法律不能赋予其劳动权利能力。相反，自然人达到法律规定的就业年龄，其就具有劳动权利能力和劳动行为能力，可以成为劳动法律关系的主体。

第二，只有达到法定最低就业年龄的自然人才能取得劳动权利能力和劳动行为能力。依据我国民法规定，自然人从出生时起就具有民事权利能力，而自然人的民事行为能力则需依自然人的年龄、辨认能力而进行确定。由于劳动权利能力与劳动行为能力是不能分割的，所以自然人只有达到法定最低就业年龄才能同时具有这两种能力。根据《劳动法》第15条规定，用人单位禁止招用未满16周岁的未成年人。文艺、体育和特种工艺单位招用未满16周岁的未成年人，必须依照国家有关规定，履行审批手续，并保障其接受义务教育的权利。

第三，劳动权利能力和劳动行为能力只能由劳动者本人依法享有和行使，不允许他人代理。在民事法律关系中，除特别规定的情形外，原则上自然人都可以通过其代理人实施民事法律行为。而在劳动法律关系中，"亲自履行"是各国劳动法确立的普遍履行劳动合同的规则，从而代理制度在自然人劳动权利能力和劳动行为能力领域不予适用。

第四，部分自然人的劳动权利能力和劳动行为能力的享有和行使，受到限制。在民事活动领域，自然人的民事权利能力一律平等，在同一层次的自然人民事行为能力也平等。而在劳动领域，大多数国家的劳动法均限制甚至禁止妇女和未成年人从事特别有害身心健康的工作以及特别繁重的体力劳动，也就是在这些行业和工种中，一部分劳动者的劳动权利能力和劳动行为能力受到了法定的约束。

三、用人单位

用人单位又称为雇佣人，是指在劳动法律关系中相对于劳动者（雇员）而存在的另一方主体。在我国用人单位是指招收录用劳动者，使用劳动者的劳动能力，并按照劳动者提供的劳动量支付工资和其他待遇的一方主体。

（一）适用《劳动合同法》的用人单位

依据我国劳动法的规定，用人单位的外延范围包括企业、个体经济组织、民办非企业单位、国家机关、事业组织（事业单位）、社会团体等，没有涵盖自然人。

具体而言，主要包括：

1. 企业。企业是指投资者依法设立的以营利为目的的实行自主经营和自负盈亏的经济组织。一般而言，企业的范围主要包括全民所有制企业、集体所有制企业、个人独资企业、联营企业、合伙企业、中外合资经营企业、外商独资企业、有限责任公司、股份有限公司、一人有限公司、国有独资公司等。

2. 个体经济组织。《民法通则》第26条规定，公民在法律允许的范围内，依法经核准登记，从事工商业经营的，为个体工商户，个体工商户可以起字号。对于什么样的组织为个体经济组织，《劳动部关于贯彻执行〈中华人民共和国劳动法〉若干问题的意见》第1条规定，《劳动法》第2条中的'个体经济组织'是指一般雇工在7人以下的人员从事经营。凡是个体工商户人员从事经营的，个体工商户与其雇佣人员之间是劳动关系，应适用劳动合同法。但是，现在个体工商户成为用人单位，雇佣人数已经不再作为必要条件之一。

3. 民办非企业单位。《民办非企业单位登记管理暂行条例》第2条规定，民办非企业单位是指企事业单位、社会团体、其他社会力量或者自然人个人利用非国有资产举办的，并依法在民政部门进行登记的，从事非营利性社会服务活动的社会组织。其具有民间性、公益性、社会性和非营利性等特点，一般主要分布在教育、文化、卫生、医疗、民政、社会中介、法律服务等行业，如民办学校、民办医院、民办福利院等，凡是劳动者与上述单位之间签订劳动合同、确立劳动关系的，均适用劳动合同法的规定。

4. 国家机关、事业单位、社会团体。《劳动合同法》第2条第2款规定，国家机关、事业单位、社会团体和与其建立劳动关系的劳动者，订立、履行、变更、解除或者终止劳动合同，依照本法执行。

（1）国家机关。国家机关是指专司国家权力和国家管理职能的组织。主要有权力机关、行政机关、司法机关和军队中的各级机关，一般情况下国家机关的工作人员适用于《公务员法》，但是国家机关聘用的工勤人员，签订劳动合同的，适用于《劳动合同法》。

（2）事业单位。事业单位是指增进社会福利，不以盈利为目的，而是以社会公益为目的，从事教育、科技、文化、卫生等活动的社会服务组织，其主要有三种类型：第一种是行政性的事业单位，即参照《公务员法》管理的事业单位，原则上这些单位的从业人员参照适用《公务员法》，但是其招用的工勤人员，适用《劳动合同法》。第二种是公益性事业单位①。在《劳动合同法》实施之前，公益性事业单位及其工作人员适用于人事管理的相关规定，但是《劳动合同法》实施后，按照《劳动合同法》第96条规定，事业单位与实行聘用制的工作人员订立、履行、变更、解除或者终止劳动合同，法律、行政法规或者国务院另有规定的，依照其规定；未作规定的，依照本法有关规定执行。第三种是实行企业化管理的事业单位。劳动部《关于实行企业化管理的事业组织与职工发生劳动争议有关问题的复函》规定，实行企业化管理的事业组织的人员包括该单位的全体人员，应按照《劳动法》的规定，与所在单位通过签订劳动合同建立劳动关系。

（3）社会团体。依照《社会团体登记管理条例》的规定，社会团体是指中国公民自愿组成的，为实现会员共同意愿，按照其章程开展活动的非营利性社会组织，如党派团体、工会、共青团、妇联、工商联等人民团体，足球协会等文化艺术体育团体，法学会等学术研究团体，各种行业协会等社会经济团体，这些团体与其工作人员原则上参照《公务员法》管理，但是其招用的工勤人员适用《劳动合同法》。

5. 其他组织。其他组织指的是企业、个体经济组织、民办非企业单位以外的组织。依照《劳动合同法实施条例》第3条的规定，其他组织是依法成立的会计师事务所、律师事务所、资产评估机构等，基金会是利益自然人、法人或者其他组织捐赠的财产，以从事公益事业为目的的，依法成立的非营利性法人。

---

① 《事业单位登记管理暂行条例》规定，事业单位是指国家为了社会公益目的，由国家机关举办或者其他组织利用国有资产举办的，从事教育、科技、文化、卫生等活动的社会服务组织。

6. 用人单位的分支机构。《劳动合同法》中，没有对用人单位分支机构能否作为用人单位的问题作出规定。《劳动合同法实施条例》第 4 条规定，用人单位的分支机构依法取得营业执照或者登记证书的，可以作为用人单位与劳动者订立劳动合同；未依法取得营业执照或者登记证书的，受用人单位委托可以与劳动者订立劳动合同。

（二）不适用于《劳动合同法》的用人单位

1. 家庭。从法律的角度讲，家庭是一种以人身关系为主，以财产关系为辅助的特殊组合，其不是法律意义上的组织，更不是法律意义上的民事责任主体，家庭以外的一切民事活动，均是以家庭成员个人进行，其不具备劳动法律上用人单位的条件。

2. 不具备用工主体资格的组织。劳动与社会保障部在 2005 年 5 月 25 日发布实施的《关于确立劳动关系有关事项的通知》第 4 条规定，建筑施工、矿山企业等用人单位将工程（业务）或者经营权发包给不具备用工主体资格的组织或者自然人，对该组织或者自然人招用的劳动者，由具备用工主体资格的发包方承担用工主体资格。即不具备用工主体资格的组织或者自然人招用的劳动者行为可视为代理行为，劳动者提供劳动，实际上是与被代理人（建筑施工、矿山企业等）用人单位之间建立劳动关系。

3. 外国企业常驻代表机构。按照《外国企业常驻代表机构登记管理条例》第 2 条的规定，外国企业常驻代表机构是指外国企业依照本条例规定，在中国境内设立的从事与该外国企业业务有关的非营利性活动的办事机构。代表机构不具有法人资格。对于该机构，国务院在《中华人民共和国国务院关于管理外国企业常驻代表机构的暂行规定》中明确规定该机构不得执行雇佣中国雇员，必须由"外事服务单位"提供，并且要求"外事服务单位"应当按照《劳动法》的规定与中国雇员订立劳动合同，并依法为中国雇员缴纳社会保险费用。因此，外国企业常驻代表机构不具备用人单位的主体资格。

第三节　劳动法律关系的内容

一、劳动法律关系内容的概念与特征

劳动法律关系的内容，是指劳动法律关系双方当事人所享有的权利和所承担的义务。

劳动法律关系的特征为：

第一，明显的不对称性。尽管劳动法律关系中的每一方当事人都既享有权利又履行义务，但是双方之间的权利、义务明显呈现出不对称性，即劳动者的权利多于义

务，用人单位的义务多于权利。

第二，较强的法定性。在劳动法律关系中，双方当事人之间约定的内容与法律规定相冲突时，法定的效力要优于约定的效力，除非约定对劳动更为有利，此即所谓"法定优先"的适用规制。而在民事法律关系中，通常遵循"约定优先"的适用规则。

第三，适度的受限性。主要表现：一是当事人约定的权利与义务不得低于劳动基准法的规定。如双方约定的工资标准不得低于法定的最低工资标准；劳动合同中不得约定担保条款等。二是当事人的有些权利同时具有义务的性质。如社会保险权、职业培训权、团结权等，均具有类似的属性。三是当事人的有些权利不能放弃，有些义务不能通过约定排除履行，如劳动者不能放弃辞职权，即所谓的"弃权条款"原则上无效。

第四，救济的复合性。用人单位在劳动法律关系中的义务兼有公法义务与私法义务等多重性质，从而使劳动者的权利救济呈现出兼采民事、行政、刑事等多种手段的复合性特征。如《劳动保障监察条例》第26条规定、《劳动合同法》第85条规定，由劳动行政部门责令用人单位向劳动者加付赔偿金等，实际是民事责任与行政手段相结合的典型立法例。而在民事法律关系中，当事人权利救济的渠道相对比较单一，主要采取追究对方民事责任的方式。

二、劳动法律关系中当事人的权利义务

（一）劳动者的权利与义务

1. 劳动者的权利。

（1）劳动者享有平等的就业和选择职业的权利。劳动就业权是具有劳动能力并且有就业愿望的劳动者依法从事有劳动报酬或者经营收入的劳动的权利。劳动就业权是劳动者享受各种劳动权利的前提条件，它是劳动者赖以生存的权利。我国《宪法》第42条规定，中华人民共和国公民有劳动的权利和义务，国家通过各种途径，创造劳动就业条件。《劳动法》第11条规定，国家通过促进经济和社会发展，创造就业条件，扩大就业机会。国家鼓励企业、事业组织、社会团体在法律、行政法规规定的范围内兴办产业或者拓展经营，增加就业。国家支持劳动者自愿组织起来和从事个体经营实现就业。即这是劳动就业"三结合"方针最主要的法律渊源。同时，《宪法》和《劳动法》规定，我国劳动者享有平等的劳动就业权利，《劳动法》第12、13条规定，劳动就业，不因民族、种族、性别、宗教信仰不同而受到歧视，妇女享有与男子平等的就业权利，在录用职工时，除国家规定的不适合妇女的工种或者岗位外，不得以性别为由拒绝录用妇女或者提高妇女的录用标准。

（2）劳动者享有取得劳动报酬的权利。

第一，按劳分配，实行同工同酬。《劳动法》第3条规定，劳动者享有取得劳动报酬的权利。劳动者的劳动报酬指劳动者因建立劳动关系并向用人单位付出劳动而取得的报酬。它主要体现在工资，还包括奖金、津贴、加班加点费等形式。其中，工资是劳动者获得劳动报酬的基本形式。它是指用人单位按照劳动者劳动的数量和质量，依法以货币形式支付的劳动报酬。《劳动法》第46条规定，工资分配应当遵循按劳分配的原则，实行同工同酬。同工同酬，是指在相同或者相近的工作岗位上，付出相同的劳动，应当得到相同的报酬。《劳动合同法》对同工同酬的权利有专门规定，即第11条规定，用人单位未在用工的同时订立书面劳动合同，与劳动者约定的劳动报酬不明确的，新招用的劳动者的劳动报酬按照集体合同规定的标准执行；没有集体合同或者集体合同未规定的，实行同工同酬；第18条规定，用人单位与劳动者约定的劳动报酬不明确或者对劳动报酬约定有争议的，按照集体合同规定的标准执行；没有集体合同或者集体合同未规定的，实行同工同酬。被派遣劳动者享有与用工单位的劳动者同工同酬的权利；第63条规定用工单位无同类岗位劳动者的，参照用工单位所在地相同或者相近岗位劳动者的劳动报酬确定。

第二，及时获得足额劳动报酬的权利。劳动合同法把"劳动报酬"作为劳动合同的必备条款之一，并规定：劳动合同中缺少"劳动报酬"条款的，由劳动行政部门责令改正；给劳动者造成损害的，由用人单位承担赔偿责任。第30条规定，用人单位拖欠或者未足额支付劳动报酬的，劳动者可以依法向当地人民法院申请支付令，人民法院应当依法发出支付令。第85条规定，用人单位未按照劳动合同的约定或者国家的规定及时足额支付劳动者报酬的，由劳动行政部门责令限期支付劳动报酬；劳动报酬低于当地最低工资标准的，应当支付差额部分；逾期不支付的，责令用人单位按应付金额50%以上100%以下的标准向劳动者加付赔偿金。

第三，最低工资保障权利。我国《劳动法》第48条规定，国家实行最低工资保障制度。最低工资的具体标准由省、自治区、直辖市人民政府规定，报国务院备案。用人单位支付劳动者的工资不得低于当地最低工资标准。劳动者在法定休假日和婚丧假期间以及依法参加社会活动期间，用人单位应当支付工资。《劳动法》第44条规定，有下列情况之一的，用人单位应当按照下列标准支付高于劳动者正常工作时间工资的报酬：安排劳动者延长工作时间的，支付不低于工资150%的工资报酬；休息日安排劳动者工作又不能安排补休的，支付不低于工资200%的工资报酬；法定休假日安排劳动者工作的，支付不低于工资300%的工资报酬。该规定从法律上保障了劳动者获得加班加点工资的权利。此外，国家还制定了奖金和津贴制度，对劳动者的超额劳动或者额外劳动进行补偿。

第四，要求依法支付经济补偿的权利。《劳动合同法》赋予了劳动者要求用人单位依法支付经济补偿的权利,并对应当给予经济补偿的情形和补偿标准作出了规定。

(3) 劳动者有休息休假的权利。休息休假的权利是指劳动者在法定工作时间以外所享有的可以自由支配的休息休假的权利。1995年3月国务院发布《关于修改〈国务院关于职工工作时间的规定〉的决定》,把工作时间规定为自1995年5月1日起实行每周5天工作制,即职工每日8小时,每周40小时工作制。国务院关于修改《全国年节及纪念日放假办法》、《职工带薪年休假条例》等规定,使劳动者享有的休息权利更充实。

(4) 劳动者享有获得劳动安全保护的权利。劳动安全卫生保护权也称劳动保护权,是指劳动者有权享受用人单位依法提供的符合规定的劳动安全卫生条件,以保障劳动者在劳动过程中的身体健康和生命安全的权利。劳动保护权是劳动权的重要组成部分。《劳动法》第54条规定,用人单位必须为劳动者提供符合国家规定的劳动安全卫生条件和必要的劳动保护用品,对从事有职业危害作业的劳动者应当定期进行健康检查。第56条第2款规定,劳动者对用人单位管理人员违章指挥、强令冒险作业,有权拒绝执行;对危害生命安全和身体健康的行为,有权提出批评,检举和控告。《劳动合同法》第38条规定,用人单位以暴力、威胁或者非法限制人身自由的手段强迫劳动者劳动的,或者用人单位违章指挥、强令冒险作业危及劳动者人身安全的,劳动者可以立即解除劳动合同,不需事先告知用人单位。第88条规定,用人单位有下列情形之一的,依法给予行政处罚;构成犯罪的,依法追究刑事责任;给劳动者造成损害的,应当承担赔偿责任:以暴力、威胁或者非法限制人身自由的手段强迫劳动的;违章指挥或者强令冒险作业危及劳动者人身安全;侮辱、体罚、殴打、非法搜查或者监禁劳动者的;劳动条件恶劣、环境污染严重,给劳动者身心造成严重损害的。

(5) 劳动者享有接受职业技能培训的权利。职业技能培训简称职业培训,是指依据社会职业的需求和劳动者从业的意愿,而由有关机构对劳动者专门进行的培养和提高职业技能的教育培训。依据我国《职业教育法》的规定,职业培训主要包括就业前培训、专业培训、学徒培训、在岗培训、转岗培训和其他职业性培训。《劳动法》第3条规定,劳动者享有接受职业技能培训的权利……第66条规定,国家通过各种途径,采取各种措施,发展职业培训事业,开发劳动者的职业技能,提高劳动者的就业能力和工作能力。第68条第2款规定,从事技术工种的劳动者,上岗前必须经过培训。

(6) 劳动者享有社会保险和福利的权利。社会保险是指国家为保障劳动者在生、老、病、死、伤残或者失业等暂时或者永久丧失劳动能力的情况下,依法强制实行的一种物质帮助制度。《劳动法》第3条规定了劳动者享有社会保险和福利的权利,第九章还专章规定了社会保险和福利。依据《劳动法》第73条规定,劳动者在下列情况下,依法享受社会保险待遇:退休;患病、负伤;因工伤残或者患职业病;失业;

生育。生活福利是指用人单位为职工解决生活困难和提高物质文化生活需求而举办的福利事业的总称。《劳动法》第76条规定，国家发展社会福利事业，兴建公共福利设施，为劳动者休息、休养和疗养提供条件。用人单位应当创造条件，改善集体福利，提高劳动者的福利待遇。

（7）劳动者享有提请劳动争议处理的权利。《劳动法》第3条明确规定了劳动者有提请劳动争议处理的权利，并在第10章对劳动争议作了规定。第77条规定，用人单位与劳动者发生劳动争议时，当事人可以依法申请调解、仲裁、提起诉讼，也可以协商解决。1993年国务院发布了《中华人民共和国企业劳动争议处理条例》，具体规定了劳动者行使提请劳动争议处理权的处理机构、方法、时效等。2001年3月最高人民法院发布《关于审理劳动争议案件的司法解释》，对我国现阶段劳动争议的范围作了规定，覆盖我国境内所有企业、个体经济组织及其他用人单位与劳动者产生的劳动争议。

（8）法律规定的其他权利。劳动者除享有上述各项基本劳动权利外，还依法享有参与企业民主管理权，依法组织和参加工会的权利。《劳动法》对劳动者的自由结社权作出规定，即劳动者有权依法参加和组织工会。第8条对劳动者的民主管理权作出了规定，即劳动者依照法律规定，通过职工代表大会或者其他形式，参与民主管理或者就保护劳动者合法权益与用人单位进行平等协商。我国《工会法》、《集体合同规定》、《工资协商试行办法》等法律法规，对劳动者的参与企业民主管理权作出了明确规定。

2. 劳动者的基本劳动义务。权利与义务是统一的。劳动者在行使法定权利的同时，也应履行法定义务。

（1）劳动者有遵守劳动纪律和职业道德的义务。劳动者遵守劳动纪律是遵守企业内部劳动规则的各项规定。企业内部劳动规则是根据法律、法规制定的行政规章制度。它具体规定了劳动纪律的要求，是保证企业全体人员协调一致地进行劳动的行为准则。《宪法》第53条规定，中华人民共和国公民必须遵守劳动纪律。《劳动法》第3条规定，劳动者应当遵守劳动纪律和职业道德。《企业职工奖惩条例》对劳动者遵守劳动纪律的具体要求作了明确的规定，对于严格遵守劳动纪律的劳动者给予奖励，对于违反劳动纪律者给予批评教育或者一定的纪律制裁。《劳动法》第89条规定，用人单位制定的劳动规章制度违反法律、行政法规的，由劳动行政部门给予警告，责令改正；对劳动者造成损害的，应当承担赔偿责任。

（2）劳动者有执行劳动安全卫生规程的义务。劳动安全技术规程是指国家为了防止和消除在生产过程中的伤亡事故，防止生产设备遭到破坏，保障劳动者安全和减轻繁重的体力劳动而规定的有组织和技术措施方面的各种法律规范。

《劳动法》第3条规定，劳动者应当执行劳动安全卫生规程。第56条规定，劳动者在劳动过程中必须严格遵守安全操作规程。劳动者对用人单位管理人员违章指挥、强令冒险作业，有权拒绝执行；对危害生命安全和身体健康的行为，有权提出批评、检举和控告。《工厂安全卫生规程》、《建筑安装工程安全技术规程》、《中华人民共和国矿山安全法》、《关于加强防尘防毒工作的决定》、《工业企业设计卫生标准》、《工业企业噪声标准》等都对劳动者的劳动安全方面，进行了规定。

（3）劳动者有提高职业技能的义务。《劳动法》第3条规定，劳动者应当提高职业技能。第68条规定，用人单位应当建立职业培训制度，按照国家规定提取和使用职业培训经费，根据本单位的实际，有计划对劳动者进行职业培训。

从法律上规定不断提高劳动技能是劳动者的义务，这适应了劳动生产的需要。人们从事各种职业，需要有一定的知识和技能，而这种知识和技能是需要通过学习和实践才能获得的。为此，劳动者既要参加上岗培训，又要参加在职培训。

（4）劳动者有完成劳动任务的义务。在我国劳动者必须亲自、全面地履行劳动义务。《劳动法》第3条规定，劳动者应当完成劳动任务。《中华人民共和国全民所有制工业企业法》、《中华人民共和国城镇集体所有制企业条例》都规定了职工应当以国家主人翁的态度从事劳动，完成生产和工作任务。法律规定劳动者负有完成劳动任务的义务，对于完成生产任务或者工作任务作出显著成绩的劳动者，将给予物质和精神鼓励，对于没有完成生产工作任务的劳动者，分别情况给予批评教育、行政处分或者经济制裁。

（二）用人单位的基本权利与义务

1. 用人单位的基本权利。用人单位在劳动关系中的权利，是经营管理权的重要组成部分，其实质为劳动组织管理权，以劳动给付请求权、指示命令权、纪律处分权为重点内容。

第一，要求劳动者按质按量完成劳动任务的权利。

第二，要求劳动者努力提高职业技能的权利。

第三，要求劳动者认真执行劳动安全卫生规程的权利。

第四，要求劳动者严格遵守劳动纪律和职业道德的权利。

2. 用人单位的基本义务。

第一，给付工资的义务。这是用人单位的最重要义务。用人单位应当遵守国家有关工资的形式、支付方式、给付地点、最低工资、扣除工资的限制等方面的法律、法规规定。

第二，保护义务。即用人单位对于劳动者负有保护的义务。这是基于劳动合同的订立，在劳动关系中所产生的特殊义务。

第三，使用义务。用人单位不能随意减少、搁置劳动力，使其无法从事劳动；更不得任意解雇劳动者，由于用人单位的责任发生停工时，用人单位仍须支付一定的工资。

第四，提供证明书的义务。当劳动者辞职时，要求证明其在受雇期间的职业、工种、在企业中的地位、工资以及受雇期间的时间等情况时，用人单位应当提供。

第五，说明劳动条件的义务。用人单位在与劳动者订立劳动合同时，负有向劳动者说明劳动条件的义务。

第四节 劳动法律关系的产生、变更与消灭

一、劳动法律关系产生、变更与消灭的概念

劳动法律关系与其他社会关系一样，其产生、变更和发展是有一定规律的，特别是应遵循相应的法律规范而进行活动。

劳动法律关系的产生是指当事人依照劳动法律规范确立劳动法律关系，从而产生相应的权利和义务的情况。

劳动法律关系的变更是指已经形成的劳动法律关系，由于主、客观原因导致其内容和客体发生变化的情况。

劳动法律关系的消灭是指劳动法律关系提前结束或者自然结束而不复存在的情况。

二、劳动法律关系运行的基础——劳动法律事实

在实际生活中，劳动法律关系并不是不变的，而是经常处于运动、变化的过程中，包括产生、变更、消灭等环节。但这种运动、变化的过程，又必须具备一定的条件，这就是劳动法律事实的存在。所谓劳动法律事实，是指劳动法律规范所规定的，能够引起劳动法律关系产生、变更与消灭的各种客观情况。即劳动法律事实是劳动法律关系得以实际运行的原因，劳动法律关系的运行则是劳动法律事实引起的结果，而劳动法律事实能否引起这些结果又必须以劳动法律规范为依据。

劳动法律事实主要分为两类：

（一）行为

行为即人们有意识的活动，包括作为和不作为。在劳动法上，能够成为劳动法律事实的行为主要有：

第一，当事人的行为。包括劳动关系当事人的合法行为和违法行为，在某些特定

情况下,当事人的某些行为会被法律作出有利于劳动者一方的定性和解释。如《劳动合同法》第38条规定的"推定解雇制度",就是通过将劳动者因用人单位的原因被迫提出的辞职行为推定和解释为用人单位的解雇行为,是劳动者能够获得在解雇情况下才有的经济补偿金等相关待遇。

第二,劳动争议处理机构的行为。包括劳动争议调解组织的调解行为、劳动争议仲裁委员会的调解和裁决行为、人民法院的调解和裁判行为,它们作出的裁判结果,会对劳动法律关系当事人的权利和义务带来直接的影响。

第三,行政行为。即有关行政部门(特别是劳动行政部门)依据职能作出的行为。《劳动法》第34条规定,当事人签订集体合同的行为只能产生集体合同成立的效力,而要使集体法律关系生效,还需把签订后集体合同报送劳动行政部门审查通过。

(二)事件

事件是指不以当事人的主观意志为转移的客观情况,如劳动者的疾病、伤残、死亡、重大自然灾害等情形,它们能够引起劳动法律关系的变更、消灭。事件在实践中作为劳动法律事实发挥作用的方式有两种:

一是单独发挥作用,如劳动者死亡这一事件是劳动合同终止。

二是与行为结合起来共同发挥作用,如劳动者患病为用人单位解雇,劳动者患病这一情形,属于事件;而用人单位基于这一事件作出的解除劳动合同的单方决定,属于行为,它们共同作用的结果,导致了劳动法律关系的消灭。

【理论链接】

雇员(劳动者)的认定标准[①]

(一)德国对雇员的认定

在德国,一般认为雇员是基于私法上的劳动合同为获取工资而有义务处于从属地位为他人(雇主)提供劳动给付的人。对于雇员的定义,劳务提供者的人身依赖性是实质性的内容,由此可以区分劳动关系和民法典第611条所包含的独立的劳务关系。判断雇员身份的主要标准是人身依赖性而非经济依赖性。因此,在德国法上,对雇员的从属性的判断主要着眼于人身依赖性。

(二)美国对雇员的认定

在美国,通过立法和判例产生了"雇员"认定的许多原则和规则。依据《公平劳动标准法》,雇员是指被雇主雇佣的任何人。而雇主的定义是直接或者间接的

---

① 谢增:《劳动法的比较与反思》,社会科学文献出版社2011年版,第4~7页。

为了与雇员相对应的雇佣方的利益而行事的任何人。雇员身份的认定主要依赖于判例法。

法院在判例中，依据普通法的原则形成了所谓"经济现实标准"，在判断雇员身份时，通常需要考虑以下因素：

第一，受雇主控制的程度；第二，雇员对设备和材料投资的程度；第三，雇员分享利润和承担损失的机会；第四，工作所需要的技术的程度；第五，双方关系的持续时间；第六，雇员所提供的服务作为雇主业务不可分割的一部分的程度。

当然法院在判定某一个人是否是雇员时必须综合考虑以上因素，但判断的核心标准是"控制"标准。

在美国，与雇员相对应的概念是"独立合同人"。独立合同人是美国法律中的一个概念，系指与企业之间签订合同约定在自己的工作场所利用自己的设备和雇员完成特定的工作，企业支付其报酬的工作者。独立合同人不是雇员。

【思考题】

1. 试述劳动法律关系的概念与特征。
2. 劳动法律关系与劳动关系的联系与区别是什么？
3. 试述劳动者的认定。
4. 劳动法律关系的内容是什么？

【案例分析题】

1. 郭某经人介绍到某公司当驾驶员。双方没有签订劳动合同，公司没有为郭某办理劳动用工手续。9个月后，郭某在为公司运送货物的途中，遭遇山体滑坡，发生交通事故身受重伤。交通事故处理结束后，郭某要求公司为其支付医疗费并予以工伤待遇，公司以郭某不是正式员工为由拒绝了郭某的请求。郭某不服，向当地劳动争议仲裁委员会申请仲裁。

问：郭某与某公司之间是什么法律关系？劳动争议仲裁委员会应当如何裁决？

2. 2000年，田某师范学校毕业后应聘到某民办初中任教，教授数学。2002年12月，田某怀孕后情况不太稳定，因此向学校说明情况，并要求回家进行休养。学校勉强同意了田某的请求。回家休养不久，田某收到了学校的"严重违纪予以开除"的通知。在与学校反复沟通后，学校坚持开除决定，并提前解除了聘用合同。田某不满，遂向劳动争议仲裁委员会申请仲裁。

问：劳动争议仲裁委员会应如何处理本案？

3. 李某应聘到某旅行社从事会计工作。该旅行社是旅行公司的分支机构，规模不大，只有10多人，但取得了营业执照。试用期过了1个月后，旅行社仍没有提出与李某签订劳动合同。旅行社只支付基本工资，没有为其缴纳社会保险费。

问：旅行社是否具有签订劳动合同的资格？如有，法律依据是什么？

4. 刘某在大学毕业后进入一家文化公司工作，因种种原因没有与公司签订书面劳动合同。2个月后，刘某发现自己怀孕，便如实把此情况告知公司。几天后，公司将刘某辞退。刘某为此事，向劳动争议仲裁委员会申请仲裁。

问：刘某与文化公司之间是什么法律关系？劳动争议仲裁委员会应如何处理本案？

第三章

劳动合同的订立

教学目标

通过本章的学习，了解劳动合同的历史发展，重点掌握劳动合同的订立原则、劳动合同的效力，难点是劳动合同的无效的认定、非法用工和就业歧视的确定。

关键术语

劳动合同　合法原则　诚实信用原则　试用期　竞业禁止　服务期　劳动合同的成立　劳动合同的生效　劳动合同无效

第一节　劳动合同的概述

《劳动法》第16条第1款规定，劳动合同是劳动者与用人单位确立劳动关系，明确双方权利与义务的协议。建立劳动关系应当订立劳动合同。

一、劳动合同的分类

劳动合同依照不同的标准，可以进行不同的分类。

（一）以劳动合同的期限为标准，劳动合同可以分为：固定期限的劳动合同、无固定期限的劳动合同和以完成一定工作任务为期限的劳动合同

劳动合同的期限是指劳动合同的有效时间，是双方当事人所订立的劳动合同的起始与终止的时间，也是对劳动关系具有法律约束力的时间。

1. 固定期限的劳动合同（又称定期劳动合同）。固定期限的劳动合同是指劳动者与用人单位之间事先约定的合同终止时间的劳动合同。在合同期限届满时，当事人之间的合同关系即行终止；如果双方当事人之间协商一致，也可以续订劳动合同。但是，是否续订的权力在很大程度上取决于用人单位。

固定期限劳动合同的优点在于使劳动力的提供者与使用者之间在约定的时间内具有相对的稳定性。缺点在于，如果双方之间约定的合同期限较长，双方都要受制于合同期限，不利于双方之间的灵活性，即不利于用人单位的雇佣灵活，也不利于劳动者的自由流动。

2. 无固定期限的劳动合同（又称为不定期劳动合同）。无固定期限的劳动合同，是指用人单位与劳动者约定没有确定终止时间的劳动合同，用人单位与劳动者协商一致，可以订立无固定期限的劳动合同。

我国《劳动合同法》第14条规定，用人单位与劳动者协商一致，可以订立无固定期限的劳动合同。有下列情形之一，劳动者提出或者同意续订、订立劳动合同的，除劳动者提出订立固定期限劳动合同外，应当订立无固定期限劳动合同：劳动者在该用人单位连续工作满10年的；用人单位初次实行劳动合同制度或者国有企业改制重新订立劳动合同时，劳动者在该用人单位连续工作满10年且据法定退休年龄不足10年的；连续订立2次固定期限劳动合同，且劳动者没有本法第39条和第40条第1项、第2项规定的情形，续订劳动合同的。用人单位自用工之日起满1年不与劳动者订立书面劳动合同的，视为用人单位与劳动者已订立无固定期限的劳动合同。《劳动合同法实施条例》第11条规定，除劳动者与用人单位协商一致的情形外，劳动者依照《劳动合同法》第14条第2款的规定，提出订立无固定期限劳动合同的，用人单位应当与其订立无固定期限劳动合同。对劳动合同的内容，双方应当按照合法、公平、平等自愿、协商一致、诚实信用的原则确定；对协商不一致的内容，依照劳动合同法第18条的规定执行。

无固定期限劳动合同的优点在于它为双方提供了稳定的关系，只要不出现法定的单方解除情形，双方可以合作到劳动者退休之日或者用人单位解体之日。从长远看，其对劳动者与人用人单位都有利。

3. 以完成一定工作任务为期限的劳动合同。以完成一定工作任务为期限的劳动合同，是指用人单位与劳动者约定以某项工作的完成为合同期限的劳动合同。一旦该工作任务完成，劳动合同即行终止。这类合同一般适用于铁路、公路、桥梁、建筑的工程项目具体和确定的情况。此类合同实际上是一种定期的劳动合同，一般用于以下情况：以完成单项工作任务为期限的劳动合同；以项目承包方式完成承包任务的劳动合同；因季节原因临时用工的劳动合同；其他双方约定的以完成一定工作任务为期限的劳动合同。

但是，其与定期劳动合同仍有区别，区别在于：定期劳动合同的期限是具体的、事先能确定的一个日期；而以完成一定工作为期限的劳动合同一般不能事先确定期限的具体日期,即特定工作完成的日期是不确定的,但又是有一个具体的期限即完成之日。

(二) 以劳动合同确定的劳动者工作时间的长短为标准,劳动合同分为全日制劳动合同与非全日制劳动合同

1. 全日制劳动合同。全日制劳动合同又称为全职劳动合同,现在,我国法律、法规中还没有关于全日制用工的定义。一般认为,每天或者每周工作时间依照法定工作时间进行计算的用工属于全日制用工,劳动者与用人单位之间订立的劳动合同属于全日制劳动合同。即我国劳动者的工作时间,在累计计算的情况下,依照每天8小时工作制或者一种每周40小时工作制进行计算的用工方式,属于全日制劳动合同关系。

2. 非全日制劳动合同。非全日制劳动合同是相对于全日制劳动合同而言的,是指劳动者的工作时间没有达到法定工作时间状态下的用工形式。依据我国《劳动合同法》的规定,劳动者在同一用人单位平均每日工作时间不超过4小时、每周工作时间累计不超过24小时的用工形式才属于非全日制用工。其属于非典型用工形式之一,一般以小时计酬。

(三) 以适用于用人单位的类型为标准,劳动合同分为劳动合同与聘用合同

劳动合同适用于企业类型的用人单位,事业单位与社会团体招聘工作人员时订立的劳动合同一般称为聘用合同。《劳动合同法》第96条规定,事业单位与实行聘用制的工作人员订立、履行、变更、解除或者终止劳动合同,法律、行政法规或者国务院另有规定的,依照其规定;未作规定的,依照本法有关规定执行。即聘用合同与劳动合同的本质是一致的,其是确立被聘用人员和聘用的事业单位之间劳动关系的法律依据。

二、劳动合同的作用

劳动合同法上的一项核心制度就是劳动合同,实行劳动合同制度具有重要作用。

第一,劳动合同是劳动者实现劳动权的法律形式之一。劳动者获得生存权的基础是劳动权,我国《宪法》和《劳动法》都明确保障了劳动者劳动权的实现,劳动合同的订立,从法律上明确了双方之间的权利与义务,使劳动者的生存得以保障。法律对非法解雇的规定,也使劳动者的劳动权在劳动合同期间内有所保障。

第二，劳动合同是保护双方当事人合法权益的法律手段。劳动者与用人单位之间的权利义务是通过劳动合同依法确立的，各方都必须依法履行劳动合同，只有在双方当事人都依法履行劳动合同时，才能使当事人之间的合法权益得到实现。

第三，劳动合同有利于减少劳动争议。依法订立并对双方权利义务明确规定的劳动合同，能够减少劳动争议的发生；即使双方发生劳动争议，明确的劳动合同对劳动争议的解决也较为容易。

第二节　劳动合同订立的原则

【案例 3-1】

劳动合同纠纷案[①]

某中学（原告）是某县一所民办中学。张某（被告）是另一所中学的教师，是在大中专毕业生就业制度改革前由教育行政部门按计划直接分配到该中学任教的事业在编人员。2002 年 7 月 20 日，某中学与张某签订了一份聘用协议书，协议书约定：自 2002 年 9 月 1 日起，至 2011 年 8 月 31 日止，张某到某中学担任学科骨干教师，享受四级十二类教师待遇，每年总收入不低于 22000 元；同时约定，从张某受聘之日起，9 年共计 135000 元；还约定，聘任协议有效期内，如果张某单方解除协议，则必须赔偿某中学违约金 30000 元。

该聘用协议签订后，张某当年未能按原先约定履行，仍留在原中学任教，后又与某中学进行了协商，双方决定把原先协议中的履行时间推迟 1 年，即由原先的 2002 年 9 月 1 日至 2011 年 8 月 31 日变更为 2003 年 9 月 1 日至 2012 年 8 月 31 日。

协议变更后，张某仍旧因故未能履行，某中学依据聘用协议的内容，以张某不履行约定违反劳动合同义务为由，向该县劳动争议仲裁委员会提出劳动仲裁申请。某中学遂向人民法院提起诉讼，请求判令张某按协议约定支付违约金 30000 元，以及承担诉讼费用。

法院经审理认为，择业自由是法律赋予公民的基本权利。但本案原、被告签订"聘用协议书"时，都明知被告没有与原任教的中学解除劳动关系，双方都违反了法定诚实信用原则，规避了劳动管理的规范性规定，因双方都有过错，导致该协议无效。

[①] 苏号朋：《劳动合同法案例评析》，对外经济贸易大学出版社 2008 年版，第 56~57 页。

【案例 3-2】

劳动合同的风险抵押金无效案[①]

1994 年 7 月，冯某（原告）大学毕业，被正式分配到某旅行社（被告）工作。报到时，该旅行社的原法定代表人、总经理告知冯某，到社里工作必须先缴纳 4000 元人民币作为风险抵押金，否则不予落实工作关系。为了尽快落实工作关系，冯某只好同意交纳 4000 元抵押金。1994 年 8 月 7 日，旅行社作为甲方，冯某作为乙方，签订了一份劳动合同。合同规定：（1）甲方同意乙方调入旅行社工作；（2）乙方自愿把档案及工资关系调入甲方单位；（3）甲方对乙方的工作实行 1 个月试用期，试用期内不发工资；（4）乙方到甲方单位工作之日起 1 周内交纳风险抵押金 4000 元；（5）乙方调离甲方或者甲方辞退乙方之日起 1 年后，甲方把抵押金返还乙方（无利息）；（6）乙方在甲方工作期间，如违反纪律和给甲方带来名誉影响，即经济损失（未完成承包指标），甲方有权扣除风险抵押金；（7）乙方交纳风险抵押金后，甲方负责乙方的劳动保险、医疗补助费及有关规定费用（但必须在完成规定效益的前提下）。合同签订后，冯某即到该旅行社工作。1995 年 10 月，冯某因故落聘，双方合同解除。冯某即向该社新任法定代表人吕某要求退还该风险抵押金。吕某以自己刚接管工作，不熟悉情况及现在无钱为由，拒绝返还此款。冯某无奈，只好在 1996 年 3 月向法院提起诉讼。

冯某诉称，双方已解除劳动合同，被告应返还风险抵押金 4000 元，并赔偿利息损失。

旅行社辩称：承认收取抵押金之事，但现在无钱，以后什么时间有钱，什么时候还。不同意赔偿利息损失，因双方合同规定不付利息。

法院经审理认为：旅行社与冯某之间签订的劳动合同，其中规定的关于人事录用关系调转的部分合法有效，但合同中关于向原告收取风险抵押金的规定，违反国家有关劳动法规定，应属无效。被告应返还所收款项，并应适当赔偿原告损失。

劳动合同的订立，是指劳动合同双方当事人即劳动者与用人单位之间就双方的权利、义务进行协商，意思表示一致，从而签订对双方具有法律约束力的劳动合同的行为。

我国《劳动合同法》第 3 条规定，订立劳动合同，应当遵循合法、公平、平等自愿、协商一致、诚实信用的原则。依据此规定，劳动合同订立的基本原则包括：

[①] 苏号朋：《劳动合同法案例评析》，对外经济贸易大学出版社 2008 年版，第 62~63 页。

一、合法原则

劳动合同有效的前提条件是合法。合法原则是指劳动合同的订立必须遵守法律、行政法规，不得违反法律的强制性规定。《劳动合同法》第26条规定，违反法律、行政法规强制性规定的劳动合同无效或者部分无效。主要表现在以下方面：

第一，劳动合同的主体合法。用人单位与劳动者都必须具备订立劳动合同的资格。即劳动者须是已满16周岁且具有劳动能力；用人单位是符合劳动合同法规定的企业、个体经济组织即民办非企业单位等组织，以及特殊情况下的国家机关、事业单位和社会团体。

第二，劳动合同的内容合法。用人单位与劳动者必须在劳动合同中，明确规定劳动合同的必备条款，并不能违反法律的规定。劳动合同内容的违法并不一定导致整个劳动合同的无效，而仅是违反法律法规规定的条款无效，并不影响劳动合同的其他条款的效力。

第三，劳动合同的形式合法。依照《劳动合同法》第10条的规定，建立劳动关系，应当订立书面的劳动合同。除非全日制用工外，劳动合同都要采取书面的方式订立。双方当事人享有权利与义务的法律凭证是书面的劳动合同，在双方发生劳动争议时，书面的劳动合同有利于分清是非，明确责任，解决纠纷。

第四，劳动合同订立的程序合法。双方当事人订立劳动合同时，要约、承诺的程序必须符合法律的规定。

第五，劳动合同的订立目的合法。即双方当事人之间签订劳动合同，实现的法律后果不能违反法律、法规的规定。《劳动合同法》第9条规定，用人单位招用劳动者，不得扣押劳动者的居民身份证和其他证件[①]，不得要求劳动者提供担保或者以其他名义向劳动者收取财物[②]。

二、公平原则

公平原则是指双方当事人之间签订的劳动合同的内容应当公平合理。《劳动合同法》第26条规定，用人单位免除自己的法定责任、排除劳动者权利的劳动合同无效或者部分无效，是因为这里劳动合同的内容显示公平。

---

① 居民身份证和其他证件，一般包括劳动者的居民户口、身份证、暂住证、毕业证、学位证、专业技能证书、职称评定证书等证件。

② 提供担保或者以其他名义向劳动者收取财物，一般包括保证金、抵押金、集资、风险金、押金、培训费、服装费、电脑费、纪律违约金等任何形式的费用。

把公平原则作为基本原则，可以防止劳动合同的当事人尤其是用人单位滥用其自身的优势地位而损害劳动者的利益，能够达到平衡劳动合同双方当事人之间的利益，建立和谐的劳动关系的目标。即用人单位不能滥用优势地位，不得滥用权利，不得欺诈、以迫使劳动者订立不公平的合同。

劳动合同的形式公平要求双方当事人之间的权利、义务具有对等性：一方享有权利，他方负有义务；一方享有权利，就必须对他方承担相应的义务。这有利于平衡劳动者与用人单位本质上的不平等。

三、平等自愿原则

平等自愿原则本质上包括两个原则：一是平等原则；二是自愿原则。两者之间具有密切的联系。

（一）平等原则

平等原则是指双方当事人之间在订立劳动合同时的法律地位是平等的，不存在行政上的隶属关系，任何一方不能把自己的意志强加给另一方，法律上适用同样的规则，享受同等的法律保护。

平等原则要求法律上的平等、形式上的平等。在实践中，多数劳动者与用人单位之间的地位并不平等，但是，法律规定用人单位不能利用其优势地位，在签订劳动合同时，对劳动者附加不平等的条件和内容。

（二）自愿原则

自愿原则是指双方当事人能够完全依据自己的内心意愿决定是否订立劳动合同以及劳动合同的内容，对方当事人即任何第三人都不能进行干预。《劳动合同法》第26条规定，以胁迫的手段使对方在违背真实意思的情况下订立的劳动合同无效。

劳动合同订立的自愿原则，主要体现在以下方面：

第一，当事人自愿选择是否订立劳动合同及合同的相对人。这是自愿原则最基本的含义。即双方当事人完全依据自己的意思决定是否签订劳动合同，任何人都不承担必须签订劳动合同的义务；同时，法律也赋予当事人自由选择劳动合同相对人的权利。

第二，当事人自愿决定劳动合同的内容。双方当事人自愿决定劳动合同的内容，而不受任何人的干涉。但这里的自愿，受制于法律的强制性规定限制。即在劳动合同的内容不违反法律的强制性规定的情况下，劳动合同才有效；否则，劳动合同无效。如果劳动合同的条款对当事人一方不公平，只要改条款不违反法律的强制性规定，且劳动合同的当事人同意并接受，该合同条款仍然有效。

第三，双方当事人自愿变更与解除劳动合同。双方当事人之间可以通过自愿协商一致变更与解除劳动合同，或者根据其享有的单方解除权自愿解除劳动合同。如果当事人解除劳动合同，给对方造成损害的，要承担相应的法律责任。

总之，平等与自愿是密不可分的，平等是自愿的前提，自愿是平等的具体体现。

四、协商一致原则

协商一致原则是指用人单位与劳动者对劳动合同的权利与义务条款进行协商，达成一致而订立的劳动合同。

协商是指劳动合同订立的方式，即劳动合同订立通过当事人之间的自主协商，它的基础是当事人的自愿；而一致是从订约角度而言，当事人的意思表示达成一致。

实践中，劳动合同一般是由用人单位提供的格式合同，劳动者一般只需要签字即可。如果在格式合同中，用人单位减轻或者免除了自己的法定责任、排除或者限制了劳动者的权利，这时，应认为劳动合同为无效或者由劳动者解除劳动合同。

五、诚实信用原则

道德原则的法律化是诚实信用原则。诚实信用原则是指用人单位与劳动者之间在签订劳动合同的过程中，要诚实讲信用，并按照诚信原则履行自己依据劳动合同或者法律规定，向对方承担的各种义务。《劳动合同法》第8条规定，用人单位招用劳动者时，应当如实告知劳动者工作内容、工作条件、工作地点、职业危害、安全生产状况、劳动报酬，以及劳动者要求了解的其他情况；用人单位有权了解劳动者与劳动合同直接相关的基本情况[①]，劳动者应如实说明。不如实告知可能构成欺诈，《劳动合同法》第26条规定，以欺诈的手段使对方在违背真实意思的情况下订立或者变更劳动合同的，劳动合同无效。此外，诚实信用原则还要求当事人承担协助、通知与保密等相关的义务。

第三节 劳动合同订立的程序

劳动合同订立的程序与合同订立的程序一样，也分为要约和承诺两个基本必经的

[①] 与劳动合同直接相关的基本情况，主要包括健康状况、知识技能（如文化程度和职业资格证书等）、工作经历等。

阶段。但在实践中，双方运用要约邀请的程序却更为多见，即任何一方向对方发出一些信息，表达希望对方与自己订立劳动合同的愿望。如用人单位通过招聘广告，表达希望符合条件的劳动者与其订立劳动合同的愿望；劳动者向用人单位寄发个人简历，表达希望与用人单位订立劳动合同的愿望。

劳动合同的订立程序是多个要约邀请的反复，只有当一方向另一方提出的所有内容具体而确定，并自己接受约束时，该意思表示才是要约。对方依照该要约作出同意的意思表示，才是承诺，这时双方当事人达成合同。实践中，要约表现为用人单位把签字、盖章的格式合同交给劳动者，劳动者填写格式合同后，并在其上签字，交还给用人单位，即是承诺。

一、劳动合同订立的具体程序

（一）确立劳动合同的当事人

劳动合同订立的第一步是确定劳动合同的当事人。这一阶段中，用人单位与劳动者通过一定的方式，进行相互的选择，在自愿的基础上，确定劳动合同的当事人。

一般地说，是用人单位先发出招聘简章，劳动者依据其要求的条件和规定的时间去应聘；然后，用人单位根据相应的条件，对劳动者进行考核；最后，向符合录用条件的劳动者发出录用通知书[①]。

（二）确定劳动合同的内容

劳动合同双方当事人就劳动合同的具体内容，通过平等协商，实现意思表示的一致，以确立劳动关系和明确相互权利义务。

此阶段经历的程序为：

第一，用人单位提出劳动合同草案。用人单位先向劳动者提出拟定的劳动合同草案，并说明各条款的具体内容与依据。

第二，用人单位说明劳动规章。用人单位在提出劳动合同草案时，还必须向劳动者详细介绍本单位的劳动规章。

第三，与劳动者商定劳动合同内容。用人单位与劳动者在劳动合同草案与劳动规

---

① 录用通知书不能取代劳动合同，二者之间的区别在于：第一，录用通知书是用人单位单方面向劳动者发出的订立劳动合同、建立劳动关系的要约，只有在劳动者进行承诺后，双方当事人之间才达成建立劳动关系的合意。录用通知书是只对用人单位产生法律约束力的要约。第二，我国劳动法律法规中没有规定录用通知，在实践中，用人单位向劳动者发出的录用通知一般作为要约处理。由此可见，录用通知书与劳动合同属于两个法律问题，录用通知是要约，不能取代劳动合同，用人单位可以不向劳动者发出录用通知，但是用人单位必须要与劳动者签订书面劳动合同。

章的基础上，对劳动合同条款协商一致后，以书面形式确定其具体内容。

第四，双方签名或者盖章。即用人单位把签字、盖过章的格式劳动合同交给劳动者填写，劳动者签字后，再交给用人单位。用人单位可以由法人代表签字，也可由其授权的具体负责人签字，劳动者则由本人签字。用人单位还需在劳动合同上加盖公章。

第五，鉴证。依照国家规定或者当事人要求需要鉴证的劳动合同，应把其文本送交到合同签订地或者合同履行地的合同鉴证机构进行鉴证。凡需要鉴证的劳动合同，经鉴证后发生法律效力。

二、订立劳动合同注意的问题

（一）用人单位建立职工名册备查

《劳动合同法》第7条规定，用人单位自用工之日起即与劳动者建立劳动关系。用人单位应当建立职工名册备查。《劳动合同法实施条例》第8条规定，职工名册，应当包括劳动者姓名、性别、公民身份号码、户籍地址即现住址、联系方式、用工形式、用工起始时间、劳动合同期限等。

用人单位用书面形式建立职工名册的作用，包括：

第一，证明劳动关系存在的作用。在现实中，劳动者因与用人单位发生劳动争议，很难举证。如果其不能提供证据，则很难对其自身权益进行维护。用人单位建立职工名册，在发生劳动争议时，劳动者可以要求用人单位提供职工名册，以证明其与用人单位之间存在劳动关系。

第二，有利于劳动行政部门，对用人单位进行监督检查。劳动行政部门有权对用人单位的用工情况，进行监督检查。用人单位建立职工名册，劳动行政部门可依据职工名册，对其随时进行监督检查。

（二）对用人单位招用劳动者的禁止性规定

《劳动合同法》第9条规定，用人单位招用劳动者，不得扣押劳动者的居民身份证和其他证件，不得要求劳动者提供担保或者以其他名义向劳动者收取财物。

用人单位在招用劳动者时的禁止性规定为：

第一，不得扣押劳动者的居民身份证或者其他证件。在招用劳动者时，不得扣押劳动者的居民身份证及其他证件，如劳动者的毕业证、暂住证以及各种职业资格证书等。

第二，不得要求劳动者提供担保或者以其他名义向劳动者收取财物。不得要求劳动者提供担保，其内容中也包含了不得要求第三人为劳动者提供担保。同时用人单位也不能向劳动者收取或者变相收取货币和财物。如果用人单位违反以上的两个禁止性规定，须承担相应的法律责任①。

三、劳动合同订立中的告知义务

《劳动合同法》第8条规定，用人单位招用劳动者时，应当如实告知劳动者工作内容、工作条件、工作地点、职业危害、安全生产状况、劳动报酬，以及劳动者要求了解的其他情况；用人单位有权了解劳动者与劳动合同直接相关的基本情况，劳动者应当如实告知。即用人单位与劳动者订立劳动合同时，需向对方说明法律规定的或者应对方要求的与劳动合同建立直接相关的真实情况，这是用人单位与劳动者在订立劳动合同时依法应遵守的附随义务。

（一）用人单位的告知义务

第一，用人单位告知的内容是与劳动合同有关的内容。如工作内容、工作条件、工作地点、职业危害、安全生产状况、劳动报酬等六项内容。工作内容包括劳动者从事劳动的工种、岗位和劳动定额、产品质量标准的要求等。工作条件是劳动场所和设备、劳动安全卫生设施等。工作地点是劳动者工作的具体地方。职业危害是指从事该工作可能对人身造成的损害。安全生产状况是指以前发生安全生产事故的情况和发生事故的可能性，劳动报酬是用人单位依据劳动者提供的劳动数量和质量以货币形式支付给劳动者的工资。以上六项内容，用人单位应当主动告知。

第二，劳动者要求了解的其他事项。这类事项的范围，法律并没有进行概括列举性规定，而是由双方当事人进行协商确定。一般地，劳动者了解的其他事项包括：工作时间、休息休假、社会保险、晋级晋职、福利待遇等内容。如果劳动者了解的事项涉及用人单位的商业秘密，用人单位有权拒绝。

第三，告知的信息不能是虚假信息。即用人单位对劳动者履行的告知信息，必须是真实的，不是虚假的。如果用人单位提供虚假信息，将导致劳动合同的无效。《劳动合同法》第86条规定，订立的劳动合同被确认为无效，给一方造成损失的，有过错的一方应承担赔偿责任。

第四，告知的时间是当事人双方订立劳动合同前。劳动者是基于用人单位的告知内容，才能决定是否与其签订劳动合同。

---

① 《劳动合同法》第84条规定，用人单位违反本法规定，扣押劳动者居民身份证等证件的，由劳动行政部门责令限期退还劳动者本人，并依照有关法律规定给予处罚。用人单位违反本法规定，以担保或者其他名义向劳动者收取财物的，由劳动行政部门责令限期退还劳动者本人，并以每人500元以上2000元以下的标准处以罚款；给劳动者造成损害的，应当承担赔偿责任。劳动者依法解除或者终止劳动合同，用人单位扣押劳动者档案或者其他物品的，依照前款规定处罚。

第五，告知义务是法定义务。用人单位与劳动者不能通过约定来排除该告知义务。即用人单位在招聘时，必须按照法律规定履行告知义务，如果用人单位违反该义务，就要承担相应的法律责任。

（二）劳动者的告知义务

劳动者的告知义务是附条件的，只有在用人单位要求了解劳动者与劳动合同直接相关的基本情况时，劳动者才负有如实告知的义务。劳动者与劳动合同之间相关的情况包括：健康状况、知识技能、学历、职业资格、工作经历以及部分与工作有关的劳动者个人情况，如家庭住址、主要家庭成员等。

而对于那些与劳动合同无关的情况，劳动者有权拒绝说明。对于用人单位，其有义务对在招聘过程中，获知的劳动者个人信息进行保密，未经劳动者个人的同意，不得向其他人进行披露。

（三）当事人违反告知义务的后果

第一，应当告知而没有告知的，将导致劳动合同不能订立。用人单位或者劳动者没有履行告知义务，对方都可选择，不与其签订劳动合同。

第二，告知对方虚假信息的，将导致劳动合同的无效。

第四节　劳动合同的续订

一、劳动合同续订的定义

劳动合同的续订，是指劳动合同当事人双方依法达成协议，使原订立的即将期满的劳动合同延长有效期限的法律行为。

劳动合同的续订与劳动合同订立的区别：

第一，其是在劳动合同双方当事人均已确定的前提下进行的，不需要经过对当事人的再确定阶段；

第二，其是原订劳动合同所确立的劳动关系的延续，并不是在原劳动关系终止后再次确定劳动关系；

第三，其以原订劳动合同为基础，当事人双方继续享有和承担与原有效期限届满前一样或者基本相同的权利与义务。

二、劳动合同续订的条件

劳动合同的续订应当具有法定的必备条件,劳动合同续订的条件主要为:

第一,可以续订的劳动合同只限于一定范围内的定期劳动合同。在我国,按现行劳动法规规定,临时工劳动合同,已满8年的农民定期轮换工劳动合同,已满5年的外国人劳动合同,以完成一定工作(工程)为期限的劳动合同,都不得续订;其他的定期劳动合同才可以续订[①]。

第二,劳动合同续订不能超过一定的次数或者期限。在我国的现行立法中,对农民定期轮换工劳动合同和外国人劳动合同的最长期限(分别为8年、5年)作出了规定,因而这两种劳动合同的续订不得超过此期限[②]。

第三,双方当事人须同意劳动合同的续订。我国规定,在劳动合同续订前,双方当事人同意继续签订劳动合同。

第四,在特定条件下劳动合同的续订。我国劳动部规定,劳动合同期满后,因用人单位方面的原因未能办理终止或者续订手续而形成事实劳动关系的,视为双方同意续订劳动合同,用人单位应及时办理续订手续。

第五,在特定条件下应续订为不定期劳动合同。我国《劳动合同法》第14条规定,有下列情形之一的,劳动者提出或者同意续订、订立劳动合同的,除劳动者提出订立固定期限劳动合同外,应当订立无固定期限劳动合同:劳动者在该用人单位连续工作满10年的;用人单位初次实行劳动合同制度或者国有企业改制重新订立劳动合同时,劳动者在该用人单位连续工作满10年且距法定退休年龄不足10年的;连续订立2次固定期限劳动合同,且劳动者没有本法第39条和第40条第1项、第2项规定的情形,续订劳动合同的。用人单位自用工之日起满1年不与劳动者订立书面劳动合同的,视为用人单位与劳动者已订立无固定期限的劳动合同。《劳动合同法实施条例》第12条规定,地方各级人民政府及县级以上地方人民政府有关部门为安置就业困难人员提供的给予岗位补贴和社会保险补贴的公益性岗位,其劳动合同不适用劳动合同法有关无固定期限劳动合同的规定以及支付经济补偿的规定。

三、劳动合同续订的程序

立法所要求的劳动合同续订程序,一般包括:第一,双方当事人就劳动合同的续

[①②] 参见《关于贯彻执行〈中华人民共和国劳动法〉若干问题的意见》(1995年8月4日,劳部发[1995]309号)和《劳动部、公安部、外交部、对外贸易经济合作部关于外国人在中国就业管理的规定》(1996年1月22日,劳部发[1996]29号)。

订，签订书面协议；第二，原劳动合同在签订书面协议后经过鉴证、备案或者其他程序的，续订合同的协议也应办理相应的手续。《劳动合同法实施条例》第 11 条规定，对劳动合同的内容，双方应当按照合法、公平、平等自愿、协商一致、诚实信用的原则协商确定；对协商不一致的内容，按照劳动合同法第 18 条的规定执行。

第五节 劳动合同的形式与内容

【案例 3-3】

劳动关系的建立时间问题①

李某（被上诉人）在 2003 年 9 月 28 日进入关某开办的个人独资企业某家私厂（上诉人）从事锣机工作，双方未签订劳动合同，劳动报酬按李某从事的锣机组加工产品获得的报酬平分。2005 年 11 月 9 日 11 时左右，李某上班操作锣机时不慎被锣机伤了右手食指、中指、环指及尾指。关某（上诉人）即送李某往医院住院治疗，同月 20 日出院，住院治疗 11 天。2005 年 11 月 22 日，经劳动和社会保障局认定，李某受的伤属于工伤。2006 年 3 月 17 日，劳动能力鉴定委员会鉴定李某的伤残为 6 级伤残，并确认医疗终结期为 3 个月。事故发生后，由于李某的工伤待遇未得到解决，李某向劳动争议仲裁委员会提起仲裁。劳动仲裁委员会在 2006 年 8 月 21 日作出裁决。李某不服裁决，提起诉讼。李某住院期间被告已付生活费 500 元。工伤事故发生后，李某已获保险公司赔偿一次性伤残补助金 12885.6 元。

一审判决后被告关某、家私厂败诉。关某、家私厂不服一审判决，提起上诉，诉称：原审认定被上诉人李某月工资 2098.07 元有误。被上诉人在 2005 年 11 月 9 日 11 时左右受伤，当月工作 8 天半，受伤后其工作由其他员工替代。该月份工资不能真实反映被上诉人该月收入的情况。一审把上诉人 11 月工资列入工资总收入进行计算，于法无据；原审判决上诉人必须支付被上诉人一次性伤残补助金不足部分的差额是 16487.92 元不当。因为，《工伤保险条例》第 34 条第 1 款第 1 项规定，劳动者因工伤致残被鉴定为 5 级、6 级伤残的，享受以下待遇：从工伤保险基金按伤残等级支付一次性伤残补助金。本案中，上诉人已为被上诉人李某购买了工伤保险，社会保险基金管理中心亦向被上诉人李某支付了工伤医疗费和伤残补助金，故上诉人无须再支付。

一审法院经审理认为：原、被告之间未签订书面劳动合同，但存在事实上的劳动关系，原告因工受伤，应享受有关工伤保险待遇。据此，判令被告家私厂支付原告：

---

① 苏号朋：《劳动合同法案例评析》，对外经济贸易大学出版社 2008 年版，第 69~71 页。

因工受伤接受治疗停工留薪期内的工资5794.21元、一次性伤残补助金不足部分差额16487.38元、一次性伤残就业补助金83922.8元、一次性医疗补助金16784.56元、住院伙食补助金441元，并被告承担劳动争议仲裁费2266元，合共125695.95元。被告关某作为被告家私厂的投资人，应以个人财产对企业债务承担无限责任。

二审法院认为：最高人民法院《关于审理劳动争议案件适用法律若干问题的解释》第13条规定，因用人单位作出的开除、除名、辞退、解除劳动合同、减少劳动报酬、计算劳动者工作年限等决定而发生的劳动争议，用人单位负举证责任。依据上述规定，用人单位应当就其计算工作年限的正确性承担举证责任。本案中，被上诉人李某主张其从2003年9月进入上诉人家私厂，但两上诉人主张被上诉人李某在2005年3月才入厂工作，双方对工作期间的起算发生了争议。参照上述司法解释的规定，对此争议应由用人单位承担举证责任。由于两上诉人在诉讼中未能提供证据证实双方何时开始发生劳动关系，其应承担举证不能的不利后果，故原审判决认定被上诉人李某在2003年9月28日进入上诉人家私厂工作正确，予以维持。

据此，依照《民事诉讼法》第153条第1款第1项的规定，判决如下：驳回上诉，维持原判。

【案例3-4】

用人单位收取的风险抵押金无效案①

原告舒某诉称：与被告（城建五公司）自2001年建立劳动合同关系，一直从事管理工作至今。2003年，被告授权原告作为南京国际商城工程项目的负责人。为了加强工程项目管理，被告又于2003年12月9日与原告签订了项目承包经济责任书，约定原告作为项目负责人对南京国际商城工程自开工至竣工结算及回收工程款的整个过程的各项经济指标负责，并要求原告缴纳风险抵押金42万元，责任书签订后，原告如约缴纳了风险抵押金42万元。任职期间，原告亦按照责任书履行了在南京国际商城项目的授权义务，但被告却违反责任书约定，在2005年2月20日以南京国际商城工程总承包关系未搞定为由，把原告调离南京项目部，单方终止了责任书。虽然原告对于单方解除责任书的违约行为无法理解，但是作为一名老同志，只能被迫接受这一决定，并配合被告办理了交接手续。在多次要求被告退还风险抵押金时，均遭到被告的拖延，直至今日仍未退还风险抵押金，遂起诉至法院，要求被告退还风险抵押金42万元。

法院经审理认为，被告下发的文件属于内部的规章制度，如果与法律的基本规定

---

① 王林清、杨心忠：《劳动合同纠纷裁判精要与规则适用》，北京大学出版社2014年版，第334页。

或者法律的基本原则相违背，不具有约束力；有关部委规定所称的抵押性钱款，并未明确指明范围和用途，不能理解为用人单位有权在劳动合同履行中任意向劳动者收取抵押金。原告虽然承包了建设工程项目，但其仍然是企业的劳动者，其承包人的身份并没有改变这一基本性质；劳动者是企业的雇员，不是企业的所有权人，不应分担经营企业的商业风险；被告抵扣原告交纳的风险抵押金实质是要求原告承担商业经营风险，此与原告的劳动者身份相违背，故被告向原告收取风险抵押金并抵扣经营损失的行为，依法应为无效。

一、劳动合同的形式

劳动合同的形式，是指劳动合同内容确定与存在的方式，是劳动合同存在的外部表现。到目前为止，世界各国有关劳动合同的形式有三种：一是书面形式；二是口头形式；三是推定形式。

（一）劳动合同的书面形式

劳动合同的书面形式，是指以书面文字等其他有形的载体作为劳动合同订立的形式。《劳动合同法》第10条规定，建立劳动关系，应当订立书面劳动合同。《劳动法》第19条规定，劳动合同应当以书面形式订立，并具备以下条款（1）劳动合同期限；（2）工作内容；（3）劳动保护和劳动条件；（4）劳动报酬；（5）劳动纪律；（6）劳动合同终止的条件；（7）违反劳动合同的责任。

1. 书面劳动合同的效力。对于书面劳动合同的效力，学者们存在三种不同的学说。一是成立要件说，书面形式是劳动合同成立的要件，没有采用书面形式，则劳动合同不成立；二是生效要件说，书面形式是劳动合同生效要件，没有采用书面形式，则劳动合同不生效；三是证据要件说，书面形式对劳动合同具有证据的效力[①]。

我国先采用证据要件说为通说。第一，从法条规定的字面上看，《劳动合同法》第10条规定，建立劳动关系，应当订立书面劳动合同。《最高人民法院关于当前形势下审理民商事合同纠纷案件若干问题的指导意见》中规定，违反效力性强制规定的，人民法院应当认定合同无效；违反管理性强制性规定的，人民法院应当根据具体情形认定其效力。第二，从法条的相关规定看，书面形式作为证据可从最高院的司法解释中得到解释。《最高人民法院关于审理劳动争议案件适用法律若干问题的解释》（法释〔2001〕14号）第1条中第2项规定，劳动者与用人单位之间发生的下列纠纷，属于《劳动法》第2条规定的劳动争议，当事人不服劳动争议仲裁委员会作出的裁

[①] 邹杨、荣振华：《劳动合同法理论与实务》，东北财经大学出版社2012年版，第29页。

决，依法向人民法院起诉的，人民法院应当受理……劳动者与用人单位之间没有订立书面劳动合同，但已形成劳动关系后发生的纠纷。

2. 订立书面劳动合同与用工、建立劳动关系之间的关系①。《劳动合同法》第10条规定，建立劳动关系，应当订立书面劳动合同。已建立劳动关系，未同时订立书面劳动合同的，应当自用工之日起1个月内订立书面劳动合同。用人单位与劳动者在用工前订立劳动合同的，劳动关系自用工之日起建立。即用工就是建立劳动关系，但是订立书面劳动合同与用工之间的关系比较复杂，时间上并不一致，主要有三种情况：

第一，同时签订劳动合同，即在用工时订立书面劳动合同。《劳动合同法》第7条规定，用人单位自用工之日起即与劳动者建立劳动关系，用工是指用人单位实际上开始使用劳动者的劳动力，劳动者开始在用人单位的管理、监督、指挥下提供劳动。用工之日是建立劳动关系之时，这是计算劳动者工资的开始时间，也是劳动者在用人单位的工作年限的起算时间②。

第二，先用工后签订劳动合同，即在用工后订立劳动合同。这是建立劳动关系早于签订劳动合同的情况。也就是说，在建立劳动关系后，在1个月内补签劳动合同的，并不是违法行为。

第三，先签订劳动合同后用工，即在用工前订立书面劳动合同。这是签订劳动合同晚于建立劳动关系的情况。根据《劳动合同法》的规定，先签订劳动合同后用工，劳动关系自用工之日起建立，这是合法的订立劳动合同的情况。

3. 未订立书面劳动合同的法律后果。《劳动合同法实施条例》第5条规定，自用工之日起1个月内，经用人单位书面通知后，劳动者不与用人单位订立书面劳动合同的，用人单位应当书面通知劳动者终止劳动关系，无须向劳动者支付经济补偿，但是应当依法向劳动者支付其实际工作时间的劳动报酬。第6条规定，用人单位自用工之日起超过1个月不满1年未与劳动者订立书面劳动合同的，应当依照《劳动合同法》第82条的规定向劳动者每月支付2倍的工资，并与劳动者补订书面劳动合同；劳动者不与用人单位订立书面劳动合同的，用人单位应当书面通知劳动者终止劳动关系，并依照《劳动合同法》第47条的规定支付经济补偿。前款规定的用人单位向劳动者每月支付2倍工资的起算时间为用工之日起满1个月的次日，截止时间为补订书面劳动合同的前1日。第7条规定，用人单位自用工之日起满1年未与劳动者订立书面劳动合同的，自用工之日起满1个月的次日至满1年的前1日应当依照《劳动合同法》第82条的规定向劳动者每月支付2倍的工资，并视为自用工之日起满1年的当日已经与劳动者订立无固定期限的劳动合同，应当立即与劳动者补订书面劳动合同。《劳

---

① 林嘉：《劳动法和社会保障法》，中国人民大学出版社2012年版，第124~125页。
② 参见劳动和社会保障部组织编写：《中华人民共和国劳动合同法讲座》，中国劳动社会保障出版社2007年版，第27~28页。

动合同法》第 82 条规定，用人单位自用工之日起超过 1 个月不满 1 年未与劳动者订立书面劳动合同的，应当向劳动者每月支付 2 倍的工资。用人单位违反本法规定不与劳动者订立无固定期限的劳动合同，自应当订立无固定期限劳动合同之日起向劳动者每月支付 2 倍的工资。

未订立书面劳动合同有三个不同的时间段，各时间段的法律后果各不相同，见表 3-1。

表 3-1　　　　　　　　未订立书面劳动合同的法律后果

时间段	用人单位未与劳动者订立书面劳动合同的法律后果	劳动者不与用人单位订立书面劳动合同的法律后果
自用工之日起 1 个月内	法律没有明确规定	用人单位应当书面通知劳动者终止劳动关系，无须向劳动者支付经济补偿，但应当依法向劳动者支付其实际工作时间的劳动报酬
自用工之日起超过 1 个月、不满 1 年	用人单位应当向劳动者每月支付 2 倍的工资，起算时间为用工之日满 1 个月的次日，截止时间为补订书面劳动合同的前 1 日，并与劳动者补订书面劳动合同	用人单位应当书面通知劳动者终止劳动关系，并依照《劳动合同法》第 47 条的规定支付经济补偿金
自用工之日起满 1 年	用人单位自用工之日起满 1 个月的次日至满 1 年的前 1 日应当向劳动者每月支付 2 倍的工资，并视为自用工之日起满 1 年的当日已经与劳动者订立无固定期限劳动合同，应当立即与劳动者补订书面劳动合同	法律没有明确规定

资料来源：林嘉：《劳动法和社会保障法》，中国人民大学出版社 2012 年版，第 125～126 页。

对于已经形成劳动关系但没有订立书面劳动合同情况下的劳动者工资待遇，《劳动合同法》第 11 条规定，用人单位未在用工的同时订立书面劳动合同，与劳动者约定的劳动报酬不明确的，新招用的劳动者的劳动报酬按照集体合同规定的标准执行；没有集体合同或者集体合同未规定的，实行同工同酬。

(二) 劳动合同的口头形式

劳动合同的口头形式，是指双方当事人以口头语言的方式作为订立劳动合同的形式。口头形式包括当面对话、电话约定等形式，但由于口头形式的合同缺乏文字凭证，发生纠纷时会面临举证困难，从而对劳动者的合法权益造成损害。《劳动合同法》中，仅规定了非全日制用工可以通过口头形式约定当事人双方之间的权利义务，而对全日制用工方式，明确的对口头形式的劳动合同进行了限制。

(三) 劳动合同的默示形式

默示劳动合同，是指双方当事人通过实施某种行为作出意思表示，而并非以书面或者口头方式作为订立劳动合同的形式①。如固定期限劳动合同到期后，由于各种原因，双方当事人并未对是否续签劳动合同的问题进行协商，但是劳动者仍然依照原劳动合同提供劳务，用人单位也应依原劳动合同给劳动者支付报酬。

二、事实劳动关系

（一）事实劳动关系的概念

1. 事实劳动关系的基本要素。事实劳动关系由两个基本要素构成：一是事实上劳动者提供了劳动行为，这种劳动行为符合劳动法上的劳动的特点；二是这种劳动行为的发生，产生了劳动法上的劳动关系。即事实劳动关系的基础条件是其必然满足劳动法所定位的劳动关系。

2. 事实劳动关系的定义。现在对事实劳动关系的概念还没有统一的解释。我国学术界对其的观点主要有四种：一是指没有签订劳动合同而存在劳动关系的一种状态；二是指用人单位与劳动者就某些劳动义务达成口头协议，形成劳动者向用人单位提供劳动，用人单位对其支付劳动报酬的事实上的劳动用工形式；三是指在劳动法调整范围内，但不符合法定模式的劳动关系；四是指双方当事人未按法定要求签订劳动合同，但双方都承认劳动关系存在，并相应享有权利和履行义务。我们赞同第三种观点，它揭示了事实劳动关系的两个实质要件：一是未履行法定形式订立劳动合同；二是双方之间存在的是劳动关系②。

事实劳动关系，是指用人单位与劳动者之间建立、变更或者延续劳动关系时，没有按照法律的规定签订书面劳动合同，但是双方之间已经履行了相关的劳动权利与劳动义务而形成的劳动关系。

（二）事实劳动关系的构成要件

事实劳动关系之所以产生是因劳动事实的存在，即劳动者为用人单位提供劳动的事实。在我国合法劳动关系存在的主要依据是劳动合同。依据《劳动法》第16条规定，建立劳动关系应当订立劳动合同。《劳动合同法》第10条规定，建立劳动关系，应当订立书面劳动合同。所以，事实劳动关系是一种准法律关系。一般来说，事实劳

---

① 李国光：《劳动合同法教程》，人民法院出版社2007年版。
② 王伟杰：《劳动合同法原理与应用》，中国人民大学出版社2009年版，第15页。

动关系的构成要件,主要包括①:

第一,双方主体适格。即用人单位与劳动者双方符合劳动法律及法规规定的主体资格。

第二,劳动行为已经发生。劳动关系的标的是劳动行为,只有劳动者按照用人单位的要求,付出一定体力和脑力,完成工作内容,创造劳动成果,归用人单位所有,提供有偿劳动,在法律上形成一种劳动关系。

第三,从属关系已经成立。在一定时期内,劳动者服从用人单位的工作安排,遵守劳动纪律和规章制度,接受用人单位的管理与监督,并从用人单位获得劳动报酬与相关福利待遇。劳动者从属于用人单位,二者之间形成一种稳定的管理与被管理关系,这是事实劳动关系的重要特征。

第四,默认的意思表示。即在劳资双方之间存在着意思表示合意的要素,这种合意或是通过口头约定或者是通过行为默认而成的,即劳资双方存在的从属关系的事实,在客观上有双方当事人之间以订立契约的意思表示为准。

第五,欠缺法定的形式要件。在事实劳动关系中,用人单位提供劳动条件和规定的劳动标准,劳动者提供有偿劳动,二者之间存在概括的意思表示,或者通过口头约定或者通过行为默认而形成的。因此,从法律上看,事实劳动关系具备了主体、内容与意思表示3个要素,双方之间形成了劳动关系,只是未形成书面合同,欠缺法定的形式要件。

(三) 事实劳动关系的类型

形成事实劳动关系的类型,归纳起来主要有:

第一,因未依据劳动法规定签订书面劳动合同而产生的事实劳动关系,主要是因为劳动合同自始没有订立书面劳动合同或者劳动合同期满后没有及时续订两种情况。

第二,因双重劳动关系而产生的事实关系。所谓双重劳动关系是指一个劳动者具有双重身份与享有两个劳动关系,双重劳动关系或者表现为两个劳动关系是法定的,或者表现为一个是法定的劳动关系,另一个是事实上的劳动关系。主要有兼职、停薪留职、国有企业职工下岗再就业形成的事实劳动关系②三种情况。

第三,因履行无效劳动合同而形成的事实劳动关系。违反法律、行政法规的劳动合同与采用欺诈、胁迫手段订立的劳动合同无效,无效的劳动合同从订立时起就没有法律约束力,但是由于劳动合同的特殊性,不能像民事合同无效一样恢复原状,劳动者付出的劳动不能收回,双方之间形成了事实劳动关系。

---

① 徐妍:《事实劳动关系基本问题探析》,载《当代法学》2003年第3期,第38~39页。
② 《加强国有企业下岗职工管理和再就业服务中心建设有关问题的通知》,中把下岗职工主要界定为是国有企业的职工,这些职工如果在社会上再就业,且未与原企业解除劳动合同,就会形成事实劳动关系。

（四）对事实劳动关系的法律调整

1. 《劳动合同法》实施前的法律调整。在我国最早使用事实劳动关系这一概念的规范性文件是 1992 年 3 月 31 日劳动部办公厅给吉林省办公厅的《关于全民合同制工人合同期满后形成的事实劳动关系问题的复函》默认为这种劳动关系是不符合法律规定的，即对事实劳动关系采取了否定的态度，1994 年原劳动部办公厅《关于劳动争议处理问题的复函》和 1995 年 8 月 4 日劳动部《关于贯彻执行〈中华人民共和国劳动法〉若干问题的意见》第 2 条规定，中国境内的企业、个体经济组织与劳动者之间，只要形成劳动关系，即在事实上已成为企业、个体经济组织的成员，并为其提供有偿劳动，适用劳动法。同时，在该意见第 17 条中规定了如果用人单位与劳动者之间形成了事实劳动关系，而用人单位故意拖延不订立劳动合同，劳动行政部门应予以纠正。用人单位因此给劳动者造成损害的，应按劳动部《违反〈劳动法〉有关劳动合同规定的赔偿办法》的规定进行赔偿。第 83 条规定，用人单位与劳动者发生劳动争议不论是否订立劳动合同，只要存在事实劳动关系，并符合《劳动法》的适用范围和中华人民共和国企业劳动争议处理条例的受案范围，劳动争议仲裁委员会均应受理。2004 年 1 月 1 日国务院颁布《工伤保险条例》第 18 条第 1 款第 2 项规定，提出工伤认定申请应当提交下列材料：以用人单位存在劳动关系（事实劳动关系）的证明材料……；第 61 条第 1 款规定，本条例所称职工，是指与用人单位存在劳动关系（事实劳动关系）的各种用工形式、各种用工期限的劳动者。2001 年最高人民法院发布的《关于审理劳动争议案件适用法律若干问题的解释》（法释〔2001〕14 号）第 16 条规定，劳动合同期满后，劳动者仍在原用人单位工作，原用人单位未表示异议的，视为双方同意以原条件继续履行劳动合同，在 2005 年 5 月 25 日劳动和社会保障部颁布《关于确立劳动关系有关事项的通知》进一步明确了事实劳动关系的具体考察因素：如果用人单位未与劳动者签订劳动合同，认定双方存在劳动关系时可参照下列凭证：一是工资支付凭证或者记录（职工工资发放花名册）、缴纳各项社会保险费的记录；二是用人单位向劳动者发放的"工作证"、"服务证"等能够证明身份的证件；三是劳动者填写的用人单位的招工招聘"登记表"、"报名表"等招用记录；四是考勤记录；五是其他劳动者的证言等。其中，第 1、3、4 项的有关凭证由用人单位负举证责任。

2. 《劳动合同法》实施后对事实劳动关系的处理。《劳动合同法》第 7 条规定，用人单位自用工之日起即与劳动者建立劳动关系。第 11 条规定，用人单位未在用工的同时订立书面劳动合同，与劳动者约定的劳动报酬不明确的，新招用的劳动者的劳动报酬按照集体合同规定的标准执行；没有集体合同或者集体合同未规定的，实行同工同酬。从以上的规定可以看出，《劳动合同法》并没有直接对事实劳动关系作出明确的规定，即不管用人单位是否与劳动者之间签订书面的劳动合同，用人单位与劳动者之间的劳动关系，都受到《劳动合同法》的调整。

三、劳动合同的内容

劳动合同的内容，是指用人单位与劳动者之间关于双方的权利义务内容的规定。我国劳动合同的内容可以分为必备条款与约定条款。必备条款是法律对劳动合同内容的一般要求，即劳动合同一般应当具有的条款。约定条款是法律对于劳动合同内容的提示性规定，当事人可以选择适用。

（一）劳动合同的必备条款

《劳动法》第19条规定，劳动合同应当以书面形式订立，并具备以下条款：劳动合同期限；工作内容；劳动保护与劳动条件；劳动报酬；劳动纪律；劳动合同终止的条件；违反劳动合同的责任。劳动合同除前款规定的必备条款外，当事人可以协商约定其他内容。《劳动合同法》第17条规定，劳动合同应当具备以下条款：用人单位的名称、住址和法定代表人或者主要负责人、劳动者的姓名、住址和居民身份证或者其他有效身份证件号码；劳动合同期限；工作内容和工作地点；工作时间和休息休假；劳动报酬；社会保险；劳动保护、劳动条件和职业危害防护；法律、法规规定应当纳入劳动合同的其他事项。

劳动合同应当具备以下必备条款：

1. 用人单位的名称、住所和法定代表人或者主要负责人。用人单位的名称，即用人单位在注册登记时所使用的名称。用人单位的住所，一般情况下为用人单位的主要办事机构所在地。用人单位具有法人资格的，须标明法定代表人；没有法人资格的，应标明其主要负责人。

2. 劳动者的姓名、住址和居民身份证或者其他有效身份证件号码。劳动者的姓名同其居民身份证姓名一致。劳动者的住所，即劳动者的户籍所在地，其经常居住地与户籍所在地不一致的，以经常居住地为住所。劳动者的有效证件，为居民身份证[①]。

3. 劳动合同期限。劳动合同期限是指用人单位与劳动者约定的劳动合同的起始到终止的时间。

4. 工作内容与工作地点。工作内容包括劳动者从事劳动的工种、岗位和劳动定

---

① 2000年4月1日国务院实施的《个人存款实名制规定》第5条规定，居住在境内的中国公民，为居民身份证或者临时身份证；居住在境内的16岁以下的中国公民为户口簿；中国人民解放军军人为军人身份证；中国人民武装警察为武装警察身份证件；中国香港、中国澳门居民为港澳居民来内地的通行证；中国台湾居民为来大陆通行证或者其他有效旅行证件；外国公民为护照。

额、产品质量的要求等。用人单位不得未经劳动者同意，擅自改变劳动者的工作内容。工作地点是劳动者与用人单位之间协商约定的他在用人单位从事劳动合同约定工作的地点。

5. 工作时间与休息休假。工作时间涉及工时与加班加点。现在我国实行三种工时制度，即标准工时制度、不定时工作制和综合计算工时工作制。依照《劳动部关于企业实行不定时工作制和综合计算工时工作制的审批办法》第7条规定，中央直属企业实行不定时工作制和综合计算工时工作制等其他工作和休息办法的，经国务院行业主管部门审核，报国务院劳动行政部门批准。地方企业实行不定时工作制和综合计算工时工作制等其他工作和休息办法的审批办法，由各省、自治区、直辖市人民政府劳动行政部门制定，报国务院劳动行政部门备案。

6. 劳动报酬。《劳动合同法》第18条规定，劳动合同对劳动报酬和劳动条件等标准约定不明确，引发争议的，用人单位与劳动者可以重新协商；协商不成的，适用集体合同规定；没有集体合同或者集体合同未规定劳动报酬的，实行同工同酬；没有集体合同或者集体合同未规定劳动条件等标准的，适用国家有关规定。《劳动合同法实施条例》第14条规定，劳动合同履行地与用人单位注册地不一致的，有关劳动者的最低工资标准、劳动保护、劳动条件、职业危害防护和本地区上年度职工月平均工资标准等事项，按照劳动合同履行地的有关规定执行；用人单位注册地的有关标准高于劳动合同履行地的有关标准，且用人单位与劳动者约定按照用人单位注册地的有关规定执行的，从其约定。

7. 社会保险。依照我国法律的规定，缴纳社会保险是用人单位与劳动者负有的法定义务，双方均必须履行。

8. 劳动保护、劳动条件和职业危害防护。劳动条件是指用人单位为劳动者提供的正常工作所必需的条件，包括劳动工具、劳动场所等。

《职业病防治法》第34条规定，用人单位应当把劳动者工作过程中可能产生的职业危害病及其后果、职业病防护措施和待遇等如实告知劳动者，并在劳动合同中写明，不得隐瞒或者欺骗。《安全生产法》第44条规定，生产经营单位与从业人员订立的劳动合同，应当载明有关保障从业人员劳动安全、防止职业危害的事项，以及依法为从业人员办理工伤社会保险的事项。

9. 劳动纪律。《劳动法》中没有对劳动纪律作出具体的规定，《劳动合同法》第4条第2款规定，用人单位在制定、修改或者决定有关劳动报酬、工作时间、休息休假、劳动安全卫生、保险福利、职工培训、劳动纪律以及劳动定额管理等直接涉及劳动者切身利益的规章制度或者重大事项，应当经职工代表大会或者全体职工讨论，提出方案与意见，与工会或者职工代表平等协商确定。依据《最高人民法院关于审理劳动争议案件适用法律若干问题的解释》（二）（法释［2006］6号）第16条规定，用人单位制定的内部规章制度与集体合同或者劳动合同约定的内容不一致的，劳动者请求优先适用合同约定的，人民法院应予支持。

10. 劳动合同终止的条件。《劳动部关于贯彻执行〈中华人民共和国劳动法〉若干问题的意见》第20条规定，无固定期限的劳动合同不得把法定解除条件约定为终止条件，以规避解除劳动合同是用人单位应承担支付给劳动者经济补偿的义务。

11. 违反劳动合同的责任。《劳动合同法》第22条规定，劳动者违反服务期约定的，应当按照约定向用人单位支付违约金。第23条规定，对负有保密义务的劳动者，用人单位可以在劳动合同或者保密协议中与劳动者约定竞业限制条款，并约定在解除或者终止劳动合同后，在竞业限制期限内按月给予劳动者经济补偿。劳动者违反竞业限制约定的，应当按照约定向用人单位支付违约金。

12. 法律法规规定应当纳入劳动合同的其他事项。这是一个兜底性的条款，劳动合同双方当事人可以根据实际情况的变化，把认为应当载入劳动合同内容的条款写入劳动合同。

应当注意的是，劳动合同中缺少必备条款中的一些条款并不必然无效。劳动合同没有必备条款，提供劳动合同的用人单位应负法律责任。

（二）劳动合同的约定条款

《劳动合同法》第17条规定，劳动合同除前款规定的必备条款外，用人单位与劳动者可以约定试用期、培训、保守秘密、补充保险和福利待遇等其他事项。《劳动合同法实施条例》第13条规定，用人单位与劳动者不得在劳动合同法第44条规定的劳动合同终止情形之外约定其他的劳动合同终止条件。

劳动合同的约定条款为：

1. 试用期。在劳动合同中约定试用期，有利于双方当事人之间的利益。对劳动者，其可以利用试用期对用人单位进行进一步的了解；对用人单位，其可对劳动者进行考察。

2. 培训。用人单位应当提供必需的经费和培训条件，对劳动者进行上岗培训、在岗培训、转岗培训及其他培训。如果用人单位对劳动者进行了专业技术培训，可以与劳动者约定服务期。

3. 保守秘密。主要指商业秘密。为了防止劳动者对商业秘密的泄露，用人单位可以在劳动合同中对商业秘密的具体内容、方式、时间等进行约定，防止自身利益受到侵害。劳动者因不能参加相关行业的劳动所造成的损失，用人单位应当予以相应的经济补偿。

4. 补充保险。补充保险是一种辅助性的保险，指在基本保险之外存在发展的社会性保险措施的总称，一般为补充医疗保险、补充养老保险。《劳动法》第9章"社会保险与福利"第 75 条规定，国家鼓励用人单位根据本单位实际情况为劳动者建立补充保险。

5. 福利待遇。《劳动法》第 9 章"社会保险与福利"第 76 条规定，国家发展社会福利事业，兴建公共福利设施，为劳动者休息、休养和疗养提供条件。用人单位应当创造条件，改善集体福利，提供劳动者的福利待遇。《〈中华人民共和国企业劳动争议处理条例〉若干问题的解释》规定，"福利是指用人单位用于补助职工及其家属和举办集体福利事业的费用，包括集体福利费、职工上下班交通补贴费、探亲路费、取暖补贴、生活困难补助费等。即福利待遇包括住房补贴、交通补贴、通信补贴、子女教育补贴等。

福利待遇一般称为职工福利，又称为职业福利或者劳动福利，是指用人单位和有关社会服务机构为满足劳动者生活的共同需要和特殊需要，在工资和社会保险之外向职工及其亲属提供一定货币、实物、服务等形式的物质帮助。其中包括为减少劳动者生活费用开支和解决劳动者生活困难而提供的各种补贴；为方便劳动者生活和减轻职工家务负担而提供的各种生活设施和服务；为活跃劳动者文化生活而提供的各种文化设施和服务。

四、劳动合同禁止与限制约定的条款

（一）劳动合同禁止约定的条款

1. 禁止约定歧视性条款。歧视条款即约定给予劳动者以歧视待遇的合同条款。《就业促进法》第 3 条规定，劳动者依法享有平等就业和自主择业的权利。劳动者就业，不因民族、种族、性别、宗教信仰等不同而受到歧视。

2. 禁止约定生死条款。生死条款是指用人单位在劳动合同中免除自己责任或者减轻自己法定责任的条款。如在劳动合同中规定"劳动合同履行期间，劳动者发生伤残病死，企业概不负责"、"劳动者发生工伤，用人单位赔付最高限额"、"工伤概不负责"以及类似内容的条款。生死条款属于违反法律、行政法规的劳动合同，是无效的劳动合同条款，这些条款从订立时起，就没有法律约束力。

3. 禁止约定限制婚育条款。限制婚育条款是指在劳动合同中限制或者禁止劳动者结婚和生育的条款。《就业促进法》第 27 条规定，用人单位录用女职工，不得在劳动合同中规定限制女职工结婚、生育的内容。

4. 禁止约定保证金、押金或者其他证件条款。保证金是约定劳动者向用人单位交纳一定数量货币或者其他财物而在有特定违约或者解约行为时不予退还，并以此作为签订劳动合同前提条件。《劳动合同法》第 9 条规定，用人单位招用劳动者，不得扣押劳动者的居民身份证和其他证件，不得要求劳动者提供担保或者以其他名义向劳动者收取财物。第84条规定，用人单位违反本法规定，扣押劳动者居民身份证等证件的，由劳动行政部门责令限期退还劳动者本人，并依照有关法律规定给予处罚。用人单位违反本法规定，以担保或者其他名义向劳动者收取财物的，由劳动行政部门责令限期退还劳动者本人，并以每人500元以上3000元以下的标准处以罚款；给劳动者造成损害的，应当承担赔偿责任。劳动者依法解除或者终止劳动合同，用人单位扣押劳动者档案或者其他物品的，依照前款规定处罚。

5. 禁止约定劳动合同终止条款。用人单位不能与劳动者约定，超过法律规定的终止劳动合同的条款。《劳动合同法实施条例》第13条规定，用人单位与劳动者不得在劳动合同法第44条①规定的劳动合同终止情形之外约定其他的劳动合同终止条件。

（二）劳动合同限制约定的条款

《劳动合同法》第25条规定，除本法第22条和第23条规定的情形外，用人单位不得与劳动者约定由劳动者承担违约金。

劳动合同限制约定的条款主要包括违约金条款与赔偿金条款。违约金条款与赔偿金条款即约定劳动者不履行劳动合同时，应支付违约金或者赔偿金的合同条款，其包括为违约金或者赔偿金的支付条件、项目、范围与数额等内容的约定。

对于赔偿金数额的确定，劳动者违反劳动合同所造成的损失，应当实行法定的赔偿标准，不应在劳动合同中进行约定。

对于违约金数额的确定，应考虑劳动者违反劳动合同可能给用人单位造成的损失、劳动者自身的承受能力等因素。

第六节 劳动合同约定条款的特别规定

【案例3-5】

用人单位单方延长试用期②

2003年2月28日，赵某（原告）与某公司（被告）签订了为期1年的劳动合

---

① 《劳动合同法》第44条规定，有下列情形之一的，劳动合同终止：劳动合同期满的；劳动者开始依法享受基本养老保险待遇的；劳动者死亡，或者被人民法院宣告死亡或者宣告失踪的；用人单位被依法宣告破产的；用人单位被吊销营业执照、责令关闭、撤销或者用人单位决定提前解散的；法律、行政法规规定的其他情形。

② 苏号朋：《劳动合同法案例评析》，对外经济贸易大学出版社2008年版，第109页。

同。其中，前2个月是试用期，试用期的工资为2500元/月，试用期后的工资为3000元/月。赵某在3月3日开始上班，五一期间按公司的规定领取了500元的过节费。

5月9日，某公司通知赵某，因其未通过试用期考评，按该公司的规章制度，对第一次不能通过考评的试用期员工，公司暂不录用；延长试用2个月后，考评通过的，才给予录用。6月30日，某公司又书面通知赵某因其不能胜任工作，未通过该公司第二次考评，故某公司决定不予录用，并要求其当日结算工资，完成工作交接手续。赵某对此甚为恼火，遂要求某公司支付解除劳动合同的经济补偿金，但遭到拒绝。赵某便向劳动争议仲裁委员会提出申请，要求公司补发2003年5、6月份转正工资的差额部分，并向其支付1个月的工资作为补偿金。

某公司认为，在试用期解除不符合录用条件的劳动者是用人单位的权利，依据法律规定，某公司也不需要提前30日通知劳动者或者向其支付1个月的工资。赵某未能按时获得公司转正的原因在于其自身水平达不到公司要求，某公司要求延长其试用期，其也未提出异议，故某公司继续支付试用期工资并无不妥。

劳动争议仲裁委员会经审理认为，在试用期内，某公司应当及时对赵某进行各方面的考核，以决定是否予以录用。若认为赵某不能胜任公司的工作，应当在试用期内决定解除与其的劳动关系，其单方延长试用期的做法有失妥当。但因赵某并未及时提出异议，所以试用期的延长可视为经过了赵某的同意。依据《上海市劳动合同条例》的有关规定，劳动合同期为1年，试用期为3个月，故双方只能把2003年5月作为试用期，而6月则应当作为试用期的正式合同履行期。合同履行期间，该公司应当发给赵某转正待遇；提出解除劳动合同的，应当提前30天通知，并在30天内继续承担用人单位的义务。据此，裁决某公司补发给赵某2003年6月的工资500元，并且因其未提前30日通知解除劳动合同，故还应支付赵某1个月的工资3000元。

仲裁裁决作出后，某公司不服，遂向法院提起诉讼。

法院经审理认为，某公司在试用期内应及时对赵某进行考评，以决定是否予以录用。试用期经过即进入正式合同履行期，双方均负有完全履行合同约定的义务。试用期过后，该公司单方决定延长试用期的做法没有法律依据，其延长试用期的通知不能作为双方协商一致延长试用期的依据，故对其提出的延长试用期不予采信。赵某虽继续在该公司工作，但因试用期延长未经其同意，故只能视为赵某在继续履行劳动合同。合同履行期间，某公司应当按合同的约定给付赵某转正待遇；解除劳动合同的，应当提前30天通知；未提前通知的，应自通知之日起30天内继续承担用人单位的义务，并向其支付1个月的工资。故判决如下：该公司补发赵某2003年5、6月份的工资1000元，支付1个月的工资3000元。

▶劳动合同法导引与案例

【案例3-6】

试用期工资纠纷案[①]

张某（原告）去超市（被告）应聘，超市的责任人没有向张某说明福利待遇情况，仅告知张某试用期1个月，合同期限为1年，转正后每月工资500元，并向其提供食宿。张某找工作心切，也没有细问。2007年4月，张某在超市上班满2个月，超市没有发给张某工资。张某见状，向超市责任人提出辞职，并要求发给前2个月的工资。超市责任人同意其辞职，但称试用期的工资只有200元。张某认为工资过低，与超市责任人发生争执。

张某遂向当地劳动争议仲裁委员会提出仲裁申请，认为超市在试用期所发的工资过低，要求超市发给其1个月的试用工资和1个月的正式工资。

超市认为，在试用期间，超市已经为张某提供了食宿，而且食宿的开销标准是每月346.4元，所以超市向张某支付200元的试用期工资已经超出了自己的义务范围，劳动合同约定了每月500元的正式工资与试用期的工资标准没有关联。因此，超市坚持对张某发放200元试用工资的意见，加上1个月500元的正式工资，超市表示愿意向张某支付700元工资。

劳动争议仲裁委员会受理此案后，经审理认为：张某与超市签订的劳动合同体现了双方的真实意思表示，没有违反法律的强制性规定，属于有效合同，受到我国法律的保护。张某在工作2个月后提出辞职，超市予以认可，此时双方的劳动合同解除。虽然张某的行为违反了我国《劳动法》第31条的规定，劳动者解除劳动合同，应当提前30日以书面形式通知用人单位。但是超市予以认可的行为，使得双方达成了意思表示一致，即超市放弃了相关的请求权。

经查明，超市同岗位最低工资标准为每月380元，当地的最低工资标准是每月362元。依据《劳动法》第46条的规定，工资分配应当遵循按劳分配的原则，实行同工同酬。工资水平在经济发展的基础上逐步提高。国家对工资总量实行宏观调控，第48条及国家实行最低工资保障制度。最低工资的具体标准由省、自治区、直辖市人民政府规定，报国务院备案。用人单位支付劳动者的工资标准不得低于当地最低工资标准。第50条规定，工资应当以货币形式按月支付给劳动者本人。不得克扣或者无故拖欠劳动者的工资，对张某认为超市在试用期所发的工资过低的观点，仲裁委员会予以支持。超市认为其在试用期间，为张某提供了每月346.4元的食宿，已经超出了自己的义务范围的观点，仲裁委员会不予支持。因为，提供食宿是超市提出的招工说明，已经构成了劳动合同的基本内容，不应当包括在张某的工资内。

[①] 苏号朋：《劳动合同法案例评析》，对外经济贸易大学出版社2008年版，第113页。

据此,裁决如下:依据同工同酬原则和公平原则,限超市在 10 日内向张某支付试用期工资 380 元、正式工资 500 元,共计人民币 880 元。

【案例 3-7】

竞业禁止条款的效力案[①]

2007 年 8 月 23 日,原、被告签订了劳动合同,约定劳动期限自 2007 年 8 月 23 日到 2010 年 8 月 23 日。同时,双方签订了保密协议,如被告违反保守商业秘密的约定,对原告造成经济损失的,应依法承担赔偿责任。当天,双方还签订了保守技术和其他商业秘密以及有关竞业禁止事宜的协议,该协议约定:被告无论在何种情况下,自离开原告单位之日起 2 年内不得在生产与原告同类业务的单位任职,不得自己生产、经营与原告有竞争关系的同类产品或者业务;如被告违反上述规定,应承担相应的违约责任,退还原告预发的竞业禁止补偿金,并支付违约金。原告在支付被告工资报酬时,预发被告在职即离职后承担保密和竞业禁止义务的补偿金,离职时结算,多退少补。被告支付的违约金,相当于其 3 个月至 1 年的收入,如果原告的损失超过违约金的,被告应全额赔偿。

2007 年 11 月上旬,被告离开原告公司,同年 12 月 13 日,被告和另外 3 人成立常州天硕电子有限公司,该公司的经营范围与原告的经营范围基本相同。

原告遂起诉,请求:(1)判令被告立即停止生产、经营与原告同类产品或者业务的行为;(2)判令被告支付违约金 28339 元,并赔偿损失 2 万元;(3)诉讼费用由被告承担。被告辩称:双方签订的保密和竞业禁止协议无效。被告在原告工作期间从未有私下牟利的行为,请求驳回原告的诉讼请求。

法院经审理认为,双方签订的保密协议约定原告在支付被告工资报酬时,预发被告在职即离职后承担保密和竞业禁止的补偿金,离职时结算,多退少补,由此,原告支付保密和竞业禁止补偿金义务是先合同义务,被告有先履行抗辩权,原告应按约定先予履行,否则无权要求被告履行保密和竞业禁止义务,故对原告主张的双方没有商定结算办法以及被告没有向其主张支付补偿款的辩解理由,不予采纳。原告违约在先,约定的竞业禁止条款对被告没有约束力,原告诉求无法律根据,不予支持。对原告主张被告在其单位期间谋取私利的事实,证据不充分,无法认定。判决驳回原告的诉讼请求。

[①] 王林清、杨心忠:《劳动合同纠纷裁判精要与规则适用》,北京大学出版社 2014 年版,第 341 页。

【案例 3-8】

竞业禁止经济补偿金案①

2009年10月，王某进入机械厂工作，每月工资2500元。双方签订劳动合同同时约定同行竞业保密协议：未经机械厂的同意，王某不论因何种原因离职后2年内不得到与机械厂有竞争关系的单位就职，并约定机械厂在王某离职后每个月发放竞业禁止补偿金1500元，以及违反竞业禁止协议违约金为王某年收入的100倍。

在机械厂工作期间，王某可以接触到技术秘密，属于负有保密义务的人员。2010年11月15日，王某以回老家装修房屋为由提出辞职，机械厂予以同意。2010年11月17日，王某即到与机械厂有竞争关系的某厂工作。2010年12月13日，机械厂用特快专递通知王某去领取离职后第一个月的竞业禁止补偿金1500元。随后，机械厂以王某违反竞业禁止条款为由诉至法院，要求王某承担竞业禁止违约金264万元。

王某认为，离职时机械厂未支付补偿金，但在知道其重新任职后才发出领取通知，是恶意促使竞业禁止条款生效；机械厂则认为，每月支付并未规定一定要在离职时或者每月月初支付，只要在当月，哪怕是月底支付都是符合约定的。

一审法院经审理后认为，虽然机械厂支付补偿金行为发生在王某至有竞争关系企业任职后，但只要是在1个月内支付即符合法律规定，该竞业禁止条款生效，故王某应承担相应的违约责任。同时，法院认为，机械厂与王某约定违约金明显过高，显示公平。综合考虑王某工作年限、工资报酬等因素，判决王某支付机械厂竞业禁止违约金3万元。一审宣判后，双方当事人均未上诉。

【案例 3-9】

劳动者违反服务期约定案②

苏某原为某公司技术部主任，公司曾派孙某出国培训半年，事先签订了培训协议，约定培训后苏某应为公司工作2年，如违约需赔偿公司培训费5万元。1年后苏某以书面形式提前30天通知公司解除劳动合同，公司同意解除劳动合同，但要求苏某按培训协议赔偿公司培训费，苏某拒绝赔偿。公司遂向劳动争议仲裁委员会申请仲裁。

本案的争议焦点在于，在劳动合同中约定服务期时，可否约定违约的经济赔偿责任。

《劳动合同法》第22条第2款规定，劳动者违反服务期约定的，应当按照约定向用人单位支付违约金，违约金的数额不得超过用人单位提供的培训费用。用人单位要求劳动者支付的违约金不得超过服务期尚未履行部分所应分摊的培训费用。本案中，

---

① 王林清、杨心忠：《劳动合同纠纷裁判精要与规则适用》，北京大学出版社2014年版，第344页。
② 黎建飞：《〈中华人民共和国劳动合同法〉最新完全释义》，中国人民大学出版社2008年版，第78~79页。

苏某与公司签订的培训协议，是以双方之间存在的劳动合同为基础的，应视为劳动合同的一部分。苏某应赔偿公司为其支付的培训费，但苏某所支付的赔偿不得超过服务期尚未履行部分所应分摊的培训费用。

劳动合同的约定条款是在双方协商一致的情况下订立的，但为了规范劳动合同的约定条款，法律作出了特殊的规定。

一、试用期

1. 试用期的概念。试用期是用人单位与初次录用的劳动者在劳动合同中约定的相互了解考察的期限。

试用期具备的要件为：第一，建立劳动关系的用人单位与劳动者之间订立了书面劳动合同；第二，该书面劳动合同合法有效；第三，该合法有效的书面劳动合同约定试用期；第四，试用期的长短与次数符合《劳动合同法》的规定[1]。

2. 试用期的特点。

第一，试用期是由劳动合同双方约定产生的。当事人双方在平等自愿的基础上，在签订劳动合同时，确定是否设定试用期以及试用期的长短，但是不能违反法律的强制性规定。

第二，试用期包括在劳动合同期限内。无论劳动者与用人单位签订的劳动合同期限多长，只要他们约定了试用期，该试用期就是劳动合同的一部分。

第三，试用期解除劳动合同较为容易。劳动者在试用期间，只要提前3天通知用人单位，就可以解除劳动合同，无须用人单位的同意。用人单位在试用期间，只要提供充分的证据证明劳动者不符合录用条件，就可以辞退劳动者。

3. 试用期与见习期的区别。见习期是用人单位招收应届大中专、技校毕业生而适用的一种考察期。依据劳动部办公厅颁布的《对〈关于劳动用工管理有关问题的请示〉的复函》中第4条规定，关于见习期与试用期。大中专、技校毕业生新分配到用人单位工作的，仍应按原规定执行为期1年的见习期制度，见习期可以约定不超过半年的试用期。

一般地，试用期与见习期的主要区别在于：

第一，适用法律不一致。试用期的规定主要体现在《劳动法》、《劳动合同法》、《劳动合同法实施条例》等劳动法律法规中，而见习期的规定则体现在《人才流动规定》、《高校毕业生见习办法》、《高等学校毕业生见习暂行办法》等人事法律法规中。

---

[1] 参见劳动和社会保障部组织编写：《中华人民共和国劳动合同法讲座》，中国劳动社会保障出版社2007年版，第37~38页。

第二，试用期适用的对象是用人单位初次招用的劳动者，是针对用人单位与劳动者在签订劳动合同时约定的一种考核期限；见习期适用的对象是刚毕业参加工作的大中专、技校毕业生，是计划经济条件下人事管理制度的结果，是对上述劳动者在转为国家干部编制前制定的考核期限①。

第三，试用期是约定条款，是当事人双方合约的结果；见习期是强制性的，毕业生必须经过见习期才能成为正式的、具有人事编制的国家干部。

第四，试用期对用人单位与劳动者双方都具有法律约束力，当事人任何一方违反试用期的规定，都要承担相应的法律责任；而见习期只对毕业生具有约束力，对用人单位没有任何约束力。

第五，试用期的期限，是当事人双方依据法律规定进行约定的，最长不得超过6个月的期限；而见习期的期限一般为1年的固定期限。

4. 试用期的限制。《劳动合同法》加大了对试用期的操作性规定，加重了用人单位适用试用期的责任。

（1）试用期约定次数的限制。《劳动合同法》第19条第2款规定，同一用人单位与同一劳动者只能约定一次试用期。在试用期结束后，如果用人单位认为劳动者不符合录用条件，则可以解除劳动合同。如果用人单位不解除劳动合同，则应使劳动者转正，不存在延长试用期继续考察的情况。

（2）不能约定试用期的情况。《劳动合同法》第19条第3款规定，以完成一定工作任务为期限的劳动合同或者劳动合同期限不满3个月的，不得约定试用期。第70条规定，非全日制用工双方当事人不得约定试用期。

（3）试用期适用期限的限制。《劳动合同法》第19条第1款规定，劳动合同期限3个月以上不满1年的，试用期不得超过1个月；劳动合同期限1年以上不满3年的，试用期不得超过2个月；3年以上固定期限和无固定期限的劳动合同，试用期不得超过6个月。即试用期的长短是与劳动合同期限相联系的，即用人单位与劳动者约定试用期是应以劳动合同的期限为依据，不能超过法律规定的期限，否则，约定的试用期无效。

（4）试用期与劳动合同期限的关系。《劳动合同法》第19条第4款规定，试用期包括在劳动合同期限内。劳动合同仅约定试用期的，试用期不成立，该期限为劳动合同期限。即约定的试用期无效的，在此期限内，用人单位不能对劳动者实行试用期的工资标准，当事人双方不能依照试用期内解除劳动合同的规定解除劳动合同。

（5）试用期的工资标准。《劳动合同法》第20条规定，劳动者在试用期的工资不得低于本单位相同岗位最低档工资或者劳动合同约定工资的80%，并不得低于用

---

① 林嘉：《劳动合同法条文评注与适用》，中国人民大学出版社2007年版。

人单位所在地的最低工资标准。《劳动合同法实施条例》第 15 条规定，劳动者在试用期的工资不得低于本单位相同岗位最低档工资的 80% 或者不得低于劳动合同约定工资的 80%，并不得低于用人单位所在地的最低工资标准。劳动合同约定工资是指劳动合同中约定的试用期满后的工资。即劳动者在试用期的工资标准，在不低于用人单位所在地的最低工资标准的基础上，可以选择不低于本单位相同岗位最低工资档工资的 80% 与不低于劳动合同约定工资的 80%。

（6）试用期解除劳动合同的限制。《劳动合同法》第 21 条规定，在试用期中，除劳动者有本法第 39 条①和第 40 条第 1 项、第 2 项②规定的情形外，用人单位不得解除劳动合同。用人单位在试用期解除劳动合同的，应当向劳动者说明理由。即法律如此规定，是为了规范用人单位在试用期间，对劳动者解除劳动合同的条件，防止用人单位滥用试用期的规定，没有理由地解除劳动合同，对劳动者的权益造成损害。

（7）用人单位违反试用期的法律责任。《劳动合同法》第 83 条规定，用人单位违反本法规定与劳动者约定试用期的，由劳动行政部门责令改正；违法约定的试用期已经履行的，由用人单位以劳动者试用期满月工资为标准，按已经履行的超过法定试用期的期间向劳动者支付赔偿金。

二、服务期

1. 服务期的定义。服务期是指劳动者因接受用人单位提供的特殊待遇而承诺为用人单位服务的期限。

2. 服务期的条件。《劳动合同法》第 22 条规定，用人单位为劳动者提供专项培训经费，对其进行专业技术培训的，可以与该劳动者订立协议，约定服务期。

第一，用人单位提供了专项培训经费。根据法律的规定，用人单位应依照本单位工资的一定比例提取培训经费。即用人单位为劳动者提供的专项培训经费，是在法律规定的提取培训经费以外的费用。

第二，用人单位对劳动者进行了专业技术培训。《劳动法》第 68 条规定，用人单位应当建立职业培训制度，按照国家规定提取和使用职业培训经费，根据本单位实际，有计划对劳动者进行职业培训。从事技术工种的劳动者，上岗前必须经过培训。

3. 服务期的期限规定。《劳动合同法实施条例》第 17 条规定，劳动合同期满，

---

① 《劳动合同法》第 39 条规定，在试用期被证明不符合录用条件的；严重违反用人单位的规章制度的；严重失职，营私舞弊，给用人单位造成重大损害的；劳动者同时与其他用人单位建立劳动关系，对完成本单位的工作任务造成严重影响，或者经用人单位提出，拒不改正的；因本法第 26 条第 1 款第 1 项规定的情形致使劳动合同无效的；被依法追究刑事责任的。

② 《劳动合同法》第 40 条规定，劳动者患病或者非因工负伤，在规定的医疗期满后不能从事原工作，也不能从事由用人单位另行安排的工作的；劳动者不能胜任工作，经过培训或者调整工作岗位，仍不能胜任工作的。

但是用人单位与劳动者依照劳动合同法第 22 条约定的服务期尚未到期的，劳动合同应当续延至服务期满；双方另有约定的，从其约定。即劳动合同期间届满时，劳动者的服务期没有履行完毕的，应继续履行超过劳动合同期限的服务期，但是用人单位与劳动者之间另有约定的除外。

4. 劳动者在服务期内工资调整的规定。《劳动合同法》第 22 条第 3 款规定，用人单位与劳动者约定服务期的，不影响按照正常的工资调整机制提高劳动者在服务期间的劳动报酬。工资调整机制是指国家或者用人单位依据经济发展的实际情况依照一定的原则和标准逐步提高劳动者工资待遇的一整套工资制度。劳动者在服务期间提供了劳动，国家或者用人单位在此期间出台了工资调整的方案，劳动者就有权依据工资调整机制提高自身的劳动报酬。

5. 劳动者违反服务期情况下的违约金支付。《劳动合同法》第 22 条第 2 款规定，劳动者违反服务期约定的，应当按照约定向用人单位支付违约金。违约金的数额不得超过用人单位提供的培训经费。用人单位要求劳动者支付的违约金不得超过服务期尚未履行部分所应分摊的培训费用。《劳动合同法实施条例》第 16 条规定，《劳动合同法》第 22 条第 2 款规定的培训费用，包括用人单位为了对劳动者进行专业技术培训而支付的有凭证的培训费用、培训期间的差旅费用以及因培训产生的用于该劳动者的其他直接费用。即劳动合同法明确规定，违约金的数额不能超过用人单位提供的培训费用；在劳动者没有履行完毕劳动合同时，劳动者支付的违约金不能超过其服务期没有履行部分所应分摊的培训费用。

三、竞业禁止

保守秘密的条款是用人单位与劳动者在劳动合同中约定由劳动者对用人单位的秘密负有保密义务的合同条款，包括对保密的内容、范围、期限和措施等的约定。保密条款是与竞业禁止条款联系在一起的。《劳动合同法》第 23 条规定，用人单位与劳动者可以在劳动合同中约定保守用人单位的商业秘密和与知识产权相关的保密事项。对负有保密义务的劳动者，用人单位可以在劳动合同或者保密协议中与劳动者约定竞业禁止条款，并约定在解除或者终止劳动合同后，在竞业禁止期限内按月给予劳动者经济补偿。劳动者违反竞业禁止约定的，应当按照约定向用人单位支付违约金。

1. 竞业禁止的定义。竞业禁止又称为竞业限制，是指用人单位的高级管理人员、高级技术人员和其他负有保密义务的人员，在劳动合同终止或者解除后的一定期限内，不能到与本单位生产或者经营同类产品、从事同类业务的有竞争关系的其他用人单位工作，或者直接开办生产或者经营与本单位同类的产品、从事与本单位同类的业务。

2. 竞业禁止适用的条件。《劳动合同法》第 24 条规定，竞业禁止的人员限于用人单位的高级管理人员、高级技术人员和其他负有保密义务的人员。竞业禁止的范围、地域、期限由用人单位与劳动者约定，竞业禁止的约定不得违反法律、法规的规定。在解除或者终止劳动合同后，前款规定的人员到与本单位生产或者经营同类产品、从事同类业务的有竞争关系的其他用人单位，或者自己开业生产或者经营同类产品、从事同类业务的竞业禁止期限，不得超过2年。

竞业禁止适用的条件为：

（1）竞业禁止的主体范围。用人单位的竞业禁止协议签订的对象适用于用人单位的高级管理人员、高级技术人员与其他负有保密义务的人员。

一般情况下，竞业禁止所限制的人员包括：第一，高层管理人员，他们掌握着用人单位的核心商业秘密；第二，技术研发人员由于工作的需要了解重要的商业秘密；第三，高级营销人员，掌握着用人单位的大量客户资源；第四，重要岗位人员，如财务管理、法务管理人员，他们知悉用人单位的关键资料；第五，秘书人员，接触会议记录和文件，知道商业秘密的可能性大；第六，重要的信息人员，可能掌握用人单位内的各种调查研究数据。

（2）竞业禁止的内容。用人单位与劳动者约定竞业禁止的范围、地域，不在哪种类型的用人单位任职，不在哪些行业工作或者经营。

（3）竞业禁止的期限。《劳动合同法》明确规定为不超过2年，这里的关键是竞业禁止的时间起算点与终止点。开始的时间为劳动合同解除或者终止之日，结束的时间为约定的竞业禁止期限届满，这个时间段。

（4）必须存在可保护的商业秘密或者与知识产权有关的保密事项。这是竞业禁止存在的一个前提与基础。如果劳动者没有法定的约定的保密义务，竞业禁止条款的设立对双方当事人就没有任何意义。

（5）竞业禁止不能违反法律、行政法规的规定。竞业禁止的实施，必须以保护劳动者的合法利益为前提，并不得违反社会公共利益与国家的法律、法规。

3. 违反竞业禁止协议的法律责任。

（1）用人单位违反竞业禁止承担的法律责任。《劳动合同法》第23条第2款规定，对负有保密义务的劳动者，用人单位可以在劳动合同或者保密协议中与劳动者约定竞业禁止条款，并约定在解除或者终止劳动合同后，在竞业禁止期限内按月给予劳动者经济补偿。

《最高人民法院关于审理劳动争议案件适用法律若干问题的解释（四）》第6条规定，当事人在劳动合同或者保密协议中约定了竞业禁止，但未约定解除或者终止劳动合同后给予劳动者经济补偿，劳动者履行了竞业禁止义务，要求用人单位按照劳动者在劳动合同解除或者终止前12个月平均工资的30%按月支付经济补偿的，人民法院应予支持。前款规定的月平均工资的30%低于劳动合同履行地最低工资标准的，按照劳动合同履行地最低工资标准支付。第7条规定，当事人在劳动合同或者保密协议中约定了竞业禁止和经济补偿，当事人解除劳动合同时，除另有约定外，用人单位要求劳动者履行竞业禁止义务，或者劳动者履行了竞业禁止义务后要求用人单位支付经济补偿的，人民法院应予支持。第8条规定，当事人在劳动合同或者保密协议中约定了竞业禁止和经济补偿，劳动合同解除或者终止后，因用人单位的原因导致3个月未支付经济补偿，劳动者请求解除竞业禁止约定的，人民法院应予支持。第9条规定在竞业禁止期限内，用人单位请求解除竞业禁止协议时，人民法院应予支持。在解除竞业禁止协议时，劳动者请求用人单位额外支付劳动者3个月竞业禁止经济补偿的，人民法院应予支持。

竞业禁止经济补偿的适用，需满足以下条件：第一，竞业禁止补偿是用人单位向劳动者支付；第二，用人单位只在竞业禁止服务期内向劳动者支付经济补偿；第三，竞业禁止经济补偿的支付须按月向劳动者支付。

（2）劳动者违反竞业禁止约定承担的法律责任——违约金。

《劳动合同法》第23条第2款规定，劳动者违反竞业禁止约定的，应当按照约定向用人单位支付违约金。《劳动合同法》第90条规定，劳动者违反本法规定的解除劳动合同，或者违反劳动合同中约定的保密义务或者竞业禁止，给用人单位造成损失的，应当承担赔偿责任。

第七节　劳动合同的效力

【案例3-10】

因用人单位原因导致的劳动合同无效案[①]

李某在1984年大学毕业后到海南省电子电器制造厂工作，属当时干部编制。1993年4月李某患神经纤维瘤，手术导致下肢截瘫。1993年5月26日到广东省人民医院治疗，在1993年7月8日出院，但瘫痪情况不见好转。1995年电子制造厂实行劳动合同制，电子制造厂与李某在1995年11月1日签订劳动合同书一份，合同期限为1995年11月1日至1998年11月1日，无试用期，合同中工作岗位一栏为空白。合同签订后电子制造厂每月发给李某165元，李某一直在家休养。1998年11月1日合同期满后，电子制造厂仍每月发给李某165元至当年12月止。从1999年1月开始电子制造厂停止发给李某生活费，1999年11月1日向李某送达终止劳动合同通知

[①] 孙瑞玺：《劳动合同法原理精要与实务指南》，人民出版社2008年版，第82~85页。

书。1999年8月6日经海南省。劳动能力鉴定办公室对李某的伤残情况进行鉴定，1999年11月25日作出鉴定结论为伤残2级。李某在1999年8月27日向海口市劳动争议仲裁委员会提出申诉，海口市劳动争议仲裁委员会以超过作出申诉时效为由决定不予受理。李某在1999年9月1日收到不予受理通知书后，遂在1999年9月15日向海口市新华区人民法院提起诉讼，请求电子制造厂补办退职手续；支付李某1998年7月因住院的医疗费2789元；支付伤残鉴定费。

海口市新华区人民法院经审理认定，李某为电子制造厂的职工，1993年李某因患病而导致2级伤残，在医疗期满后，电子制造厂应按有关规定给李某办理伤残鉴定和退职手续，但电器制造厂非但未予办理，反而在李某完全丧失劳动能力的情况下，在1995年11月1日同李某签订了为期3年的劳动合同，违反了劳动部《劳动法意见》第35条的规定，该劳动合同应确认为无效。现李某起诉要求电子制造厂补办退职手续有理，应予支持。李某的其他诉讼请求于法无据，不予支持。故作出海口市新华区人民法院（1999）新民初字第467号民事判决，判决：（1）限电子制造厂在本判决生效之日起1个月内给李某办理退职手续；（2）限电子制造厂在本判决生效之日内支付李某伤残鉴定费250元；（3）限电子制造厂在本判决生效之日起1个月内按有关规定予以报销李某医疗费2789元；（4）驳回李某的其他诉讼请求。

电子制造厂不服一审判决，向海口市中级人民法院提起上诉，其上诉称：（1）上诉人与被上诉人在1995年11月1日签订的劳动合同应为合法有效合同，一审法院判决合同无效依据不足。（2）上诉人没有义务主动为被上诉人办理退职鉴定手续。因退职不同于退休，到年龄按规定办理。退职须本人提出申请并向劳动管理部门领取伤残鉴定表，经单位盖章同意进行伤残鉴定，符合规定的才予以办理。（3）一审案件受理费分担不合理。特此请求二审法院撤销原判，依法改判，由被上诉人承担本案的上诉费用。

被上诉人李某辩称：（1）依据《劳动法》的有关规定，上诉人与被上诉人签订的劳动合同无效。（2）未能及时办理退职手续的过错在于上诉人，因为医疗期满不能工作的伤残职工办理伤残鉴定手续和退职手续是企业的必须行为。本着有错必究的原则，原审判决上诉人给被上诉人补办退职手续是合理的。（3）案件受理费的负担问题，原审判决支持了被上诉人的诉讼请求，应由上诉人承担诉讼费用。综上，请求法院驳回上诉，维持原判。

海口市中级人民法院经审理认为，劳动部《劳动法意见》第35条规定，医疗期满后仍不能从事原工作也不能从事由用人单位另行安排的工作的，由劳动鉴定委员会参照工伤与职业病致残程度鉴定标准进行劳动能力鉴定。被鉴定为1~4级的，应当退出劳动岗位，解除劳动关系，办理因病或者非因工负伤退职手续，享受相应的退休退职待遇。李某在1993年4月患神经纤维瘤住院治疗，在1993年7月8日出院，其医疗期依据劳动部发布的《企业职工患病或者非因工负伤医疗期规定》第3条第（1）项的规定，李某实际工作年限在10年以下，在本单位工作年限9年，其医疗期为6个月，因此从李某出院时起算，李某医疗期满为1994年1月。此后李某的情况仍未见好转，从此时起，电子制造厂应对李某的劳动能力进行鉴定，如属1～4级残疾的，应依照《劳动法意见》第35条的规定，为李某办理退职手续。李某经劳动伤残鉴定部门鉴定，结论为2级伤残，实际已完全丧失劳动能力，电子制造厂在1995年与完全丧失劳动能力的李某签订没有工作岗位内容的劳动合同违反劳动法律的规定，应认定为无效合同，电子制造厂应依照法律的规定为李某办理退职手续。电子制造厂上诉提出1995年11月1日双方签订的劳动合同有效的主张，缺乏事实、法律依据，不予支持。

劳动合同的效力是指已经成立的劳动合同是否在当事人之间产生法律约束力。劳动合同并不是在双方当事人签订之后就发生法律效力，而是在符合法律规定的生效要件后才能在当事人之间产生法律约束力。

一、劳动合同的成立与生效

《劳动合同法》第16条规定，劳动合同由用人单位与劳动者协商一致，并经用人单位与劳动者在劳动合同文本上签字或者盖章后生效。即《劳动合同法》并没有区分劳动合同的成立与生效。一般地，只要双方当事人在劳动合同上签字或者盖章，劳动合同即成立并生效。

（一）劳动合同的成立
劳动合同的成立，是指劳动者与用人单位之间就劳动合同的内容达成的合意。

（二）劳动合同的生效
劳动合同的生效，是指具备有效要件的劳动合同按其意思表示的内容产生了法律效力。

（三）劳动合同成立与生效的区别与联系
1. 劳动合同成立与生效的区别。

第一，原则不同。劳动合同的成立适用意思表示原则，只要当事人之间意思表示一致，劳动合同即成立；对于劳动合同的生效，则只有符合法律规定的劳动合同才能生效。

第二，要件不同。劳动合同的成立，以当事人意思表示一致为核心要件，劳动合同的生效是以主体合法、意思表示真实、不违反法律规定等为要件。

第三，判断不同。劳动合同的成立属于事实判断，主要在于劳动合同是否存在；劳动合同有效属于法律价值判断，主要在于劳动合同是否发生法律效力。

第四，能否弥补不同。劳动合同缺少要件不成立，当事人可通过实际履行使劳动合同成立。对于已经成立而没有生效的劳动合同，有过失的一方要承担相应的法律责任。

2. 劳动合同成立与生效的联系。

一般情况下，劳动合同的成立与生效是一致的，但在特殊情况下，劳动合同的生效要件比成立要件多，即劳动合同成立后必须在生效要件全部具备是才能生效。如附期限的劳动合同成立后，在期限届满时劳动合同才能生效。附条件的劳动合同成立后，在所附条件成立时，劳动合同才生效。

二、劳动合同的效力

《劳动合同法》第3条第2款规定，依法订立的劳动合同具有约束力，用人单位与劳动者应当履行劳动合同约定的义务。

劳动合同的效力是指劳动合同的法律约束力。一般地，包括：第一，一般效力，劳动关系当事人应当按照劳动合同确立的权利与义务自觉履行。第二，法律强制力，劳动合同生效就受到法律的保护。当事人一方不履行劳动合同，另一方当事人可以向行政机构或者司法机关，申请强制执行，以促使其履行劳动合同的义务。

第八节　劳动合同的无效

【案例3-11】

假文凭导致劳动合同无效案[①]

北京某电器有限责任公司在通过北京市人才交流中心举办的招聘活动中，聘用了王某为该公司的销售经理，王某毕业于北京某大学市场营销专业，持有该校的本科毕业证和学位证书。双方经过协商一致订立了劳动合同，约定劳动合同期限为2年，试用期1个月，试用期间工资为每月3000元，试用期结束后工资每月为3500元，按照

---

① 黎建飞：《〈中华人民共和国劳动合同法〉最新完全释义》，中国人民大学出版社2008年版，第16页。

公司的规定以销售金额享受提成奖金。王某就职后，凭借出色的业务能力，使公司的销售金额大幅上升。但是在合同履行了3个月后，公司发现王某的毕业证和学位证均系伪造，于是通知王某解除劳动合同。王某不服，向劳动争议仲裁委员会提出仲裁，认为公司违反劳动合同的约定解除劳动合同，应当支付解除劳动合同的补偿金。庭审中，王某认为，公司依据其工作经历聘用了他，实际的工作业绩已经证明了其能胜任这一工作。虽然其毕业证和学位证系伪造，但是，公司在招聘过程中负有核实责任和义务。公司没有尽到核实的义务，其过错在公司，这并不影响劳动合同的效力，劳动合同当然有效。公司认为，王某采用欺诈手段与公司签订了劳动合同，根据法律的规定属于当然无效，并不存在劳动合同解除支付补偿金的问题。

劳动争议仲裁委员会经过审理后裁决：王某与该电器公司签订的劳动合同无效，王某要求公司支付劳动合同解除补偿金的请求没有法律依据，不予支持。

【案例3-12】

劳动合同部分无效案①

王某与某建筑公司签订了一份为期3年的劳动合同，合同中约定有"发生伤亡事故本公司概不负责"的条款。王某家境困难，在抱有侥幸心理的情况下在合同上签了字。5个月后，王某在一次施工中不慎从脚手架上摔伤，造成腰椎粉碎性骨折，下身瘫痪，生活不能自理。事故发生后，王某一家无力承担巨额费用，生活陷入困境，王某家属要求建筑公司支付医疗费用。建筑公司以劳动合同中规定"发生伤亡事故本公司概不负责"的免责条款为由拒绝支付，并对其家属说，以后王某与建筑公司无关，不要再找建筑公司索要任何费用，王某遂向劳动争议仲裁委员会申请仲裁。

仲裁委员会经审理认为，劳动合同中约定的"发生伤亡事故本公司概不负责"的免责条款明显违反了《劳动合同法》第26条第1款第2项的规定，严重侵害了劳动者的合法权益，属于无效条款。1988年，最高人民法院《关于雇工合同"工伤概不负责"是否有效的批复》（[1988]民他字第1号）针对有些企业在推行经济承包后，在承包合同中规定"工伤概不负责"、"死伤自理"之类的条款特别规定，"这种行为既不符合宪法和有关法律规定，也严重违反了社会主义公德，应属于无效的民事行为。"《劳动合同法》第27条规定，劳动合同部分无效，不影响其他部分效力的，其他部分仍然有效。本案中，建筑公司应当支付王某的医疗费用，赔偿王某的损失。

---

① 黎建飞：《〈中华人民共和国劳动合同法〉最新完全释义》，中国人民大学出版社2008年版，第96~97页。

一、劳动合同无效的概念

劳动合同的无效,是指由当事人签订成立而国家不予承认其法律效力的劳动合同。劳动合同的无效是因其违反了法律、行政法规或者违背了自愿协商的原则,劳动合同从订立时起就不具有法律效力。它包括全部无效的劳动合同和部分无效的劳动合同。

全部无效的劳动合同,其所确立的劳动关系应予以消灭;部分无效的劳动合同,其所确立的劳动关系依然可存续,只是部分合同条款无效,其余部分仍然有效。

二、劳动合同无效的种类

依据我国《劳动法》第18条与《劳动合同法》第26条的规定,劳动合同无效包括:

第一,违反法律、行政法规的强制性规定的劳动合同。违反法律、行政法规的劳动合同,是指其订立的内容、形式等违法的劳动合同,违背了订立的原则,导致其没有法律约束力。法律是指全国人民代表大会及其常务委员会颁布的法律;行政法规是指国务院颁布的规章、命令、条例等行政性法规。对于违反地方性法规或者行政规章中的强制性规定的,则不能导致劳动合同的无效。

第二,用人单位免除自己的法定责任、排除劳动者权利的。这是《劳动合同法》新增加的劳动合同无效的情形。用人单位的法定责任,是指用人单位依照法律规定应当对劳动者承担的义务。免除法定责任,是指用人单位在劳动合同中明确免除法律规定的应该由用人单位承担的责任。依据《合同法》第53条的规定,免除对劳动者人身伤害责任的条款;因故意或者重大过失给劳动者造成财产损失的免责条款。如果这种条款不影响劳动合同其他部分的效力,只是该条款无效。如果该条款影响到劳动合同的其他部分,导致劳动合同的目的不能实现的,则导致劳动合同全部无效。

第三,以欺诈、胁迫或者乘人之危,使对方在违背真实意思的情况下订立或者变更劳动合同的。欺诈是指一方故意告知对方虚假信息与情况,或者故意隐瞒真实情况,诱使另一方作出错误意思表示的行为。胁迫是指一方以另一方及其亲友的生命健康、荣誉、名誉、财产等造成损害为要挟,迫使另一方作出违背真实意思的意思表示的行为。乘人之危是指一方利用另一方的危难处境或者紧迫需要,迫使另一方作出违背真实意愿的意思表示的行为。这与《合同法》中的欺诈、胁迫、乘人之危的合同可撤销情况不同。

从使用范围看,意思表示不真实既可发生在劳动合同订立中,也可发生在劳动合同变更中。从法律后果看,因意思表示不真实达成的劳动合同条款,可能导致劳动合同的部分无效,也可能导致劳动合同的全部无效。如果劳动合同条款在劳动合同中具有核心的地位,就会导致劳动合同的全部无效;否则,只能导致劳动合同的部分无效。

三、无效劳动合同的确认

《劳动法》第18条第3款规定,劳动合同无效,由劳动争议仲裁委员会或者人民法院确认。《劳动合同法》第26条第2款规定,对劳动合同的无效或者部分无效有争议的,由劳动争议仲裁机构或者人民法院确认。即劳动合同无效的确认主体是劳动争议仲裁委员会与人民法院,其他组织和个人均无权对劳动合同的无效进行确认。

四、劳动合同无效的法律后果

《劳动合同法》第28条规定,劳动合同被确认无效的,劳动者已付出劳动的,用人单位应当向劳动者支付劳动报酬。劳动报酬的数额,参照本单位相同或者相近岗位劳动者的劳动报酬确定。《劳动合同法》第86条规定,劳动合同依照本法第26条规定被确认无效的,给对方造成损害的,由过错的一方应当承担赔偿责任。

第一,支付劳动报酬。劳动合同被劳动争议仲裁委员会或者人民法院确认无效的,则劳动者与用人单位之间的劳动合同自始无效。但劳动者已付出的劳动,却无法返还。用人单位没有支付劳动报酬的,应当向劳动者支付。

第二,赔偿损失。因《劳动合同法》第26条规定的原因,导致劳动合同无效的,一方当事人具有过错的,则应向另一方当事人承担赔偿责任。如果是劳动者的过错,导致劳动合同无效并造成用人单位损失的,劳动者应赔偿用人单位的损失;如果是用人单位的过错,造成劳动者损失的,用人单位应向劳动者支付经济赔偿金。

第九节 非法用工

【案例3-13】

非法用工案[①]

蒋某在李某投资开办的木制品厂工作,2005年2月25日蒋某在制作木线时被电

---

① 黎建飞:《〈中华人民共和国劳动合同法〉最新完全释义》,中国人民大学出版社2008年版,第274~275页。

动木锯切到右手，造成拇指断裂，送往医院治疗后出院。蒋某因此事，向人民法院起诉，要求木制品厂赔偿其损失和支付其医疗费等，共计人民币2万元。

人民法院经审理查明，李某的木制品厂前身为集体企业，2002年被吊销营业执照，经李某自己投资改造后继续生产。李某以木制品厂名义从事经营活动，既无营业执照也未进行依法登记备案，以营利为目的，长期用工，且具有一定规模，符合企业特征。蒋某在李某的木制品厂工作，按月领取工资报酬，与李某的木制品厂已经形成了事实劳动关系。因此，应认定李某的木制品厂是非法用工主体。2003年劳动和社会保障部《非法用工单位伤亡人员一次性赔偿办法》第2条规定，非法用工单位伤亡人员，是指在无营业执照或者未经依法登记、备案的单位以及被依法吊销营业执照或者撤销登记、备案的单位受到事故伤害或者患职业病的职工，或者用人单位使用童工造成的伤亡、死亡童工。非法用工单位必须依照本办法的规定向伤残职工或者死亡职工的直系亲属、伤残童工或者童工的直系亲属给予一次性赔偿。

一、非法用工的概念

非法用工是指不具备合法经营资格的单位招用劳动者从事劳动的情况。非法用工单位主要指无营业执照的单位；未经依法登记、备案的单位；被依法吊销营业执照或者撤销登记、备案的单位。

二、非法用工界定的法律依据

2003年9月23日劳动部颁布的《非法用工单位伤亡人员一次性赔偿办法》最早使用"非法用工"。第2条规定，本办法所称的非法用工是指在无营业执照或者未经依法登记、备案的单位以及被依法吊销营业执照或者撤销登记、备案的单位受到事故伤亡或者患职业病的职工，或者用人单位使用童工造成的伤残、死亡童工。

依据2003年1月1日实施的《无照经营查处取缔办法》第4条的规定，无照经营行为包括：应当取得而未依法取得许可证或者其他批准文件和营业执照，擅自从事经营活动的无照经营行为；无须取得许可证或者其他批准文件即可取得营业执照而未依法取得营业执照，擅自从事经营活动的无照经营行为；已经依法取得许可证或者其他批准文件，但未依法取得营业执照，擅自从事经营活动的无照经营行为；已经办理注销登记或者被吊销营业执照，以及营业执照有效期届满后未按照规定重新办理登记手续，擅自继续从事经营活动的无照经营行为；超出核准登记的经营范围、擅自从事应当取得许可证或者其他批准文件方可从事的经营活动的违法经营行为。

三、非法用工的处理[①]

非法用工的处理,包括:

(一) 非法用工造成劳动者伤亡的处理

依据《工伤保险条例》第63条的规定,无营业执照或者未经依法登记、备案的单位以及被依法吊销营业执照或者撤销登记、备案的单位的职工受到事故或者患职业病的,由该单位向伤残职工或者死亡职工的直系亲属给予一次性赔偿,赔偿标准不得低于《工伤保险条例》规定的工伤保险待遇;用人单位不得使用童工,用人单位使用童工造成童工伤残、死亡的,由该单位向童工或者童工的直系亲属给予一次性赔偿,赔偿标准不得低于工伤保险待遇。

《非法用工单位伤亡人员一次性赔偿办法》第5条规定,一级伤残的为赔偿基数的16倍,二级伤残的为赔偿基数的14倍,三级伤残的为赔偿基数的12倍,四级伤残的为赔偿基数的10倍,五级伤残的为赔偿基数的8倍,六级伤残的为赔偿基数的6倍,七级伤残的为赔偿基数的4倍,八级伤残的为赔偿基数的3倍,九级伤残的为赔偿基数的2倍,十级伤残的为赔偿基数的1倍。第6规定,受到事故伤害或者患职业病造成死亡的,按赔偿基数的10倍支付一次性赔偿金。

(二) 非法用工对劳动者无伤亡时的处理

《劳动合同法》第93条规定,劳动者已经付出劳动的,该单位或者其出资人应当依照本法有关规定向劳动者支付劳动报酬、经济补偿、赔偿金;给劳动者造成损害的,应当承担赔偿责任。

(三) 非法用工造成重大社会问题时的处理

《劳动合同法》第93条规定,对不具备合法经营资格的用人单位的违法犯罪行为,依法追究法律责任。这里的责任,不仅是行政责任,还包括刑事责任。

《无照经营查处取缔办法》第14条规定,对无照经营行为,由工商行政管理部门依法予以取缔,没收违法所得;触犯刑律的,依照刑法关于非法经营罪、重大责任事故罪、重大劳动安全事故罪、危险物品肇事罪或者其他罪的规定,依法追究刑事责任;尚不够刑事处罚的,并处2万元以下的罚款;无照经营行为规模较大、社会危害严重的,并处2万元以上20万元以下的罚款;无照经营行为危害人体健康、存在重

[①] 喻术红:《劳动合同法专论》,武汉大学出版社2009年版,第82~84页。

大安全隐患、威胁公共安全、破坏环境资源的，没收专门用于从事无照经营的工具、设备、原材料、产品（商品）等财务，并处5万元以上50万元以下的罚款。对无照经营行为的处罚，法律、法规另有规定的，从其规定。

【理论链接】
一、用人单位与未成年人签订劳动合同的效力认定问题

《未成年人保护法》第38条第2款规定，任何组织或者个人可以按照国家有关规定招用已满16周岁未满18周岁的未成年人，应当执行国家在工种、劳动时间、劳动强度和保护措施等方面的规定，不得安排其从事过重、有毒、有害等危害未成年人身心健康的劳动或者危险作业。

《未成年工特殊保护规定》中的第3条[①]，第4条[②]，对年满16周岁未满18周岁的劳动者不得从事的劳动范围进行了详细规定，如果用人单位与未成年人在劳动合同中约定了含有上述禁止的劳动范围，则此项内容的约定应属于无效条款。

二、就业歧视[③]

就业歧视在我国有大量的表现形式。有的属于非法性歧视，又称为市场性歧视，是指以某种社会风气、价值观念、习惯的方式对某些人群进行排斥和限制，而这些限制和排斥行为为法律法规所禁止。即显性歧视。有的属于合法性歧视，又称为制度性歧视，合法性歧视，主要是由于制度本身造成的歧视，表现出来的形式是合法的或者法律不禁止的。该类歧视是由于制度不衔接、体制摩擦而引起的，这种就业歧视现象常常在转轨经济中出现。它主要存在两个方面：一是积极的制度性歧视，是指在制度安排和政策制定层面上以法律、法规、条例、政策的形式把含有歧视性的内容予以制度化，这种歧视性的制度本身带有不合理性或者非正当性，但是由于带有一定的法律规范形式，歧视性的制度在实践中被赋予强制执行力，故这种由于法律体系不统一造

[①] 《未成年工特殊保护规定》第3条：用人单位不得安排未成年工从事以下范围的劳动：《生产性粉尘作业危害程度分级》国家标准中第一级以上的接尘作业；《有毒作业分级》国家标准中第一级以上的有毒作业；《高处作业分级》国家标准中第二级以上的高处作业；《冷水作业分级》国家标准中第二级以上的冷水作业；《高温作业分级》国家标准中第三级以上的高温作业；《低温作业分级》国家标准中第三级以上的低温作业；《体力劳动强度分级》国家标准中第四级体力劳动强度的作业；矿山井下及矿山地面采石作业；森林业中的伐木、流放及守林作业；工作场所接触放射性物质的作业；有易燃易爆、化学性烧伤和热烧伤等危险性大的作业；地质勘探和资源勘探的野外作业；潜水、涵洞、涵道作业和海拔3000米以上的高原作业（不包括世居高原者）；连续负重每小时在六次以上并每次超过20公斤，间断负重每次超过25公斤的作业；使用凿岩机、捣固机、气镐、气铲、铆钉机、电锤的作业；工作中需要长时间保持低头、弯腰、上举、下蹲等强迫体位和动作频率每分钟大于50次的流水线作业；锅炉司炉。

[②] 《未成年工特殊保护规定》第4条：未成年工患有某种疾病或具有某些生理缺陷（非残疾型）时，用人单位不得安排其从事以下范围的劳动：《高处作业分级》国家标准中第一级以上的高处作业；《低温作业分级》国家标准中第二级以上的低温作业；《高温作业分级》国家标准中第二级以上的高温作业；《体力劳动强度分级》国家标准中第三级以上体力劳动强度的作业；接触铅、苯、汞、甲醛、二硫化碳等易引起过敏反应的作业。

[③] 参见王少波：《劳动关系热点问题研究》，知识产权出版2012年版，第3~16页。

成的歧视类型又称为隐性歧视。如户籍歧视、乙肝病毒携带者就业歧视等。二是消极的制度性歧视，亦即制度对就业市场中的歧视性做法缺乏可供调整的法律依据，市场经济中规制歧视的法规存在缺位的情况，这是由于法律制度本身的不完善所造成的，如年龄歧视、血型歧视等。

（一）户籍歧视①

从历史上看，大多数发展中国家的政府都对国内迁移实行控制政策，这些国家也存在着对劳动力市场分割现象，即对城市工人进行保护，对迁移劳动力采取歧视态度。有人认为，城市居民出于既得利益的动机，通过影响地方政府的政策制定过程，促使形成了排斥外地民工和外地人的歧视性就业政策，造成劳动力市场的分割。这种扭曲劳动力市场的政策，实际上是城市偏向政策的一个组成部分。我国改革开放以前劳动力市场的分割和扭曲，是重工业优先发展战略的内生要求，是通过一系列事先决定的制度机制形成和维持的。

固定的户籍制度从制度上支持了劳动者市场的就业歧视，增加了流动就业迁移成本和流动成本，限制了劳动者在平等基础上自主择业的权利。这种歧视反映在双方建立的劳动关系的不同工同酬方面。

（二）年龄歧视

我国年龄歧视第一案是因杨某年龄超过35岁不能报考公务员考试而引起的，杨某因此事提起了行政诉讼，状告国家人事部拒绝受理他报名参加"公务员考试"的具体行政行为违法。侵犯了35岁以上公民的平等权和劳动权构成就业歧视。

（三）对患有传染性疾病患者病原携带者的歧视

2003年全国首例"乙肝歧视"行政诉讼案在安徽芜湖新芜区人民法院受理。2004年4月初，法院作出初审判决，判决确认：被告芜湖市人事局在2003年安徽省国家公务员招录过程中作出取消原告张某进入考核资格的具体行政行为主要证据不足。但是，法院并没有对《安徽省国家公务员录用体检实施细则（试行）》这个"一般性规范性文件"中的有关规定进行合法性审查。

2010年首例艾滋病病毒感染者就业歧视诉讼案在安徽省安庆市审理，吴某因为在体检中"艾滋病检测呈阳性"被挡在安徽安庆教育局招录教师的门外，即人民法院审理认为艾滋病确实属于传染性疾病，患有该种传染性疾病的人确实不具备成为教师的资格。

三、英国就业歧视构成要件理论

（一）直接歧视

直接歧视的判断标准是原告相比另一性别或者种族的人遭受了不利待遇。在著名

---

① 我国就业歧视中最普遍和最严重的是户籍歧视和性别歧视。

的 James v. Eastleigh Borough Council（1990）案中，确定了判断歧视是否存在的客观标准为"要不是"的方法。"要不是"的方法是法院审理案件的一个重要标准，是判断是否是由于原告的性别或者种族导致了其受到不利待遇的重要标准。

（二）间接歧视

关于间接歧视，《性别歧视法》和《种族歧视法》都有规定。近年来，有关间接歧视的法律规定发生了重大变化。以性别歧视为例，依据最新的法律规定，间接歧视的成立必须符合以下条件：

第一，雇主对不同性别的雇员平等的适用某项"规定、标准或者做法"。

第二，该"规定、标准或者做法"的实施，使女性雇员相比男性雇员处于特定的不利状态。

第三，该"规定、标准或者做法"使原告本人处于不利的状态。

第四，被告无法表明该"规定、标准或者做法"是实现某一合法目的的适当方式。在间接歧视场合，男性与女性适用同样的标准，男性受到歧视也受到法律保护。

总之，英国法院在判断雇主行为是否构成歧视时，只看行为结果和因果关系，不用考虑雇主是否具有歧视的故意或者动机，这体现了英国在反就业歧视法上采取一种客观主义的方法。

【思考题】

1. 试述我国劳动合同的分类。
2. 试述劳动合同订立的原则。
3. 试述劳动合同的形式。
4. 试述劳动合同的内容。
5. 试述劳动合同无效。
6. 试述劳动合同的效力认定。

【案例分析题】

1. 王某与某搬家公司之间签订了为期3年的劳动合同，约定试用期为3个月。在试用期内的某日，王某在为顾客搬运家具时不慎被衣柜砸伤。搬家公司将其送往医院，就不再与王某见面，王某伤愈后，要求搬家公司为其支付医疗费。但搬家公司认为王某在试用期，不需要为其支付医疗费。为此，双方之间发生争议。王某遂向劳动争议仲裁委员会申请仲裁。

问：本案劳动争议仲裁委员会应如何处理？

2. 2007年1月，钱某与某单位签订了书面劳动合同，合同中有一条约定，如果钱某提前解除劳动合同，且未得到该单位批准的，钱某应当向该单位支付其2个月工资的违约金。2008年5月,钱某准备到外地去工作,当钱某向单位提出辞职请求时,该单位以劳动合同中约定了关于违约金的条款,要求钱某支付违约金才能辞职?

问:钱某与某单位约定的劳动合同中违约金条款是违法?如违法,应如何处理?

3. 王某为某高校的毕业生,被电子科技公司录用,并在2008年1月1日正式报到上班,王某认为自己年纪轻,专业好,不愁找不到工作,一旦签订劳动合同就是对自己的束缚,不能自由跳槽,因此王某决定过一段时间后再签订劳动合同。电子科技公司人事部门多次要求王某订立书面劳动合同,但王某每次都以各种理由拒绝,直到2008年9月1日还没有订立书面劳动合同。电子科技公司在2008年9月1日,发出最后的通牒,明确告知王某要么签订劳动合同,要么终止劳动合同。王某认为,电子科技公司不能随意终止劳动合同。

问:电子科技公司的做法是否合法?法律依据是什么?

4. 从2002年开始,李某一直在某公司从事销售工作,由于业务繁忙,长期在外地出差,李某一直没有与公司签订书面劳动合同。2007年8月后,李某要求公司与其签订书面劳动合同,但是公司却以各种理由拒绝签订。

问:李某应如何维护自己的合法权益?

第四章

劳动合同的履行与变更

教学目标

通过本章的学习，了解劳动合同履行的概念、劳动合同履行的原则，重点掌握最低工资制度，难点是劳动合同的承继。

关键术语

劳动合同的变更　全面履行原则　亲自履行原则　实际履行原则

第一节　劳动合同的履行

一、劳动合同履行的概述

（一）劳动合同履行的概念

劳动合同的履行是指劳动合同双方当事人按照合同的约定完成各自义务的行为。劳动合同最显著的特征是用人单位与劳动者订立劳动合同的目的是劳动过程的实现，而非劳动成果的交付。因此，劳动合同的履行对用人单位与劳动者都是重要的，用人单位可以利用劳动力不断创造价值，劳动者可以获得劳动报酬。

（二）劳动合同履行的原则

劳动合同履行的原则是劳动合同当事人在履行劳动合同约定的义务时所应遵循的基本准则，也是解决劳动纠纷是所应持有的指导方针。

劳动合同履行的原则主要有：

1. 全面履行原则。《劳动合同法》第 29 条规定，用人单位与劳动者应当按照劳动合同的约定，全面履行各自的义务。所谓全面履行，是指劳动者和用人单位应当按照劳动合同的约定全面履行合同项下的义务。《劳动合同法》第 3 条第 2 款规定，依法订立的劳动合同具有约束力，用人单位与劳动者应当履行劳动合同约定的义务。该原则要求劳动合同的当事人应当按照劳动合同的约定履行各自应尽的义务，以保证各方的权利的实现。从劳动者的角度讲，劳动者不仅要履行劳动合同中规定的义务，还要履行用人单位依法制定的劳动规章制度。从用人单位的角度讲，不仅要履行劳动合同中规定的义务，还要履行因劳动合同产生的对劳动者的附随义务。具体包括：第一，用人单位对劳动者的保护和发展义务。用人单位应当尽可能地保障工作环境的安全；用人单位应当建立职业培训制度，按照国家规定提取和使用职业培训经费；从事技术工种的劳动者，上岗前必须经过培训。第二，劳动者对用人单位的忠实义务。遵守用人单位的保密义务，保护用人单位利益。

2. 亲自履行原则。亲自履行原则指劳动者应当本人完成在劳动合同中约定的义务，不能委托他人代为履行。劳动合同是一种具有较强人身属性的合同，须在特定主体之间履行，由特定主体亲自履行，而劳务派遣则应另当别论。

一般来说，劳动合同的亲自履行原则的内容具体包括：第一，对劳动者来讲，劳动者应当在用人单位的管理和指挥下，按照劳动合同规定的时间、地点和方式亲自完成工作任务，不能由他人代为履行；第二，对用人单位来讲，按照劳动合同规定和有关法律规定，应当向劳动者提供劳动保护条件以及支付劳动报酬等；第三，劳动合同的双方当事人均应当依法、诚实地履行自己的劳动合同，不能以其他方式取代亲自履行的义务。

如果劳动者因特殊情况确实不能亲自履行劳动合同义务时，劳动者在征求用人单位同意的前提下，可以找其他符合工作岗位要求的劳动者进行替班。即《劳动合同法》征求意见稿第 29 条和二审稿第 30 条规定，用人单位与劳动者应当按照劳动合同的约定，全面履行各自的义务。劳动者本人应当实际从事劳动合同约定的工作。现行劳动合同法对此替班的态度却发生了转变，删除了劳动者本人应当实际从事劳动合同约定的工作，从禁止替班到对替班行为不进行干涉交由用人单位执行处理。

3. 实际履行义务。实际履行义务是指劳动合同的双方当事人严格按照约定的权利、义务切实履行各自的义务，要求双方按照合同约定的履行内容、履行方式、履行地点、履行时间、履行期限等约定，按质、按量全部履行自己所应承担的义务[①]。

劳动合同的实际履行原则是由劳动合同的性质和目的决定的，劳动合同的目的是使劳动者的劳动力与用人单位的生产资料相结合，为用人单位创造利益，而劳动者付

---

① 转引自邹杨、容振华：《劳动合同法理论与实务》，东北财经大学出版社 2012 年版，第 73 页。

出劳动而得到劳动报酬。当一方当事人有违约行为时，该违约方仍然应负实际履行的义务，而不能以违约金或者赔偿金等代替，除非该实际履行对相对方已经没有意义。同时，相对方有权要求违约方实际履行或者请求仲裁机构或者人民法院要求对方实际履行。

4. 协助履行原则。按照全面履行原则，双方当事人不仅要严格按合同的约定履行义务，而且当事人在履行劳动合同的过程中应当互相给予对方必要的协作。劳动者提供劳动力，用人单位使用劳动力，劳动关系只有在双方互相协作的基础上才能在既定期限内顺利实现。协作履行原则贯穿于劳动合同的整个履行过程中，这是劳动合同目的实现的必然要求，也是劳动合同双方当事人利益实现的必然保障。

二、劳动合同履行的特殊规则

劳动合同的履行，在一定条件下还应遵循以下特殊规则：

1. 履行条款不明确的规则。对于劳动合同内容不明确的条款，应当先依法确定其具体内容，然后予以履行。一般认为，用人单位内部劳动规则有明确规定的，就按照该规定履行；用人单位内部劳动规则没作规定的，就按照集体合同的规定履行；集体合同没作规定的，就按照有关劳动法规和政策的规定履行；劳动法规和政策没作规定的，就按照通行的习惯履行；没有可供遵循习惯的，就由当事人双方协商确定如何履行。其中，劳动给付义务也可按照用人单位的指示履行。《劳动合同法实施条例》第14条规定，劳动合同履行地与用人单位注册地不一致的，有关劳动者的最低工资标准、劳动保护、劳动条件、职业危害保护和本地区上年度职工月平均工资标准高于劳动合同履行地的有关标准，且用人单位与劳动者约定按照用人单位注册地的有关规定执行，从其规定。

2. 向第三人履行的规则。劳动合同的一方当事人，一般只向对方当事人履行义务，且要求对方当事人履行义务的请求权一般不得转让给第三人。即只有在法律允许的特殊情况下，劳动者或者用人单位才应向第三人履行义务，关于劳动者向第三人履行劳动给付义务的条件，即在劳动合同已向第三人提供劳动之约定，或者用人单位要求向第三人提供劳动并取得劳动者同意的情况下，劳动者才应向第三人履行劳动给付义务；但是，在用人单位的营业转让于第三人，若劳动合同没有特别约定，劳动者应当向第三人履行劳动给付义务，而不必取得劳动者的同意。关于用人单位向第三人履行劳动给付义务的条件，只有在法律特别规定的情况下，用人单位才可以把工资等劳动待遇向法定第三人按法定标准支付一定数额，而不允许合同当事人对此作出约定。

3. 履行约定之外的劳动给付规则。劳动者履行劳动给付义务原则上以劳动合同约定的范围为限，在劳动合同未变更时，用人单位一般不得指示劳动者从事劳动合同约定以外的劳动。即在遇有紧急情况时，为了避免发生危险事故或者进行事故后抢救和善后工作，用人单位可指示劳动者临时从事劳动合同约定以外的劳动，劳动者应当服从这种指示①。

三、劳动合同履行中劳动者权利的保护

（一）劳动者劳动报酬权的保护

1. 劳动报酬的支付。

（1）劳动报酬。劳动报酬是指在劳动关系中，劳动者因履行劳动合同约定的义务而应当从用人单位处获得的各种形式的收入。

劳动报酬请求权是劳动者在劳动关系中享有的最基本、最核心的权利，用人单位必须依法切实履行向劳动者支付劳动报酬的义务。

（2）劳动报酬的范围确定。关于劳动报酬的范围确定问题，我国《劳动法》、《劳动合同法》都没有作出相应地规定。对于劳动报酬范围的规定散见于劳动部不同时期发布的劳动行政规章中，主要体现在：

第一，1994年9月15日劳动部颁布的《关于〈中华人民共和国劳动法〉若干条文的说明》对劳动报酬的概念进行了界定。即第3条第3款规定，劳动报酬指劳动者从用人单位得到的全部工资收入。此条例把劳动报酬限定为工资，缩小了劳动报酬的范围。

第二，1995年8月4日劳动部颁布《关于〈中华人民共和国劳动法〉若干问题的意见》第53条对工资进行了补充规定，即工资是指用人单位根据国家有关规定或者劳动合同的约定，以货币形式直接支付给本单位劳动者的劳动报酬，一般包括计时工资、计件工资、奖金、津贴和补贴、延长工作时间的工资报酬及特殊情况下支付的工资等。工资是劳动者劳动收入的主要组成部分。计时工资是按照计时工资标准和工作时间支付给劳动者的劳动报酬；计件工资是对已经完成的工作按照数量单价支付的劳动报酬；奖金是支付给劳动者的超额劳动报酬；津贴是补偿劳动者因特殊或者额外劳动消耗和以其他特殊原因而支付给劳动者的劳动报酬，如高温津贴、出差津贴等。从工资的构成看，计时工资和计件工资是劳动报酬的主要形式，奖金和津贴是劳动报酬的辅助形式。

第三，劳动部颁布《关于贯彻执行〈中华人民共和国劳动法〉若干问题的意见》第53条对不属于工资范围的劳动收入进行了列举，主要包括：单位支付给劳动者个

---

① 我国台湾地区《劳动契约法》规定，劳动者于其约定之劳动给付外，无给付其他附带劳动义务，但有紧急情形或者其职业上有特别习惯时，不得拒绝其所能给付的劳动。

人的社会保险福利费用；劳动保护方面的费用；按规定未列入工资总额的各种劳动报酬及其他劳动收入。

所以，工资是劳动报酬中的一种，对于劳动者从用人单位获得的非货币性收入也应属于劳动报酬的范围。我国劳动立法对劳动报酬的范围界定太狭小了。

（3）劳动报酬的支付。《劳动合同法》第30条第1款规定，用人单位应当按照劳动合同的约定和国家规定，向劳动者及时足额支付劳动报酬。具体包括：

①用人单位应当及时向劳动者支付劳动报酬。依据劳动部1994年12月6日发布的《工资支付暂行规定》第7条规定，工资必须在用人单位与劳动者约定的日期支付。如遇节假日或者休息日，则应提前在最近的工作日支付。工资至少每月支付一次，实行周、日、小时工资制的可按周、日、小时支付工资。对完成一次性临时劳动或者某项具体工作的劳动者，用人单位应按有关协议和合同规定在其完成劳动任务后即支付工资。劳动关系双方依法解除或者终止劳动合同时，用人单位应在解除或者终止劳动合同时一次性付清劳动者工资。

②用人单位应当足额向劳动者支付劳动报酬。《工资支付暂行办法》第15条规定，用人单位不得克扣劳动者工资，但依法在下述情况下，可以代扣劳动者工资：用人单位代扣代缴的个人所得税；用人单位代扣代缴的应由劳动者个人负担的各项社会保险费用；法院判决、裁决中要求代扣的抚养费、赡养费；法律、法规规定可以从劳动者工资中扣除的其他费用。此外，依据《工资支付暂行办法》第5条规定，用人单位在向劳动者支付工资劳动报酬时，还须依法按照下述规定向劳动者支付工资：工资必须以法定货币支付，不得以实物及有价证券代替货币支付。第6条规定，用人单位应把工资支付给劳动者本人。劳动者本人因故不能领取工资时，可由其亲属或者委托他人代领。用人单位可委托银行代发工资。用人单位必须书面记录支付劳动者工资的数额、时间、领取者的姓名并签字，同时保存2年以上备查。

劳动者在法定工作时间内依法参加社会活动①期间，用人单位应视同提供了正常劳动而支付工资。

③用人单位向劳动者支付的劳动报酬不得低于当地的最低工资标准。最低工资是指劳动者在法定工作时间或者依法签订的劳动合同约定的工作时间内提供了正常劳动②的前提下，用人单位依法应支付的最低劳动报酬。

依据劳动部发布的《关于贯彻执行〈中华人民共和国劳动法〉若干问题的意见》

---

① 社会活动包括：依法行使选举权或者被选举权；当选代表出席乡（镇）、区以上政府、党派、工会、青年团、妇女联合会等组织召开的会议；出任人民法院证明人；出席劳动模范、先进工作者大会；《工会法》规定的不脱产工会基层委员因工会活动占有的生产或者工作时间；其他依法参加的社会活动。劳动者依法享受年休假、探亲假、婚假、丧假期间，用人单位应按劳动合同规定的标准支付劳动者工资。

② 劳动者依法享受带薪年休假、探亲假、婚丧假、生育（产）假、节育手术假等国家规定的假期间，以及法定工作时间内依法参加社会活动期间，视为提供了正常劳动。

第 54 条的规定，最低工资不包括延长工作时间的工资报酬，以货币形式支付的住房和用人单位支付的伙食补贴，中班、夜班、高温、低温、井下、有毒、有害等特殊工作环境和劳动条件下的津贴，国家法律、法规、规章规定的社会保险福利待遇。

最低工资[①]标准适用于全日制劳动者，小时工资标准[②]适用于非全日制劳动者。最低工资标准每 2 年至少调整一次。

（4）延长工作时间的劳动报酬（加班费）。延长工作时间[③]又称为加班加点，是指劳动者的工作时间超过法律规定的工作时间长度，包括加班和加点。加班是指劳动者在公休日或者法定休假日从事生产或者工作，加点是劳动者在正常工作日超过法定标准工作时间继续从事生产或者工作。

①延长工作时间的内容。1994 年 2 月 8 日，劳动部、人事部颁布的《〈国务院关于职工工作时间的规定〉的实施办法》第 7 条规定，加班加点的情形各单位在正常情况下不得安排职工加班加点。下列情况除外：在法定节日和公休假日工作不能间断，必须连续生产、运输或者营业的；必须利用法定节日或者公休假日的停产期间进行设备检修、保养的；由于生产设备、交通运输线路、公共设施等临时发生故障，必须进行抢修的；由于发生严重自然灾害或者其他灾害，使人民的安全健康和国家资财遭到严重威胁，需进行抢救的；为了完成国防紧急生产任务，或者完成上级在国家计划外安排的其他紧急生产任务，以及商业、供销企业在旺季完成收购、运输、加工农副产品紧急任务的。《劳动合同法》第 31 条规定，用人单位应当严格执行劳动定额标准，不得强迫或者变相强迫劳动者加班。

一是延长工作时间的一般情况。《劳动法》第 41 条规定，用人单位由于生产经营需要，经与工会和劳动者协商后可以延长工作时间，一般每日不得超过 1 小时；因特殊原因需要延长工作时间的，在保障劳动者身体健康的条件下延长工作时间每日不得超过 3 小时，但是每月不得超过 36 小时。依据该规定，用人单位由于生产经营需要，可以延长工作时间，但是《劳动法》没有明确生产经营需要的具体情况。

二是延长工作时间的特殊情况。《劳动法》第 42 条规定，延长工作时间的特殊情形包括：发生自然灾害、事故或者因其他原因，威胁劳动者生命健康和财产安全，需要紧急处理的；生产设备、交通运输线路、公共设施发生故障，影响生产和公众利益，必须及时抢修的；法律、行政法规规定的其他情形。1995 年《劳动部贯彻〈国

---

① 确定和调整月最低工资标准，应参考当地就业者及其赡养人口的最低生活费用、城镇居民价格指数、职工个人缴纳的社会保险费和住房公积金、职工平均工资、经济发展水平、就业状况等因素确定。

② 确定和调整小时最低工资标准，应在颁布的月最低工资标准的基础上，考虑单位应缴纳的基本养老保险费和基本医疗保险费因素，同时还应适当考虑非全日制劳动者在工作稳定性、劳动条件和劳动强度、福利等方面与全日制劳动人员之间的差异。

③ 延长工作时间是相对于特定的工作时间而言的，它适用于标准工作日、缩短工作日，而不定时工时制度下不存在加班加点情况。

务院关于职工工作时间的规定〉的实施办法》在上述情形的基础上作出了补充，规定延长工作时间的特殊情况还包括：必须利用法定节日或者公休假日的停产期间进行设备检修、保养的；为完成国防紧急生产任务，或者完成上级在国家计划外安排的其他紧急生产任务，以及商业、供销企业在旺季完成收购、运输、加工农副产品紧急任务的。《国家机关、事业单位贯彻〈国务院关于职工工作时间的规定〉的实施办法》第6条规定，国家机关、事业单位和社会团体职工的延长工作时间的特殊情形：由于发生严重自然灾害、事故或者其他灾害使人民的安全健康和国家财产遭到严重威胁，需要紧急处理的；为完成国家紧急任务或者完成上级安排的其他紧急任务的。国家机关、社会团体和事业单位延长职工工作时间，应给职工安排相应的补休。

对于实行不定时工作制的人员，可采用弹性工作时间的方式，如企业中的高级管理人员、外勤人员、推销人员、部分值班人员和其他因工作无法按标准工作时间衡量的人员；企业中的长途运输人员、出租汽车司机和铁路、港口、仓库的部分装卸人员及因工作性质特殊，需机动作业的人员；其他因生产特点、工作特殊需要或者职责范围的关系，适合实行不定时工作制的人员。

②延长工作时间的限制规定。法律对延长工作时间的一般情况进行了限制，主要包括：

首先，对适用人员的限制。禁止对未成年人、孕期内的女职工和哺乳期内的女职工延长工作时间。《女职工劳动保护特别规定》第6条、第9条规定，对怀孕7个月以上的女职工，用人单位不得延长工作时间；对哺乳未满1周岁婴儿的女职工，用人单位不得延长劳动时间或者安排夜班劳动。

其次，程序上对延长工作时间的限制。用人单位基于生产经营的需要延长工作时间，必须满足程序上的条件：与工会协商；征得工会同意；与劳动者协商，征得劳动者同意。

最后，时间上对延长工作时间的限制。用人单位延长工作时间不得超过法定实数：一般每日不得超过1小时；因特殊原因需要延长工作时间的，在保障劳动者自身健康的条件下延长工作时间每日不得超过3小时；每月延长工作时间的总数不得超过36小时。

③加班费的支付。依据《劳动法》第44条的规定，在劳动者超过标准工作时间提供劳动的，用人单位应当支付高于劳动者正常工作时间工资的工作报酬，即安排劳动者延长工作时间的，支付不低于工资的150%的工资报酬；休息日安排劳动者工作又不能安排补休的，支付不低于工资的200%的工资报酬；法定休假日安排劳动者工作的，支付不低于工资的300%的工资报酬。

2. 劳动者申请支付令的权利。《劳动合同法》第30条第2款规定，用人单位拖欠或者未足额支付劳动报酬的，劳动者可以依法向当地人民法院申请支付令，人民法院应当依法发出支付令。

支付令程序又称为督促程序,是指人民法院根据债权人提出的要求债务人给付一定金钱或者有价证券的申请,向债务人发出负有条件的支付令,以催促债务人限期履行义务,若债务人在法定期内不提出异议,又不履行支付义务的,则该支付命令具有执行力的一种程序。支付令是人民法院按照债权人要求给付金钱或者有价证券的申请,以支付令的形式,督促债务人限期履行义务的法律程序。劳动争议必须按照"先仲裁后诉讼"的办法,劳动者不得直接向人民法院起诉。但考虑到拖欠劳动报酬争议,具有事实清楚、权利义务明确的特点,为了保护劳动者的权益,《劳动合同法》赋予了劳动者申请支付令①的权利。

(二) 劳动者的休息休假权

1. 休息休假的概念。休息休假是指劳动者依法在劳动关系存续期间不从事劳动而有权自行支配的时间。我国《宪法》第43条规定,中华人民共和国劳动者有休息的权利。国家发展劳动者休息和休养的设施,规定职工的工作时间和休假制度。

2. 年休假。年休假是指法律规定的劳动者工作满一定的工作年限后,每年享有的保留工作、带薪连续休假。世界各国普遍实行带薪年休假制度。国际劳工大会早在1936年就通过了第52号《带薪年休假公约》,规定:凡在公私工商企业、服务部门、事业单机关就业的工作人员,连续服务满1年以后,应当至少有6天带薪年休假。1971年通过新的第132号《带薪年休假公约》,规定:连续工作6个月,有权享受年休假;连续工作6至12个月,有权享受与其工作时间相称的年休假;连续工作1年,休假不应少于3个工作周。

我国带薪年休假制度的内容包括:

(1) 带薪年休假的适用范围。机关、团体、企业、事业单位、民办非企业单位、有雇工的个体工商户等单位的人员连续工作1年以上的,享受带薪年休假。劳动者在年休假期间享受与正常工作期间相同的工资收入。

劳动者在下列情况下,不享受当年的年休假:劳动者依法享受寒暑假、其休假天数多于年休假天数的;劳动者请事假累计20天以上且单位按照规定不扣工资的;累计工作满1年、不满10年的劳动者,请病假累计2个月以上的;累计工作满10年、

---

① 《民事诉讼法》第214条规定,债权人请求债务人给付金钱、有价证券,符合下列条件的,可以向有管辖权的基层人民法院申请支付令:债权人与债务人没有其他债务纠纷的;支付令能够送达债务人的。申请书应当写明请求给付金钱或者有价证券的数量和所依据的事实、证据。

《民事诉讼法》第215条规定,劳动者作为债权人提出申请后,人民法院应当在5日内通知债权人是否受理。第216条规定,人民法院受理申请后,经审查债权人提供的事实、证据,对债权债务关系明确、合法的,应当在受理之日起15日内向用人单位发出支付令;申请不成立的,裁定予以驳回。用人单位应当自收到支付令之日起15日内清偿债务,或者向人民法院提出书面异议。用人单位在收到支付令之日起15日内不提出异议又不履行支付令的,劳动者可以向人民法院申请执行。

不满20年的劳动者，请病假3个月以上的；累计工作满20年以上的劳动者，请病假累计4个月以上的。劳动者已享受当年的年休假，年度内又出现上述2~5种情况时，不享受下一年的年休假。

（2）带薪年休假的天数。带薪年休假的天数与劳动者的工龄相联系。劳动者累计工作满1年、不满10年的，年休假5天；已满10年、不满20年的，年休假10天；已满20年的，年休假15天。国家法定休假日、休息日不计入年休假的假期；劳动者依法享受的探亲假、婚丧假、产假等国家规定的假期以及因工伤停工留薪期间不计入年休假的假期。

（3）带薪年休假的安排。单位依据生产、工作的具体情况，并考虑劳动者本人的意愿，统筹安排劳动者休假。年休假在1个年度内可以集中安排，也可以分段安排，一般不跨年度安排。单位因生产、工作特点却有必要跨年度安排劳动者年休假的，应在征得劳动者同意的前提下，跨1个年度安排。

（4）不能安排劳动者年休假的补偿和法律责任。单位却因工作需要不能安排劳动者年休假的，应当按照劳动者日工资收入的300%支付未休年休假期间的工资报酬。用人单位安排劳动者年休假，但是劳动者书面提出不休年休假的，用人单位只支付其正常工作期间的工资收入。

单位不能安排劳动者年休假，又不依法补偿年休假工资报酬的，由县级以上地方人民政府人事部门或者劳动保障部门根据职权责令其限期改正；对逾期不改正的，除责令该单位支付年休假工资报酬外，单位还应当按照年休假工资报酬的数额向职工加付赔偿金；对拒不支付年休假工资报酬、赔偿金的，属于公务员和参照公务员法管理的人员所在单位的，对直接负责的主管人员以及其他直接责任人员依法给予处分；属于其他单位，由劳动保障部门、人事部门或者劳动者申请人民法院强制执行。

3. 探亲假。探亲假，是指与父母或者配偶分居两地的劳动者，每年享有的与父母或者配偶团聚的假期。

现在主要的法律依据是1981年国务院《关于职工探亲假待遇的规定》，具体内容如下：

（1）享受探亲假的条件。凡国家机关、人民团体和全民所有制企业、事业单位工作满1年的正式劳动者，与配偶不住在一起，又不能在公休假日团聚的，可以享受探望配偶的待遇；与父亲、母亲都不住在一起，又不能在公休假日团聚的，可以享受探望父母的待遇，但是，劳动者与父亲或者与母亲一方能够在公休假日团聚的，不能享受探望父母的待遇。

（2）探亲假期。探亲假期包括休息日或者法定休假日在内。劳动者探望配偶的，每年给予一方探亲假一次，假期为30天。未婚劳动者探望父母，原则上每年给假一次，假期20天；如果因为工作需要，本单位当年不能给予假期或者劳动者自愿两年探亲一次的，可以两年给假一次，假期为45天。已婚劳动者探望父母的，每4年给假一次，假期为20天。

（3）探亲假期间的待遇。劳动者在规定的探亲假期和路程假期内，按照本人的标准工资发放。劳动者探望配偶和未婚劳动者探望父母的往返路费由所在单位负担。已婚劳动者探望父母的往返路费，在本人月标准工资的30%以内的，由本人自理，超过部分由所在单位负担。

另外，1982年《关于归侨、侨眷职工出境探亲待遇问题的通知》、1983年《关于台胞职工出境探亲待遇的通知》和1986《关于港澳同胞眷属职工出境探亲待遇问题的通知》，分别对归侨、侨眷职工、台胞职工、港澳同胞眷属职工的探亲待遇作出了规定。

4. 其他休假。

（1）女劳动者的产假。《女职工劳动保护特别规定》第7条规定，女职工生育享受98天产假，其中产前可以休假15天；难产的，增加产假15天；生育多胞胎的，每生育1个婴儿，增加产假15天。女职工怀孕满4个月流产的，享受42天产假。

（2）婚丧假。根据1980年《关于国营企业职工请婚丧假和路程假问题的通知》，职工本人结婚或其直系亲属（父母、配偶和子女）死亡时，由本单位领导批准，可享受1天至3天的婚丧假。职工结婚时双方不在一地工作的，职工在外地的直系亲属死亡时需要职工本人去外地料理丧事的，可以根据路程远近，另给予路程假。在批准的婚丧假和路程假期间，职工的工资照发。职工结婚可享受婚假，晚婚晚育的，还可以延长婚假、生育假或者其他福利待遇。

（三）劳动者的劳动安全保障权

《劳动合同法》在继承《劳动法》、《安全生产法》等法律、法规对劳动者的安全保障的基础上，明确了劳动者的劳动安全保障权的具体内容，主要包括：

1. 劳动者的拒绝权。《劳动合同法》第32条第1款规定，劳动者拒绝用人单位管理人员违章指挥、强令冒险作业的，不视为违反劳动合同。劳动者对用人单位违章指挥、强令冒险作业行为享有拒绝权。

劳动者行使此权利时，需要满足以下几个条件：用人单位的行为具有违法性，即用人单位指挥和要求劳动者进行生产和作业的行为违反了劳动安全操作规程，已经严重侵害到劳动者的合法劳动权益；劳动者拒绝的行为符合劳动安全操作规程。

2. 劳动者的安全生产监督权。《劳动合同法》第32条第2款规定，劳动者对危害生命安全和身体健康的劳动条件，有权对用人单位提出批评、检举和控告。即在用人单位没有提供足够安全生产条件和缺乏足够劳动安全保护的条件下，劳动者可以基于自身生命安全和身体健康的考虑，依法对用人单位提出批评、检举和控告以维护自身的合法劳动权益。

3. 劳动者解除劳动合同权。《劳动合同法》第 38 条第 2 款规定，用人单位违章指挥、强令冒险作业，并且这种行为已经严重危及劳动者人身安全的，劳动者可依法立即解除劳动合同，而不必事先告知用人单位。

4. 请求损害赔偿权。《劳动合同法》第 88 条规定，用人单位有违章指挥或者强令冒险作业危及劳动者人身安全行为的，劳动行政部门可以依法给予行政处罚，构成犯罪的，依法追究刑事责任。同时，用人单位的上述行为给劳动者造成损害的，劳动者有权依法要求用人单位承担相应的损害赔偿责任。

第二节 劳动合同的承继

【案例 4–1】

企业性质的改变是否影响劳动合同的履行[①]

吕某（原告）与集体性质的酒店（被告）签订了为期 5 年的劳动合同，约定吕某的工资每月为 1000 元。吕某在 1997 年 8 月 1 日正式上班，因当时酒店忙于筹建，吕某没有拿到同年 8、9 月份的工资。1997 年 10 月，张某承包了酒店并开始对外经营，吕某任副总经理职位。因酒店经营效益不好，张某承包 2 个月后不辞而别，吕某从张某处按约定领取了 4 个月的工资，共计 4000 元。1998 年春节期间，酒店宣布放假，要求所有职工节后等待通知上班。在此期间，主管领导曾征求过吕某的意见，问其是否愿意承包酒店，但吕某表示无力承包。1999 年 4 月，酒店由他人承包经营，并经市资产重组领导小组批准，改为个体性质，颁发了个体营业执照。新的承包人与原负责人约定吕某的工作安排与其无关，之后，酒店未再安排吕某工作。吕某多次要求酒店及其主管领导安排工作并支付工资未果，遂向劳动争议仲裁委员会申请仲裁。仲裁裁决认定吕某系下岗职工，由酒店按当地最低工资标准计发生活费，吕某不服，向法院提起诉讼，要求酒店立即安排其上班，并按每月 1000 元的约定补发其被无故克扣和拖欠的工资，同时支付被拖欠和克扣的工资部分 25% 的经济补偿金和 1~5 倍的赔偿金并承担本案的诉讼费用。

酒店辩称，酒店由集体企业改为个体企业后，原酒店先前签订的劳动合同已无法履行，遂要求与吕某解除劳动合同。酒店在筹建期间，吕某没有上班，不能拿工资。酒店被第二轮承包人承包经营前，主管领导曾以优惠的条件征求过吕某的意见，但吕

[①] 苏号朋：《劳动合同法案例评析》，对外贸易大学出版社 2008 年版，第 204~205 页。

某不同意承包经营，故不是酒店不安排吕某工作，而是吕某不肯上班。另外，吕某早在1998年3月就自行购买轿车从事营运活动，吕某不上班的责任在自身，故请求法院依法驳回吕某的所有诉讼请求。

法院认为，吕某与酒店之间订立的劳动合同是在双方协商一致的基础上形成的，双方应当全面履行各自的义务。酒店改制后，应依法与吕某办理有关合同变更或者重新订立合同的手续，在该过程中如吕某与酒店意思表示不能达成一致，方能解除合同。而酒店未与吕某进行协商，故其不能单方面解除劳动合同，双方原来签订的劳动合同依然有效，吕某有权要求酒店为其安排工作。酒店称其筹建期间吕某未上班，故不能获得报酬的理由是没有道理的，但考虑到酒店尚未开业，故应酌情减少工资的额度。酒店认为吕某自行从事营运，故无须安排其工作的理由不充分，不予采信。因此，法院判决酒店为吕某安排工作，并补发拖欠的工资即经济补偿金。

【案例4-2】

公司分立后劳动合同的承继[①]

1984年10月，蒋某（原告）调入某集团公司（被告）下属的某分公司工作。1997年7月1日，蒋某与集团公司签订了为期10年的劳动合同，合同约定集团公司安排蒋某在某分公司管理岗位工作，工资分配水平在岗位协议中约定。2000年5月，该分公司从集团公司分立，变更为一独立的公司，具有独立企业法人资格，蒋某仍在新公司工作，原劳动合同未作变更。2002年12月，新公司依据集团公司的属地化管理政策，书面通知蒋某：1997年7月1日签订的劳动合同将在2002年12月31日变更为与新公司签订。蒋某对此表示"拟同意按集团公司的文件执行"，后双方未能就变更事宜达成一致意见。

新公司在2003年5月16日书面通知集团公司，要求解除与蒋某的劳动合同，集团公司表示同意。5月27日，新公司发出《关于解除劳动关系的通知》，自2003年6月27日起解除与蒋某的劳动关系。蒋某先后多次发出书面请求，要求该新公司依法为其办理解除劳动关系的一切手续。6月26日，集团公司便做出《解除通知》，通知蒋某"自2003年7月1日起，解除劳动关系，并给予经济补偿金57327.56元。"蒋某对经济补偿数额等事项有异议，在2003年6月向劳动争议仲裁委员会申请仲裁，要求集团公司补发自2002年5月起的工资、补缴社会保险费及支付经济补偿金等。仲裁委员会未支持蒋某的申请，蒋某遂提起诉讼。

法院经审理认为，1997年7月1日，蒋某与集团公司签订的为期10年的劳动合

[①] 苏号朋：《劳动合同法案例评析》，对外贸易大学出版社2008年版，第207~208页。

同系当事人真实意思表示，应合法有效，蒋某与集团公司之间存在劳动合同关系。但蒋某的实际工作单位是新公司，蒋某接受新公司的各项管理，工资由原分公司按其所在岗位的工资标准发放，而分公司分立成为独立企业法人后，蒋某的原劳动合同未作改变，该独立的公司作为蒋某的实际工作单位应作为本案当事人参加诉讼。劳动合同虽然约定由集团公司安排蒋某在其分公司管理岗位工作，但由于分公司与集团公司分立的事实导致蒋某工作岗位的所属性质发生改变；在此情形下，集团公司、新公司与蒋某就变更劳动合同事宜进行协商，由于协商未果，故集团公司与蒋某解除双方之间的劳动合同，符合法律规定，予以支持。

一、劳动合同承继的概念与特征

（一）劳动合同承继的概念

劳动合同的承继，是指作为劳动合同的主体一方的用人单位发生变更后原劳动合同的相关权利与义务由变更后存续或者新设立的用人单位概况承受，即在发生企业分立、合并等企业主体变化的情况下，原企业与劳动者签订的劳动合同不解除，由新企业替代原企业继续履行，其实质是劳动合同的主体变更，这种变更只限于用人单位。

劳动合同的承继是依据民法通则演变出来的一种劳动合同主体变化而内容不变的形式，由新主体执行旧主体。

（二）劳动合同承继的特征

劳动合同承继的特征为：

第一，原劳动合同的主体发生变化，且只能是用人单位一方主体发生变化，如果劳动者一方发生变化，则意味着新劳动合同的建立，旧的劳动合同终止。

第二，原劳动合同的内容不变。即新主体执行旧合同[①]。

劳动合同的承继，并不是《劳动合同法》所原创的制度。《民法通则》第44条第2款规定，企业法人分立、合并，它的权利和义务由变更后的法人享有和承担。劳动部1995年《关于贯彻执行〈中华人民共和国劳动法〉若干问题的意见》（以下简称《意见》）第2条第13项规定，用人单位发生分立或者合并后，分立或者合并后的用人单位可以依据其实际情况与原用人单位的劳动者遵循平等自愿、协商一致的原则变更劳动合同。如果协商不一致，要么执行原劳动合同，要么解除劳动合同。但由谁来执行原劳动合同，《意见》规定得比较模糊。2001年《最高人民法院关于审理劳

---

① 董保华：《公司并购中的新话题——劳动合同的承继》，载《中国人力资源开发》2007年第9期，第80页。

动争议案件适用法律若干问题的解释》（以下简称《解释》）引入了承继制度，用来处理因分立、合并而引发的劳动争议案件中的程序性问题。该解释第 10 条规定，用人单位与其他单位合并的，合并前发生劳动争议，由合并后的单位为当事人；用人单位分立为若干单位的，其分立前发生的劳动争议，由分立后的实际用人单位为当事人。用人单位分立为若干单位后，对承受其劳动权利义务的单位不明确的，分立后的单位均为当事人。《劳动合同法》第 34 条规定，用人单位发生合并或者分立等情况，原劳动合同继续有效，劳动合同由继承其权利和义务的用人单位继续履行。

二、劳动合同承继与劳动合同变更、解除的关系

《劳动合同法》第 34 条规定，用人单位发生合并或者分立等情况，原劳动合同继续有效，劳动合同由承继其权利和义务的用人单位继续履行。《劳动合同法》第 40 条第 3 款规定，劳动合同订立是所依据的客观情况发生重大情况，致使原劳动合同无法履行，经当事人协商不能就变更劳动合同达成协议的，用人单位提前 30 日书面通知劳动者或者额外支付 1 个月的工资后，可以解除劳动合同。劳动合同的变更、解除制度，是劳动合同履行制度之例外或者说变通，即劳动合同履行是常态。

《劳动法》第 26 条第 3 项、《劳动合同法》第 40 条第 3 项都是劳动合同存续期间"客观情况发生重大变化"，双方当事人对于劳动合同是否进行变更与解除，原当事人有选择权。劳动部 1995 年《关于贯彻执行〈中华人民共和国劳动法〉若干问题的意见》（以下简称《意见》）第 2 条第 13 项规定，用人单位发生分立或者合并后，分立或者合并后的用人单位可以依据其实际情况与原用人单位的劳动者遵循平等自愿、协商一致的原则变更劳动合同。即在劳动合同存续期间，因用人单位发生合并、分立，是劳动合同主体变更的特殊情况，应先通过承继制度来保护原劳动合同的稳定性，由合并或者分立后的用人单位承继原劳动合同上约定的权利义务；在确有变更或者解除劳动合同的理由时，再由原用人单位依据《劳动合同法》第 40 条第 3 款的规定予以处理，但应支付劳动者经济补偿金。

三、企业合并或者分立情况下劳动者的权益保护

（一）企业分立或者合并前劳动者的权利

1. 劳动者的知情权与民主参与权。劳动者的知情权，是指企业应当把企业合并或者分立的事项或者信息告知劳动者。《劳动合同法》第 4 条第 4 款规定，用人单位应当把直接涉及劳动者切身利益的规章制度和重大事项决定公示，或者告知劳动者。所谓劳

动者的民主参与权,是指劳动者通过民主管理组织直接或者间接参与管理所在企业内部事务的权利。《劳动合同法》第 4 条第 3 款规定,在规章制度和重大事项决定实施过程中,工会或者职工认为不适当的,有权向用人单位提出,通过协商予以修改完善。

2. 员工异议权。对于分立或者合并后企业确实不能继续留用的员工,除预告外,还必须给予他们一定的异议期间,确保其意见有合理的申诉渠道,是保障企业改制或者改组顺利进行所必需的。

3. 拒绝留用权。企业合并或者分立的,必然影响员工的工作心态,即便被留用的员工,可能基于这些因素而不愿继续留用。法律应当允许员工选择,享有拒绝留用的权利。

(二) 企业分立或者合并后劳动者的权利

1. 结社权。劳动者的一项重要权利是参加和组织工会。由于企业合并或者分立后企业的人员可能来自不同的企业,可能存在存续公司工会组织对消灭公司留用员工的歧视问题。所以,不管何种形态的企业组织变更,对留用劳动者的结社权的保障应给予重视。

2. 平等待遇权。并购后的企业领导基于一种的个人偏见,在人员配备和选拔时,对于来自不同企业的员工不能以同一个公平合理的标准去判断,而是带着个人偏见去选用人[①]。歧视表现在对留用职工的晋升、培训、职业发展及福利待遇方面给予差别对待。

第三节 劳动合同的变更

【案例 4-3】

劳动合同变更[②]

1993 年 8 月,李某从某化工学校毕业,被某化工工业有限公司招收为全民合同制工人。同年 10 月,双方签订为期 2 年的劳动合同,约定合同期限为 1993 年 11 月 3 日至 1995 年 11 月 3 日。

1993 年 12 月底,化工公司根据生产经营需要,决定在优化劳动组合基础上实行全员劳动合同制,把原公司的全民合同制工人的劳动合同期限全部延长 3~8 年,并把公司统一制定的合同书文本发到各科室和车间,要求在一个星期之内在劳动者乙方栏上签字盖章后再交给公司人事劳资部。

---

① 喻术红:《劳动合同法专论》,武汉大学出版社 2009 年版,第 97 页。
② 黄乐平:《劳动合同法疑难案例解析》,法律出版社 2007 年版,第 296 页。

当时李某和其他一些技术工人正在该省内一间化工设备制造公司的培训中心进行技术培训，培训时间从 1993 年 11 月 19 日至 1994 年 1 月 10 日，为期 2 个月，培训费为每人 1600 元。李某所在车间的车间主任为了不影响合同文本及时上交，便决定代替李某在劳动合同文本上签字。代签后的劳动合同期限变更为 1993 年 11 月 3 日到 2003 年 11 月 3 日。代签的劳动文本经过相关部门鉴证后全部存放在了公司人事劳资部，未下发给签约的劳动者保管；并且化工公司也没有告知李某找人代签劳动合同一事，只将《劳动手册》发给了李某。对此，李某表示从未翻阅过《劳动手册》，对其内容并不知情。

1995 年 11 月 4 日，李某与化工公司原先签订的劳动合同到期，李某表示想去本市的一家外商独资化工有限公司工作，便向化工公司提出终止劳动合同的请求。化工公司以李某已与其签订为期 10 年的劳动合同、现劳动合同远未到期为由，拒绝终止劳动合同。李某与化工公司协商不成，遂向本市劳动仲裁委员会申请劳动争议仲裁。

李某提出，对于化工公司所指称的第二份全员劳动合同，其本人并不知情，未在上面签字、盖章或者按手印，事后未看到合同书，化工公司也未曾发给其本人一份保管，因此该劳动合同纯系化工公司单方面的行为，对其没有法律约束力。故要求化工公司依照原劳动合同约定，与其终止劳动合同，为其办理终止劳动合同的手续，并把其人事档案转往该市人才交流服务中心。

化工公司则认为，与王某的劳动合同虽然是由其他员工代签的，但车间与李某一起外出培训的其他劳动者的劳动合同也是他人代签的并且他们对代签的劳动合同均予以承认并实际履行了。另外，《劳动手册》已经发给李某由其保管 2 年之久，李某对《劳动手册》的内容从未提出过异议，等于客观上承认了这份劳动合同的效力。因此，第二份全员劳动合同是有效的，李某应当履行。

劳动仲裁委员会经审理认为：（1）原劳动合同合法有效，到期应当依法终止；（2）被申请人化工公司一次性支付申请人李某 2 个月的生活补助费 896 元；（3）被申请人化工公司承诺，在本调解书生效后 1 个月内为申请人李某办好劳动合同终止、人事档案转递以及养老保险转移手续。

一、劳动合同变更的原因

《劳动合同法》允许当事人在一定的条件下变更劳动合同，《劳动合同法》第 35 条规定，用人单位与劳动者协商一致，可以变更劳动合同约定的内容。变更劳动合同，应当采用书面形式。变更后的劳动合同文本由用人单位和劳动者各执一份。

（一）劳动合同变更的原因

1. 劳动者的原因导致劳动合同变更。按照《劳动合同法》第 40 条的规定，如果劳动者患病或者非因公负伤，在规定的医疗期满后不能从事原工作的情况下，用人单位要另外安排劳动者的工作，变更其工作岗位。另外，劳动者怀孕期间，或者身体健康状况发生变化，也可能发生工作岗位的变化。

2. 用人单位的原因导致劳动合同变更。在现实生活中，用人单位常常面临着破产、兼并、改制、分立等局面，当以上情况发生时，尽管其名称、法定代表人、所有制、股权结构等方面发生了变化，但其作为经济组织的本质并没有变，劳动合同仍然存在进行履行的必要性。这种情况称为劳动合同的承继。

3. 客观原因导致劳动合同的变更。国家劳动政策法规发生重大变化需要修改劳动合同的，最低工资变化、社会保险发生变化、自然灾害、社会动乱等，这些情况下，都可能导致劳动合同的变更。

一般来说，劳动合同变更是指劳动合同内容的变更，由用人单位和劳动者协商一致，对已经订立的劳动合同的内容作部分修改、补充或者删减，劳动合同的变更导致直接当事人双方权利义务的变动。

（二）变更劳动合同的规制

依据《劳动合同法》第35条，当事人双方变更劳动合同应遵循以下规定：

第一，双方在平等自愿的基础上协商一致。劳动合同的变更必须经用人单位和劳动者双方同意。用人单位和劳动者都不得单方变更合同，任何单方的变更都是无效的。用人单位更不得强迫或者变相强迫劳动者变更劳动合同。

第二，不得违反法律法规的强制规定。在工作时间、工资支付的形式、最低工资标准及劳动安全卫生方面，国家有许多法律法规进行了详细的强制性规定。用人单位违反这些规定，就会导致劳动合同的变更的条款无效。

第三，必须采用书面形式。订立劳动合同应当采取书面形式，变更合同是对原合同的延伸，也应当采取书面形式。但是，劳动合同变更的书面形式不是劳动合同变更的有效条件。

第四，变更后的劳动合同文本双方各执一份。变更后的劳动合同文本由用人单位、劳动者双方各执一份，一旦发生争议，变更后的劳动合同可以作为证据。

二、劳动合同变更的程序

第一，预告变更要求。需要变更劳动合同的一方当事人，应当按照规定的时间，向对方当事人提出变更劳动合同的要求，说明变更劳动合同的理由、条款、条件以及请求对方当事人的答复期限。

第二，一方作出答复。收到另外一方当事人提出的变更请求后，通常应当在对方要求的期限内作出答复，可以是同意对方的请求，也可以是不同意对方的请求，或者提出不同的意见要求另行协商。

第三，签订书面的变更协议。劳动合同的变更必须经用人单位和劳动者双方同意。用人单位和劳动者都不得单方变更合同，任何单方的变更都是无效的。用人单位不能强迫劳动者变更劳动合同。《劳动合同法》把劳动合同的变更限定为双方协商一致前提下的变更，双方协商一致后，可以就变更达成书面的协议，并签名盖章。

第四，变更后的劳动合同文本双方各执一份。变更后的劳动合同文本由用人单位、劳动者双方各执一份，一旦发生争议，变更后的劳动合同可以作为证据使用。

第五，鉴证或者备案。凡在订立时经过鉴证或者备案的合同，变更合同的协议签订后也要办理鉴证或者备案手续。

劳动部还规定了用人单位有权变更劳动合同的特殊情形。即用人单位对掌握商业秘密并负有约定保密义务的劳动者，有权按合同约定在合同终止前或者劳动者提出解除合同后的一定时间内（不超过6个月），调整其工作岗位，变更合同的相关内容[①]。

三、劳动合同变更的法律后果

劳动合同变更后，当事人之间的权利义务，从变更合同的协议所约定之日起发生变更。如果约定的权利和义务变更日期在合同变更手续完毕日期之前，那么，在前一日期至后一日期之间劳动者因合同变更而应增加的利益，则应当追补，如补发工资。

四、劳动合同变更的效力

依法变更后的劳动合同，对双方当事人均具有法律约束力，用人单位和劳动者应当按照变更后劳动合同的内容履行各自的义务。变更后劳动合同不具有溯及力，从变更之日起生效。如果劳动合同的内容，仅是部分变更的，那么，未变更部分内容仍然具有法律效力，用人单位和劳动者仍应按照原来的约定具有法律效力。

【理论链接】

用人单位转让劳动合同

实际中，经常出现企业依据经营需要，把某些员工的劳动合同直接转让给第三方企业，比如某些企业在为客户提供服务的过程中，客户出于保密和长期稳定的需要，

---

① 参见《劳动部关于企业职工流动若干问题的通知》（1996年10月31日　劳部发［1996］355号）。

需要企业把提供服务的员工直接转让给客户。常见的做法是企业之间签订转让协议，约定把劳动合同直接进行转让。虽然《合同法》第88条规定，合同可以概括转让，即当事人一方经对方同意，可以将自己在合同中的权利和义务一并转让给第三人。但是，劳动合同具有很强的人身属性，一般无法进行这种概括转让。员工签订劳动合同时依据的情况与第三方企业的情况可能有诸多差别，不论工作地点、劳动条件还是劳动纪律、休假福利，劳动合同与第三方企业的既有情况都可能发生冲突。即使员工最初同意这种转让，其后也可能依据第三方企业与原企业之间的不同情况提出异议。

实际上，转让劳动合同实为变更劳动合同主体，需要经双方协商一致，为了避免以后发生纠纷损害员工的合法权益，劳动合同是不能转让的，但可以采取其他变通方式实现这种转让。

现在有三种比较可行的方式：

第一种方式是员工辞职后与第三方企业签订新的劳动合同。第三方企业在发给员工的要约中必须明确规定，只有员工向原企业提出辞职，要约才能生效。这样做的好处是，原企业无须为此支付经济补偿金，但是第三方企业对于员工将会给出较高的待遇。

第二种方式是企业与员工协商终止劳动合同。为此企业可以签订协议，约定由第三方企业负担向员工支付经济补偿金。

第三种方式是三方协商转让，约定由第三方企业承继原企业在劳动合同项下的权利义务，但第三方企业可以与员工进行协商变更。这种方法应当约定员工的工龄连续计算，并且在原合同项下的权利应当得到保障。

【思考题】

1. 试述支付令的适用条件。
2. 试述劳动合同变更的情况。
3. 劳动合同履行的原则是什么？

【案例分析题】

1. 陈某与某织布厂签订了为期3年的劳动合同，合同约定陈某在印染车间从事机修工作。1年后，该厂因工作需要决定将陈某调到另一车间从事包装工作，陈某认为另一车间与其专业不对口，要求厂方考虑自己的技术特长，不同意到另一车间工作。该厂以陈某不服从工作调动，违反厂规厂纪为由解除了与其之间的劳动合同。陈某不服，向劳动争议仲裁委员会申请仲裁。

问：劳动争议仲裁委员会应如何处理此案？法律依据是什么？

2. 李某受聘于一家股份有限公司，并与公司签订了劳动合同。合同中约定：正式聘用李某为公司的技术总监,合同期为5年。合同约定,李某每月的税前工资是12000元。前2个月李某如数拿到合同约定的工资,但是到了第三个月,因李某的业绩变差,依据劳动合同中约定,把李某的工资降为税前8000元。又过了2个月,公司又以李某未能做正常的义务为由,决定按待岗处理,工资发5000元。李某为此事,多次找公司,要求公司补发工资,但公司不同意补发李某的工资。双方之间发生争议,李某遂向劳动争议仲裁委员会申请仲裁。

问:劳动争议仲裁委员会应如何处理此案?

3. 某电子公司把其下属的一家分公司转让给某中外合资公司。在办理移交时,劳动者吕某不同意变更劳动合同主体,而某电子公司坚持移交。吕某认为,用人单位强制变更劳动合同主体,是单方违约行为。某电子公司则认为,其分公司转让后,吕某的工作场所和工作岗位已不复存在,双方履行劳动合同的条件发生根本性变化,吕某随分公司的转让而移交到某中外合资公司是合情合理的。双方为此发生争议。

问:本案中,劳动合同应如何履行?

4. 赵某与某公司签订了劳动合同,双方约定,某公司聘请赵某为销售部经理,每月支付工资5000元,合同期限为2年。3个月后,某公司以销售部销售业绩下降为由,把赵某由销售部经理降职为普遍员工,工资降为每月3000元。赵某不服,以某公司擅自变更劳动合同为由,向劳动争议仲裁委员会申请仲裁,要求某公司继续履行原劳动合同。

问:劳动争议仲裁委员会应如何处理此案?法律依据是什么?

第五章

劳动合同的解除与终止

教学目标

通过本章的学习，了解劳动合同解除的概念、劳动合同解除的学说和劳动合同终止的概念，重点是劳动合同解除的条件与限制、劳动合同终止的情形，难点是劳动合同解除证明的性质、劳动合同解除与终止的法律后果。

关键术语

劳动合同的解除　劳动合同的终止　经济补偿金　经济赔偿金

第一节　劳动合同的解除

【案例 5-1】

劳动者患病医疗期未满，但查实持有假学历，用人单位解除劳动合同[①]

2008 年 1 月 6 日，某公司在某人才招聘大会上欲招聘会计，要求应聘者会计专业本科学历毕业。李某持会计专业本科学历应聘，最后被公司录用，双方签订了为期 5 年的劳动合同。刚开始，李某表现得非常热情，与同事之间的关系很融洽，业务上不懂的经常请教其他同事。尽管大家觉得李某在工作能力上有些欠缺，有些基本的会计知识都不太清楚，但大家都只是认为李某刚参加工作，慢慢磨练就会好。李某上班 1 年后，其业务能力还是较差，不能独立完成相关会计业务，大家的议论也多了起来。公司人事部门知道这个情况后，觉得李某有虚构学历的嫌疑，后经查实，李某只是大

---

① 孙瑞玺：《劳动合同法原理精要与实务指南》，人民出版社 2008 年版，第 150 页。

专毕业,其当时持有的会计专业本科学历是李某花钱买的假学历。公司决定解除与李某之间的劳动合同。但李某当时正患有肾病,医院要求其在家休息,此有医院病历可证明。李某认为,自己在医疗期内,公司不能解除劳动合同,遂向劳动争议仲裁委员会申请仲裁。

《劳动合同法》第26条规定,以欺诈、胁迫的手段或者乘人之危,使对方在违背真实意思的情况下订立或者变更劳动合同的,劳动合同无效。对劳动合同的无效有争议的,由劳动争议仲裁机构或者人民法院确认。

李某患病在医疗期内,但由于其所持有学历证明被证明是虚假的,用人单位不受不解除规定的约束,可以单方依法解除劳动合同。李某的主张没有法律依据。

【案例 5-2】

劳动者单方解除劳动合同案①

薛某在2001年7月被某金星夜总会录用为合同制服务员。录用前,由夜总会一次性收取押金800元。双方签订的劳动合同规定:薛某必须绝对满足顾客的需要。2002年3月21日,薛某以在舞厅上岗时被顾客骚扰,保安又不管为由,要求调换岗位。后被安排到KTV包厢作服务员,被包厢领班张某强制陪酒和陪黑灯舞。薛某不从,张某即威胁不干就赶你走,工资一分不给,押金不退,薛某来自农村,害怕失去工作,只得服从。4月23日,薛某在陪酒时,一顾客要求色情服务被薛某拒绝后,顾客竟然大打出手,领班张某不仅不制止,反而要求薛某赔礼道歉。5月4日薛某向夜总会人事部辞职被拒后,在5月17日向所在地劳动争议仲裁委员会申诉,要求与用人单位解除劳动合同和退还押金。劳动争议仲裁委员会经向薛某的同事向某、蒋某作调查,均证实金星夜总会强制女服务员提供半色情服务。稍有不从,轻则被扣工资,重则挨骂,女服务员均来自农村,敢怒不敢言。并作出仲裁裁决:(1)解除申诉人与被诉人之间的劳动合同;(2)被诉人立即退还申诉人收取的800元押金,并支付按银行同等期限存款计算的利息。金星夜总会不服仲裁裁决,向仲裁委员会所在地的某区人民法院提起诉讼。

某区人民法院审理认为,依据《劳动法》第32条、第96条规定,用人单位不得以暴力、威胁或者非法限制人身自由的手段强迫劳动,否则,劳动者有权随时解除劳动合同,公安机关可对有关责任人员进行行政处罚直至追究刑事责任。本案中,被告薛某,在原单位工作过程中,被强迫从事半色情,不从就以停止工作、不退还押金相威胁。依据《劳动争议司法解释》第15条第(1)款的规定,原告有权解除与被告

---

① 孙瑞玺:《劳动合同法原理精要与实务指南》,人民出版社2008年版,第159~160页。

的劳动合同。因此,判决:解除原告与被告的劳动合同。一审宣判后,当事人各方均服判息讼。

【案例 5-3】

用人单位低于最低工资支付劳动报酬案①

2004年2月,张某到某印刷厂上班,未与印刷厂签订劳动合同,但口头约定,试用期为6个月,期满后视情况再定工作岗位。第1个月领到工资260元。但依据印刷厂所在地省劳动厅发布的本省的最低工资标准为每月280元。张某找到印刷厂要求支付低于工资标准部分的工资,并要求自下月起支付280元。印刷厂不同意,以依据规定,印刷厂可以自主确定试用期的工资待遇,可以低于工资标准。此外,印刷厂每月向张某提供了加班加点工资,张某所得的工资总额已经超过了280元,达300元,没有违反法律的规定,拒绝了张某的要求。张某立即提出,如果印刷厂不满足其要求,他就要辞职。印刷厂说,即使张某辞职,也不满足其要求。张某提出辞职后的第2天向当地劳动争议仲裁委员会申请仲裁,请求印刷厂支付低于最低工资部分的劳动报酬、按经济补偿总和的5倍支付赔偿金。劳动争议仲裁委员会经调解无效,作出仲裁裁决:(1) 解除印刷厂与张某的劳动关系;(2) 印刷厂支付低于最低工资标准部分的工资20元;(3) 印刷厂支付经济补偿金5元;(4) 驳回张某的申诉请求。

张某不服劳动争议仲裁委员会的仲裁裁决,向某区人民法院提起诉讼,请求支付工资报酬、经济补偿总和5倍的赔偿金。

某县人民法院经审理认为,张某与印刷厂之间没有书面劳动合同,但已形成事实劳动关系,印刷厂在张某试用期间支付的工资标准低于当地最低工资标准,违反《劳动法》及《最低工资规定》的相关规定,应当补足低于标准部分的工资。参照《违反和解除劳动合同的经济补偿办法》的规定,印刷厂应当支付相当于低于部分的25%的经济补偿金。依据《违反〈劳动法〉行政处罚办法》的规定,印刷厂应支付相当于支付劳动者工资报酬、经济补偿总和的1~5倍支付劳动者赔偿金,现张某请求印刷厂支付5倍的赔偿金,应予支持。因印刷厂低于当地最低工资标准支付劳动者工资,张某向印刷厂提出解除劳动合同,应予支持,依据相关规定,判决如下:(1) 解除印刷厂与张某的劳动关系;(2) 印刷厂支付低于最低工资标准部分的工资20元;(3) 印刷厂支付经济补偿金5元;(4) 印刷厂支付劳动者工资报酬、经济补偿金总和5倍的赔偿金125元。一审宣判后,当事人各方均服判息讼。

---

① 孙瑞玺:《劳动合同法原理精要与实务指南》,人民出版社2008年版,第195~197页。

【案例 5-4】

用人单位辞退劳动者不当案①

1986 年，因郑某父母身边无子女，其所在单位中国轻工业安装工程公司把郑某从其下属单位天津分公司调入父母居住的安装工程公司下属单位机电厂工作，1992 年 3 月又调入安装工程公司下属单位安装公司，但未安置工作。1992 年 4 月，郑某曾申请调出，因未成，而于 1993 年 4 月又撤回申请，但未安排工作，1993 年 12 月 3 日，安装工程公司劳动人事部通知郑海斯到天津分公司工作，郑某当即向劳动人事部讲明，父亲退休，母亲有病，不能没人照顾；孩子幼小，要求安排在安装工程公司在廊坊的下属单位工作，依据《劳动人事部关于贯彻执行我部劳人老〔1983〕20 号文件中一些具体问题的答复》第 17 条 "离休干部身边无子女的，按照在职干部的规定，由当地人事、劳动部门负责调一名外地工作的子女到离休干部安置居住地工作" 的规定，安装工程公司应当把郑某安置在父母身边即廊坊工作。但安装工程公司不同意，非让郑某去天津工作不可，否则辞退。1993 年 12 月 14 日，安装工程公司向郑某送达一份 "辞退证明书"，把郑某辞退。

郑某不服辞退的处理决定，向当地劳动争议仲裁委员会申请仲裁，劳动争议仲裁委员会维持了安装工程公司的辞退处理决定。

郑某不服劳动争议仲裁委员会的仲裁裁决，向廊坊市安次区人民法院提起诉讼，要求依法撤销安装工程公司的辞退决定。

安装工程公司辩称，郑某原在安装工程公司的天津工程处工作，1986 年为照顾解决其婚姻问题，把其借调回廊坊。1992 年 2 月，由于郑某不服从分配造成待分配。1992 年 4 月 4 日，郑某以孩子小、多病，不适应安装公司工作为由，申请调出本公司，1 年后又申请撤回请调报告，并承诺服从安排，但扔不下工地工作。本公司劳人部为此曾多次对其劝导应服从公司安排，但郑海斯均以其父亲是离休干部，身边无子女为理由拒绝，据此，本公司在 1993 年 12 月 3 日对其下达了调动通知，安排郑某去天津分公司工作，但其拒绝去天津分公司工作。为此，本公司依据《国营企业辞退违纪职工暂行规定》第 3 条和第 4 条的规定，在征求本公司工会委员会的意见后，作出了辞退郑某的决定，请求法院依法维护企业的自主权。

廊坊市安次区人民法院经审理查明：被告属中国轻工业不设在廊坊的下属企业，被告分别在天津、北京、秦皇岛设有分公司。原告属被告单位的全民性职工。1993 年 12 月 3 日，被告给原告下达了调往天津分公司工作的 "职工调动通知单"，通知单上写明原告应在 "12 月 7 日前来劳动人事部报到"，但并未给原告办理调动工作关

---

① 最高人民法院中国应用法学研究所编：《人民法院案例选》（民事卷，下册），中国法制出版社 2003 年版，第 1696~1698 页。

系、转移工资关系的手续。12月4日，原告来到被告劳动人事部，以其父亲离休干部、身边无子女为理由，并于次日把"辞退证明书"送达原告。12月9日，被告及被告工会签发了同意辞退的意见。原告不服被告的辞退决定，在1994年1月3日向廊坊市劳动争议仲裁委员会申请仲裁。该仲裁委员会在同年3月12日作出裁决：维持被告的辞退决定。

安次区人民法院认为：被告是个作业范围广、流动性大的全民企业，对职工的安排调动是独立自主的。有关提出国家劳动人事部［1983］34号文件中的第17条的规定，是一个对外地工作的离休干部的职能调入父母安置居住地的照顾性条款，而且是对当地人事、劳动部门而言的，对被告这样的流动性企业内部的职工调配不具有约束力。原告对此理解有误，不服从被告调动是错误的。被告下达调动原告的通知后，未严格履行必要的手续，辞退审批、送达期限、程序欠妥。依据1993年11月24日最高人民法院《全国民事审判工作座谈会纪要》第3个问题的第（4）点的规定，该法院在1994年11月7日判决如下：被告重新作出处理。

《劳动合同法》第36、39、40、41条对用人单位解除劳动合同进行了规定，《劳动合同法实施条例》第19条把《劳动合同法》用人单位解除劳动合同的情形进行了综合，规定为在14种情况下，用人单位可以解除劳动合同。

【案例5-5】

单方解除劳动合同案①

李某在国际货物运输代理公司担任操作工，合同期限至2011年12月31日止，合同约定李某自愿离职须提前2个月提出。2011年7月14日，李某因个人原因递交辞职报告后进行工作。8月25日8时，因雨天路滑，李某整理货物时不慎摔倒致使脚扭伤。9月13日，公司口头通知李某不用上班。9月23日公司为李某申请工伤认定，11月11日李某被认定为工伤。

2011年9月23日，李某向上海市松江区劳动人事争议仲裁委员会申请仲裁，要求公司支付违法解除赔偿金1.8万元。仲裁委员会审理认为，李某没有证明其辞职后公司不同意，也未证明公司口头解除劳动合同，因此，公司没有解除劳动合同。仲裁裁决如下：不支持李某的请求。李某起诉至法院，要求公司支付违法解除赔偿金1.8万元。

一审法院认为，法律规定劳动者提前30天通知用人单位，可以解除劳动合同；合同约定离职须提前2个月，上述规定即约定涉及劳动者的通知义务，不需用人单位

---

① 王林清、杨心忠：《劳动合同纠纷裁判精要与规则适用》，北京大学出版社2014年版，第356页。

同意。虽然李某在7月14日表明离职意愿，但之后仍继续工作，直至工伤事故，此后亦继续工作，表明李某在履行劳动合同。由于8月15日之后李某未再次表示离职意愿，因此其离职的原因是9月13日公司通知其不用上班，本案系公司解除劳动合同。公司没有证明解除劳动合同的合法性，系违法解除，应支付赔偿金。

一审法院判决：公司支付李某赔偿金1.8万元。

公司不服，提起上诉，请求改判不支付赔偿金。

二审法院经审理认为，本案中公司与李某签订的劳动合同中关于离职须提前2个月的约定，系双方真实意思的表示，不违反法律、行政法规的强制性规定，应属有效。李某在2011年7月14日提出辞职进行工作到9月13日，系履行劳动合同的约定；同年9月13日公司口头通知李某不用上班，系告知李某的辞职行为在该日产生相应的法律后果，并非公司解除劳动合同的意思表示。公司没有解除劳动合同，不应支付赔偿金。

二审法院终审判决：撤销一审民事判决；改判公司无须支付赔偿金。

【案例5-6】

解除劳动合同案①

李某在2002年7月到北京信息工程学院从事行政管理工作。2004年，北京机械工业学院经批准合并筹建信息科技大学，2009年7月信息科技大学正式成立，该校具有独立的事业法人资格。

李某与其夫在1998年8月生育一子，2009年8月8日李某夫妇在香港特别行政区又生育一子。从2009年8月起，信息科技大学以李某违法生育二胎为由，停发李某工资。

李某向北京市人事争议仲裁委员会申请仲裁，主张在2009年12月以后的工资、经济补偿金、奖金等福利。北京市人事争议仲裁委员会支持了李某关于工资的主张，驳回了其他仲裁申请。之后，李某与信息科技大学均不服裁决，向人民法院提起诉讼。

一审法院经审理认为：李某在香港特别行政区生育第二个子女是否违反了计划生育政策，应由相关部门予以确认，在有权机关未认定李某生育二胎的行为违法的情况下，信息科技大学以李某违法生育二胎为由，停发李某的工资亦缺乏依据。

一审法院判决：信息科技大学应向李某补发2009年12月以后的工资，驳回李某的其他诉讼请求。

李某与信息科技大学均不服一审判决，提起上诉。

---

① 王林清、杨心忠：《劳动合同纠纷裁判精要与规则适用》，北京大学出版社2014年版，第372页。

二审法院认为：信息科技大学作为用人单位，应对减少劳动报酬的争议负有举证责任，但其并未提交充分证据证明其安排李某待岗、停发李某工资及李某在待岗期间不享受福利待遇符合法律规定，故本院对信息科技大学的上诉请求不予支持。

5月23日，二审终审判决：驳回上诉，维持原判。

【案例5-7】

劳动者在试用期患病，用人单位不能解除劳动合同案[①]

某食品生产公司与李某签订了为期2年的劳动合同，聘用李某为某食品生产公司一线生产技术员，约定试用期6个月。李某参加工作3个月后，恰巧赶上某食品生产公司的销售旺季，李某所在的生产线时常加班。李某作为生产技术员，加班的时间更长，工作量更大。不久，李某患上了感冒，但为了不影响公司正常运作，李某仍然坚持上班，数日后，感冒加剧，在医院检查出传染性肝炎，李某只好住院休养。某食品生产公司遂在人才市场上招聘了张某代替李某的职位。经过数日的工作，某食品公司发现张某完全可以胜任这份工作，比李某做得更好，于是向李某发出了解除劳动合同的通知，通知中说，李某所患疾病为传染性肝炎，即使病愈，也不再适合以前的工作。李某尚在试用期内，公司有权解除与李某之间的劳动合同。李某认为自己患上肝炎是加班过度所致，公司无权解除劳动合同，遂向劳动仲裁争议委员会提起仲裁，要求食品生产公司撤销解除劳动合同的通知，并重新为其安排劳动岗位。

本案争议的焦点在于：李某患上肝炎是否在试用期内。

劳动部在1994年颁布的《企业职工患病或者非因工负伤医疗期规定》第3条规定，企业职工因患病或者非因工负伤，需要停止工作医疗时，依据本人实际参加工作年限和在本单位的工作年限，给予3个月到24个月的医疗期；实际工作年限10年以下的，在本单位工作年限为5年以下的为3个月。本案中，李某因病无法在从事原岗位工作，食品生产公司应当等李某医疗期届满后，即3个月后与其协商变更劳动岗位，如果确实没有适合李某的工作岗位，且经过培训后李某无法胜任新岗位，食品生产公司才能与李某解除劳动合同。

一、劳动合同解除制度的概述

对我国劳动合同立法，劳动合同解除制度的规定最为翔实。其内容覆盖在《劳动法》的第24~32条，《劳动合同法》的第36~50条，《劳动合同法实施条例》的第

[①] 黎建飞：《〈中华人民共和国劳动合同法〉最新完全释义》，中国人民大学出版社2008年版，第74~75页。

18~27条的规定，同时涉及原劳动部颁发的《违反和解除劳动合同的经济补偿办法》、《企业经济性裁减人员规定》等若干行政规章。从上述劳动立法的规定看，劳动合同解除的具体条件由法律规定，双方约定解除的情况，必须符合相关法律的规定，不能由用人单位与劳动者双方任意约定。一般地，由用人单位一方解除劳动合同的称为"解雇"，由劳动者一方解除劳动合同的称为"辞职"。

（一）劳动合同解除的学说

世界各国在用人单位与劳动者劳动合同解除权配置的立法上一直存在着解雇自由和解雇保护争议。

解雇自由，指雇主一方随意解除劳动合同，而不受劳动者是否同意以及法律的限制。其源于民法理论中的契约自由原则。解雇自由论者认为，雇主为了对其事业负责，必须为一切计算和运营，此乃系维持资本企业制之基本原理，雇佣与解雇均系雇主经营自由之基本内容，应不受任何干预，此种思想源自民法契约自由原则，可谓无视于劳动者生存权的社会性考量[①]。

解雇保护指雇佣的权利受国家法律制约，这种限制只针对雇主，其源于社会法中的生存权保障原则，依据解雇保护对契约自由的限制程度，可把解雇保护分为限制解雇权滥用说与正当事由说。限制解雇权滥用说并不否定解雇自由，只是在雇主对劳动者行使解雇权时，雇主必须遵守法律和约定的禁止性条件。正当事由说认为，对契约自由某种程度上的否定，解雇自由必须受劳动者生存权与劳动权的限制。此说对解雇自由作出了很大的限制，认为非正当事由，不得解雇。即以正当事由作为解雇权内在的制约，必须法有明文使得行使解雇权，违法解雇则无效[②]。

（二）劳动合同解除的概念

劳动合同的解除，是指在劳动合同的履行过程中，由于双方或者单方的法律行为，在合同的有效期届满或者履行完毕前，结束劳动合同效力的法律行为。劳动合同的解除是劳动合同的提前消灭，在劳动合同订立后，尚未履行完毕前，效力被终止。

第一，被解除的劳动合同是有效的劳动合同。解除劳动合同的基础是，被解除的劳动合同是有效的劳动合同。

第二，在劳动合同依法订立后，没有履行完毕前，解除劳动合同。在劳动合同订立前，劳动关系没有产生，不存在解除问题。劳动合同履行完毕后，当事人双方的权利义务已经终止，不必用解除行为来终止当事人之间的权利义务。

第三，劳动合同解除形式法定。依据法律的规定，双方当事人之间依据各自之间

[①] 黄越钦：《劳动法新论》，中国政法大学出版社2003年版，第156页。
[②] 黄越钦：《劳动法新论》，中国政法大学出版社2003年版，第157页。

的主客观情况变化协商解除劳动合同或者依据法律的规定，单方解除劳动合同。

第四，劳动合同的解除，是提前终止双方当事人之间的权利义务关系，使得当事人之间的劳动关系提前消灭。

（三）劳动合同解除的分类

劳动合同的解除，可以依照不同的标准，进行以下几种分类：

1. 以解除方式为标准的分类。依照合同解除的方式不同，分为协议解除与单方解除。

协议解除，又称为约定解除，是指劳动合同双方当事人在协商一致的基础上达成协议，解除劳动合同。这种解除方式一般不规定条件，只要求解除合同的当事人合意在内容、形式、程序上合法即可。实践中包括：在当事人双方均无单方解除权的情况下，经合意解除合同；无单方解除权的当事人在征得有单方解除权的当事人同意后，解除合同。

单方解除，是指劳动合同中的一方当事人在享有单方解除权的条件下，按照法定程序对劳动合同进行解除。依照行使单方解除权是否需要预告，可分为单方预告解除与单方即时解除，前者即经预先通知对方当事人后才可单方解除合同；后者即在通知对方当事人的当时即可单方解除合同。依照行使单方解除权的主体不同，可分为劳动者单方解除与用人单位单方解除。对辞职而言，法律只对即时辞职规定条件，对预告辞职不规定条件，而对辞退，各国法律都予以严格限制，即要求用人单位在符合法定或者约定条件下才可辞退劳动者。

2. 以解除条件的依据不同为标准的分类。以解除条件的依据不同，分为法定解除与约定解除。

法定解除，是指劳动者或者用人单位在符合劳动法规定合同解除的条件下单方解除劳动合同。在许多国家的劳动立法中，既有许可性条件的规定，也有禁止性条件的规定，凡不是具备法定许可性条件的，除有合法的特别约定外，不得单方解除劳动合同，但在具备法定许可性条件时，也可以不单方解除劳动合同①。禁止性条件，是指用人单位辞退劳动者的条件。在具备法定禁止性条件时，用人单位不得辞退劳动者。

约定解除，是指劳动者或者用人单位在符合集体合同或者劳动合同依法约定的合同解除条件时，对方解除劳动合同。其不同于劳动合同因约定终止条件成立而终止，当约定终止条件成立时，劳动合同当然终止；而在具备约定解除条件时，必须做出解除合同的意思表示，劳动合同才终止。

3. 以当事人有无过错为标准的分类。依据导致劳动合同解除的原因中是否包含

---

① 具有单方解除权的劳动者不解除劳动合同，是出于自愿的单方选择，而不是合同的约定或者是被强迫。

对方当事人过错的不同，分为有过错解除与无过错解除。

有过错的解除，是指由于对方当事人的过错行为而导致劳动合同的解除。其包括劳动者因用人单位过错①而辞职与用人单位因劳动者有过错而辞退。所以，有过错的条件应在立法中规定。

无过错的解除，是指在对方当事人无过错行为或者其过错行为轻微的情况下单方解除劳动合同。为了避免或者减少合同解除可能给对方当事人造成的损失，立法要求劳动者或者用人单位在解除劳动合同前应向对方当事人预告。

二、劳动合同解除的证明

（一）劳动合同解除证明的规定

劳动合同解除的证明②在我国《劳动法》上并无规定。劳动部《关于实行劳动合同制度若干问题的通知》第15条规定，在劳动者履行了有关义务终止、解除劳动合同时，用人单位应当出具终止、解除劳动合同证明书，作为该劳动者按规定享受失业保险待遇与失业登记、求职登记的凭证。证明书应写明劳动合同的期限、终止或者解除日期、所担任的工作。如果劳动者要求，用人单位可在证明书中客观地说明解除劳动合同的原因。《劳动合同法》第50条第1款规定，用人单位在解除或者终止劳动合同时出具解除或者终止劳动合同的证明，并在15日内为劳动者办理档案与社会保险关系的转移手续。《劳动合同法实施条例》第24条规定，用人单位出具的解除、终止劳动合同的证明，应当写明劳动合同的期限、解除或者终止劳动合同的日期、工作岗位、在本单位的工作年限。

出具劳动合同证明的作用体现在：第一，劳动合同证明是劳动者办理失业登记，享受失业保险的凭证；第二，劳动合同证明是劳动者签订新的劳动合同的必要凭证。

在用人单位与劳动者之间解除或者终止劳动合同后，用人单位未依法向劳动者出具解除或者终止劳动合同的书面证明，由劳动行政主管部门责令改正；给劳动者造成损失的，用人单位应当承担赔偿责任。

（二）劳动合同解除证明的性质③

从法理学上，用人单位出具的劳动合同解除证明，一般视为用人单位的后合同义

---

① 过错，只限于已严重到足以导致辞退或者辞退之程度，轻微的过错不包括在内。
② 也有学者将其称为"离职证明"，包括劳动合同解除或者终止证明两种情况。台湾地区学者也有的称之为劳工服务证明书。
③ 喻术红：《劳动合同法专论》，武汉大学出版社2009年版，第116页。

务。我国《劳动法》第92条规定，合同的权利义务终止后，当事人应当遵循诚实信用原则，依据交易习惯履行通知、协助、保密等义务。这是，我国对后合同义务的规定。劳动合同解除证明是协助义务，属于用人单位在劳动关系结束后应当承担的法定义务，具有强制性，用人单位应该履行。

三、劳动者解除劳动合同的情况

《劳动合同法》第36、37、38条规定了劳动者可以解除劳动合同的情况，《劳动合同法实施条例》第18条把它综合为13种情况，进行了列举式的规定。

《劳动合同法》第90条规定，劳动者违反本法规定解除劳动合同，给用人单位造成损失的，应当承担赔偿责任。对于赔偿责任的范围，根据《违反〈劳动法〉有关劳动合同规定的赔偿办法》第4条，主要包括对生产、经营和工作造成的直接经济损失。

（一）当事人双方协商一致解除

当事人双方协商一致解除劳动合同，即劳动合同的协议解除，又称为约定解除。《劳动合同法》第36条规定，用人单位与劳动者协商一致，可以解除劳动合同。

双方当事人之间协商解除劳动合同，符合以下条件：

双方当事人之间的劳动合同依法成立并且生效；协商解除是在被解除的劳动合同依法订立生效之后、尚未全部履行完毕之前；双方都有提出解除劳动合同的权利；双方在自愿、平等协商的基础上，解除劳动合同，并不受劳动合同中约定的终止条件的限制。

（二）劳动者单方解除劳动合同

《劳动合同法》中规定了劳动者可以自由地单方解除劳动合同，而无须用人单位的同意，第37条与第38条对预告解除与即时解除作出了规定。

1. 劳动者预告解除劳动合同。《劳动法》第31条规定，劳动者解除劳动合同，应当提前30日以书面形式通知用人单位。《劳动合同法》第37条规定，劳动者提前30日以书面形式通知用人单位，可以解除劳动合同。劳动者在试用期内提前3日通知用人单位，可以解除劳动合同。

劳动者预告解除，也称为劳动者预告辞职，是指劳动者解除劳动合同不需要任何理由，只需要提前一定的期限告知用人单位即可解除劳动合同。

劳动者预告解除劳动合同，需要满足以下两个条件：

第一，劳动者提前30日通知用人单位。在劳动合同试用期满后，劳动者解除劳动合同时,需要提前30日以书面形式通知用人单位。劳动者提前通知有利于用人单位及时安排人员接管工作,保持正常的工作秩序,避免因劳动者的辞职给用人单位的生产经营活动造成不利的影响。根据《劳动合同法》第90条的规定,劳动者没有履行提前通知义务,给用人单位造成损失的,应当承担赔偿责任。

第二,劳动者必须以书面形式通知用人单位。劳动者在行使自己的单方解除权时,必须以法定的形式行使——书面形式通知用人单位。

2. 试用期内解除劳动合同。依据《劳动合同法》第37条的规定,劳动者在试用期内提前3日通知用人单位,可以解除劳动合同。《劳动合同法实施条例》第18条的规定,有下列情形之一的,依照劳动合同法规定的条件、程序,劳动者可以与用人单位解除固定期限劳动合同、无固定期限劳动合同或者以完成一定工作任务为期限的劳动合同:劳动者在试用期内提前3日通知用人单位的。劳动者在试用期内解除与用人单位之间的劳动合同,法律规定没有要求必须是书面形式通知用人单位。即劳动者可以书面形式通知用人单位,也可以口头形式通知解除,只需要把解除劳动合同的意思表示明确地告知用人单位即可。

(三) 劳动者即时解除劳动合同

1. 即时解除的概念与特征。劳动者即时解除,又称为即时辞职,是指在发生法律法规规定的特殊事由时,劳动者无须预告而随时通知用人单位即可解除劳动合同。

即时辞职的特征为:

第一,劳动者可以随时辞职,法律没有规定预告期;

第二,只有在用人单位存在过错的情况下,劳动者才能行使即时辞职;

第三,用人单位需要向劳动者支付经济补偿金。

2. 即时辞职的法定情况。依照《劳动合同法》第38条和《劳动合同法实施条例》第18条的规定,劳动者即时解除劳动合同分为:随时通知的辞职和无须通知的辞职两种情况。前者要求劳动者在辞职时需履行通知用人单位的义务,不能不告而别;后者指劳动者可以不通知用人单位而自行离职。

(1) 随时通知的辞职。《劳动法》第31条规定,有下列情况之一的,劳动者可以随时通知用人单位解除劳动合同:用人单位以暴力、威胁或者非法限制人身自由的手段强迫劳动的;用人单位未按照劳动合同约定支付劳动报酬或者提供劳动条件的。《劳动合同法》第38条规定,用人单位有下列情况之一的,劳动者可以解除劳动合同:未按照劳动合同约定提供劳动保护或者劳动条件的;未及时足额支付劳动报酬的;未依法为劳动者缴纳社会保险费的;用人单位的规章制度违反法律、法规的规定,损害劳动者权益的;因本法第26条第1款规定的情况致使劳动合同无效的;法律、行政法规规定劳动者可以解除劳动合同的其他情形的。《劳动合同法实施条例》

第18条规定，有下列情况之一的，依照劳动合同法规定的条件、程序，劳动者可以与用人单位解除固定期限劳动合同、无固定期限劳动合同或者以完成一定工作任务为期限的劳动合同：用人单位未按照劳动合同约定提供劳动保护或者劳动条件的；用人单位未及时足额支付劳动报酬的；用人单位未依法为劳动者缴纳社会保险费的；用人单位的规章制度违反法律、法规的规定，损害劳动者权益的；用人单位以欺诈、胁迫的手段或者乘人之危，使劳动者在违背真实意思的情况下订立或者变更劳动合同的；用人单位在劳动合同中免除自己的法定责任、排除劳动者权利的；用人单位违反法律、行政法规强制性规定的；……法律、行政法规规定劳动者可以解除劳动合同的其他情形。

根据劳动合同法及其实施条例对即时解除的规定，具体情况为：

第一，用人单位未按照劳动合同约定提供劳动条件或者劳动保护的。劳动保护条件是劳动者进行安全、卫生工作以及保障人身安全的必备条件。劳动条件是劳动者在劳动过程中的工作环境等条件。《国际劳动公约和建议书》规定了工时、休息、安全、卫生等方面的条件，如果用人单位没有及时向劳动者提供其工作所需要的劳动条件，就是违约行为。这些行为都是对劳动者生命、健康权的危害，所以，法律赋予劳动者随时通知用人单位解除劳动合同的权利。

第二，未及时足额支付劳动报酬。劳动报酬是劳动者付出劳动力的物质补偿，《劳动合同法》第30条第1款规定，用人单位应当按照劳动合同与国家规定，向劳动者即时足额支付劳动报酬。但在实际中，用人单位无故拖欠、克扣工资的情况常有发生。基于这种情况，法律予以劳动者即时解除劳动合同的权利。

第三，用人单位未依法为劳动者缴纳社会保险费。社会保险，是对劳动者在暂时或者永久丧失劳动能力，或者失业及发生其他困难的情况下，运用社会力量对劳动者给予一定程度的收入损失补偿，使之能够达到基本生活水平的一种制度。社会保险是国家立法确认并强制用人单位与劳动者必须依法参加，并履行缴纳社会保险费的义务。如果用人单位没有依法为劳动者缴纳社会保险费，是对劳动者合法权益的严重损害，劳动者可以随时解除与用人单位之间的劳动合同。

第四，用人单位的规章制度违反法律、法规的规定，损害劳动者权益的。《劳动合同法》第4条第1款规定，用人单位应当依法建立和完善劳动规章制度，保障劳动者享有劳动权利、劳动义务。在用人单位制定的规章制度违反法律法规规定的情况下，为了维护劳动者的权益，其可以随时解除与用人单位之间的劳动合同。

第五，用人单位以欺诈、胁迫的手段或者乘人之危，使劳动者在违背真实意思的情况下订立或者变更劳动合同的。《劳动合同法》第26条规定，用人单位以欺诈、胁迫的手段或者乘人之危，使对方在违背真实意思的情况下订立或者变更劳动合同的，劳动合同无效。劳动合同的订立，应本着平等自愿的原则，在用人单位采用欺诈、胁迫的手段或者乘人之危与劳动者订立或者变更劳动合同时，劳动者享有即时解除劳动合同的权利。

第六，用人单位在劳动合同中免除自己的法定责任、排除劳动者权利的。用人单位在劳动合同中免除自己的法定责任、排除劳动者权利的，严重损害了处于弱势的劳动者的合法权益，也违背了公平原则。所以，在这种情况下，法律予以劳动者解除与用人单位之间劳动合同的权利。

第七，用人单位违反法律、行政法规强制性规定的。依据劳动合同订立的合法原则，劳动者与用人单位之间订立的劳动合同内容必须符合法律、行政法规的强制性规定，违反法律法规强制性规定的合同条款无效。所以，在这种情况下，劳动者享有随时解除劳动合同的权利。

第八，法律、行政法规规定劳动者可以解除劳动合同的其他情形。基于社会情况的多样性，在《劳动合同法》无法涵盖所有的用人单位侵害劳动者合法权益的情况下，为保护劳动者合法权益受到侵害，赋予的劳动者解除劳动合同的权利。

（2）无须通知的辞职。《劳动合同法》第38条规定，用人单位有下列情况之一的，用人单位以暴力、威胁或者非法限制人身自由的手段强迫劳动者劳动的，或者用人单位违章指挥、强令冒险作业危及劳动者人身安全的，劳动者可以立即解除劳动合同，不需事先告知用人单位。《劳动合同法实施条例》第18条规定，有下列情况之一的，依照劳动合同法规定的条件、程序，劳动者可以与用人单位解除固定期限劳动合同、无固定期限劳动合同或者以完成一定工作任务为期限的劳动合同：用人单位以暴力、威胁或者非法限制人身自由的手段强迫劳动者劳动的；用人单位违章指挥、强令冒险作业危及劳动者人身安全的……

根据《劳动合同法》及其实施条例对即时解除的规定，具体情况为：

第一，用人单位以暴力、威胁或者非法限制人身自由的手段强迫劳动者劳动的。暴力，是指对劳动者身体实行打击的强制手段，如殴打、捆绑等。威胁，是指以现实的或者可能的危害对劳动者形成精神强制。非法限制人身自由，是指没有限制劳动者人身自由权利的人通过禁止劳动者出单位等方式，非法限制劳动者按照自己意志支配自己身体活动的自由。强迫劳动，是指用人单位通过以上的手段迫使劳动者违背自己的意志提供劳动。对于用人单位以暴力、威胁或者非法限制人身自由的手段强迫劳动者劳动的，属于严重侵害劳动者人身权利的行为，情节严重构成犯罪的，还要追究刑事责任。在这种情况下，劳动者享有无须告知用人单位，随时解除劳动合同的权利。

第二，用人单位违章指挥、强令冒险作业危及劳动者人身安全的。《劳动法》第56条规定，劳动者对用人单位管理人员违章指挥、强令冒险作业，有权拒绝执行；对危害生命安全和身体健康的行为，有权提出批评、检举和控告。违章指挥，是指用人单位违反规章制度或者操作规程等既定规则指挥劳动者工作。强令冒险作业，是指用人单位明知进行该作业存在较大风险而不管劳动者反对，仍然强令劳动者进行该作业。危及劳动者人身安全，是指劳动者所从事的工作存在高度风险，极可能对劳动者的人身造成损害。劳动者面对以上的情况时，有权立即解除劳动合同，而不需要事先通知用人单位。

《劳动合同法》第88条规定，用人单位有下列情形之一的，依法给予行政处罚；构成犯罪的，依法追究刑事责任；给劳动者造成损害的，应当承担赔偿责任：以暴力、威胁或者非法限制人身自由的手段强迫劳动的；违章指挥或者强令冒险作业危及劳动者人身安全的；侮辱、体罚、殴打、非法搜查或者拘禁劳动者的；劳动条件恶劣、环境污染严重，给劳动者身心健康造成严重损害的。即用人单位侵害劳动者人身权益的，需承担相应的法律责任。

四、用人单位解除劳动合同的情况

用人单位解除劳动合同的情况，分为协议解除与法定解除两种。

（一）协议解除
《劳动合同法》第36条规定，用人单位与劳动者协商一致，可以解除劳动合同。

（二）用人单位单方解除劳动合同
《劳动合同法实施条例》第19条规定，有下列情况之一的，依照劳动合同法规定的条件、程序，用人单位可以与劳动者解除固定期限、无固定期限劳动合同或者以完成一定工作任务为期限的劳动合同：用人单位与劳动者协商一致的；劳动者在试用期被证明不符合录用条件的；劳动者严重违反用人单位的规章制度的；劳动者严重失职，营私舞弊，给用人单位造成重大损害的；劳动者同时与其他用人单位建立劳动关系，对完成本单位的工作任务造成严重影响，或者经用人单位提出，拒不改正的；劳动者以欺诈、胁迫的手段或者乘人之危，使用人单位在违背真实意思的情况下订立或者变更劳动合同的；劳动者被依法追究刑事责任的；劳动者患病或者非因公负伤，在规定的医疗期满后不能从事原工作，也不能从事由用人单位另行安排的工作的；劳动者不能胜任工作，经过培训或者调整工作岗位，仍不能胜任工作的；劳动合同订立时所依据的客观情况发生重大变化，致使劳动合同无法履行，经用人单位与劳动者协商，未能就变更劳动合同内容达成协议；用人单位依照企业破产法规定进行重整的；用人单位生产经营发生严重困难的；企业转产、重大技术革新或者经营方式调整，经变更劳动合同后，仍需裁减人员的，其他因劳动合同订立时所依据的客观情况发生重大变化，致使劳动合同无法履行的。

对此,把用人单位单方解除劳动合同的情况进行分类,分为预告通知解除、即时通知解除和经济性裁员。

1. 预告解除劳动合同。预告解除劳动合同,也称为用人单位预告辞退或者非过错辞退,是指劳动者本身不存在任何过失,但是由于特定的情况出现,导致原劳动合同履行发生困难,用人单位可以在经过预告之后解除劳动合同。

《劳动合同法》第40条规定,用人单位提前30日以书面形式通知劳动者本人或者额外支付劳动者1个月工资后,可以解除劳动合同:劳动者在患病或者非因工负伤,在规定的医疗期满后不能从事原工作,也不能从事用人单位另行安排的工作的;劳动者不能胜任工作,经过培训或者调整工作岗位,仍不能胜任工作的;劳动合同订立时所依据的客观情况发生重大变化,致使劳动合同无法履行,经用人单位与劳动者协商,未能就变更劳动合同内容达成协议的。

无过失解除劳动合同的具体情况如下:

第一,劳动者患病或者非因工负伤,在规定的医疗期满后不能从事原工作,也不能从事用人单位另行安排的工作的。劳动部《企业职工患病或者非因工负伤医疗期的规定》第2条规定中的医疗期,即企业职工因患病或者非因工负伤停止工作治病休息不得解除劳动合同的时限,它是根据劳动者实际工作的时限和劳动者在本单位工作的年限予以确定的。《企业职工患病或者非因工负伤医疗期的规定》第3条规定,企业职工因患病或者非因工负伤,需要停止工作医疗时,根据本人的实际参加工作年限和在本单位工作年限,给予3个月到24个月的医疗期:实际工作年限10年以下的,在本单位工作年限5年以下的为3个月;5年以上的为6个月;实际工作年限10年以上的,在本单位工作年限5年以下的为6个月;5年以上10年以下的为9个月;10年以上15年以下的为12个月;15年以上20年以下的为18个月;20年以上的为24个月。这里所说的1个月是30天,包括国家的法定节假日和休息日。上述企业职工在规定的医疗期内,其病假工资、医疗救济费和医疗待遇按照有关规定执行,劳动部《关于贯彻执行〈中华人民共和国劳动法〉若干问题的意见》第59条规定,职工患病或者非因工负伤治疗期间,在规定的医疗期内由企业按有关规定支付其病假工资或者疾病救济费,病假工资或者疾病救济费可以低于当地工资标准支付,但不能低于最低工资标准的80%。

第二,劳动者不能胜任工作,经过培训或者调整工作岗位,仍不能胜任工作的。

在这种情况下,用人单位解除劳动合同的具体情况为:首先,证明劳动者不能胜任工作。劳动部办公厅《关于〈劳动法〉若干条文的说明》第26条规定,"不能胜任工作",是指劳动者不能按要求完成劳动合同中约定的任务或者同工种、同岗位人员的工作量,但是用人单位不能故意提高定额的标准。其次,已经对劳动者进行培训或者调整工作岗位。培训或者调整工作岗位是法律规定的必经程序,在劳动者不能胜任现职的情况下，用人单位必须实行。最后，经证明劳动者仍不能胜任工作。用人单位经过对劳动者培训或者调整工作岗位后，用人单位再次证明劳动者不能胜任工作，用人单位可以解除劳动合同。

第三，劳动合同订立时所依据的客观情况发生重大变化，致使劳动合同无法履行，经用人单位与劳动者协商，未能就变更劳动合同内容达成协议的。《劳动法》第26条也对此进行了规定。劳动部办公厅《关于〈劳动法〉若干条文的说明》第26条，"客观情况"是指发生不可抗力或者出现致使劳动合同全部或者部分条款无法履行的其他情况，如企业迁移、被兼并、企业资产转移等，并且排除《劳动法》第27条所列的客观情况（即用人单位濒临破产进行法定整顿期间或者生产经营状况发生严重困难，确需裁减人员），即把《劳动法》规定的两种经济性裁员原则排除在客观情况之外。在用人单位发生上述情况时，用人单位与劳动者进行协商以变更劳动合同的内容，但是双方无法达成一致意见，致使原劳动合同无法履行的，用人单位可以解除劳动合同。

因为预告解除劳动合同关系到劳动者的切身利益，所以法律对用人单位实行预告通知解除劳动合同进行了一定的限制：

第一，用人单位必须依照法定的程序，进行预告解除劳动合同。即须提前30日以书面形式通知劳动者。

第二，用人单位预告解除劳动合同的，不能提前通知的，实行代通知金制度。《劳动合同法实施条例》第20条的规定，用人单位依照劳动合同法第40条的规定，选择额外支付劳动者1个月工资解除劳动合同的，其额外支付的工资应当按照该劳动者上1个月的工资标准确定。即不履行提前通知程序的，需额外向劳动者支付1个月的工资。

第三，用人单位预告解除劳动合同的，仍需向劳动者支付经济补偿金。

2. 即时通知解除。即时通知解除，也被称为过失性解除，是指因劳动者存在一定的过错，用人单位为了避免本单位的利益受到损害，依据法律的规定，不必事先通知劳动者而单方即时解除劳动合同。

因为用人单位解除劳动合同是劳动者自身的原因造成的，所以，在劳动合同解除后，用人单位无须向劳动者支付经济补偿金。《劳动法》第25条规定，劳动者有下列情形之一的，用人单位可以解除劳动合同：在试用期间被证明不符合录用条件的；严重违反劳动纪律或者用人单位规章制度的；严重失职，营私舞弊，对用人单位利益造成重大损害的；被依法追究刑事责任的。《劳动合同法》第39条在《劳动法》的基础上，扩大了用人单位过失性解除适用的情况，增加了2项，即劳动者同时与其他用人单位建立劳动关系，对完成本单位的工作任务造成严重影响，或者经用人单位提出，拒不改正的；因本法第26条第1款规定的情形致使劳动合同无效的。

用人单位即时解除的具体情况如下：

第一，在试用期被证明不符合录用条件的。用人单位在这种情况下解除劳动合同，应注意以下问题：

首先，只有在试用期内用人单位才能行使此权利。劳动者与用人单位之间约定的试用期符合法律的规定，并正处于试用期。如果试用期不符合法律的规定或者试用期已过，用人单位不得以此为由解除劳动合同。

其次，用人单位须公布本单位的录用条件。即用人单位招聘劳动者时，有明确的文字记载的录用条件。所谓录用条件，是指用人单位在招聘劳动者时提出的具体的要求与标准，包括技术条件、业务能力、文化程度、专业知识等，且不得含有歧视性内容。

最后，用人单位能够证明劳动者不符合录用条件。《劳动合同法》第21条规定，用人单位在试用期内解除劳动合同的，应当向劳动者说明理由。

第二，劳动者严重违反用人单位规章制度的。劳动者严重违反用人单位规章制度包括：首先，用人单位的规章制度须是合法有效的经过公示的规章制度。规章制度符合《劳动合同法》第4条的规定①。其次，劳动者没有遵守用人单位的规章制度。用人单位的规章制度，劳动者本应遵守，但是其没有遵守。最后，劳动者违反用人单位规章制度的行为达到严重的程度。所谓严重，是指以劳动法所规定的限度和用人单位的规章制度的具体界定为标准，但不能违反法律、法规规定，不得违反公平原则。

第三，严重失职、营私舞弊，对用人单位利益造成重大损失。用人单位行使这一权利时，应满足以下条件：

首先，具有严重的失职行为。如劳动者玩忽职守造成事故，损害设备，浪费原材料或者能源。其次，劳动者具有营私舞弊的行为。劳动者在履行劳动合同期间，没有按照岗位的职责忠实履行自己的义务，有严重的过失行为，或者利用职务之便为自己谋取私利的故意行为。最后，劳动者的上述行为给用人单位造成了重大的损失。如果劳动者虽然有上述的行为，但是没有达到严重程度；或者达到严重程度，但没有给用人单位造成严重损害，这时，用人单位不得单方解除劳动合同。在司法实践中，对重大损害的认定，《劳动部办公厅关于〈劳动法〉若干条文的说明》规定为：本条中的"重大损害"由企业内部规章来规定，因为企业类型各有不同，对重大损害的界定也千差万别，故不便于对重大损害进行认定。因此，用人单位需事先对"重大损害"制定出具体的、合理的认定标准。

---

① 《劳动合同法》第4条规定，用人单位应当依法建立和完善劳动规章制度，保障劳动者享有劳动权利、履行劳动义务。用人单位在制定、修改或者决定有关劳动报酬、工作时间、休息休假、劳动安全卫生、保险福利、职工培训、劳动纪律以及劳动定额管理等直接涉及劳动者切身利益的规章制度或者重大事项时，应当经职工代表大会或者全体职工讨论，提出方案和意见，与工会或者职工代表平等协商确定。在规章制度和重大事项决定实施过程中，工会或者职工认为不适当的，有权向用人单位提出，通过协商予以修改完善。

第四，劳动者同时与其他用人单位建立劳动关系，对完成本单位的工作任务造成严重影响，或者经用人单位提出，拒不改正的。劳动者同时与其他用人单位建立劳动关系，就是"兼职"。《劳动合同法》对劳动者的兼职行为，作出了一定的限制性规定。包括：

首先，劳动者同时与其他用人单位建立劳动关系，对完成本单位的工作任务造成严重影响的。用人单位单方解除劳动合同的提前是，劳动者的兼职行为已经严重影响到用人单位的工作。其次，劳动者同时与其他用人单位建立劳动关系，经用人单位提出，拒不改正的。这种情况下，用人单位是明确地反对劳动者的兼职行为，且已向劳动者提出过异议，但是劳动者仍没有改正。

另外，在这种情况下，劳动者还可能向用人单位承担损害赔偿责任，《劳动合同法》第91条规定，用人单位招用与其他用人单位尚未解除或者终止劳动合同的劳动者，给其他用人单位造成损失的，应当承担连带赔偿责任。

第五，劳动者以欺诈、胁迫的手段或者乘人之危，使用人单位在违背真实意思的情况下订立或者变更劳动合同的。采用欺诈、胁迫的手段或者乘人之危，违背了对方当事人的真实意思表示，有违合同订立所应遵守的平等自愿、协商一致和诚实守信的原则，《劳动合同法》规定在这种情况下订立的劳动合同无效。出于对用人单位利益的保护，法律规定，用人单位在此种情况下，可以解除劳动合同。

第六，被依法追究刑事责任的。劳动部《关于贯彻执行〈中华人民共和国劳动法〉若干问题的意见》规定，被依法追究刑事责任，是指被人民检察院免于起诉的，被人民法院判处刑罚的，被人民法院依据《刑法》第32条免于刑事处分的，劳动者被人民法院判处拘役、3年以下有期徒刑缓刑的，用人单位可以解除劳动合同，而劳动和社会保障部办公厅《关于职工被人民检察院作出不予起诉决定用人单位能否据此解除劳动合同问题的复函》规定，人民检察院依据《中华人民共和国刑事诉讼法》第142条第2款的规定作出不予起诉决定的，不属于《劳动法》第25条第4项规定的被依法追究刑事责任的情形。对劳动者因犯罪行为被追究刑事责任时，应视具体情况进行不同的处理。如果劳动者虽有犯罪行为，但是情节显著轻微，被人民检察院作出不起诉决定，或者被人民法院免于刑事处罚的，或者仅处于管制，被宣告缓刑的，或仅独立适用附加刑的，这时劳动者的人身自由没有受到完全的限制，劳动者对社会的危害性较轻，用人单位不宜适用单方解除劳动合同的权利。

3. 经济性裁员。经济性裁员是指用人单位由于生产经营状况发生变化而出现劳动力过剩，依法须通过裁决部分劳动者，来改善生产经营状况的一种手段。

《劳动法》第27条规定，用人单位濒临破产进行法定整顿期间或者生产经营状况发生严重困难，确需裁减人员的，应当提前30日向工会或者全体职工说明情况，听取工会或者职工的意见，经向劳动行政部门报告后，可以裁减人员。《劳动合同法》

第41条规定，有下列情况之一，需要裁减人员20人以上或者裁减人员不足20人，但占企业职工总数10%以上的，用人单位提前30日向工会或者全体职工说明情况，听取工会或者职工的意见后，裁减人员方案经向劳动行政部门报告，可以裁减人员：依照企业破产法规定进行重整的；生产经营发生严重困难的；企业转产、重大技术革新或者经营方式调整，经变更劳动合同后，仍需裁减人员的；其他因劳动合同订立时所依据的客观经济情况发生重大变化，致使劳动合同无法履行的。

（1）经济性裁员的法定情况。经济性裁员适用的情况，包括：

第一，依照《企业破产法》规定进行重整的。企业重整，是指具有一定规模的企业出现破产原因或者有破产原因出现的危险时，为防止企业破产，经利害关系人申请，在法院的干预下，对该企业实行强制性治理使其复兴的制度。依据《企业破产法》的规定，在债务人不能清偿到期债务，并且资产不足以清偿全部债务或者明显缺乏清偿能力的，经债权人或者债务人的申请，人民法院依法定条件和程序可以宣告债务人破产。在企业重整期间，用人单位可以进行经济性裁员，以达到恢复清偿债务的能力。

第二，生产经营发生严重困难。何为生产经营发生严重困难，法律没有对此作出明确的规定。依据1994年《企业经济性裁减人员规定》和《关于〈劳动法〉若干条文的说明》中的规定，可以参照地方政府规定的困难企业的标准进行界定。

第三，企业转产、重大技术革新或者经营方式调整，经变更劳动合同后，仍需裁决人员的。企业转产，是指改变主要经营的业务。重大技术革新，可能导致同样的工作只需更少的劳动者。这些都会导致工作岗位的减少。

第四，其他因劳动合同订立时所依据的客观经济情况发生重大变化，致使劳动合同无法履行的情形。实践中，除了《劳动合同法》第41条规定的三种情况外，还有一些劳动合同订立时所依据的客观经济情况发生变化的情形，在这些情况下，也应当允许用人单位进行经济性裁员。但是，法律并没有对劳动合同订立时所依据的客观经济情况作出明确的规定。

（2）经济性裁员的特殊规定。第一，禁止经济性裁减的人员。《劳动合同法》对用人单位解除劳动合同进行了禁止性的规定。《劳动合同法》第42条规定，劳动者有下列情况之一的，用人单位不得依照本法第40条、第41条的规定解除劳动合同：从事接触职业病危害作业的劳动者未进行离岗前职业健康检查，或者疑似职业病人在诊断或者医学观察期内的；在本单位患职业病或者因工负伤并被确认丧失或者部分丧失劳动能力的；患病或者非因工负伤，在规定的医疗期内的；女职工在孕期、产期、哺乳期的；在本单位连续工作满15年，并据法定退休年龄不足5年的，法律、行政法规规定的其他情形。

第二，优先留用人员。为防止用人单位对劳动者权益的损害，法律对经济性裁员，规定了优先留用和优先录用。《劳动合同法》第 41 条第 2 款规定，裁决人员时，应当优先留用下列人员：与本单位订立较长期限的固定期限劳动合同的；与本单位订立无固定期限劳动合同的；家庭无其他就业人员，有需要抚养的老人或者未成年人的。

第三，优先留用人员。《劳动合同法》第 41 条第 3 款规定，用人单位依照本条第 1 款规定裁减人员，在 6 个月内重新招用人员的，应当通知被裁减的人员，并在同等条件下优先招用被裁减的人员。

（3）经济性裁员的程序。依据《劳动合同法》第 41 条第 1 款的规定，用人单位需要裁减人员 20 人以上或者裁减人员不足 20 人，但占企业职工总数 10% 以上的，用人单位须提前 30 日向工会或者全体职工说明情况，听取工会或者职工的意见后，裁减人员方案经向劳动行政部门报告，可以裁减人员。

依据《企业经济性裁减人员规定》第 4 条的规定，用人单位确需裁减人员，应按下列程序进行：提前 30 日向工会或者全体职工说明情况，并提供有关生产经营状况的资料；提出裁减人员方案，内容包括被裁减人员名单，裁减时间及实施步骤，符合法律、法规规定和集体合同约定的被裁减人员经济补偿办法；把裁减人员方案征求工会或者全体职工的意见，并对方案进行修改和完善；向当地劳动行政部门报告裁减人员方案以及工会或者全体职工的意见，并听取劳动行政部门的意见；由用人单位正式公布裁减人员方案，与被裁减人员办理解除劳动合同手续，按照有关规定向被裁减人员本人支付经济补偿金，出具裁减人员证明书。

第二节　劳动合同的终止

【案例 5-8】

劳动者在医疗期内，用人单位终止劳动合同案[①]

1992 年 9 月 30 日，胡某（申请人）与某汽车制造厂（被申请人）签订了期限为 5 年的书面劳动合同。1995 年 10 月 2 日，胡某在上班时发病，医院诊断为急性粒细胞性白血病。1996 年 1 月，胡某出院，其后又间断性住院多次。在其住院期间，汽车制造厂报销了胡某的全部医疗费用，并按月给胡某发放 230 元生活费。

1997 年 10 月 1 日，汽车制造厂下发了《关于终止胡某劳动合同的通知》，称汽车制造厂与胡某的劳动合同在 1997 年 9 月 30 日到期，经双方协商一致，不再继续签订劳动合同，终止劳动关系。汽车制造厂委托本单位职工曾某将该《通知》转交给

[①] 苏号朋：《劳动合同法案例评析》，对外经济贸易大学出版社 2008 年版，第 275～276 页。

胡某。胡某不服，要求做劳动能力鉴定。1997年11月12日，劳动鉴定委员会作出鉴定结论：胡某符合伤残鉴定标准4级。

1998年6月5日，胡某向劳动争议仲裁委员会申请仲裁，声明在其患病期间，汽车制造厂并未告知胡某向有关部门申请劳动能力鉴定的权利。而且，汽车制造厂在1997年10月1日以劳动合同期满，不续签劳动合同为由，向胡某送达了《通知》。但胡某在接到终止劳动合同的通知之前，从未与汽车制造厂有过关于终止劳动合同的协商。

汽车制造厂辩称，依《劳动法》第23条规定，劳动合同期满或者当事人约定的劳动合同终止条件出现时，劳动合同即行终止。因此，不论汽车制造厂是否发出文件或者通知本人，只要劳动合同期满，则劳动合同自行终止，不存在通知是否到达的问题。胡某没有行使劳动鉴定的权利，是自己的问题，与汽车制造厂无关。而且，胡某的鉴定结论是在终止劳动合同以后作出的，若以劳动合同终止后的依据证明劳动合同终止时的问题，是不合情理的。胡某的仲裁申请是1998年6月5日提出的，已过仲裁时效。因此，其申诉请求是没有法律依据的。

1998年9月劳动争议仲裁委员会作出如下裁决：（1）撤销汽车制造厂发出的《通知》；（2）汽车制造厂补发胡某从1997年9月到1998年9月的生活费；（3）汽车制造厂为胡某办理退职；（4）从1998年10月起，汽车制造厂按月支付胡某退职生活费。

一、劳动合同终止的概述

（一）劳动合同终止的概念

劳动合同的终止，是指劳动合同的法律效力依法被消灭，亦即劳动合同所确定的劳动关系因一定法律事实的出现而终结，劳动者与用人单位之间不再执行原有的权利与义务。

劳动合同的终止有广义与狭义之分。广义的劳动合同终止包括劳动合同的解除，狭义的劳动合同终止则不包括劳动合同解除。我国《劳动法》对劳动合同终止与解除采取并列说，《劳动合同法》上的劳动合同终止仅是狭义的劳动合同终止。这涉及对劳动合同解除与终止的两种不同立法例：并列规定与包容规定。即有些国家的立法采取包容理论，如法国、德国、英国。我国立法对劳动合同的解除与终止，采取的是并列理论[①]。

《劳动法》第23条规定，劳动合同期满或者当事人约定的劳动合同终止条件出现，劳动合同即行终止。《劳动合同法》第44条对此进行了诸多的完善和部分修改，

---

① 有学者指出，在并列规定的模式下，劳动合同终止的事由基本上是客观事件，而劳动合同的解除则属于法律行为。事件和行为是根据是否与行为人意志有关的客观情况而划分的，事件是不以行为人的意志为转移的客观情况，行为是体现行为人主观意志的客观情况，二者都属于民事法律事实。

主要体现在增加了劳动合同终止的事由，同时删除了当事人约定的劳动合同终止条件出现，劳动合同即行终止的规定。即用人单位不能在劳动合同中与劳动者约定终止劳动合同的条款，这是劳动合同法对劳动法劳动合同终止的重大修改。

劳动部《关于贯彻执行〈中华人民共和国劳动法〉若干问题的意见》第38条规定，劳动合同期满或者当事人约定的劳动合同终止条件出现，劳动合同即行终止，用人单位可以不支付劳动者经济补偿金。国家另有规定的，从其规定。《劳动合同法》第46条第5项明确规定了除用人单位维持或者提高劳动合同约定条件续订劳动合同，劳动者不同意续订的情形外，依照本法第44条第1项规定①终止固定期限劳动合同的，仍应支付经济补偿金。

（二）劳动合同终止与劳动合同解除的区别

劳动合同的解除与终止，都可导致劳动者与用人单位之间的劳动关系消灭，但二者之间仍存在许多区别，主要体现在：

第一，劳动关系消灭的时间不同。劳动合同解除是劳动合同双方当事人在劳动合同目的完全实现之前，通过双方协商解除或者单方解除而提前消灭双方之间的劳动关系；而劳动合同终止则是因法律规定的事由导致劳动关系的消灭，是劳动合同目的实现之后的正常终结。

第二，劳动关系消灭的原因不同。劳动合同解除的原因体现在劳动合同法第36~41条中，有双方协商一致解除劳动合同、劳动者单方解除劳动合同、用人单位单方解除劳动合同；而劳动合同终止的原因是主要是当事人意志之外的原因导致劳动关系的消灭，如劳动合同期限届满、当事人主体资格灭失、劳动者达到法定退休年龄、劳动合同约定的工作完成。

第三，劳动合同消灭的程序不同。劳动合同解除的程序较为复杂，并且不同的解除方式需遵循不同的程序②。而劳动合同终止的程序则相对简单，没有特定的程序要求，只要及时通知对方即可。

第四，举证责任不同。在劳动合同终止中，双方当事人对劳动合同的终止发生争议的，依照"谁主张、谁举证"的举证规则；而在劳动合同解除中，有些情况实行举证责任倒置③。

---

① 《劳动合同法》第44条规定，有下列情形之一的，劳动合同终止：（1）劳动合同期满的……
② 双方协商解除相对比较简单，一般要求双方当事人达成解除劳动合同的一致意见即可。而在单方解除不同情况中，劳动者与用人单位的预告解除需要经过预告期，用人单位的单方解除还须征求工会的意见，在经济学裁员中还须向劳动行政部门进行报告。
③ 《最高人民法院关于审理劳动争议案件适用法律若干问题的解释》（法释［2001］14号）第13条规定，因用人单位作出的开除、除名、解除劳动合同、减少劳动报酬、计算劳动者工作年限等决定而发生的劳动争议，用人单位负举证责任。

第五，法律后果不同。劳动合同的终止只有在用人单位有过错的情况下，用人单位才支付经济补偿金。在双方当事人都无过错的情况下，用人单位不须支付经济补偿金。而在劳动合同解除中，是因为劳动者或者用人单位本身存在过错，用人单位支付经济补偿金的情形较多①。

二、劳动合同终止的情况

《劳动法》第 23 条规定，劳动合同期满或者当事人约定的劳动合同终止条件出现，劳动合同即行终止。《劳动合同法》第 44 条规定，劳动合同期满的；劳动者开始依法享受基本养老保险待遇的；劳动者死亡，或者被人民法院宣告死亡或者宣告失踪的；用人单位被依法宣告破产的；用人单位被吊销营业执照、责令关闭、撤销或者用人单位决定提前解散的；法律、法规规定的其他情形。《劳动合同法实施条例》第 21 条规定，劳动者达到法定退休年龄的，劳动合同终止。

劳动合同终止的情况为：

（一）劳动合同期满

用人单位与劳动者约定的劳动合同期限届满，劳动合同自然终止②。即劳动合同期满，表示原劳动合同中约定的双方当事人之间的权利义务已经履行完毕，劳动合同已失去继续存在的必要。

（二）劳动者开始依法享受养老保险待遇的

依照我国法律的规定，劳动者享受基本养老保险待遇需要具备三个条件：第一，达到国家达到退休年龄③；第二，所在单位和劳动者个人依法参加了养老保险并履行

---

① 用人单位在出现《劳动合同法》第 38 条规定的过错行为导致劳动合同解除的；用人单位按照《劳动合同法》第 40 条规定的预告解除劳动合同的；按照《劳动合同法》第 41 条第 1 款的规定解除劳动合同的，都需向劳动者支付经济补偿金。

② 在固定期限劳动合同下，如果劳动合同约定的期限届满，双方之间的劳动合同原则上即行终止；在无固定期限的劳动合同下，双方当事人在劳动合同中没有约定劳动合同终止的时间，劳动合同终止取决于合同期限以外的原因，合同终止的时间也是不确定的；在以一定工作任务为期限的劳动合同下，劳动者完成工作任务的时间为劳动合同终止的时间。

③ 1978 年《关于工人退休、退职的暂行办法》以及 2001 年劳动与社会保障部办公厅对北京市劳动与社会保障局"关于企业职工'法定退休年龄'含义"的复函可以分为以下几种情形：男工人年满 60 周岁，女工人年满 50 周岁，女干部年满 55 周岁，连续工龄满 10 年；从事井下、高空、特别繁重体力劳动或者其他有害身体健康的工作，男年满 55 周岁、女年满 45 周岁，连续工龄满 10 年；男年满 50 周岁、女年满 45 周岁，连续工龄 10 年，由医院证明，并经劳动鉴定委员会确认，完全丧失劳动能力的；因工伤残，由医院证明，并经劳动鉴定委员会确认，完全丧失劳动能力的。国家实施延迟退休年龄后，依相关的法规。

养老保险缴费义务；第三，个人缴费已积累达到法律规定的年限①。

(三) 劳动者死亡或者被人民法院宣告死亡②或者宣告失踪③

自然人的死亡包括自然死亡与宣告死亡。劳动者死亡，导致劳动者的主体资格消灭，从而劳动者无法向用人单位提供劳动。当劳动者被人民法院宣告死亡或者宣告失踪的情况下，劳动者均不能履行劳动合同中规定的义务，原劳动合同的相关内容无法继续履行。

(四) 用人单位被依法宣告破产

《企业破产法》第 2 条第 1 款规定，企业法人不能清偿到期债务，并且资产不足以清偿全部债务或者明显缺乏清偿能力的，依照本法规定清理债务。即用人单位破产，视为用人单位的主体资格归于消灭。破产程序终结后，企业管理人应在 10 日内持法院终结破产程序的规定，向破产人的原登记机关办理注销登记，用人单位的民事权利能力最终消灭。

(五) 用人单位被吊销营业执照④、责令关闭⑤、撤销⑥或者用人单位决定提前解散⑦

在发生以上的情况时，用人单位的法人主体资格消灭，不再具备作为劳动合同一方当事人资格，劳动合同应当终止。

---

① 2005 年国务院发布第 38 号文件《关于完善企业职工基本养老保险制度的决定》，对企业职工的基本养老保险制度作出了完善。劳动者在国务院 1997 年第 26 号文件《关于建立统一的企业职工基本养老保险制度的决定》实施后参加工作、缴费年限累计满 15 年（包含视同缴费年限），退休后按月发放基本养老金。基本养老金由基础养老金和个人账户养老金组成；在 1997 年 26 号文件实施前参加工作，在 2005 年第 38 号文件实施后退休且缴费年限累计满 15 年的，除了发放基本养老金外，还发放过渡性养老金；在 2005 年第 38 号文件实施后达到退休年龄但缴费年限累计不满 15 年的，不发放基础养老金，个人账户存额予以一次性支付，基本养老关系终止。2005 年第 38 号文件实施前已经离休的，仍按照原来的规定发放基本养老金，并执行基本养老金调整方法。

② 宣告死亡，是指法院依据利害关系人的申请，依法定的程序推定失踪达到一定期限的公民死亡并予以宣告的制度。

③ 宣告失踪，是指法院依据利害关系人的申请，依法定的程序宣告下落不明达到一定期限的公民为失踪人的法律制度。

④ 用人单位吊销营业执照的情况为：违反相关法律规定提交虚假文件或者采取欺骗手段取得企业登记，情节严重的；涂改、出租、出借、转让营业执照，情节严重的；企业成立后无正当理由超过 6 个月未开业的，或者开业后自行停业超过 6 个月以上的。责令关闭、撤销。

⑤ 责令关闭是已经建立的企业法人因具有违法行为，被有关行政主管机关依法进行查处而被迫停业关闭。

⑥ 撤销是企业没有依法成立，或虽然已经成立但是缺乏成立的合法要件，从而被有关行政机关依法取缔。

⑦ 《公司法》第 181 条规定了 5 种解散公司的情况：公司章程规定的营业期限届满或者公司章程规定的其他解散事由出现；股东会或者股东大会决议解散；因公司合并或者分立需要解散；依法被吊销营业执照、责令关闭或者被撤销；人民法院依照本法第 183 条规定予以解散。

(六) 劳动者达到退休年龄的

《劳动合同法实施条例》中，明确规定了劳动者达到法定退休年龄的，劳动合同终止。即劳动者在达到法定的退休年龄，即使没有依法享受基本的养老保险待遇，劳动者与用人单位之间的劳动合同仍然终止。

(七) 法律、行政法规规定的其他情形

这是《劳动合同法》的兜底性条款，但《劳动合同法》把终止劳动合同的事由权限仅赋予了狭义的法律和行政法规，而不包括行政规章、地方性法规以及地方政府规章。即除了法律和行政法规外，其他任何规范性文件均无权设定终止劳动合同的事由。

三、劳动合同终止的限制

劳动部1995年发布的《关于贯彻执行〈中华人民共和国劳动法〉若干问题的意见》第34条规定，除劳动法第25条规定的情况外，劳动者在医疗期、孕期、产期和哺乳期内，在劳动合同期限届满时，用人单位不得终止劳动合同，劳动合同的期限应自动延续至医疗期、孕期、产期和哺乳期满为止。《劳动合同法》第45条规定，劳动合同期满，有本法第42条规定情况之一的，劳动合同应当续延至相应的情况消失时终止。但是，本法第42条第2项规定丧失或者部分丧失劳动能力劳动者的劳动合同终止，按照国家有关工伤保险的规定执行。

劳动合同终止的限制情况为[①]：

(一) 从事接触职业病危害作业的劳动者未进行离岗前职业健康检查，或者疑似职业病病人在诊断或者医学观察期间的[②]

用人单位对接触职业病危害作业的劳动者进行离职前健康检查或对疑似职业病人

[①] 《劳动法》第29条规定了限制性的情况，患职业病或者因工负伤并被确认丧失或者部分丧失劳动能力的；患病或者负伤，在规定的医疗期内的；女职工在孕期、产期、哺乳期内的；法律、行政法规规定的其他情况。《劳动合同法》第42条在《劳动法》第29条的基础上增加了两个条款：从事接触职业病危害作业的劳动者未进行离岗前职业健康检查，或者疑似职业病病人在诊断或者医学观察期间的；在本单位连续工作满15年，且距法定退休年龄不足5年的。

[②] 《职业病防治法》第32条规定，对从事接触职业病危害作业的劳动者，用人单位应当按照国务院卫生行政部门的规定组织上岗前、在岗期间和离岗时的职业健康检查，并将检查结果如实告知劳动者。……对未进行离岗前职业健康检查的劳动者不得解除或者终止与其订立的劳动合同。第49条第2款规定，用人单位应当及时安排对疑似职业病病人进行诊断；在疑似职业病病人诊断或者医学观察期间，不得解除或者终止与其订立的劳动合同。

经过了诊断或者医学观察期后，确认为没有患上职业病时，用人单位才能终止与劳动者之间的劳动合同。

（二）患职业病或者因工负伤并被确认丧失或者部分丧失劳动能力的

依据《工伤保险条例》的规定，劳动功能障碍被分为 10 个伤残等级，最重的是一级伤残，最轻的是十级伤残。法律根据伤残的不同情况作出了不同的规定①。

（三）患病或者非因工负伤②，在规定的医疗期内的

医疗期是指劳动者因患病或者非因工负伤停止工作治病休息的时限，并且在此期限内不得解除劳动合同。超过其期限，劳动者仍不能担任工作岗位的，用人单位可终止与其劳动合同。

（四）女职工在孕期、产期、哺乳期内的

为维护女性劳动者的合法权益，在"三期"内，禁止用人单位解除与其的劳动合同或者因劳动合同期满而终止劳动合同。劳动部 1995 年印发的《关于贯彻执行〈劳动法〉若干问题的意见》第 34 条规定，除《劳动法》第 25 条规定的情况外，劳动者在孕期、医疗期、产期与哺乳期内，劳动合同期限届满时，用人单位不得终止劳动合同。劳动合同的期限应自动延续至孕期、医疗期、产期与哺乳期满为止。

（五）在本单位连续工作满 15 年，且距法定退休年龄不足 5 年的

对在同一用人单位连续工作满 15 年，并距退休年龄不足 5 年的劳动者，用人单位不能解除与其的劳动合同，或者因劳动合同的届满而终止劳动合同。在这种情况下，《劳动合同法》第 14 条③明确规定了，用人单位应与劳动者订立无固定期限的劳

---

① 职工因公伤残并被劳动能力鉴定委员会鉴定为 1~4 级伤残的，劳动者退出工作岗位，但保留与用人单位之间的劳动关系，并享受一次性伤残补助金、伤残津贴等待遇，即劳动合同不终止；职工因公伤残并被劳动能力鉴定委员会鉴定为 5、6 级伤残的，保留与用人单位之间的劳动关系，由用人单位安排适当工作并享受一次性伤残补助金、伤残津贴等待遇。即在这种情况下，原则上不终止劳动合同，但工伤劳动者自己提出解除或者终止的除外；职工因公伤残并被劳动能力鉴定委员会鉴定为 7~10 级伤残的，并且劳动合同期满的，劳动合同终止，或者由劳动者本人提出解除劳动合同的，用人单位与劳动者之间解除劳动合同，并由用人单位支付一次性工伤医疗补助金和残疾就业补助金。

② 劳动部《企业职工患病或者非因工负伤医疗期规定》第 3 条规定，应依据劳动者本人实际参加工作年限和在本单位工作年限，给予 3 个月到 24 个月的医疗期。劳动部《关于贯彻〈企业职工患病或者非因工负伤医疗期规定〉的通知》，指出医疗期间从病休第一天开始累积计算；对某些特殊疾病（癌症、精神病、瘫痪等）在 24 个月内尚不能治愈的，经企业与劳动主管部门的批准，可适当延长医疗期。

③ 《劳动合同法》第 14 条：无固定期限劳动合同，是指用人单位与劳动者约定无确定终止时间的劳动合同。用人单位与劳动者协商一致，可以订立无固定期限劳动合同。有下列情形之一，劳动者提出或者同意续订、订立劳动合同的，除劳动者提出订立固定期限劳动合同外，应当订立无固定期限劳动合同：（一）劳动者在该用人单位连续工作满十年的……

动合同。

第三节　劳动合同解除与终止的法律后果

【案例 5-9】

劳动者未签订劳动合同，用人单位是否支付赔偿金案①

1994 年 2 月 11 日，由王某等股东发起成立的某速递有限公司（被申请人）作为第一家私营经营邮电业务的有限责任公司正式挂牌营业。同年 2 月、3 月、4 月底，申请人熊某、李某、张某先后被速递公司录用上班，从事速递业务，三人与其他两名员工一样，工资实行基本工资＋奖金＋满勤津贴＋3% 业务金额提成制度。除提成外，三人的月收入分别是 1200 元、1000 元和 800 元。1997 年 10 月 4 日，速递公司法定代表人王某召开有熊某等三人参加的全体员工会议，王某在会上提出想与大家签订为期至少 5 年的劳动合同，并为大家购买养老保险，熊某系某集团公司全民合同制工人，自 1993 年起与单位签订停薪留职协议在外从事第二职业，该集团公司已为熊某购买养老、待业保险和依法缴纳住房公积金；李某原系某管理局聘用的临时工，速递公司开业不久，经人介绍来此工作，城镇户口；张某系某机械厂职工，1993 年底请长假（事假），单位不发工资，本人亦不上班。速递公司在使用熊某等三人期间，三人按规定每年从速递公司处领取提成报酬 1000～3000 元不等。1997 年 9 月 18 日，熊某等三人提交书面辞呈，请求速递公司同意其辞职。1997 年 10 月 4 日，在速递公司全体员工大会召开后，再未见到熊某等三人上过班，亦未见过任何书面报告。

1997 年 10 月 17 日，熊某等三人以速递公司无理辞退三人、拒签劳动合同、不交养老保险、超时加班又拒付任何加班工资等为由，向当地劳动争议仲裁委员会申请仲裁，请求速递公司支付每人 2160 元加班工资；为熊某等三人补交养老保险和住房公积金；支付三人每人相当于其工资 3 个月的经济补偿金及 50% 额外经济补偿金，分别为 5400 元、4500 元、3600 元；承担本案全部仲裁费用。

仲裁机构认为，被申请人作为有独立法人资格的私营企业，在招用包括熊某等三人在内的员工时未签订劳动合同，不符合国家相关规定。但在劳动者未曾要求签订劳动合同条件下，被申请人自觉认识到错误并决定签订劳动合同时，三申请人要求被申请人承担故意不签订劳动合同的赔偿责任，难以成立。而三申请人在自动离职情况下，要求被申请人支付经济补偿金和额外经济补偿金亦缺乏相应法律依据支持。关于

---

① 苏号朋：《劳动合同法案例评析》，对外经济贸易大学出版社 2008 年版，第 77～79 页。

三人养老保险金和住房公积金问题：申请人熊某仍然与原用人单位保持劳动关系，原用人单位并为其办理了养老保险和住房公积金手续，其向被申请人再行要求养老保险和住房公积金，不符合相应政策法规规定；张某系某机械厂请长假人员，按照《关于贯彻执行〈劳动法〉若干问题的意见》第74条规定，应由机械厂为其缴纳养老保险金；住房公积金按当地人民政府规定亦应由保持劳动关系的原用人单位负担，与被申请人没有关系；申请人李某养老保险金被申请人为未其办理，违反国家和地方养老保险法规、规章，应当补办，至于其住房公积金问题因当地人民政府规定住房公积金制度不适用于私营企业，且当地人民政府尚未出台私营企业养老保险实施方案，建议被申请人参照相关标准，一次性支付给李某。至于三申请人加班问题，由于申请人未能举证证明加班具体时间而且考虑到被申请人给三申请人有大额业务提成报酬，申请人加班工资请求予以驳回。经调解，达成调解协议如下：被申请人同意一次性分别支付申请人熊某、李某和张某经济补偿3600元、3000元、2400元；被申请人同意支付申请人李某养老保险补助和住房公积金补助300元；申请人同意放弃其他申诉请求。

【案例5-10】

经济补偿金案①

唐某在1980年进入无锡某棉纺公司工作。2006年5月28日，棉纺公司召开监事会成员会议，决议由唐某任该公司的监事。2010年3月30日，无锡市某区人民法院作出受理该公司破产申请的裁定，并指定江苏省律师事务所担任该公司的破产管理人。2010年4月3~5日，该公司破产管理人张榜公示了应向全体职工终止劳动合同的经济补偿金金额，其中唐某的经济补偿金是按照2400元工资标准计算28.5个月，共计68400元，双方劳动关系自2010年3月31日起终止。

法院经查明，棉纺公司在正常生产经营状况下职工12个月的月平均工资为1688.17元。唐某在与棉纺公司终止劳动合同前12个月的月平均工资为7384.54元。

对于唐某经济补偿金的计算，主要存在两种意见：

第一种意见认为，应该按照《劳动合同法》第44条和第47条的规定，以职工在解除或者终止劳动合同前12个月的平均工资（即7348.54元）为计算依据。

第二种意见认为，在企业破产案件中，董事、监事等高管人员的工资应优先适用《企业破产法》的相关规定。依据《企业破产法》第113条第3款的规定，破产企业的董事、监事和高级管理人员的工资按照该企业职工的平均工资计算。本案中，唐某担任破产企业的监事，属于公司的高管人员，其工资应按照企业职工的平均工资（即

---

① 王林清、杨心忠：《劳动合同纠纷裁判精要与规则适用》，北京大学出版社2014年版，第372页。

1688.17元）计算，对于破产管理人没有按照2400元的标准，支付经济补偿金系其自由处分权的行为，不违反法律规定，法院不予干涉。

一、经济补偿金

（一）经济补偿金概述

1. 经济补偿金的概念。经济补偿金在不同国家和地区的立法中具有不同的称谓，如中国香港称为遣散费，比利时称为补偿费，俄罗斯称为解职金。国务院1986年发布的《国营企业实行劳动合同制暂行规定》把其称为生活补助费，《劳动法》称为经济补偿。我国法律中并没有明确规定经济补偿的概念和性质。

经济补偿是指在劳动者无过失的情况下，劳动合同解除或者终止时，用人单位依法一次性支付给劳动者的经济上的补助。

2. 经济补偿的性质。对于经济补偿的性质，我国存在较大的争议，主要有以下观点。劳动贡献补偿说[1]，法定违约金说[2]，法定义务说[3]，社会保障说[4]，社会责任说[5]。以上的学说均有一定的道理，但又都有一些不足。经济补偿金是劳动者在暂时失去工作时，用人单位基于以前的人身依附性，提供的一种帮助。经济补偿金是劳动法上的一项极具特色的制度，充分体现了劳动法对劳动者的倾斜保护的原则和目的。

3. 经济补偿金与相关概念的区别。

（1）经济补偿金与违约金的区别。违约金是指当事人通过约定而预先确定的，在违约后生效的独立于履行行为之外的给付，是由双方当事人约定的在违约后一方向另一方支付的金钱。

第一，性质不同。违约金是违约责任的一种形式，而经济补偿金则是企业承担社会责任和对劳动者贡献累计的肯定。

第二，产生的形式不同。违约金是通过当事人约定的，而经济补偿金则是法定的，当事人不能通过约定加以改变。

---

[1] 劳动贡献补偿说，认为经济补偿金是对劳动者以往用人单位做出贡献的补偿，是对劳动者过去劳动内容和成果的肯定。

[2] 法定违约金说，认为经济补偿金是用人单位在劳动者被解除劳动合同这一最需要帮助的时候给予劳动者的资助，是国家分配给用人单位的法定义务，是用人单位帮助义务化或者法定化。

[3] 法定义务说，认为经济补偿金是用人单位在劳动者被解除劳动合同这一最需要帮助的时候给予劳动者的资助，是国家分配给用人单位的法定义务，是用人单位帮助义务化或者法定化。

[4] 社会保障说，认为基于宪法、劳动法对公民生存权保护的需要，国家要求用人单位在解除劳动合同时必须支付给劳动者一定的经济补偿。以帮助劳动者度过失业和生活消费、医疗费无来源的情况，保障劳动者权益。

[5] 社会责任说，认为经济补偿金是一种国家要求用人单位承担的社会责任。国家要求用人单位解除或者终止劳动合同时，支付一定经济补偿金，以帮助劳动者在失业的情况下，维持生活水平。

第三，支付主体不同。违约金的支付主体可能时双方当事人，而经济补偿金的支付主体只能是用人单位。

第四，适应情况具有差异性。劳动者支付违约金只有两种情况，即劳动者违反服务期约定、劳动者违反竞业禁止的约定；用人单位支付违约金，法律没有作出限制。支付经济补偿金的情况较广，劳动合同解除或者终止时，都存在适用经济补偿金的情况。

（2）经济补偿金与赔偿金的区别。

第一，支付主体有无过错不同。赔偿金的支付主体本身存在过错，而经济补偿金的支付没有过错要求，即使用人单位无过错，仍需支付。

第二，功能不同。赔偿金的目的是弥补对方的受到的损失；而经济补偿金的目的是保障劳动者失业阶段的基本生活需要。

第三，支付标准不同。赔偿金依据实际损失的大小进行确定，而经济补偿金则依据劳动者的工资与工作年限进行确定。

第四，支付主体不同。赔偿金的支付主体可能是双方当事人，而经济补偿金的支付主体只能是用人单位。

（二）经济补偿金的适用范围

《劳动合同法》第46条规定，有下列情形之一的，用人单位应当向劳动者支付经济补偿：劳动者依照本法第38条规定解除劳动合同的；用人单位依照本法第36条规定向劳动者提出解除劳动合同并与劳动者协商一致解除劳动合同的；用人单位依照本法第40条规定解除劳动合同的；用人单位依照本法第41条第1款规定解除劳动合同的；除用人单位维持或者提高劳动合同约定条件续订劳动合同，劳动者不同意续订的情况外，依照本法第44条第1项规定终止固定期限劳动合同的；依照本法第44条第4项、第5项规定终止劳动合同的；法律、行政法规规定的其他情形。《劳动合同法实施条例》第22条规定，以完成一定工作任务为期限的劳动合同因任务完成而终止的，用人单位应当依照劳动合同法第47条的规定向劳动者支付经济补偿。《最高人民法院关于审理劳动争议案件适用法律若干问题的解释（四）》第13条规定，劳动合同法施行后，因用人单位经营期限届满不再继续经营导致劳动合同不能继续履行，劳动者请求用人单位支付经济补偿的，人民法院应予支持。

《劳动合同法实施条例》第23条规定，用人单位依法终止工伤职工的劳动合同的，除依照劳动合同法第47条的规定支付经济补偿外，还应当依照国家有关工伤保险的规定支付一次性工伤医疗补助金和伤残就业补助金。即对劳动者工伤的经济补偿金与一次性工伤医疗补助金和伤残就业补助金的能相互抵扣。

(三) 经济补偿金的计算方法

《劳动合同法》第47条规定，经济补偿按劳动者在本单位工作的年限，每满1年支付1个月工资的标准向劳动者支付，6个月以上不满1年的，按1年计算；不满6个月的，向劳动者支付半个月的经济补偿。劳动者月工资高于用人单位所在直辖市、社区的市级人民政府公布的本地区上年度职工月平均工资3倍的，向其支付经济补偿的标准按职工月平均工资3倍的数额支付，向其支付经济补偿的年限最高不超过12年，本条所称月工资是指劳动者在劳动合同解除和在终止前12个月的平均工资。

《劳动合同法实施条例》第10条规定，劳动者非因本人原因从原用人单位被安排到新用人单位工作的，劳动者在原用人单位的工作年限合并计算为新用人单位的工作年限，原用人单位已经向劳动者支付经济补偿的，新用人单位在依法解除、终止劳动合同计算经济补偿的工作年限时，不再计算劳动者在原用人单位的工作年限。《最高人民法院关于审理劳动争议案件适用法律若干问题的解释（四）》第5条规定，劳动者非因本人原因从原用人单位被安排到新用人单位工作，原用人单位未支付经济补偿，劳动者依照《劳动合同法》第38条的规定与新的用人单位解除劳动合同，或者新的用人单位向劳动者提出解除、终止劳动合同，在计算支付经济补偿或者赔偿金的工作年限时，劳动者请求把在原用人单位的工作年限合并计算为新用人单位工作年限的，人民法院应予支持。用人单位符合下列情况之一的，应当认定为属于劳动者非因本人原因从原用人单位被安排到新用人单位工作：劳动者仍在原工作场所、工作岗位工作，劳动合同主体由原用人单位变更为新用人单位；用人单位以组织委托或者任命形式对劳动者进行工作调动；因用人单位合并、分立等原因导致劳动者工作调动；用人单位及其关联企业与劳动者轮流订立劳动合同；其他合理情况。即为对劳动者工作年限的计算。

《劳动合同法实施条例》第27条规定，劳动合同法第47条规定的经济补偿的月工资按照劳动者应得工资计算，包括计时工资或者计件工资以及奖金、津贴和补贴等货币性收入。劳动者在劳动合同解除或者终止前12个月的平均工资低于当地最低工资标准的，按照当地最低工资标准计算。劳动者工作不满12个月的，按照实际工作的月数计算平均工资。即是对劳动者工资计算标准的规定。

《劳动合同法》第97条规定，本法实施前已依法订立且在本法实施之日存续的劳动合同，继续履行；本法第14条第2款第3项规定连续订立固定期限劳动合同的次数，指本法实施施行后续订固定期限劳动合同时开始计算。本法实施前已建立劳动合同，尚未订立书面劳动合同的，应当自本法实行之日起1个月内订立。本法实行之日存续的劳动合同在本法施行后解除或者终止，依照本法第46条规定应当支付经济补偿的，经济补偿年限自本法施行之日起计算；本法施行前按照当时有关规定，用人单位应当向劳动者支付经济补偿的，按照当时有关规定执行。即为对劳动者经济补偿金的分段计算方法。

二、经济赔偿金

（一）经济赔偿金的概念

经济赔偿金是指用人单位一方因违反《劳动合同法》的规定，而解除或者终止劳动合同时给劳动者造成损失的，依法应给予劳动者一定的费用以补偿劳动者的损失。

（二）经济赔偿金的适用

1. 用人单位支付经济赔偿金的情况。《劳动合同法》第 48 条规定，用人单位违反本法规定解除或者终止劳动合同，劳动者要求继续履行劳动合同的，用人单位继续履行；劳动者不要求继续履行劳动合同或者劳动合同已经不能继续履行的，用人单位应当依照第 87 条规定支付赔偿金。第 87 条规定，用人单位违反本法规定解除或者终止劳动合同的，应当依照本法第 47 条规定的经济补偿标准的 2 倍向劳动者支付赔偿金。

2. 用人单位支付经济补偿金与经济赔偿金的关系。《劳动合同法实施条例》第 25 条规定，用人单位违反劳动合同法的规定解除或者终止劳动合同，依照劳动合同法第 87 条的规定支付了赔偿金的，不再支付经济补偿。赔偿金的计算年限自用工之日起计算。

《劳动合同法》第 87 条只是规定了用人单位的赔偿标准，并没有免除经济补偿金的支付；法律规定的支付 2 倍赔偿金的标准是对用人单位违法解除或者终止劳动合同的惩罚，并不是用一部分去代替经济补偿金的支付。对劳动合同法实施条例的规定值得商榷。

三、解除或者终止劳动合同的附随义务

《劳动合同法》第 50 条规定，用人单位应当在解除或者终止劳动合同时出具解除或者终止劳动合同的证明，并在 15 日内为劳动者办理档案和社会保险关系的转移手续。劳动者应当按照双方约定，办理工作交接。用人单位依照本法有关规定应当向劳动者支付经济补偿，在办结工作交接时支付。用人单位对已经解除或者终止的劳动合同文本，至少保存 2 年备查。

(一) 用人单位解除或者终止劳动合同时的附随义务

第一,用人单位在解除或者终止劳动合同时,应向劳动者出具解除或者终止劳动合同的证明,并在15日内为劳动者办理档案和社会保险关系转移手续。《劳动合同法实施条例》第24条规定,用人单位出具的解除、终止劳动合同的证明,应当写明劳动合同期限、解除或者终止劳动合同的日期、工作岗位、在本单位的工作年限。

第二,用人单位对已经解除或者终止劳动合同的文本,至少保存2年备查。《劳动合同法》第89条规定,用人单位违反本法规定未向劳动者出具解除或者终止劳动合同的书面证明,由劳动行政部门责令改正;给劳动者造成损害的,应当承担赔偿责任。

(二) 劳动者解除或者终止劳动合同时的附随义务

劳动者主要是依法办理与用人单位之间的工作交接手续义务,这是诚实信用原则所产生的一项附随义务,将用人单位的财物用品、档案、印章等交给相关部门。《劳动合同法》第50条第2项规定,劳动者应当按照双方约定,办理工作交接。用人单位依照本法有关规定应当向劳动者支付经济补偿的,在办结工作交接时支付。

【理论链接】

雇主不当解雇责任的比较[①]

(一) 英国

在英国,对不当解雇的救济主要依据成文法的规定,而不是合同的约定。由于成文法认为雇员对其工作享有财产权利,因此,劳动法庭对不正当解雇的首要救济是"复职",即重新给予雇员其原有的工作;法庭在决定是否发布复职指令时,通常考虑雇员的意愿、雇主执行该指令是否可行、发布该指令是否公正。其次,是重新雇佣,即给予雇员其他替代的工作。如前两项救济方式都不可行,则给予雇员经济上的赔偿,依据其年龄和工作年限在一定程度上补偿其实际损失。因此,赔偿成为不正当解雇的主要救济方式,赔偿金由三部分构成:基本赔偿金、补偿性赔偿金以及额外赔偿金。其中,基本赔偿金在于补偿雇员工作的丧失,依据雇员的年龄和工作年限确定。补偿性赔偿金法庭要考虑的因素包括雇员收入的即时损失、收入的未来损失、额外的福利损失、寻找工作的费用、养老金权益的损失、劳动保护的损失以及雇主解雇的方式。补偿性赔偿金有最高额限制,依据1999年《劳动关系法》,补偿性赔偿金

---

① 参见谢增毅:《劳动法的比较与反思》,社会科学文献出版社2011年版,第45~49页。

不得超过 50000 英镑。在于补偿雇员被解雇后遭受的损失。额外赔偿金具有明显的惩罚性特征。

(二) 德国

在德国，如果雇员对雇主解雇的决定不服，可以向地方劳动法院提起诉讼，由劳动法院决定解雇是否有效。如果不接受雇主的解雇决定，法院通常不是判决赔偿金而是判决劳动关系继续存在，雇员可以继续领取工资，但如果法院认为继续维持劳动关系是不合理的，则可以要求雇主支付离职赔偿金而终止劳动关系。如果雇员要求离职赔偿金代替复职，离职赔偿金的标准为雇员每工作 1 年支付半个月的工资，但对于一般雇员，离职赔偿金最多不超过 12 个月的工资。在决定离职赔偿金的计算期限时，法院通常会支持年龄越大、资历越深的雇员获得更多的赔偿。如果雇员年龄超过 50 岁，且已工作超过 15 年，则离职赔偿金最高可为 15 个月工资；如果雇员年龄超过 55 岁，且已工作超过 20 年，则离职赔偿金最高为 18 个月的工资。如果雇主要求离职赔偿金代替复职，必须证明雇员的复职并不符合公司的商业利益。实践中，尽管雇主的解雇不合法时雇员可以要求复职，但赔偿金逐步取代复职，成为最重要的救济方式。

【思考题】

1. 试述劳动合同解除的条件。
2. 试述劳动合同解除的限制性规定。
3. 试述劳动合同终止的情况。
4. 经济补偿金与经济赔偿金的区别是什么？

【案例分析题】

1. 李某与某科技公司签订了为期 2 年的劳动合同，约定李某在该公司从事技术管理工作，劳动报酬以年薪计酬，每年 6 万元，支付方式为每月 4000 元，不足的部分年底一次性付清。李某工作半年后，该科技公司解除了与李某之间的劳动合同。李某同意解除劳动合同，但双方之间在计算经济补偿金时发生争议？

问：本案应如何处理？

2. 某公司由于业务发展的需要，在 2001 年 3 月 5 日通过公开招聘与朱某建立了劳动关系，签订了 5 年的劳动合同并约定了试用期为 6 个月。合同签订后，朱某进入集团财务部工作，在试用期期间，公司发现朱某对财务方面的知识完全不懂，根本不能独立承担工作，并且由于朱某的过失还造成了公司的财物混乱，差点导致严重的经济损失。公司立即解除了与朱某之间的劳动合同，并以朱某不符合工作要求为由要求朱某返还 2001 年 3 月到 6 月，这 3 个月期间支付给朱某的工资，即 6000 元。

问：公司解除与朱某的劳动合同是否符合《劳动合同法》的规定？如符合，公司的做法还有无违法之处？

3. 吕某在2001年与某风险投资公司签订了为期4年的劳动合同，期限至2005年7月4日止，成为该公司的行政人员。2004年上半年，公司经营发生严重困难，达到当地政府规定的严重困难企业标准。因此，公司决定采取裁员措施。不久，公司制定并颁布了裁员方案。该方案要求各部门主管对本部门员工进行业务考核，以考核结果为参考。按原有员工人数的40%上报裁员名单。同年8月份各部门均裁掉了40%的员工，吕某便是其中的一员。部门经理找吕某谈话，解释裁员是迫于公司的经济状况，属于经济性裁员，并告知吕某，30天后双方之间解除劳动合同，公司会按有关法律规定发放相应的经济补偿金。吕某不服，向劳动争议仲裁委员会申请仲裁。

问：公司的经济性裁员有无违法之处？劳动争议仲裁委员会应如何裁决？

4. 万某在2001年10月9日与北京一家外资酒店签订了为期4年的劳动合同，在酒店负责接待工作。双方在劳动合同中约定，如果万某连续旷工1周以上，用人单位可以单方解除劳动合同。2001年12月3日万某在医院的一次妇科检查中发现自己怀孕，但未将怀孕的事实告知单位。此后的一段时间，万某上班经常发生迟到早退现象，酒店经理在从其他员工那里得知万某怀孕后决定开除万某。2002年2月21日，万某因妊娠反应到医院就诊，医院开具了休假2周的病休证明，万某在休假满2周后仍然身体虚弱，又持续在家休养了10天才到酒店上班。该酒店就以万某上班经常迟到早退，并旷工10天违反了劳动合同的约定为由，作出了开除万某的决定，万某不服，向当地劳动争议仲裁委员会申请仲裁。

问：公司开除万某是否合法？法律依据是什么？

5. 廖某在1998年大学毕业后应聘到某物流公司工作，当时没有签订劳动合同。后廖某要求公司与其签订劳动合同，双方在2002年3月签订了为期3年的劳动合同，劳动合同约定的终止时间为2005年3月。2005年1月廖某在体检中查出心脏病住院，并向公司请了病假，公司在2005年4月停发了廖某的病假工资并通知廖某与其终止劳动合同。2005年7月廖某出院并要求支付其2005年4月至今医疗期间的病假工资，但该公司认为廖某生病住院期间合同期满后，双方并未再续签合同，劳动合同终止，没有理由再支付廖某的工资。双方因此发生争议，廖某向劳动争议仲裁委员会申请仲裁。

问：劳动争议仲裁委员会应如何裁决本案？法律依据是什么？

第六章

劳动合同的特别规定

教学目标

通过本章的学习，了解工会的产生与发展，重点是工会的性质、法律地位，难点是用人单位的内部规章制度。

关键术语

工会　用人单位内部规章制度

第一节　工　　会

【案例 6－1】

用人单位解除劳动合同案①

上海市某软件公司（被告）劳动者李某 2002 年 4 月被公司派遣到某公司工作，负责履行本单位与某公司之间有关 SAPR3 运用支援的合同。期间，李某利用自己的技能侵犯了某公司的权限。当年 10 月 13 日，李某向本单位提交了辞职信，不久，软件公司又就其上述行为送达了一份文件，内容为：李某在某公司工作期间，实施侵犯客户知识产权的行为，构成了违反公司《就业规则》，故解除与李某的劳动合同，并要求李某赔偿 91771.16 元和培训费 9600 元。软件公司的《就业规则》第 62 条规定，当从业人员触犯下述各项之一时，予以惩罚性解雇处分，但视情节轻重也可采取其他惩罚方式，其中第（6）项规定，泄露商业秘密及由于其他行为明显违反职业义务者；第（11）项规定，由于故意或者过失，损害了公司的名誉，或者损坏公司信用，

---

① 苏号朋：《劳动合同法案例评析》，对外经济贸易大学出版社 2008 年版，第 260～263 页。

或者给公司造成损失者；第（12）项规定，有扰乱风纪、破坏秩序的行为者。《就业规则》作为补充条款，被列入了李某与单位签订的劳动合同。不久，李某与软件公司分别向劳动争议仲裁委员会提请劳动争议仲裁。2003年1月3日，劳动争议仲裁委员会对两案合并作出了裁决，裁定李某必须支付软件公司培训费9600元；软件公司支付李某有关工资和未休婚假的工资补偿合计4045元；对双方的其他诉请不予支持。李某与软件公司对此裁决均不服，向法院提起了诉讼。

法院经审理认为，软件公司以李某存在过失为由，在2002年11月1日作出的解除与李某的劳动合同的决定，因未履行告知工会这一法定程序，故依法予以撤销。同时，法院认为，劳动者为用人单位提供劳动时，应诚实信用，否则，应对其因过错而对用人单位造成的损失负赔偿责任。但是，该损失不仅应是可预见的、实际发生的，而且亦不属于应由用人单位所承担的经营风险，软件公司主张所丧失的可从与某公司2002年9月到2003年3月义务中获得的预期利润是否存在，以及和李某的不当行为之间是否存在因果关系，单位为此提供的相关证据不仅未被法院确认，而且即使该证据是真实的，也是单位与客户之间的协议。仅对合同当事人发生法律效力，不能当然地对作为第三人的李某发生法律效力。而且，如果李某不再适合负责履行软件公司与客户之间的合同，软件公司可另行安排其他劳动者继续履行而避免损失的扩大。因此，软件公司要求李某赔偿所丧失的可从与客户业务中获得的预期利润的诉讼请求，法院不予支持。

据此，法院判决，撤销软件公司作出的与劳动者李某之间解除劳动合同的通知；软件公司支付李某2002年10月21日到2002年11月20日期间工资7122.58元人民币；支付李某5天未休婚假折合薪金1625.24元人民币。

一、工会的概念、性质与法律地位

（一）工会的概念

工会，通常为劳动者团体。在西方国家，工会是以维护和改善雇员的劳动条件、提高雇工的经济地位为主要目的，由雇工自愿组织起来的团体合作联合团体[①]。

劳动者组建并参加其团体，是劳方行使结社权（又称为组织权、团结权）的体现。这一权利已为诸多国际公约所确认。如1996年联合国《经济、社会和文化权利国际公约》第8条第1款第1项规定："人人有权组织工会和参加他选择的工会，以促进他的经济和社会利益；这个权利只受有关工会的规章的限制。对这一权利的行

---

① 参见王全兴：《劳动法学》，高等教育出版社2008年第2版，第103页。

使，不得加以除法律所规定及在民主社会中为了国家安全或者公共秩序的利益或者未保护他人的权利和自由所需要的限制以外的任何限制。"团结权与一般的结社权所不同的是，各国为了确保工会组织能够真正建立并切实发挥其保护劳动者生存权、工作权的职能，均强调其"积极自由"——劳动者结社自由，而对"消极自由"——劳动者不结社自由予以限制。如我国2001年《工会法》第10条规定，企业、事业、机关有会员25人以上的，应当建立基层工会委员会……

我国《工会法》第2条规定了我国工会的定义，工会是职工自愿结合的工人阶级的群众组织。

（二）工会的性质

这一定义反映出我国工会的阶级性、自愿性和群众性特点。另外，根据劳动法、工会法和中国工会章程的规定内容，工会还是独立性和永续性的组织。

工会的性质为：

第一，阶级性。参加工会必须是以工资收入为主要生活来源的体力劳动者和脑力劳动者，即被用人单位招用的劳动者。所以，工会是工人阶级的组织。工会的阶级性特点，是各国工会所共有的特点。

第二，自愿性。劳动者参加或者组织工会完全是自愿的，任何组织和个人不得阻挠和限制，也不能强迫他们参加和组织工会。依据我国《工会法》第5条规定，工会有权通过各种途径和形式，参与管理国家事务、管理经济和文化事业、管理社会事务；协助人民政府开展工作，维护工人阶级领导的、以工农联盟为基础的人民民主专政的社会主义国家政权。

第三，群众性。劳动者不分民族、种族、性别、职业、宗教信仰、教育程度，都有依法参加和组织工会的权利。工会必须密切联系群众，全心全意为人民服务。

第四，独立性。我国劳动法规定，工会依法独立自主地开展活动。工会法规定，工会"依照工会章程独立自主的开展工作"，"国家保护工会的合法权益不受侵犯"。

第五，永续性。中国工会不是暂设性组织，而是永续性组织。基层工会所在的企业终止或者所在的事业单位、机关被撤销，该工会组织相应撤销；它的经费财产由上级工会处置；会员的会籍可以继续保留。中国工会作为一个整体，它是永久存在的组织。

（三）工会的法律地位

第一，工会具有相对独立性。我国《工会法》第4条规定，工会必须遵守和维护宪法，以宪法为根本的活动准则，以经济建设为中心，坚持社会主义道路、坚持人民民主专政、坚持中国共产党的领导、坚持马克思列宁主义毛泽东思想邓小平理论，坚持改革开放，依照工会章程独立自主地开展工作。这表明我国工会具有相对独立性。从调整劳动关系应遵循"三方性"原则也可推导出这一结论：工会不是政府的附属机构，更不是依附于用人单位或者雇主的职能科室，而是独立法人。

第二，工会是劳动者利益的代表者和劳动者合法权益的依法维护者。通说认为，工会与劳动者之间的关系是"代表"关系而不是"民事代理"关系，即工会享有法定的"代表权"。工会代表权是指法律确认工会有权或者有资格作为会员或者劳动者团体利益的代表[①]。基于这种代表权，工会取得了与用人单位或者用人单位团体进行集体协商的资格；也是基于这一权利，工会应把维护劳动者合法权益作为其基本职责。由此，工会组织通常被认为应属于"利益团体"、"劳动者团体"等所谓"第三部门"的范畴。

第三，工会依法取得法人资格。法律赋予工会以社团法人资格，这在国际上已成通例。我国《工会法》第 14 条，中华全国总工会、地方总工会、产业工会具有社会团体法人资格。基层工会组织具备民法通则规定的法人条件的，依法取得社会团体法人资格。具有法人资格的工会组织依法独立享有民事权利、承担民事义务。因此，建立工会的企业、事业单位、机关与所建工会以及工会投资兴办的企业，依据法律和司法解释的规定，应当分别承担各自的民事责任[②]。

我国 1992 年工会法和 2001 年修改后的工会法均规定：中华全国总工会、地方总工会、产业工会具有社会团体法人资格；基层工会组织具备民法通则规定的法人条件的，依法取得社会团体法人资格。

中国工会的法人资格具有公法人和私法人两重性的意义。中华全国总工会与地方各级总工会，负有参与法律、法规起草、计划、政策制定以及三方协商机构活动等职责，这些不是通常民事法人所能承担的，所以，它们的社会团体法人资格可视为具有公法人的性质。而基层工会以及各级总工会机关本身的工会组织，在参与民事活动中的法人资格，则与一般民事法人没有两样，它们是私法人。各国法律一般不规定工会具有公法人的资格，而仅规定工会具有民事法人即私法人的资格。近年来，有些国家的工会获得立法、政策制定、企业经营方针确定的参与权、公决权，这些工会事实上已具有公法人的资格[③]。

二、工会的职责

工会的职责，就是工会的权利和义务。权利和义务是相互对应的、一致的、平衡

[①] 参见董保华：《劳动关系调整的社会化与国际化》，上海交通大学出版社 2006 年版，第 200 页。
[②] 参见最高人民法院《关于在民事审判工作中适用〈中华人民共和国工会法〉若干问题的解释》（法释〔2003〕11 号）第 1 条的规定。
[③] 史探径：《中国工会的历史、现状及有关问题探讨》，载《环球法律评论》2002 年第 2 期，第 169 页。

的。工会法所规定的工会的权利和义务,在表现形式上有其特殊之处,工会的权利常常就是工会的义务。如维护劳动者的合法权益就既是工会的基本权利,也是工会的基本义务,二者合二为一,即称为工会的基本职责。

工会实现"维权"基本职责的方式有二:一是从源头上维护,即通过参与法律、法规起草和政策、计划制定等行为,使劳动者合法权益从根本上得到应有的保障;二是具体的维护,即对个别劳动者或者相同情况劳动者群体的利益进行维护的援助活动。一般地说,全国总工会和地方各级总工会较多从事第二种方式的维护,而参加平等协商、签订集体合同、参与企业管理等工作,也就是具体的维护。

工会的权利为:

第一,维护劳动者的合法权益。表现在:首先,企业、事业单位违反职工代表大会制度和其他民主管理制度,工会有权要求纠正,保障劳动者依法行使民主管理的权利。其次,企业、事业单位处分劳动者,工会认为不适当的,有权提出意见。企业单方面解除劳动者劳动合同时,应当事先把理由通知工会,工会认为企业违反法律、法规和有关合同,要求重新研究处理的,企业应当研究工会的意见,并把处理结果书面通知工会。最后,企业、事业单位违反劳动法律、法规的规定,有下列侵犯劳动者劳动权益的情形,工会应当代表劳动者与企业、事业单位进行交涉,要求企业、事业单位采取措施予以改正;企业、事业单位应当予以研究处理,并向工会作出答复;企业、事业单位拒不改正的,工会可以请求当地人民政府依法作出处理:一是克扣劳动者工资的;二是不提供劳动安全卫生条件的;三是随意延长劳动时间的;四是侵犯女职工和未成年工特殊权益的;五是其他严重侵犯劳动者劳动权益的。

第二,帮助、指导劳动者签订劳动合同,代表劳动者签订集体合同。工会帮助、指导劳动者与企业以及实行企业化管理的事业单位签订劳动合同;工会代表劳动者与企业以及企业化管理的事业单位进行平等协商,签订集体合同。

第三,参与企业的民主管理。表现在:一是,国有企业职工代表大会是企业实行民主管理的基本形式,是劳动者行使民主管理权力的机构,依照法律规定行使职权。国有企业的工会委员会是职工代表大会的工作机构,负责职工代表大会的日常工作,检查、监督职工代表大会决议的执行。二是,企业、事业单位研究经营管理和发展的重大问题应当听取工会的意见;召开讨论有关工资、福利、劳动安全卫生、社会保险等涉及劳动者切身利益的会议,必须有工会代表参加。《劳动合同法》在实施劳动者参与制方面有了重大的突破,第4条第2款规定,用人单位在制定、修改或者决定有关劳动报酬、工作时间、休息休假、劳动安全卫生、保险福利、职工培训、劳动纪律以及劳动定额管理等直接涉及劳动者切身利益的规章制度或者重大事项时,应当经职工代表大会或者全体职工讨论,提出方案和意见,与工会或者劳动者代表平等协商确定。

第四，参与检查和监督劳动法的贯彻实施情况。表现在：首先，工会依照国家规定对新建、扩建企业和技术改造工程中的劳动条件和安全卫生设施与主体工程同时设计、同时施工、同时投产使用进行监督。对工会提出的意见，企业或者主管部门应当认真处理，并把处理结果书面通知工会。最后，工会发现企业违反规章制度违章指挥，强令工人冒险作业，或者在生产过程中发现有明显的重大事故隐患和职业危害时，有权提出解决的建议，企业应当及时研究答复；发现危及劳动者生命安全的情况时，工会有权向企业建议组织劳动者撤离危险现场，企业必须及时作出处理决定。

第五，参与劳动争议或者与劳动有关事件的处理工作。表现在：一是工会参加企业的劳动争议调解工作。地方劳动争议仲裁组织应当有同级工会代表参加。二是县级以上各级总工会可以为下属工会和劳动者提供法律服务。三是劳动者认为企业侵犯其劳动权益而申请劳动争议仲裁或者向人民法院提起诉讼的，工会应当予以支持。四是工会有权对企业、事业单位侵犯劳动者合法权益的问题进行调查，有关单位应当予以协助。五是劳动者因工伤亡事故和其他严重危害劳动者健康问题的调查处理，必须有工会参加，工会应当向有关部门提出处理意见，并有权要求追究直接负责的主管人员和有关责任人员的责任。对工会提出的意见，应当及时研究，予以答复。六是企业、事业单位发生停工、怠工事件，工会应当代表劳动者同企业、事业单位或者有关方面进行协商，反映劳动者的意见。对于劳动者的合理要求，企业、事业单位应当予以解决。工会协助企业、事业单位做好工作，尽快恢复生产、工作秩序。

工会的义务：

第一，工会动员和组织劳动者积极参加经济建设，努力完成生产任务和工作任务。教育劳动者不断提高思想道德、技术业务和科学文化素质，建设有理想、有文化、有道德、有纪律的劳动者队伍。

第二，工会协助企业、事业单位、机关办好劳动者福利事业，做好工资、劳动安全卫生和社会保险工作。

第三，工会会同企业、事业单位教育劳动者以国家主人翁的态度对待劳动，爱护国家和企业的财产，组织劳动者开展群众性的合理化建议、技术革新活动，进行业余文化技术学习和劳动者培训，组织劳动者开展文娱、体育活动。

第四，工会支持企业、事业单位依法行使经营管理权。

三、工会的组织结构

（一）工会组织结构的定义

工会的组织结构，是指工会借以安排其内部管理体制、代表制度及职权体系的机构与过程，其核心问题是如何使效率与民主相结合。

工会组织结构大体可以分为地方工会与全国性工会两个层次。

（二）地方工会

1. 地方工会的组织结构。县级以上地方建立地方各级总工会，总工会委员会委员每届任期5年。企业、事业单位、机关25人以上的，应当建立基层工会委员会；不足25人的，可以单独建立基层工会委员会，也可以由两个以上单位的会员联合建立工会基层委员会，也可以选举组织员一个。企业领导者人数较多的乡镇、城市街道，可以建立基层工会联合会。基层工会委员，每届任期3~5年。基层工会中女性领导者人数较多的，可以建立工会女职工委员会；人数较少的，可以设女职工委员。各级工会建立经费审查委员会。地方工会是由某一工厂、用人单位或者地理区域的劳工组织而成的，主要包括会员大会和工会干部，会员大会是主要执行机构，地方工会的干部包括主席、副主席、秘书、财务主管和警卫官。

工会代表由会员直接选举产生。其职责是确保一线管理人员遵守集体协议条款；此外，还负责向会员传达地方工会政策、劝说非工会劳动者加入工会。

地方工会的会员大会是处理工会组织内部事务的最高权力机构，一般每月召开一次，会员通过民主投票方式决定工会政策。

2. 地方工会的作用。地方工会作为劳动者与工会最经常接触的场所，其作用包括两个方面：

第一，向全国性工会反映会员要求和利益，促进全国性集体协议在地方工会会员大会上表决通过；

第二，监督集体协议的执行。

（三）全国性工会

1. 全国性工会的组织机构。全国建立了统一的中华全国总工会。全国性工会组织代表了某一行业、某种技能或者政府机构的劳动者，是最有力的工会组织。全国性工会的组织结构包括全国性代表大会、主席、执行委员会以及各职能服务部门，其中，全国代表大会是决策机构，执行委员会是执行主体。

2. 全国性工会的作用。全国性工会的作用主要包括三个方面：

第一，策划工会组织的运动；

第二，举行集体谈判；

第三，为对方工会提供援助，即指导对方工会开展谈判和提供经济支持。

四、工会的组织原则

依据《工会法》和《中国工会章程》的规定,中国工会的组织原则有两条:一是民主集中制的根本原则;二是产业和地方相结合的组织领导原则。

(一) 民主集中制原则

第一,个人服从组织,少数服从多数,下级组织服从上级组织;

第二,各级工会委员会由会员大会或者会员代表大会选举产生,向其负责并报告工作,接受其监督。

第三,会员大会和会员代表大会有权撤换或者罢免其所选举的代表和工会委员会组成人员。

(二) 产业和地方相结合的主要内容

第一,同一企业、事业单位、机关中的会员,组织在一个基层组织中,而不是按工种、职业组织职业工会。

第二,同一行业或者性质相近的几个行业,依据需要建立全国的或者地方的产业工会组织。产业工会委员会每届任期5年。

第三,除极少数产业工会委员会实行系统领导同时尊重地方工会的意见以外,其他产业工会全国委员会与地方总工会对所属地方产业工会实行产业和地方双重领导。

第二节 劳动规章制度

【案例 6-2】

劳动规章处罚案[①]

王某(被告)在 2003 年 11 月 12 日进入某酒楼(原告)工作,双方没有签订劳动合同,口头约定试用期为 3 个月,每月工资为 1000 元。2004 年 1 月 26 日,酒店员工之间因琐事发生摩擦,王某涉嫌其中。当日,酒店以王某严重违反其规章制度为由,依内部《员工管理制度》决定予以王某扣发工资 1000 元的处罚。2004 年 1 月 27 日,王某未通知酒店,也未办理离职手续便离开了酒楼。酒楼拒绝支付王某 2003 年

---

① 苏号朋:《劳动合同法案例评析》,对外经济贸易大学出版社 2008 年版,第 24~26 页。

12月、2004年1月的工资共2000元。

王某遂向劳动争议仲裁委员会申请仲裁,请求认定酒楼依据内部规章予以其处罚的行为无效、酒楼应依约定支付其离职前应得的工资。该仲裁委员会受理后裁决:双方解除劳动关系,酒楼自裁决生效之日起10日内支付王某工资2000元。

酒楼不服该仲裁委员会的裁决,遂向人民法院提起诉讼。酒楼认为:王某不认真工作,在2004年1月26日春节期间酒楼最繁忙时与其他员工打群架,并在酒楼给予其处罚时擅自离职,两种行为均严重违反了酒楼的《员工管理制度》;酒楼依照规章制度对王某进行处罚、要求其支付离职赔偿金2000元的行为合法合理。

王某辩称:酒楼称其参与打群架并非事实,至于《员工管理制度》,其入职时从未看到过,不知有此制度存在,因而不应受其约束,酒楼无权依该制度对其进行处罚;同时,其尚在试用期,有权随时解除劳动关系,酒楼要求其支付离职赔偿金、扣发工资于法无据。

法院经审理认为,本案属于劳动争议纠纷。依据双方在诉讼中所提供的证据以及所作的陈述,王某虽未与酒楼签订劳动合同,但双方之间已形成事实劳动关系。酒楼拖欠王某2003年12月与2004年1月的工资属实。因此,酒楼应当依约定支付拖欠王某的工资2000元。

酒楼提出的关于王某违反内部规章的请求,其依据主要是内部制定的《员工管理制度》。但该《员工管理制度》由酒楼单方制定,制定后未向劳动者公布,亦没有王某的签名确认,且酒楼并没有其他证据证明王某知道或者应当知道该管理制度的存在,故该《员工管理制度》对双方无约束力。

关于酒楼要求王某支付离职赔偿金的请求,依据《劳动法》第32条第1款的规定,王某在试用期可随时通知酒楼解除劳动合同。因王某在试用期解除劳动合同并没有违反法律的有关规定,而且酒楼未能提供证据证明王某参与打架,也未能证明王某离职给酒楼造成实际的经济损失,因此,酒楼请求王某支付经济赔偿缺乏事实依据和法律依据,不予支持。

据此,法院判决如下:(1)解除双方之间的劳动关系;(2)酒楼在裁决生效之日起10日内支付王某工资2000元。

【案例6-3】

劳动规章制度处罚案[①]

1991年1月1日,某运输公司(原告)与胡某(被告)签订书面劳动合同书,

---

① 苏号朋:《劳动合同法案例评析》,对外经济贸易大学出版社2008年版,第29~31页。

聘请胡某为售票员。同年6月26日，胡某作为运输公司售票员，随车从该县赵镇出发经张镇到李镇，再前往杨镇。到张镇站时，该站售票代办员沈某告诉胡某：售出张镇到杨镇31人集体票一本计120张。因票较厚，胡某要驾驶员王某到李镇找刀切角。到李镇后，王某未找刀将集体票切角。当乘客刘某在李镇站上车购票时，胡某将两张涂改了起至地点和月、日的车票售给刘某。车行途中，运输公司稽查员上车作例行检查，把上述未切角的票和涂改票查出。

6月29日运输公司以《企业职工奖惩条例》为依据，以胡某违反本公司《稽查工作条例》的规定为由，用便笺通知胡某，对其给予如下处罚：因售白票罚款1200元，因售回笼票罚款2500元，合计罚款3700元，限次月15日前交清，否则不安排工作。该条例第5条规定：售票员贪污票款、收钱不扯票或者少扯票，收、售回笼票、废票、出售假票、白票、旅游票、罚款收据等其他非法客票，凡犯以上行为之一者，除如数退赔外，并处1500元以上的罚款，重犯者酌情给予行政处分，再犯者，解除合同，予以开除公职，临时人员予以辞退。运输公司对胡某作出处罚决定后，从7月1日起即令胡某停止工作并停发工资。便笺规定的限期内，胡某未缴纳罚款。8月30日，运输公司又重新作出决定，把罚款总额改为2800元，增加缓期半年转正定级的处分。

10月18日，胡某以未出售白票、回笼票，罚款不合法，不安排工作、停发工资、缓期定级违反劳动合同规定为由，向当地劳动争议仲裁委员会申请仲裁。11月15日，该仲裁委员会作出裁决：（运输公司）罚款无事实依据，予以撤销；停止胡某的工作，停发工资是错误的，立即恢复工作，补发停工期间全部工资360元；对胡某"缓期本年定级"是错误的，应按合同规定按时定级。

运输公司对此裁决不服，遂向人民法院起诉，称：本公司是依据《稽查工作条例》的规定对胡某白票、回笼票的行为作出罚款2800元、缓期定级的处分。县劳动争议仲裁委员会认定的事实与客观情况不符，要求法院维持其对胡某的处分决定。

胡某辩称：运输公司认定其收回笼票和白票没有事实依据，不能适用该公司制定的《稽查工作条例》作出处理。运输公司的行为既违反了国家的劳动法规定，又违反了双方所签订的劳动合同中第6条第2款，"对乙方予以行政处分，应当征求工会的意见"的规定。原告停止被告工作和扣发劳动报酬，并给予罚款、缓期定级的处分，侵害了被告的财产权利和劳动权利。因此，要求撤销原告对被告的全部处罚决定，恢复工作，补发工资，按期定级并赔偿损失。

法院审理认为，张镇所售31人去杨镇的票不填写年、月、日和起、至地点，是该站售票代办员沈某的行为；持票旅客证明，车票是在张镇站沈某处购买的。因此，被告售白票的行为不能认定。但是，乘客上车验票，是公共交通部门对售票员的基本要求，作为专职售票员的被告应是知道这一点的，对此，被告有一定过错。

公共汽车到达李镇站时，乘客刘某上车购票，被告即售给其两张票面为伍角，但涂改过起、至地点和月、日的车票。当场，被告虽声称写错了，但无法证实；从公司财务科售票员票据领发单看，被告前一天领取的伍角票面票号为"179301-1794000"，而涂改票票面号为"177803-177804"，二者不相吻合，被告对此不能自圆其说；公交部门管理制度规定，售票员凡填写车票起、至地和年、月、日的，应连同未出售一并交回单位，作废票处理，对本规定，被告亦表示清楚。因此，被告出售回笼票的事实应予认定。被告对此应承担违纪责任。

原告违反《企业职工奖惩条例》的有关规定，对被告的违纪事实在未经查证属实，也未经职代会讨论或者征求工会意见的情况下，即用便笺通知对被告的处罚决定，之后又重新作出对被告的处罚，变更罚款额为2800元，其中"态度不好，罚款200元"，这与《企业职工奖惩条例》第19条所规定的"允许受处分者本人进行申辩"相悖。因此，原告的处罚决定程序不合法，实体亦有不当，侵犯了被告的合法权益，应承担相应的责任。

据此，法院支持双方当事人自愿达成调解协议：（1）运输公司恢复胡某工作，并补发其从停工之日到恢复工作期间的基本工资；（2）胡某自愿接受运输公司经济处罚1000元。

我国《劳动合同法》第4条规定，用人单位应当依法建立和完善劳动规章制度，保障劳动者享有劳动权利、履行劳动义务。一方面，用人单位必须以劳动规章制度作为其行使经营管理权和用人权的一种主要形式，这是用人单位对劳动者的权利；另一方面，劳动规章制度亦是用人单位对国家和劳动者应尽的分内的义务。所以，制定规章制度既是用人单位的权利，又是用人单位的义务。

一、用人单位劳动规章制度的概述

（一）用人单位劳动规章制度的概念

用人单位劳动规章制度，又称为用人单位的内部劳动规则，是指为了明确用人单位与劳动者之间的劳动关系，保障有效地组织劳动活动，用人单位根据法律的规定并结合用人单位自身的特点制定并实施的对用人单位和劳动者都具有约束力的规章制度的总称。

用人单位劳动规章制度，是用人单位把劳动合同规定的双方权利、义务具体化和明确化，是用人单位进行规范生产、经营、管理活动的重要手段，是用人单位实现劳动过程的自治性规范，所以，被称为"用人单位的内部法"，用人单位和劳动者都必须严格执行与遵守。

(二) 用人单位劳动规章制度的特征

用人单位劳动规章制度，作为对用人单位和劳动者都具有约束力的规范，具有以下法律特征：

第一，劳动规章制度的制定主体是用人单位。我国《劳动合同法》第4条第1款规定，用人单位应当依法建立和完善劳动规章制度，保障劳动者享有劳动权利、履行劳动义务。即劳动规章制度的制度主体为用人单位，不包括劳动者。这是法律赋予用人单位行使独立的经营管理权的体现。所以，用人单位是劳动规章制度制定的唯一主体，用人单位单方面负责制定劳动规章制度。用人单位制定劳动规章制度既是其法定权利，也是其法定义务，不应受到限制和剥夺。用人单位劳动规章制度是用人单位生产经营秩序正常进行的保障，它是劳动合同运行的基本体现，也是调整用人单位和劳动者之间权利义务以及解决劳动争议的直接依据，所以，它的制定和实施能促进用人单位和劳动者对自己行为的约束，维护劳动关系的稳定。

第二，劳动规章制度的制定程序具有限定性。因为劳动规章制度涉及劳动者的切身利益，所以法律对用人单位制定劳动规章制度的行为，包括用人单位制定劳动规章制度的内容、制定程序等都进行了诸多的限定与约束，防止用人单位滥用制定劳动规章制度的权利，对劳动者的合法权益进行侵害。

第三，劳动规章制度的内容须具有合法性。用人单位劳动规章制度产生有效性和约束力的前提条件是，必须符合法律的规定。所以，合法性是劳动规章制度内容所必须具备的，如果用人单位劳动规章制度违反法律的强制性规定，则由劳动行政部门责令其改正，予以警告。如果无效的劳动规章制度对劳动者的合法权益造成了损害，用人单位必须承担民事责任、行政责任。

第四，劳动规章制度具有准法律性。用人单位依法制定的劳动规章制度在用人单位内部对用人单位和劳动者的行为具有约束力，但是劳动规章制度并不是法律，不会产生同法律一样的普遍规范效力。依据《最高人民法院关于审理劳动争议案件适用法律若干问题的解释》第19条的规定，即用人单位依据《劳动法》第4条的规定，通过民主程序制定的规章制度，不违反国家法律、行政法规及政策规定，并已向劳动者公示的，可以作为人民法院审理劳动争议案件的依据。即用人单位的劳动规章制度具有准法律性。

二、劳动规章制度的内容

劳动规章制度应当包括的内容，一般由各国立法加以列举规定。我国1997年劳动部发布的《关于对新开办用人单位实行劳动规章制度备案制度的通知》第 2 条采用概况列举式方法对劳动规章制度的内容进行了规定，即新开办用人单位应当依照《劳动法》制定规章制度，规章制度主要包括劳动合同的管理、工资管理、社会保险福利待遇、工时待遇、工时休假、职工奖惩，以及其他劳动管理规定。《劳动合同法》第 4 条把劳动规章制度的内容限定为"有关劳动报酬、工作时间、休息休假、劳动安全卫生、保险福利、职工培训、劳动纪律以及劳动定额管理等直接涉及劳动者切身利益"的事项。

由此可见，用人单位内部的劳动规章制度的内容包括：

一是在劳动合同的管理方面，包括劳动合同的订立、履行、变更、解除、终止或者续订等；二是在工资管理方面，包括工资的分配形式、执行标准、支付周期和日期、调整方法等；三是在社会保险福利待遇方面，包括保险以及其他福利待遇；四是工时休假，包括正常工作时间、加班加点时间、休息休假等；五是职工奖惩，包括奖励制度和惩罚制度；六是其他劳动管理制度，即用人单位依据本单位和劳动者的性质和特点制定的符合单位需要的劳动规章制度，如考核标准、晋升条件、培训制度、激励措施等。

《日本劳动标准法》规定，雇佣规则应当包括上下班的时间、休息时间、休息日、休假以及有两组以上工人轮班时有关换班的事项；工资的决定、计算及支付方法，工资的发放日期及截止计算日期，以及有关增加工资的事项；与规定安全及卫生规则有关的事项等四个方面的内容。

三、劳动规章制度的制定程序

程序是正义的保障。我国《劳动合同法》没有规定制定劳动规章制度的具体程序，但对劳动规章制度的制定程序提出了以下要求，即平等协商程序和公示告知程序。

（一）平等协商程序

《劳动合同法》第 4 条第 2 款规定，用人单位在制定、修改或者决定有关劳动报酬、工作时间、休息休假、劳动安全卫生、保险福利、职工培训、劳动纪律以及劳动定额管理等直接涉及劳动者切身利益的规章制度或者重大事项时，应当经职工代表大会或者全体职工讨论，提出方案和意见，与工会或者职工代表平等协商。

平等协商程序分为以下几步：

第一，是经职工代表大会或者全体职工讨论，提出方案和意见。职工代表大会是用人单位实行民主管理的基本形式，是该单位的职工行使民主管理权利的机构。工会是职工代表大会的工作机构,负责职工代表大会的日常工作,依照法律规定通过职工代表大会或者其他形式,组织职工参与本单位的民主决策、民主管理和民主监督。一般地说,如果用人单位有职工代表大会的,那么职工通过职工代表大会行使自己的权利;如果用人单位没有职工代表大会的,那么由全体职工共同行使权利。

第二,与工会或者职工代表协商确定。在充分听取意见,经过民主程序后,由用人单位确定。即"先民主、后集中"。《劳动合同法》第4条第3款规定,在规章制度和重大事项决定实施过程中,工会或者职工认为不适当的,有权向用人单位提出,通过协商予以修改完善。即用人单位在制定有关直接涉及劳动者切身利益的规章制度或者重大事项时,应当把拟定的草案递交职工代表大会或者全体职工讨论;职工代表大会或者全体职工进行充分讨论后,如果对用人单位的草案有不同意见,应提出相应的方案和意见;最后,由用人单位与工会或者职工代表就上述方案和意见进行平等协商。

(二) 公示告知程序

《劳动合同法》第4条第4款规定,用人单位应当把直接涉及劳动者切身利益的规章制度和重大决定公示,或者告知劳动者。即涉及劳动者切身利益的劳动规章制度,用人单位必须对劳动者进行公示或者告知劳动者,否则对劳动者没有约束力;相反,经过公示的用人单位劳动规章制度,具有准法律性。

但是,《劳动合同法》对公示的形式没有作出明确的规定。现在在实践中,公示的方式很多,用人单位的网站、企业报刊、网络、告示栏中张贴告示、把规章制度作为劳动合同的附件发给劳动者,向员工发放员工手册组织学习等。

四、用人单位劳动规章制度的法律性质:定型化契约

关于劳动规章制度的法律性质,大致分为法规说和契约说[①]。对劳动规章制度性质的认识不同,影响人们对劳动规章制度和劳动合同关系的看法。

法规说认为,劳动规章制度实质上属于工作场所的法律规范,劳动规章制度的效力要高于当事人合意的表现形式——劳动合同。由于用人单位实际上并不是立法主体,不具备立法资格,法规说忽视了劳动者意志在劳动规章制度制定过程中的作用,不利于保护劳动者的利益。所以,支持此说的学者逐渐减少。

契约说认为,劳动规章制度实质上是劳资双方意思表示一致的产物,是劳动合同的雏形,其之所以具有约束力,是因为其经过劳动者的同意成为劳动合同的内容。现

---

① 这两种主张分别代表了主要发达国家劳动法理论中关于规章制度性质的主要观点。参见杨继春:《企业规章制度的性质与劳动者违纪惩处》,载《法学杂志》2003年第5期。

在,持契约说的学者大多认为劳动规章制度的性质是某种"定型化契约",即通常所说的格式合同或者格式条款①。即劳动规章制度并不是纯粹的契约,其定型化反映在"把普遍适用于一切要与之起草人订立合同的不特定的相对人,并不因为相对人的不同而有所区别。"②

关于劳动规章制度与劳动合同的关系,有学者认为,劳动规章制度通过作为劳动合同的附件,或者劳动合同的默示合意产生法律效力。在劳动合同订立过程中,劳动者有权了解用人单位的劳动规章制度,或者用人单位有向求职的劳动者公开劳动规章制度的义务。并且,在劳动合同中,一般也有劳动者应当遵守劳动规章制度的约定。即用人单位应当依照劳动规章制度,为劳动者提供劳动条件和劳动待遇。也就是劳动者承认并愿意遵守劳动规章制度,这符合契约说的观点。

用人单位劳动规章制度的约束力源自用人单位和劳动者的合意,但是劳动者对劳动规章制度的知情权,是建立在用人单位负有公示义务的基础上的。通过公示,劳动者获得对规章制度接受与否的权利。因此,劳动规章制度才具有定型化契约的特性,其法律效力要弱于劳动合同③。

五、劳动规章制度的效力

(一) 劳动规章制度的效力来源

在西方国家,关于劳动规章制度有无效力的问题,存在无效说和有效说的争议。

无效说认为,因劳动规章制度是用人单位单方制定,劳动者事后知晓,所以其不能约束劳动者。有效说认为,应承认劳动规章制度的效力。

我国《劳动合同法》对用人单位制定劳动规章制度的程序和内容作出了规定。建立劳动规章制度是用人单位的义务,用人单位内部的全体劳动者及各部门对依法制定的劳动规章制度必须遵守。所以,劳动规章制度是一种授权"立法",其效力来自法律的赋予。

(二) 劳动规章制度的有效要件

劳动规章制度要发生效力,必须具备以下法定有效要件:

第一,制定主体必须合法。劳动规章制度只能由用人单位制定,但并非用人单位的任何机构都有权制定。一般地,有权代表用人单位制定劳动规章制度的,应当限于

---

① 参见刘志鹏:《民法债编修正对劳动契约关系之影响》,载《法律月刊》2000年第10期。
② 参见苏号朋:《格式合同条款研究》,中国人民大学出版社2004年版,第43页。相对比,契约说更为合理。
③ 参见胡立峰:《劳动规章制度与劳动合同之效力冲突》,载《法学》2008年第11期,第125~126页。

法律法规和用人单位内部最高效力的文件（公司章程）授权的单位行政机构。

第二，内容必须合法。劳动规章制度的内容不得违反法律、行政法规和政策的规定，更不能违反集体合同的规定。

第三，程序合法。依据法律的规定，劳动规章制度的制定应当履行职工民主参与和向劳动者公示两项程序。

第四，不能与集体合同相冲突。依据最高人民法院的司法解释，在规章制度与集体合同和劳动合同相冲突的情况下，劳动者有权请求优先适用合同约定的，人民法院应当予以支持。

（三）劳动规章制度效力的体现

依法制定的劳动规章制度应在单位范围内对全体劳动者和用人单位具有法律效力。具体为：

第一，对用人单位的效力。用人单位劳动规章制度中有关用人单位的义务性规定，如关于进行安全生产义务、提供劳动条件和劳动保护义务，在制定涉及劳动者切身利益时需要征求劳动者意见和进行公示的义务等，用人单位必须遵守并严格执行，否则要承担不利的法律后果。依据《劳动合同法》第80条规定，用人单位直接涉及劳动者切身利益的规章制度违反法律、法规规定的，由劳动行政部门责令改正，给予警告；给劳动者造成损害的，应当承担赔偿责任。

第二，对劳动者的效力。依法制定并经过公示的劳动规章制度，在用人单位内部发生相应的法律约束力。一般情况下，用人单位制定的全部劳动规章制度对本单位的全体员工都具有约束力，除非该劳动规章制度被劳动者与用人单位之间签订的劳动合同所排除适用或者劳动规章制度中某些内容只针对特定人员和特定岗位。依据《劳动合同法》第39条第1款第2项的规定，劳动者严重违反用人单位的劳动规章制度的，用人单位可以解除劳动合同。

第三，对行政机关、司法机关的效力。对行政机构的适用方面，依据劳动部颁布的《关于对新开办用人单位实行劳动规章制度备案制的通知》，用人单位需要把劳动规章制度及时报送给劳动行政主管部门进行备案，一旦劳动行政主管部门在检查新开办用人单位的劳动规章制度中，发现该单位制定的规章制度违反劳动法律法规或者不按规定期限报送备案的，则劳动行政主管部门有权责令其限期改正，并依法予以行政处罚。

对司法机关的适用方面。依据《最高人民法院关于审理劳动争议案件适用法律若干问题的解释》第19条的规定，即用人单位依据《劳动法》第4条的规定，通过民主程序制定的规章制度，不违反国家法律、行政法规及政策规定，并已向劳动者公示的，可以作为人民法院审理劳动争议案件的依据。据此，在劳动者与用人单位之间就劳动规章制度的执行发生劳动争议时，依法制定并已向劳动者公示的劳动规章制度，人民法院应当将其作为处理劳动争议案件的依据。

第四，对外部人员的效力。用人单位劳动规章制度作为用人单位内部的自治性规范，在一般情况下，只能适用于本单位内部，对用人单位本身和其全体员工具有约束力。但在特定情况下，如在外部人员到用人单位进行实习、访问、考察时，用人单位劳动规章制度即会对上述人员产生一定的约束力。但前提条件是，用人单位事先履行了告知的义务，否则在外来人员违反用人单位劳动规章制度时，外来人员不承担相应的法律责任。

（四）劳动规章制度欠缺合法性要件的后果

第一，承担行政责任。《劳动合同法》第80条规定，用人单位直接涉及劳动者切身利益的规章制度违反法律、法规规定的，由劳动行政部门责令改正，给予警告。

第二，不予以适用。依据2006年最高人民法院《关于审理劳动争议案件适用法律若干问题的解释（二）》第16条的规定，用人单位制定的内部规章制度与集体合同或者劳动合同约定的内容不一致的，劳动者请求优先适用合同约定的，人民法院应予以支持。即劳动规章制度与劳动合同和集体合同相冲突的，不予以适用。

第三，劳动者可以随时通知解除劳动合同。依据《劳动合同法》第38条的规定，用人单位的规章制度违反法律、法规的规定，损害劳动者权益的，劳动者可以解除劳动合同。

第四，民事赔偿责任。依据《劳动合同法》第80条规定，用人单位直接涉及劳动者切身利益的规章制度违反法律、法规规定的，给劳动者造成损害的，应当承担赔偿责任。

【理论链接】

德国用人单位规章制度[①]

（一）制定权

在德国，用人单位规章制度的制定必须由职工代表和用人单位协议达成，如果达不成协议，就有一系列的救济手段，如在德国，是企业委员会在涉及企业的组织、雇员行为等问题上享有"共决"权。

（二）处罚权

在德国用人单位处罚权的运用必须要遵循一定的程序，该程序应当在其规章制度

---

① 鄢文宏：《我国用人单位规章制度的规定及对我国的借鉴》，载《法制与社会》2009年第22期，第255～257页。

中明确规定，用人单位如不遵守这些程序，该处罚是无效的。德国劳动法规定，用人单位处罚必须按照国家所要求的类似法院的程序进行，由用人单位单方面做出的处罚是无效的。

【思考题】

1. 试述工会的性质。
2. 试述工会的义务。
3. 用人单位内部规章制度的效力是什么？
4. 用人单位内部规章制度的制定程序是什么？

【案例分析题】

1. 冯某在 2008 年 3 月与电子公司签订了为期 5 年的劳动合同，2009 年 6 月电子公司提前解除与冯某之间的劳动合同（罚款 300 元，并扣除 6 个月的奖金），解除劳动合同的理由为冯某没有按公司的管理规定与考勤规则履行正当的请假手续，仅经过常务副总裁批准即自行回家倒休，而依据该公司管理制度，常务副总裁并无人事权，故无权批准员工倒休。因此，该公司认为冯某回家倒休的行为系无故旷工，并以此为由与其解除了劳动合同。冯某对此不服，双方发生争议，冯某遂向劳动争议仲裁委员会申请仲裁。

问：公司依据内部规章制度解除与冯某的劳动合同有无违法之处？用人单位的内部规章制度制定程序是什么？

2. 邱某是一家服装厂工人，2008 年在北京某服装厂工作，并与公司签订了为期 2 年的劳动合同，到 2010 年 5 月底结束。进入公司工作之后，邱某收到了公司发放的员工手册，其中一条明确规定，因公司在日常发放给员工的工资中已包含了将来员工离职的经济补偿金，因此不论何种原因员工离职，员工均不能向公司主张经济补偿金。由于邱某认为自己不会与公司提前解除劳动合同，因此也就不在意这一条规定。但随着公司业务量的增加，公司开始要求员工进行加班，几乎每天都要加班 4~5 小时，邱某等员工很是疲惫，但是公司也没有提出加班费的问题。2009 年，邱某要求公司支付加班费，但是公司只是说在年终奖时予以考虑。为此，邱某向劳动争议仲裁委员会提出仲裁申请。

问：劳动争议仲裁委员会应如何处理本案？

第七章

集 体 合 同

教学目标

通过本章的学习,了解集体合同的概念和立法沿革,重点掌握集体合同的订立、履行、变更、解除,难点是集体合同的效力。

关键术语

集体合同　集体合同的签订程序　集体合同的效力

第一节　集体合同的概述

一、集体合同的概念与特点

(一) 集体合同的概念

集体合同,英文为 collective agreement,又称为团体协约、集体协议,是个人劳动合同的对称。国际劳工组织第 91 号建议书《集体合同建议书》第 2 条第 1 款规定,以一个雇主或者一群雇主,一个或者几个雇主组织为一方,一个或者几个代表性的工人组织为另一方,如果没有这样的工人组织,则根据国家法律和法规由工人正式选举并授权的代表为另一方,上述各方之间缔结的关于劳动条件和就业条件的一切书面协议,称为集体合同。我国《劳动法》第 33 条规定,企业职工一方与企业就劳动报酬、工作时间、休息休假、劳动安全卫生、保险福利等事项,签订集体合同。集体合同草案应当提交职工代表大会或者全体职工讨论通过,集体合同由工会代表职工与企业签订;没有建立工会的企业,由职工推举的代表与企业签订。《工会法》第 6 条规定，工会通过平等协商和集体合同制度，协调劳动关系，维护企业职工劳动权益。《劳动合同法》第51条规定，企业职工一方与用人单位通过平等协商，可以就劳动报酬、工作时间、休息休假、劳动安全卫生、保险福利等事项订立集体合同。集体合同草案应当提交职工代表大会或者全体职工讨论通过。集体合同由工会代表企业职工一方与用人单位订立；尚未建立工会的用人单位，由上级工会指导劳动者推举的代表与用人单位订立。我国2004年《集体合同规定》中明确规定，集体合同是指用人单位与本单位劳动者根据法律、法规、规章的规定，就劳动报酬、工作时间、休息休假、劳动安全卫生、职业培训、保险福利等事项，通过集体协商签订的书面协议。即集体合同是有关集体劳动条件、就业条件或者劳动关系的规定。简言之，集体合同是指工会与用人单位或者其团体为规范劳动关系而订立的，以全体劳动者的共同利益为中心的书面协议。

（二）集体合同的特征

第一，集体合同的主体具有特定性。一般地说，一方为工会，另一方为用人单位。对于用人单位，可以为法人、个体经营者，也可以是他们的团体。《劳动合同法》第51条第2款规定，集体合同由工会代表企业职工与用人单位订立；尚未建立工会的用人单位，由上级工会指导劳动者推举的代表与用人单位订立。

第二，集体合同目的具有特定性，即规范当事人之间具体的劳动关系。集体合同并不产生特定当事人之间的具体权利义务关系，而是通过对劳动条件、劳动争议处理以及职工民主管理等内容的约定来达到协调企业内部劳动关系的目的。

第三，集体合同的内容具有广泛性，涉及企业劳动关系的各个方面，包括劳动报酬、工作时间、福利待遇等内容。

第四，集体合同是特殊的双务合同。合同的当事人之间互相承担一定的义务和职责，用人单位或者用人单位团体一方违背义务，责任人要承担相应的法律责任；而工会一方如果违反义务，一般不承担法律责任和经济责任，只承担道义和政治责任。

第五，集体合同是要式合同，一般要求以书面形式签订，其生效需要具备法定的形式和程序。依据《劳动合同法》和《集体合同规定》，集体合同必须采取书面形式订立，并且订立后应当报送劳动行政部门，劳动行政部门自收到集体合同文本之日起15日内没有提出异议的，集体合同即行生效。

二、集体合同与劳动合同的联系与区别

（一）集体合同与劳动合同的联系

第一，都是属于调整劳动关系的制度。劳动合同是基础，集体合同是为了更好地

平衡协调劳动关系。

第二，当事人的意思表示自由受到一定的限制。不论是集体合同还是劳动合同，都有国家公权力的介入，国家通过立法对集体合同和劳动合同的内容、形式、订立程序等都有规定，使当事人的意思自治受到限制。

（二）集体合同与劳动合同的区别

第一，调整的对象不同。劳动合同调整的是个别劳动关系，即单个劳动者与用人单位之间的特定的劳动关系；而集体劳动合同调整的是集体劳动关系，即用人单位与本单位全体劳动者之间的一般的劳动关系。

第二，主体不同，劳动合同的主体是劳动者和用人单位。而集体合同的主体则是劳动者团体（工会）与用人单位或者用人单位团体。一般情况下，集体合同的主体一方是由工会代表劳动者团体行使当事人的权利，没有工会的由依法产生的职工代表其单位的全体劳动者行使当事人的权利。在集体合同的主体另一方是用人单位或者是某行业、某地区的用人单位团体。

第三，目的不同。劳动合同的订立目的是劳动者与用人单位之间建立劳动关系；而集体合同订立的目的是为建立劳动关系设定具体标准，并在其效力范围内规范劳动者与用人单位之间的劳动关系。

第四，形式不同。我国《劳动合同法》规定，劳动者与用人单位之间订立劳动合同的，必须签订书面劳动合同。但在非全日制用工的劳动合同中，可以是口头协议；而集体合同则要求为要式合同，在工会代表全体职工选举产生的代表与用人单位订立集体合同后，还须经过劳动行政部门的审查，非经审查，集体合同不发生相应的法律效力。

第五，内容不同。劳动合同是以单个劳动者的权利和义务为内容，涉及劳动关系的各个方面；而集体合同则是以全体劳动者的共同权利和义务为内容，可能涉及劳动关系的各个方面，也可能仅涉及劳动关系的某一个方面，如专项集体合同可能只涉及劳动关系中的工资、劳动条件、社会福利等其中的某一个方面。

第六，效力面不同。劳动合同仅对单个劳动者与用人单位之间具有法律效力；而集体合同则对工会或者职工选举出来的职工代表所代表的全体劳动者，以及对用人单位或者用人单位团体均具有法律效力。但是，集体合同的效力高于劳动合同的效力，在劳动合同确立的劳动报酬、劳动条件等标准低于集体合同确立的标准时，则应当按照集体合同确立的标准执行。

此外，集体合同在订立程序、生效时间等方面，与劳动合同均存在较大的差别。

三、集体合同的分类

（一）专项集体合同与综合性集体合同

依据集体合同的内容不同，分为综合性集体合同与专项性集体合同。综合性集体合同涉及劳动条件、劳动保护、劳动关系、争议处理等项问题，内容较为广泛。专项性集体合同只是就劳动安全卫生、女职工权益保护、工资调整机制等劳动关系中的某项内容进行规定。

《劳动合同法》第52条规定，企业职工一方与用人单位可以订立劳动安全卫生、女职工权益保护、工资调整机制等专项集体合同。这是一种开放式列举方式。其中，工资专项集体合同应当每年订立1次；企业女职工25人以上的，应订立女职工特殊保护专项集体合同；矿山、交通、化工、建筑等行业的企业应当订立劳动安全卫生专项集体合同。专项集体合同的特点在于，可以就专项问题作出更为细化与可操作性的规定，对保护劳动者权益更为有利。《工资集体协商实行办法》规定，企业依法开展工资集体协商，签订工资协议；已订立集体合同的，工资协议作为集体合同的附件，并与集体合同具有同等效力。

综合性集体合同与专项集体合同的关系在于：第一，在形式上是主件与附件的关系，即专项集体合同是作为综合性集体合同的附件而存在的；第二，在内容上是一般与特殊的关系，即专项性集体合同只是就某一事项作出的特别而具体的规定；第三，在适用范围上，是整体与局部的关系，即专项性集体合同是适用于综合性集体合同所规定的特别事项；第四，在作用上是互补的关系，即二者具有相同的效力，都是保障劳动者的合法权益，维护劳动关系的稳定。

（二）基层集体合同与区域性、行业性集体合同

我国《劳动法》只规定了企业集体合同，实践中在一些地方已有行业性集体合同和区域性集体合同。《劳动合同法》首次以法律形式规定了行业性集体合同和区域性集体合同，第53条规定，在县级以下区域内，建筑业、采矿业、餐饮服务业等行业可以由工会与企业方面代表订立行业性集体合同，或者订立区域性集体合同。第54条第2款规定，行业性、区域性集体合同对当地本行业、本区域的用人单位和劳动者具有约束力。

依据《劳动合同法》第53条和《关于开展区域性行业性具有协商工作的意见》规定，区域性、行业性集体合同的适用范围是：第一，县级以下区域包括县级及其以下区域。现在，行业性、区域性集体合同一般适用于小型企业或者同行业企业比较集

中的乡镇、街道、社区和工业园区，在具备条件的地区可以依据实际情况在县级区域开展行业性集体协商，签订集体合同。第二，"行业"是以建筑业、采矿业、餐饮服务业等行业为主。因为这些行业的非公性质较为明显，且从业劳动者流动性较强，属于有必要开展行业性、区域性集体协商的领域。但是，行业并不是只限定在以上的行业，在行业特点较为明显的区域，也可重点推行行业性集体协商和集体合同工作。第三，主要适用于非公有制企业。现在，开展行业性、区域性集体协商的主要是非公有制企业。这些企业大多数规模小，劳动者流动性强，工会作用不强。

四、集体合同的作用

第一，集体合同制度是法律、法规的重要补充。劳动法律法规所规定的劳动条件和劳动标准是保护劳动者权益的最低标准，而且很多是原则性规定，相对于复杂的劳动关系，难免有所不足。集体合同可以弥补法律法规的不足，依据不同企业、不同行业的具体情况，就劳动者权益和劳动关系协调的共性问题作出规定，具体规范劳动关系，对劳动立法的不完善起到补充作用。从世界劳动法的发展看，劳动立法与集体合同之间存在此消彼长的态势，以何者为重完全取决于每个国家的历史传统与具体国情。

第二，集体合同是弥补劳动关系不足的重要手段。这首先表现在，由工会代表劳动者签订的集体合同，可以改善劳动关系中存在的资强劳弱的局面，利于劳资双方的平等协商，实现劳资和谐。其次，劳动者因自身的弱势地位，在与用人单位签订劳动合同时，确定的权利、义务往往受到歧视待遇，不能平等的享有权利与义务。集体合同可以确保在一定范围内劳动者权利与义务的平等实现。最后，集体合同可以对劳动合同的主要内容作出具体规定，劳动合同只需针对单个劳动者的特殊情况进行约定。这样可以简化劳动合同的内容，减少劳动合同签订的成本。因此，集体合同被称为劳动合同的"母合同"[①]。

第二节 集体合同的订立

集体合同的订立，是指用人单位代表与本单位劳动者代表根据法律、法规、规章的规定就报酬、休假、福利等劳动条件和对集体合同争议的处理、责任的承担等与劳动关系有关的问题通过协商一致达成协议的法律行为。

---

① 林嘉：《劳动法和社会保障法（第三版）》，中国人民大学出版社2014年版，第172页。

一、集体合同的订立原则

集体合同的订立原则是指集体合同在订立过程中依法应当遵循的基本指导思想和基本准则,它对集体合同订立后的内容和效力的认定、履行与解除均具有决定性作用。

《集体合同规定》第 5 条规定,签订集体合同需要遵守法律、法规、规章及国家有关规定;相互尊重,平等协商;诚实信用,公平合作;兼顾双方合法权益;不得采取过激的行为。

根据《劳动合同法》和《集体合同规定》等相关规定,我国集体合同的订立应遵循的原则包括:

第一,合法原则。合法性原则是指集体合同的双方应当按照法定程序、形式和内容签订集体合同,并且程序合法、内容合法。程序合法,指当事人双方在集体合同的起草、协商、签字等环节上,都应当依照法律规定来进行。内容合法,指当事人在集体合同中确立的各个条款都需符合法律规定。集体合同的签订主体、程序、内容都不能违反法律、法规、规章的规定,否则会导致集体合同的全部或者部分无效。

第二,互相尊重、协商一致原则。集体合同的签订双方必须互相尊重、平等协商。用人单位与本单位的劳动者订立集体合同时,应以平等自愿为原则,在签订的过程中应相互尊重,用人单位不能利用其优势地位强迫劳动者签订不平等条款,劳动者也不能采用过激的行为。

第三,兼顾企业和劳动者利益原则。集体合同的签订应兼顾双方的合法权益,集体合同的内容应兼顾劳动者与用人单位双方的权益,不能损害对方的合法利益。

第四,诚实信用、公平合作原则。诚信是劳动合同订立的原则,同时也是集体合同订立的原则。在订立集体合同时,不能提供虚假的资料与信息,也不能运用欺诈的手段与对方签订集体合同。

我国的集体合同制度适用于我国境内的各类企业,以及实行企业化管理的事业单位。即除了企业和实行企业化管理的事业单位外,我国国家机关、事业单位、社会团体和民办非企业单位均不适用集体合同制度。而依据国际通行做法,除了公务员不实行集体合同谈判以外,其他劳动者都有权组织与参与工会,进行集体谈判。而且,英国、德国等工业化国家的公务员也享有集体谈判的权利。

二、集体合同的订立主体

集体合同的订立主体,又称为集体合同的签约人,分别代表集体合同当事人签订集体合同，包括劳动者一方的签约主体与用人单位一方的签约主体。

（一）劳动者一方的签约主体

劳动者一方的签约人，一般为具有集体合同当事人资格的工会组织机关。我国《劳动合同法》第51条第2款规定，集体合同由工会代表企业职工一方与用人单位订立；尚未建立工会的用人单位，由上级工会指导劳动者推举的代表与用人单位订立。我国《劳动合同法》第53条只赋予了县级以下区域工会与基层工会组织以集体合同签约人资格。

（二）用人单位一方的签约主体

用人单位方签约人，一般是用人单位团体的机关与用人单位的法定代表人。劳动部1996年《关于加强集体合同审核管理工作的通知》规定，具备企业法人资格、跨省市的大型企业或者集团公司的法定代表人可委托下属下一级企业或者子公司的负责人与工会签订集体合同，但只能委托一级，不得层层委托。用人单位团体的机关与对等的工会组织的机关有资格签订集体合同，用人单位的法定代表人一般只能与基层工会组织的机关签订集体合同。

三、集体合同的签订程序

集体合同签订程序可分为签约程序、政府确认程序和公布程序。签约程序，即签约双方就集体合同的内容协商一致，形成集体合同书的程序。

（一）集体合同的签约程序模式

依照合意过程中是否含有集体谈判，集体合同签约程序分为谈判型和非谈判型。

在我国关于集体合同签约程序的立法中，《劳动法》所规定的基本上为非谈判型签约程序，1994年《集体合同规定》所规定的则属于谈判型签约程序。这两种类型的相同点为：签约程序都是由劳动关系当事人双方代表参加，集体合同都必须由工会主席与企业法定代表人签订。二者的区别是：第一，非谈判型应成立由工会主席与企业行政双方代表组成的合同起草小组；谈判型没有此要求。第二，非谈判型中，起草小组拟定的合同草案进行的协商不具有谈判性质，是先拟定草案后协商进行修改；谈判型中，只有经过谈判达成一致意见后，才能形成合同草案。第三，非谈判型中，合同草案须经职工代表大会或者全体职工谈判通过后，才能由双方代表签字；谈判型中，谈判达成一致就可由双方签字。

对于我国立法应如何确定签约程序的模式，主要有两种主张：两种类型并存；两种类型合并。在我国2001年《工会法》和2004年《集体合同规定》中采取的是两种类型合并的模式。

（二）签约程序

1. 确定集体合同协商代表。集体协商代表是指按照法定程序产生并有权代表本方利益进行集体协商的人员。集体协商双方的代表人数应当对等，每方至少3人，并各确定1名首席代表。在劳动者方面，有工会的，其协商代表由本单位工会选派；没有建立工会的，由本单位职工民主选举产生，并经本单位半数以上职工同意。在用人单位方面，其协商代表则是用人单位法定代表人指定，首席代表由单位法定代表人担任或者由其书面委托其他管理人员担任。集体协商双方首席代表可以书面委托本单位以外的专业人员作为本方的协商代表，但是委托人数不得超过本方代表的1/3，且首席代表不得由非本单位人员担任。并且，用人单位协商代表与职工协商代表不得相互兼任。另外，双方当事人可在谈判过程中更换协商代表，但协商代表因更换、辞任或者遇到不可抗力等情形造成空缺的，应从空缺之日起15日内依照本规定产生新的代表。

协商代表应履行以下的职责：第一，参加集体协商；第二，接受本方人员质询，及时向本方人员公布协商情况并征求意见；第三，提供与集体协商有关的情况与资料；第四，代表本方参加集体协商争议的处理；第五，监督集体合同的履行；第六，法律、法规与规章规定的其他职责。

2. 集体协商。

第一，集体协商的提出。集体协商的任何一方均可就签订集体合同或者专项集体合同以及相关事宜，以书面形式向对方提出进行集体协商的要求，一方提出进行集体协商要求的，另一方应当在收到集体协商要求之日起20日内以书面形式作出回应，无正当理由不能拒绝进行集体协商。

第二，订立集体协商前的准备工作。集体协商代表在协商前应进行以下的准备工作：首先，熟悉与协商内容有关的法律、法规、规章和制度；其次，了解与协商内容有关的情况与资料，收集用人单位与职工对协商意向所持的意见；再次，拟定协商议题，该议题可由提出协商一方起草，也可由双方派代表共同起草；最后，确定协商的时间、地点等事项，共同确定一名非协商代表担任协商记录员。

第三，召开协商会议。根据《集体合同规定》第34条规定，在集体协商的过程中，集体协商会议由双方首席代表轮流主持，并按下列程序进行：首先，宣布议程与会议纪律；其次，一方首席代表提出协商的具体内容和要求，另一方首席代表就对方的要求做出回应；再次，协商双方就商谈事项发表各自意见，开展充分讨论；最后，双方首席代表归纳意见。达成一致的，应当形成集体合同草案或者专项集体合同草案，由双方首席代表签字。如果代表集体协商的双方，对协商的内容没有达成一致意见，或者协商过程中出现了没有预料的问题时，经双方协商代表的沟通与协商，可以中止协商。中止期限及下次协商时间、地点、内容由双方商定。

第四，提交职工代表大会或者全体职工审议通过。经双方协商代表协商一致的集体合同草案或者专项集体合同应当提交职工代表大会或者全体职工讨论。职工代表大会或者全体职工讨论集体合同草案或者专项集体合同草案，应当有 2/3 以上的职工代表或者职工出席，且须经全体职工代表半数以上或者全体职工半数以上同意，集体合同草案或者专项集体合同草案才能通过。集体合同草案或者专项集体合同草案经职工代表大会或者全体职工大会通过后，由集体协商双方首席代表签字。

在签约程序中，政府的介入与上级工会的参与对集体合同的签订具有重要意义。依据《工会参加平等协商和签订集体合同实行办法》规定，上级工会对企业工会与企业进行平等协商和签订集体合同负有帮助、指导和监督检查的责任；依据企业工会的要求，可以派工作人员作为顾问参与平等协商，帮助企业工会签订集体合同；在审查集体合同时如发现问题，应当及时通知企业工会，并协同同级劳动行政部门协商解决；对尚未建立工会的企业，应当帮助、指导职工与企业签订集体合同；对签订集体合同过程中出现的争议，应当参与处理。

3. 集体合同的报批与审查。许多国家规定，集体合同由双方当事人签订后，须经政府有关部门依法确认，才能发生法律效力。

我国 2004 年《集体合同规定》对实行集体合同审查制度，作出了详细的规定。即第 46 条，用人单位与本单位职工就劳动保障行政部门提出异议的事项经集体协商重新签订集体合同或专项集体合同的，用人单位一方应当根据本规定第 42 条的规定将文本报送劳动保障行政部门审查。第 47 条，劳动保障行政部门自收到文本之日起 15 日内未提出异议的，集体合同或专项集体合同即行生效。

（三）审查机构与管辖范围

集体合同或者专项集体合同审查实行属地管辖，具体管辖范围由省级劳动保障行政部门规定。

县级以上的劳动行政部门的劳动合同管理机构负责对集体合同进行审查。地方各类企业和不跨省的中央直属企业集体合同报送的管辖范围，由省级劳动行政部门确定；全国性集团公司、行业性公司以及跨省企业的集体合同报送国务院劳动行政部门或者其指定的省级劳动行政部门。

（四）报送期限与材料

集体合同签订后，应当在 7 日内把集体合同文本一式三份及说明材料报送劳动行政部门。说明材料包括：企业的所有制性质、职工人数、企业法人营业执照复印件和工会社团法人证明材料；双方首席代表、谈判代表或者委托人的身份复印件、授权委托书；职工方谈判代表的劳动合同书复印件；谈判情况及集体合同条款征求职工意见的记录；职工代表大会审议通过集体合同草案的决议；集体合同条款的说明。

（五）审查内容

劳动保障行政部门应当对报送的集体合同或者专项集体合同的下列事项进行合法性审查：一是资格审查，审查集体合同协商双方的主体资格是否符合法律、法规和规章的规定；二是程序审查，审查集体协商程序是否违反法律、法规、规章规定；三是内容审查，审查集体合同或者专项集体合同内容是否与国家规定相抵触。

（六）审查程序

审查程序包括以下环节：

第一，收到报送的集体合同文本及有关材料后，进行编号、登记并及时告知报送单位收到时间。

第二，对代表资格、签约程序等进行初审。

第三，把初审合格后的集体合同分送劳动行政部门内有关机构，对有关条款进行专审，经该机构主管负责人签字后收回专审意见。审查中出现较大分歧或者遇到其他重大问题时，应当由劳动行政部门负责人或者委托集体合同管理机构负责人主持召开由有关机构负责人共同参加的联席会议，对有关条款进行研究，提出审查意见，报主管领导签字。

第四，综合各方面意见制作"集体合同审查意见书"，并在法定期限内送达双方代表。该意见书中应当载明经确认的合同有效条款、无效条款及其原因。对合同中无效或者部分无效的条款，可提出修改建议供签约双方参考，但不应直接在合同书上进行修改或者强求签约双方按审查意见修改或者执行。

第五，综合各方面意见制作"集体合同审查意见书"，并于法定期限内送达签约双方代表。

第六，签约双方在收到"集体合同审查意见书"后，对其中无效或者部分无效的条款进行修改，并在15日内报送劳动行政部门重新审查。

第七，把审查后集体合同书、企业报送的材料、审查意见书（复印件）一并存档，并把经审查有效的集体合同报上级劳动行政部门备案。

（七）集体合同的生效与公布

劳动保障行政部门自收到文本之日起15日内没有提出异议的，集体合同或者专项集体合同即行生效。生效的集体合同或者专项集体合同，应当自其生效之日起由协商代表及时以适当的形式向本方全体人员发布。

《关于开展区域性行业性集体协商工作的意见》第 5 条规定，订立区域性、行业性集体合同一般应当按以下程序进行：

一方协商代表应以书面形式向另一方提出协商要求，另一方应以书面形式回应；双方协商代表在分别广泛征求职工和企业方意见的基础上，拟定集体协商议题；召开集体协商会议，在协商一致的基础上形成集体合同草案；集体合同草案要经区域职工代表大会或者区域内企业的职工代表大会审议通过，并经区域内企业主签字（或者盖章）确认后，由集体协商双方首席代表签字；企业方协商代表把集体合同报送当地劳动行政部门审查备案；劳动保障行政部门在收到文本之日起 15 日内未提出异议的，集体合同即行生效；区域性行业性集体合同生效后，由企业方代表采取适当方式及时向全体职工发布；企业方代表向劳动行政部门报送集体合同草案时，除报送《劳动部关于加强集体合同审核管理工作的通知》中规定的材料外，还须报送企业主对集体合同的签字确认件以及职工代表大会或者职工大会审议通过的文件。

第三节　集体合同的内容与效力

【案例 7-1】

集体合同与劳动合同的关系[①]

于某等 8 名农民工，自 1996 年起一直在某皮革制品公司工作。双方之间签订书面劳动合同，约定每月工资为 380 元。2000 年 9 月，皮革制品公司工会代表全体职工与该公司签订了集体合同，集体合同中就劳动报酬、工作时间、休息休假、劳动条件、保险福利等内容作了明确的约定，其中在有关劳动报酬的条款中约定，职工的工资不得低于 450 元。10 月 30 日上午，皮革制品公司发放了 380 元的工资，于某等遂以工资明显低于集体合同的规定与公司进行交涉。皮革制品公司认为于某等四农民工，与其他劳动者不一样，不能享受集体合同的待遇。于某等人不服，遂向劳动争议仲裁委员会申请劳动仲裁，要求皮革制品公司按集体合同的规定增加工资。

劳动争议仲裁委员会经审理认为，依据《劳动合同法》第 55 条规定，集体合同中的劳动报酬和劳动条件等标准不得低于当地人民政府规定的最低标准；用人单位与劳动者订立的劳动合同中劳动报酬和劳动条件等标准不得低于集体合同规定的标准。

---

① 苏号朋：《劳动合同法案例评析》，对外经济贸易大学出版社 2008 年版，第 302 页。

即劳动合同的约定与集体合同的约定出现矛盾时,应按集体合同的约定执行。此外,我国现行立法中,涉及集体合同的内容并没有区分城镇职工与农民工。

综上,劳动争议仲裁委员会支持了于某等人的仲裁请求,裁决皮革制品公司应当自集体合同生效之日起,把于某等人的工资至少增加到450元。

【案例7-2】

用人单位应遵守集体合同①

2000年9月某制药公司工会代表全体职工与公司签订了集体合同。合同规定:劳动者工作时间为每日8小时,每周40小时,在上午和下午连续工作4小时期间安排工间操1次,时间为15分钟,劳动者工资报酬不低于每月650元,每月4日支付,合同有效期自2000年10月1日至2005年10月1日。该合同于2000年11月底被劳动行政管理部门确认。2000年12月,制药公司从人才市场招聘了一批技术工人去新建的制药分厂工作。每个技术工人也和制药公司签订了劳动合同:内容均是:合同有效期自2000年12月1日至2004年12月1日,工作时间为每日10小时,每周50小时,上、下午各5小时期间无工间操,工人工资每月1000元,劳动中出现的伤亡由劳动者自行负责。技术工人上班后发现车间药味很浓,连续工作头昏脑涨。部分工人向分厂负责人提出像总厂工人那样有工间休息。分厂的答复是:(1)总厂集体合同订立在先,分厂设立在后,集体合同对分厂职工无效,分厂职工不能要求和总厂职工享受同等的待遇;(2)按劳取酬,分厂工人比总厂工人工资高出许多,增加劳动强度也是公平合理的。

《劳动合同法》第54条第2款规定,依法订立的集体合同对用人单位和劳动者具有约束力。依据《劳动合同法》第55条的规定,制药公司与技术工人之间订立的劳动合同对劳动者权益的保护不能低于集体合同。制药公司与技术工人订立的劳动合同中的下列内容无效:第一,没有工间休息;第二,每天工作10小时,每周工作50小时;第三,工作中发生的伤亡由劳动者本人自行负责。

工会应与制药公司进行交涉,要求制药公司履行集体合同。如果交涉不成,工会应向劳动争议仲裁委员会提起集体合同的仲裁申请。

一、集体合同的内容

合同一般以当事人双方的权利与义务为内容。依据《集体合同规定》和《劳动

---

① 黎建飞:《〈中华人民共和国劳动合同法〉最新完全释义》,中国人民大学出版社2008年版,第175页。

合同法》的规定，集体合同的内容应是用人单位与本单位劳动者就与劳动关系相关的问题形成的权利与义务。《集体合同规定》中列举了集体合同的有关内容，但没有强制必须在集体合同中约定所有列举的事项，可就其中的一项或者几项进行协商。此外，法律还规定对当事人双方认为应当协商的其他内容也可进行约定。

集体合同的内容包括：劳动报酬、工作时间、休息休假、劳动安全卫生、补充保险与福利、农村职工与未成年工特殊保护、职业技能培训、劳动合同管理、奖惩、裁员、集体合同的期限、变更、结束集体合同的程序、履行集体合同发生争议时的协商处理办法、违反集体合同的责任、其他内容等。

二、集体合同的效力

集体合同的效力分为效力范围与效力形式两个方面：

（一）集体合同的效力范围

1. 对人效力。集体合同的对人效力是指依法订立的集体合同对哪些人具有法律约束力。我国《劳动法》第 35 条规定，依法订立的集体合同对企业和企业全体职工具有约束力。《劳动合同法》第 54 条第 2 款规定，依法订立的集体合同对用人单位和劳动者具有约束力。行业性、区域性集体合同对当地本行业、本区域的用人单位与劳动者具有约束力。《集体合同规定》第 6 条第 1 款规定，符合本规定的集体合同或者专项集体合同，对用人单位和本单位的全体职工具有法律约束力。集体合同因涉及社会公共利益，所以其突破了合同的相对性原理，即受集体合同约束的人包括集体合同的当事人（当事团体）和关系人。前者指订立集体合同并受集体合同约束的主体，即工会组织和用人单位或者其团体；后者指无权订立集体合同，却直接由集体合同取得利益并受集体合同约束的主体[1]。

集体合同的关系人的范围是：第一，劳动者是否是集体合同的关系人，主要以其所在的用人单位是否受集体合同的约束为限；第二，如果当事团体被依法解散，在集体合同存续期间，作为前当事团体成员的劳动者或者用人单位，仍受集体合同的约束；第三，当某一用人单位被依法转移到另一用人单位后，如果前一用人单位及其劳动者的劳动合同也随之转移，那么后一用人单位和劳动者也受该集体合同的约束[2]。

2. 时间效力。集体合同的时间效力是指集体合同在多长时间内具有约束力。它一般由集体合同依法自行规定，在有的情况下由法律规定。它的表现形式为：

（1）当期效力。当期效力指集体合同在其存续期间内具有约束力。包括集体合

---

[1] 林嘉：《劳动法和社会保障法》，中国人民大学出版社 2014 年第 3 版，第 183 页。
[2] 黎建飞：《劳动合同法热点、难点、疑点问题全解》，中国法制出版社 2007 年版，第 189~190 页。

同何时生效和何时失效两个方面。其生效时间，有的国家规定为集体合同经审查合格之日或者依法推定审查合格之日，有的国家则规定为双方在合同上签字盖章之日。我国《劳动合同法》采用后一种规定[①]。关于集体合同的失效时间，一般定为集体合同的约定期满或者依法解除之日，其他集体合同的约定或者法定终止条件具备之日。我国《集体合同规定》第38条规定，集体合同或者专项集体合同期限为1~3年，如果集体合同期满或者双方约定的终止条件出现，则集体合同即行终止。

（2）溯及效力。溯及效力，是指集体合同对集体合同成立前已经订立的劳动合同具有约束力。集体合同一般不具有约束力，但某些国家规定，当事人如有特别理由，并经集体合同管理机关认可，允许集体合同具有溯及效力。

（3）余后效力。余后效力，是指集体合同到期终止后对依其订立并仍然存续的劳动合同具有约束力。为了避免出现集体合同在时间上脱节的现象，有些国家法律规定，集体合同终止后，在代替它的新集体合同生效前仍然有效；如没有订立有效的新的集体合同，允许终止后1年内继续有效。德国劳动法规定，在旧的集体协议期满而新的集体协议没有订立的空档期，过期的集体协议继续有效，一直到新的集体协议缔结生效时为止；法国劳动法规定，集体合同是签订1年固定期限的协议，在该协议期限届满时，如果劳资双方没有订立新的协议，那么由固定期限的协议就会转化为无固定期限的协议，使过期的协议的法律效力继续延续下去，除非其被一个重新谈判好的新协议所取代[②]。我国《集体合同规定》中只规定了定期的集体合同，没有对集体合同的余后效力作出规定。

上述的三种时间效力形式中，当前效力是无条件的，溯及效力和余后效力都只是限于一定条件。当溯及效力与余后效力相冲突时，把新、旧的集体合同相比较，哪个对劳动者更为有利，哪个就有约束力。

3. 空间效力。空间效力是指集体合同在什么地域、产业、职业等范围内发生法律效力。全国或者地方集体合同分别在全国或者特定行政区域范围内有效；产业集体合同对特定产业的用人单位及其劳动者有效；职业集体合同对从事特定职业的劳动者及其用人单位有效。《劳动合同法》第54条第2款规定，行业性、区域性集体合同对当地本行业、本区域的用人单位和劳动者具有约束力。

集体合同的空间效力常发生在集体合同竞合问题上，即针对同一劳动关系，同时存在两种或者两种以上内容不完全相同的集体合同时，应当适用哪一个集体合同？一般的方法是优先适用对劳动者更为有利的集体合同，这样，才能体现《劳动合同法》中规定的倾斜保护劳动者利益的原则。

[①] 集体合同订立后，应当报送劳动行政部门；劳动行政部门自收到集体合同文本之日起15日内没有提出异议的，集体合同即行生效。

[②] 邹杨、荣振华：《劳动合同法理论与实务》，东北财经大学出版社2012年版，第160页。

（二）集体合同的效力形式

在学理上把集体合同的内容分为标准性条款、目标性条款、劳动关系运行规则条款，依据上述集体合同的不同分类，这些不同性质表现为不同的效力形式：

1. 准法规效力。准法规效力又称为规范效力或者物权效力，是指集体合同的标准性条款和单个劳动关系运行规则条款对其关系人（单个劳动关系当事人）具有相当于法律规范的效力。它的特点在于：第一，这种条款不论关系人同意与否，直接确定其关系人之间的相互权利、义务；第二，这些条款赋予劳动者的权益，劳动者无权放弃，即劳动者在劳动合同中劳动关系存续期间放弃这种条款所给予的权益的意思表示为无效；第三，这些条款一旦因意思表示存在瑕疵而被撤销，只发生向后的效力，而没有溯及既往的法律效力；第四，这些条款从其生效之日起对其生效前已经确立并仍然存续的劳动关系，也具有相应的约束力。

单个劳动关系运行规则条款的准法规效力，表现为直接支配其关系人在单个劳动关系运行过程中的具体行为，即劳动合同的订立、续订、履行、变更和终止，用人单位劳动规章制度的制定与实施，以及劳动组织、劳动者参与等行为。

标准性条款的准法规效力，表现在直接支配其关系人的劳动合同内容，具体形式有两种：第一，不可贬低性效力，即集体合同所规定的标准在其效力范围内是劳动者利益的最低标准，劳动合同关于劳动者利益的规定，只能高于这些标准，但是不能低于这些标准，如果低于这些标准，劳动合同中的条款无效。第二，补充性效力，即集体合同所规定的标准在一定条件下可以成为劳动合同内容的补充。在集体合同有规定而劳动合同没有作出规定的情况下，或者在集体合同有明确规定，而劳动合同的规定不明确的情况下，集体合同的规定就成为劳动合同的重要补充。

2. 债权效力。债权效力，又被称为债法效力，是指集体合同内容中的目标性条款和集体合同运行规则条款对其当事人具有设定债务的效力。这些条款的特点在于：第一，这种债务的设定者以及承担者都是集体合同的当事人。即集体合同的当事人通过协商一致为自己设定一定的债务，债务的具体内容和范围在集体合同中予以明确约定，集体合同的双方当事人在约定之外不承担债务。在不影响集体合同的存在时，双方当事人也可以经协商一致变更所约定的债务。第二，这种债务既是集体合同当事人双方各自向对方承担的义务，也是向对方当事人所代表的关系人所承担的义务。如果这种债务的履行涉及对方关系人的个体利益，或者既涉及对方关系人的个体利益，又涉及对方全体或者大部分关系人的共同利益，该关系人和对方当事人都有债务履行请求权；如果不涉及对方关系人的个体利益，债务履行请求权就只能由对方当事人行使。

集体合同对当事人所设定的债务，如果当事人不履行或者不完全履行这些义务，应承担相应的违约责任。

3. 组织效力。组织效力又称为组织法效力,是指集体合同的某些条款对其关系人具有设定组织法义务的效力。它的特点在于:第一,这种义务是集体合同关系人作为团体成员对其所属团体的义务,即这种义务属于团体内部的义务而非外部义务;第二,这种义务是由集体合同而非团体规章直接设定的义务,即集体合同关系人是由于这种集体合同的存在才对其所属团体承担该义务;第三,这种义务是以集体合同关系人所属团体的组织法和团体规章为依据的义务,即它虽然不由所属团体的组织法和团体章程直接设定,但以其组织法和团体章程所确定的组织关系为依据。

集体合同关系人之所以对其所属团体承担该义务,是因为如下原因:一是集体合同关系人由于其所属团体向对方当事人负有集体合同所约定的义务,才对其所属团体负有这种义务;二是集体合同关系人为了维护其所属团体利益,才对其所属团体负有该义务。

第四节 集体合同的履行、变更、解除与终止

【案例 7-3】

集体合同的履行[①]

1996 年 3 月,利华矿业集团公司工会代表职工 1000 多人与利华矿业集团公司经协商一致签订集体合同。集体合同对劳动报酬、工作时间、休息休假、劳动安全卫生、补充保险和福利、女职工与未成年工特殊保护、职业技能培训、劳动合同管理、奖惩、裁员等相关内容进行了约定。其中,劳动安全条款约定了劳动安全责任制、劳动条件和安全技术措施、安全操作规程、劳保用品发放标准和定期健康检查,即职业健康体检等进行了细致的约定。该合同在 1996 年 4 月被当地劳动部门确认。在 1996 年 4 月利华矿业集团公司工会通过张贴形式向劳动者公布。

但在集体合同的履行过程中,利华矿业集体公司没有采取符合集体合同约定和符合法律规定的安全技术措施,没有按集体合同约定标准发放劳保用品,没有进行定期健康检查,也没有进行职业健康体检,造成近 200 名职工患有职业病。工会发现这个问题后,多次找利华矿业集团公司的经营管理人员要求履行集体合同的约定,要求采取措施建立安全技术措施,按规定的标准发放劳保用品,对职工定期进行健康检查和职业健康体检。但没有引起利华矿业集体公司的重视。工会为了维护职工的合法权益,工会的代表与利华矿业集团公司的经营管理层进行了面对面的协商,并邀请了上级工会的代表参加了协商。工会提出,利华矿业集团公司未按集体合同劳动安全的约

---

① 孙瑞玺:《劳动合同法原理精要与实务指南》,人民出版社 2008 年版,第 122 页。

定为职工工作提供劳动安全技术措施，未按约定标准向职工发放劳动用品，未对职工进行定期健康检查，更没有对职工进行职业健康体检，已严重违反了集体合同的约定，侵犯了职工的合法权益。工会代表职工多次向集团提出全面履行集体合同约定的义务，但集团均未履行。要求利华矿业集团公司在1个月内全面履行集体合同约定的义务，否则，工会代表职工向某区劳动争议仲裁委员会申请仲裁，要求利华矿业集团公司履行义务。利华矿业集团公司同意按集体合同的约定履行义务。

1个月后，利华矿业集团公司未履行集体合同约定的义务。工会向某区劳动争议仲裁委员会申请仲裁，要求利华矿业集团公司履行集体合同约定的义务。

某区劳动争议仲裁委员会受理该案后，利华矿业集团公司进行答辩称：集体合同是由职工与集团签订的，即集体合同的签订主体是职工与集团。工会不是集体合同的签订主体，也不是集体合同的履行主体。更不是劳动争议的当事人。因此，请求劳动争议仲裁委员会驳回工会的劳动争议申诉。

某区劳动争议仲裁委员会经审理认为，工会是集体合同劳动争议的当事人，其在与利华矿业集团公司协商不成时，可以向劳动争议仲裁委员会申请仲裁。故裁决：利华矿业集团公司应履行集体合同所约定的劳动安全义务。

利华矿业集团公司不服仲裁裁决，以同样的理由向某区人民法院提起诉讼，请求人民法院依法驳回工会的诉讼请求。

某区人民法院经审理认为，依据《劳动法》第33条第2款的规定，集体合同由工会代表职工与企业签订。该条规定是工会代表职工与企业签订，而不是规定工会代理职工与企业签订。因此，工会是集体合同的签订主体。在本案中的集体合同的签订主体就是工会与利华矿业集团公司。在履行集体合同的过程中，因劳动安全而发生争议，工会代表在与利华矿业集团协商不成的情形下，向区劳动争议仲裁委员会提请仲裁，符合《工会法》第20条第4款的规定，即企业违反集体合同，侵犯职工劳动权益的，工会可以依法要求企业承担责任；因履行集体合同发生争议，经协商不成的，工会可以向劳动争议仲裁机构提请仲裁，仲裁机构不予受理或者对仲裁裁决不服的，可以向人民法院提起诉讼。工会的诉讼请求有事实依据和法律依据，应予保护。依据相关法律规定，判决：利华矿业集团公司应履行集体合同约定的劳动安全义务，一审判决送达后，工会与利华矿业集团公司均服判息讼。

一、集体合同的履行

集体合同的履行是指集体合同的缔约双方依照约定各自完成义务。集体合同的履行，应当坚持实际履行、适当履行和协助履行的原则。

在集体合同的履行过程中，对不同的条款采用不同的履行方法。其中，标准性条款的履行,主要是在集体合同有效期内始终按集体合同规定的各项标准签订和履行劳动合同,确保劳动者利益的实现不低于集体合同所规定的标准;目标性条款的履行,主要在于把集体合同所列的目标具体落实在企业计划和工会工作计划之中,并采取措施实施计划。

二、集体合同的变更与解除

(一) 集体合同变更与解除的条件

集体合同的变更,是指集体合同没有履行或者没有完全履行之前,因订立集体合同所依据的主客观条件发生了变化,当事人依照法律规定的条件和程序,对原合同中的某些内容进行修改。

集体合同的解除,是指集体合同没有履行或者没有完全履行之前,因订立集体合同所依据的主、客观条件发生了变化,致使合同履行成为不可能或者不必要,当事人依照法律规定的条件和程序,终止原集体合同。

依法订立的集体合同,具有法律约束力。因此,变更或者解除集体合同,必须符合一定的法定条件和程序。依据《集体合同规定》的规定,集体合同或者专项集体合同既可以因双方协商代表一致而变更或者解除,也因具备法定条件而变更或者解除。《集体合同规定》第40条规定,有下列情形之一的,可以变更或者解除集体合同或者专项集体合同:用人单位因被兼并、解散、破产等原因,致使集体合同或者专项集体合同无法履行的;因不可抗力等原因致使集体合同或者专项集体合同无法履行或者部分无法履行的;集体合同或者专项集体合同约定的变更或者解除条件出现的;法律、法规、规章规定的其他形式。

(二) 集体合同变更或者解除的程序

集体合同的变更或者解除,除了必须符合一定的条件外,还必须经过一定的法定程序。

1. 双方协议变更或者解除集体合同的程序。双方协议变更或者解除集体合同,其程序基本与集体合同的订立程序相同。

第一,一方提出建议,向对方说明需要变更的条款、变更或者解除集体合同的理由等。一方提出变更或者解除集体合同的建议后,另一方必须在集体合同或者有关法律规定的期限内作出答复。

第二,双方协议。如果一方提出变更或者解除集体合同的建议后,另一方也有相同的意思,双方可以就变更或者解除集体合同的具体内容和条件等进行协商谈判,在此基础上达成一致性的书面协议。

第三,协议书应提交职工代表大会讨论通过,并报送劳动行政部门,经审议确认后,协议即告成立,原合同或者原合同的有关条款即行终止。

2. 单方变更或者解除集体合同的程序。在一般情况下,当事人一方单方面变更或者解除集体合同是不允许的,但在符合变更或者解除集体合同的法定条件的特殊情况下,如在企业破产、发生不可抗力事件等条件下,允许当事人一方单方面变更或者解除集体合同。享有单方变更或者解除集体合同的一方,可直接行使其权利,但须分别不同情况履行下列手续:

第一,企业破产,应提供人民法院宣告破产的裁定书副本;第二,当事人因不可抗力事件发生而需要变更或者解除集体合同时,应提供有关证明;第三,因对方违约,集体合同的履行成为必要时,无过错一方要求变更或者解除合同,应及时通知对方,并向劳动行政部门提出申请。单方变更或者解除集体合同的当事人,在行使权利的过程中与对方发生争议时,可提请劳动争议仲裁委员会或者人民法院判决。

三、集体合同的终止

集体合同的终止是指因一定的事由出现从而导致集体合同的法律效力消灭。在实践中,集体合同终止的情况包括:

第一,因集体合同的有效期届满而终止。依据《集体合同规定》的规定集体合同或者专项集体合同期满3个月内,任何一方均可向对方提出重新签订或者续订的要求,如在集体合同的有效期届满时,双方当事人没有进行重新签订或者续订的,集体合同将终止。

第二,因集体合同的目的实现而终止。集体合同所约定的义务均得到全面的履行,集体合同订立的目的已经实现从而导致集体合同终止。

第三,因集体合同的依法解除而终止。在实践中,依法解除的情况包括:双方当事人在合同中约定的解除条件出现而解除;经过协商达成一致而解除;因客观事由的出现而导致依法解除。

【理论链接】

德国集体合同[①]

德国集体劳动合同分为两个层次:一是行业团体的劳资协议;二是个别企业的企

---

① 陶建国:《德国集体合同制度及其纠纷解决机制》,载《中国劳动关系学院学报》2009年第23卷第3期,第74~75页。

业协定。团体劳资协议的效力高于企业协定，但无论团体劳资协议还是企业协定都不能违反有关劳动法的规定。团体劳资协议的签订一方是行业工会，另一方是雇主协会。劳资协议的内容可以涉及有关劳资关系的各个事项，原则上其只对加入工会的劳动者和加入雇主协会的企业产生约束力，但如果非工会成员的劳动者从事的工作已在有关劳资协议中有了规定，该劳动者也可以与企业约定适用团体劳资协议的规定。企业协定是在行业的劳资协议指导下，由企业中代表劳动者利益的企业委员会或者雇员代表与企业签订的集体劳动合同。原则上企业委员会依法可进行协商的事务都可以在企业协定中作出规定。除非企业协定中规定的内容更加有利于劳动者，否则，企业协定不得改变行业团体劳资协议内容。

集体劳动合同一般由"一般协议"、"工资基本协议"、"工资协议"三部分组成。一般协议主要是对工资以外的劳动条件进行的约定，比如，劳动时间、年休假、试用期、解雇、加班的工资比例、劳动合同的缔结等。工资基本协议主要对工资等级以及工资分等的原则等进行约定。工资协议则是指在"工资基本协议"原则指导下对具体工资额的约定。集体劳动合同的有效期没有统一的规定，一般不同行业的集体劳动合同其有效期不尽相同。金属产业的集体劳动合同通常一般协议和工资基本协议的有效期为3年，工资协议为1年。

按照德国法，集体协议具有双重效力，即"规范性效力"和"债权法效力"。规范性效力与我国通常讲的"合同约束力"相似。"债权法效力"的主要内容是协议双方当事人不但要承担履行协议的义务，而且还有"保持和平"的义务。任何一方不履行"保持和平"的义务则构成违约，就要按照"合同之债"的规定承担违约责任。

开放条款指企业的劳动委员会或劳动者代表与雇主签订企业协定时，降低集体劳资协议约定的劳动条件，比如在工作时间安排、加班、工资、年度特殊津贴（类似于我国年终奖）等方面约定可以低于集体劳资协议中的标准。对于开放条款，一直存在较大的争议，有人认为这违背了德国宪法上的"协议自治原则"，同时损害了劳动者的利益。不过，德国宪法法院曾在1999年的一个判决中认可了开放条款，法院认为虽然开放条款对协议自治原则造成了一定侵害，但是由于这样的协议是为了在经济不景气情形下尽量解决雇佣问题，增进公共福利。所以开放条款具有正当性。现实中，劳动者方面同意使用开放条款，是为了避免企业在面临经济不景气时大量减少雇用岗位而对劳动者造成损害。但实际上，为了防止开放条款对劳动者造成过大的不利，一般在开放条款中均明确约定开放条款只在一定时期内适用，待经济状况好转时可以进行调整。其中，以利用开放条款降低工资及调整劳动时间居多。运输、通信、建筑企业频繁利用开放条款。零售业、修理业以及金融保险业利用开放条款的较少。

【思考题】

1. 试述集体合同的作用。
2. 试述集体合同的内容。
3. 试述集体合同的变更。
4. 试述集体合同的解除。
5. 集体合同的效力是什么？

【案例分析题】

1. 张某应聘到某钢铁厂做销售人员。双方在劳动合同中约定，劳动报酬为固定工资加提成，固定工资为每月500元，提成以销售额为基础，每月按照销售额的多少发放，前3个月，适逢销售旺季，张某的月工资达到了2000元以上。然而到了第4个月，销售业绩有所下降，张某仅领到1000元工资。财务部拒绝告知这1000元是如何计算的。张某后来听说钢铁厂在半年前与工会签订了集体合同，其中规定劳动者的工资每月不低于1200元。该合同已被劳动行政管理部门确认。张某遂向钢铁厂提出增加工资的要求，而钢铁厂却拒绝了张某的要求。张某遂向劳动争议仲裁委员会申请仲裁。

问：本案中钢铁厂有无违法之处？

2. 李某经人介绍到某公司工作，李某与公司签订了为期2年的劳动合同。劳动合同的期限从2008年1月1日到2010年1月1日结束。2008年5月1日，公司经职工代表大会通过签订了为期3年的集体合同，并经当地劳动保障行政部门审核后开始生效实施。随后，李某发现自己与公司签订的劳动合同中约定的工资标准比集体合同规定的标准低。于是，他找到公司要求补发工资，公司的答复是集体合同是针对正式工的，对农民工不发生效力。

问：本案应如何处理？法律依据是什么？

3. 王某是一名建筑工人，2008年3月，王某与北京一家建筑公司签订了一份为期2年的固定期限劳动合同。合同约定王某每月工资1800元，每月结算一次，公司交四险一金。进入公司后，王某工作努力，一次无意间得知，李某的工资为每月2800元。王某与李某的工作岗位完全相同，只不过李某比王某早进入公司工作2年，并且在2年前，公司工会代表职工与企业签订了一份集体合同，约定王某所在的工作岗位工资标准不低于每月2500元，王某为此事，找到公司理论，但是公司告知王某这是对老员工实施的办法，不适用于新员工。

问：本案应如何处理？

4. 吕某与某企业签订有为期5年的劳动合同。合同中约定：吕某的工资每月计发1次。合同履行期间，企业工会与企业经协商签订了一份集体合同，该份集体合同中约定：企业员工每年年终可获得一次第13个月的工资。该企业的集体合同获得企业职工代表大会的通过并经当地劳动行政部门审核后开始实施生效，但年终过后，吕某并没有得到企业支付的第13个月的工资。于是，吕某向企业提出补发第13个月工资的要求。但企业表示吕某和企业签订的劳动合同中约定了劳动报酬的支付次数，双方应当严格按照劳动合同的约定履行。为此，双方发生争议。

问：劳动合同与集体合同不一致时，应如何处理？劳动合同与集体合同的关系是什么？

第八章

劳务派遣

教学目标

通过本章的学习，了解了劳务派遣的概念与特征，重点掌握劳务派遣协议、劳务派遣的效力，难点是劳务派遣三方法律关系。

关键术语

劳动派遣　劳务派遣单位　用工单位　劳务派遣效力　劳务派遣协议

第一节　劳务派遣的概述

在世界范围内，劳务派遣制度被普遍使用，起初主要适用于保姆、保安、保洁人员就业，后来因其有机制灵活、用工效率高、便于管理等诸多优点，适用范围逐渐扩大到建筑、采矿、交通运输等行业。劳务派遣反映出了传统用工模式在适应市场经济灵活用工需求过程中的僵硬和弊端，作为一种新型的用工模式，它能弥补传统用工模式的不足，因此是对传统的劳动用工方式的有益补充，劳务派遣制度现已成为劳动力市场上用工方式的重要组成部分。

一、劳务派遣的概念与特征

（一）劳务派遣的概念

劳务派遣是指劳务派遣单位（用人单位）与被派遣劳动者之间建立劳动关系，并将劳动者派遣到用工单位，被派遣劳动者在要派单位（用工单位）的指挥、监督下从事劳动的新型用工形式。

（二）劳务派遣的特征

第一，劳动者的雇佣与使用相分离。这是劳务派遣的最本质特征。在一般劳动关系中，用工单位直接雇佣和使用劳动者，并向劳动者支付工资报酬，而在劳务派遣中，劳动者虽然与劳务派遣单位建立劳动关系，但实际使用劳动者的却是用工单位。

第二，劳务派遣中具有三个主体。由于劳务派遣中雇佣与使用劳动者的主体相分离，在劳务派遣关系中存在三个主体：劳务派遣单位、劳动者、实际用工单位。三个主体间的权利和义务由法律规定。一般而言，各国劳动法都规定劳务派遣单位与用工单位对劳动者单独或者连带承担一般劳动关系中的雇主义务。

第三，劳务派遣关系中存在一系列的合同。其中一个是劳务派遣单位与被派遣劳动者之间的劳动合同，另一个是劳动派遣单位与用工单位之间的劳务派遣协议。

二、劳务派遣与相关概念的区别

（一）劳务派遣与职业介绍

职业介绍机构，依法为劳动者求职和用人单位招聘员工提供一种中介服务，旨在促成劳动者和用人单位订立劳动合同和建立劳动关系的行为。对于职业介绍的性质问题，我国《合同法》有明确的规定，《合同法》第 424 条规定："居间是居间人向委托人报告订立合同的机会或者提供订立合同的媒介服务，委托人支付报酬的行为。"因此，职业介绍本质上是一种居间行为。即职业介绍机构为了获得一定的居间劳动报酬，利用自身的一些便利条件，如固定的营业场所、灵活广泛的就业信息渠道等，向求职劳动者提供招聘单位的用工需求信息或者向用人单位推荐登记在册求职劳动者的应聘条件信息，旨在为求职的劳动者和招聘的用人单位之间建起一座桥梁，提供就业居间服务，以促成求职劳动者与招聘的用人单位之间订立劳动合同。在实际中，职业介绍与劳务派遣非常相似，二者之间容易发生混淆，因此有必要对二者加以区别。

一般地说，二者之间的主要区别在于：

第一，在劳务派遣中，实际使用劳动力的用工单位是依据劳务派遣协议的约定来使用劳动者的，用工单位与提供劳务的劳动者之间无须订立劳动合同，因此二者之间不存在劳动关系；在职业介绍中，使用劳动者的用人单位与提供劳务的劳动者之间则应当依法订立劳动合同，建立劳动关系。

第二，在劳务派遣中，用人单位与劳动者之间订立劳动合同、建立劳动关系，如果用人单位与劳动者之间发生劳动争议，应当适用《劳动法》、《劳动合同法》有关规定；在职业介绍中，职业介绍机构同劳动者之间不存在劳动关系，二者之间如果发生劳动争议，因居间行为属于民事行为的一种，应当适用《民法》、《合同法》的有关规定。

第三，在劳务派遣中，负责招聘、培训劳动者的用人单位需要向劳动者支付劳动报酬，为劳动者办理社会保险；而在职业介绍中，负责提供居间服务的职业介绍机构不仅不向劳动者支付劳动报酬，办理社会保险，相反还要依据居间服务合同的约定，在其促成劳动者就业后，向劳动者收取一定的居间报酬。

（二）劳务派遣与承揽

承揽是指承揽人接受定作人的委托为定作人完成一定的工作，待其工作完成后，由定作人支付给承揽人劳动报酬的行为。我国《合同法》第251条规定："承揽合同是承揽人按照定作人的要求完成工作，交付工作成果，定作人给付报酬的合同。"一般地说，承揽合同只涉及承揽人和定作人之间的法律关系，不会直接涉及承揽人以外的第三人，但在实际中，由于承揽业务往往是承揽人通过其雇佣的劳动者来完成的，因而形成了承揽人、雇佣劳动者、定作人三方关系。在承揽中，承揽人与定作人之间是民法上的承揽关系；承揽人与其雇佣的劳动者之间是劳动关系，承揽人直接雇佣并使用劳动者，劳动者履行劳动义务，承揽人向劳动者履行劳动法上工资支付等相应义务；定作人与承揽人雇佣的劳动者之间不存在法律关系，对承揽人的雇员既无直接指挥监督的权利，对承揽过程中的劳动风险也不承担责任。由此可见，这种行为与劳务派遣行为具有一些相似性，因此有必要加以区别。

二者的区别在于：

第一，在劳务派遣中，用人单位只需要依据用工单位的用工需求向用工单位派遣符合其需要的劳动者，即视为完成了相应的义务，而对于劳动者在用工单位的监督、管理和指挥下所完成的工作成果不负任何责任；在承揽关系中，先由承揽人出面接受定作人的委托、接受定作人的工作任务，然后由承揽人雇佣劳动者并依据定作人的要求为其完成一定的工作，具体的实际工作是由承揽人所雇佣的劳动者完成的，承揽人只需对劳动者完成的工作成果向定作人负责。

第二，在劳务派遣中，用工单位基于劳务派遣协议获得了对劳动者的劳务给付请求权，劳动者需要为用工单位提供劳务，并且需要在用工单位的监督、管理和指挥下为用工单位提供一定数量的劳务，据此在劳动者与用工单位之间形成了一种特殊的劳动关系，这种特殊的劳动关系相对比较复杂；在承揽关系中，劳动者虽然完成的是定作人的工作，但是劳动者却需要依据其与承揽人之间的劳动合同或者劳务合同向承揽人提供劳动或者劳务，所以，劳动者与承揽人之间不是《劳动法》、《劳动合同法》规定的劳动关系，就是《民法》、《合同法》中规定的劳务关系，这种劳动关系或者劳务关系相对较为简单。

(三) 劳务派遣与人事代理

人事部在 1995 年开始实行人事代理，它是我国人事制度改革的产物，其目的是为了降低用人单位的人力资源成本，实现人事关系管理与劳动者使用相分离，即用人单位只负责使用劳动者，而对于与劳动者相关的人事方面的工作，如档案管理、职称评定等则委托给依法设立的人事代理机构进行。1995 年以来，国家没有制定统一的人事代理法律或者行政法规，但是各地为了规范人事代理这一制度，陆续发布了一些地方性法规和规章，如《黑龙江人事代理规定》、《北京市人事代理暂行规定》、《湖北省人事代理暂行办法》、《江苏省人事代理暂行办法》等。人事代理指依法成立的人事代理机构，接受单位或者个人的委托，为单位或者个人处理有关人事方面的关联、服务等工作。人事代理与劳务派遣相比，都涉及三方主体即用人单位、劳动者和第三方，二者之间有许多共同点，所以在实践中较易发生混淆，有必要加以区分。

二者之间的主要区别在于：

第一，在劳务派遣中，劳动者与第三方（用工单位）之间不存在劳动法意义上的劳动关系，存在的是一种特殊的劳动关系。在人事代理中，劳动者与第三方（人事代理机构）之间的关系，则需具体问题具体分析：如果是劳动者委托进行人事代理的，则劳动者与人事代理机构之间属于一般的民事代理关系；如果是用人单位委托进行人事代理的，则劳动者与人事代理机构之间不存在法律关系。

第二，在劳务派遣中，用人单位与劳动者之间订立劳动合同，并该劳动合同是劳务派遣协议订立和适用的前提和基础，其内容是《劳动法》上的权利、义务关系。如果劳动者与用人单位之间因劳动合同的订立、执行发生争执，应当适用《劳动法》的相关规定；而在人事代理中，因人事代理发生争议的，适用《民法》的相关规定。

(四) 劳务派遣与借调

人事借调在我国比较普遍，通常表现为各类企事业单位人员的临时借用，从形式看，出借单位把本单位员工派到其他单位工作一段时间，由借调单位安排出借员工的工作。借调是指借调单位向被借调单位提出借调其单位特定劳动者的请求，被借调单位将该劳动者派遣到借调单位进行一定期间的工作，待借调期间届满，该劳动者仍返回被借调单位工作。在借调劳动关系中，也存在三方主体，即借调单位、劳动者与被借调单位，并且劳动者与被借调单位之间不脱离劳动关系，只是在借调期间内为借调单位从事特定的工作，但须服从借调单位的管理和指挥。这与劳务派遣相似，但二者之间仍存在区别。

二者之间的区别在于:

第一,在劳务派遣中,劳务派遣发生的原因是市场上的商业行为,双方需要支付合理的对价,才能从对方处获取相应的报酬,如用工单位从用人单位处获取对用人单位劳动者的劳务给付请求权是以向用人单位支付劳务费的方式为代价的;在借调劳动关系中,借调发生的原因多是基于工作的需要而产生的行政性命令或者是单位之间的请求,在此情况下,借调一般是无偿的,即对于被借调劳动者的劳动报酬的支付、社会保险费的缴纳,仍由被借调单位承担。

第二,在劳务派遣中,从事劳务派遣的用人单位是以招聘、培训劳动者并对其进行派遣为职业的,除此以外没有其他的专门职业,而劳动者在用人单位也是有具体的特定的工作岗位的;在借调劳动关系中,被借调单位不是以派遣被借调劳动者为职业的,而有自己的特定职业,借调只是暂时的、偶然性的行为,而且被借调劳动者在被借调单位是有具体的特定工作岗位的。

第二节 劳务派遣的立法概述

一、外国劳务派遣立法概述

劳务派遣源于美国,成长于欧美、日本,是人才市场化的产物,其最显著的特点是"用人不养人"。作为一种新的人力资源配置模式,劳务派遣起初在各国的争议还是比较大的,受到法律的严格规制。日本《就业保障法》第44条规定,工人派遣义务是被禁止的。近年来,由于全球的经济不景气,企业为节省在人才招聘、培训和管理体制等方面的人事成本,在欧美、日本等发达国家普遍把人力资源商品化,劳务派遣方式就逐渐流行起来。西方国家相继对劳务派遣解禁,如丹麦、英国、美国等国家以普通法进行对劳务派遣的规制,对劳务派遣中诸如雇主责任分配等具体问题通过判例法确立相关原因加以解决。德国、日本、瑞典、法国等国家对劳务派遣专门立法,并辅之以集体协议进行约束,如日本在1999年12月将劳务派遣适用范围的规定改成否定式列举的方式,即规定除港湾运送、建设、警备、医疗(医师、护士)、律师、制造工程等业务禁止劳务派遣外,均允许适用劳务派遣。德国2002年把劳务派遣的期限从12个月延长到24个月,从2004年起取消了劳务派遣的期限限制,并在《雇员转让法》中规定了"非真实的劳动合同",把劳务派遣称之为"出借公司把雇员商业性转让给第三者的行为",即雇员基于雇主和借入方签订的合同完全归入借入方的企业,被用于增进借入方的企业目的并受其指令约束的一种关系。对于组织转让需要得到官方许可，否则，可能导致转让关系无效。目前，完全禁止临时性交易机构从事营利性劳务派遣活动的国家日益减少，欧盟成员国中仅有希腊仍禁止劳务派遣。

二、我国劳务派遣立法概述

　　劳务派遣在我国最早出现于20世纪90年代末期，派遣对象仅局限在海外和外商投资企业。1996年，中国建设银行上海分行与中国上海人才市场共同引入了劳务派遣这一新型用人方式，办理了30人的派遣业务，这是国内第一次真正意义上的劳务派遣。1999年，为配合国有产权变动、减员增效、主辅分离等改革，我国进行了新一轮的劳务派遣，但是社会化的程度很低，派遣机构多为国有企业或者其改制后公司的分支机构或者子公司，只派遣下岗工人和工人家属、有的甚至只向所属的国有企业或者其改制后的公司派遣；有的派遣机构虽然其地位和业务已社会化，但派遣对象以国有企业的下岗失业人员为主，有的只限于本地劳动者，随着国有企业改革的深入，社会其他行业也逐渐借鉴劳务派遣的用人机制，派遣机构的地位、业务都已社会化，服务对象包括各种所有制形式的雇主和本地、外地劳动者。但国家尚没有针对劳务派遣的专门立法，有关规定散见于行政法规、部门规章或者国务院有关部门规范性文件中且内容不多，如《北京市人民政府关于外国企业常驻代表机构聘用中国雇员的管理规定》、《北京市劳务派遣组织管理暂行办法》、《南昌市劳务派遣管理暂行办法》等零散的规定。在实际操作中，一些派遣机构与要派单位逃避法律责任和社会保障义务，侵害劳动者的合法权益，如派遣机构纵容要派单位不采取必要的安全生产措施，侵夺被派遣劳动者法定的休息、休假权；被派遣劳动者在劳动合同的签订、社会保险的缴纳、工资水平、职业安全卫生及职业技能培训等方面都不能取得与正式员工同等的待遇；派遣机构与要派单位即劳动者签订的劳动合同是两份合同，只是两份合同出现不同的内容，极大损害了被派遣劳动者的合法权益。

　　2008年1月1日实施的《劳动合同法》在第五章用一节11个条款规定了劳务派遣①，2008年9月18日发布的《中华人民共和国劳动合同法实施条例》第4章也设专章对劳务派遣作出了特别规定，2012年全国人民代表大会常务委员会提供了修改《劳动合同法》的决定，对劳务派遣进行了修改，本决定从2013年7月1日起施行。

---

　　① 参见《劳动合同法》第57条到第67条的规定。

第三节 劳务派遣法律关系

【案例 8-1】

劳务派遣单位与用人单位之间的责任分担①

2006 年，B 公司与 A 公司签订劳务服务协议书一份，协议约定由 A 公司向 B 公司提供劳务服务。内容为：A 公司根据 B 公司用工要求进行招工；A 公司代为发放劳动者工资、代缴劳动者养老保险及其他相关商业保险；B 公司每月在 20 日左右，把劳动者工资付给 A 公司。A 公司代劳动者交纳的相关保险费用均由 B 公司方承担。B 公司每月支付 A 公司劳务服务费每人每月 45 元。协议服务期限为 2006 年 4 月 1 日到 2007 年 3 月 31 日。

2006 年 10 月 20 日，A 公司与苏某就赴 B 公司工作事宜签订劳动合同书二份。一份是苏某与 A 公司签订的劳动合同，约定合同期限自 2006 年 10 月 20 日到 2007 年 1 月 20 日，同时约定一旦苏某被 B 公司辞退，劳动合同即行终止。一份是苏某与 B 公司签订的合同，约定合同期限自 2006 年 10 月 20 日到 2007 年 1 月 19 日。

2006 年 12 月 14 日，B 公司向 A 公司开具派遣员工退工通知书，以适用不合格为由把被告退回到 A 公司。同日，A 公司同意 B 公司提前解除合同，同时按约定把苏某辞退，并开具解除劳动合同证明。

对于 B 公司提前解除劳动合同，苏某不服即向劳动争议仲裁委员会提出申诉，要求 B 公司支付工资即解除劳动合同的经济补偿金 24083 元。2007 年 3 月 27 日，仲裁委员会裁决：B 公司支付苏某工资 7200 元，支付经济补偿金 4000 元，扣除已支付 3000 元，在裁决书生效之日起 7 日内支付 8200 元，同时驳回苏某的其他诉讼请求。B 公司因不服上述裁决，向法院提起诉讼，该公司认为公司与 A 公司存在的是人员派遣关系，苏某是在 2006 年 10 月 20 日与 A 公司签订劳动合同，并由 A 公司派遣至该公司工作的，双方之间不存在劳动关系。因此要求法院判令双方之间不存在劳动关系；B 公司无须支付工资 4200 元及经济补偿金 4000 元。8 月 28 日，某人民法院审结此案，判决双方之间不存在劳动关系。

依据《劳动合同法》第 58 条的规定，劳务派遣单位应当与被派遣劳动者订立 2 年以上的固定期限劳动合同，按月支付劳动报酬；被派遣劳动者在无工作期间，劳务派遣单位应当按照所在地人民政府规定的最低工资标准，向其按月支付报酬。

---

① 童卫东：《〈中华人民共和国劳动合同法〉解读与案例》，人民出版社 2013 年版，第 287 页。

A公司与苏某之间的劳动合同违法,劳动合同的期限只有3个月,而劳动合同法规定至少为2年;一旦苏某被B公司辞退,劳动合同终止,A公司不是因《劳动合同法》第39条、第40条的规定解除劳动合同的,就不能提前解除劳动合同,要继续派遣苏某,苏某即使无工作,A公司仍应支付其当地最低工资标准。

B公司不能与苏某约定试用期。苏某在仲裁中,应将A公司与B公司作为共同被申请人。

【案例8-2】

被派遣劳动者解除与劳务派遣单位之间的劳动合同案①

袁某与上海市某劳务派遣公司签订了一份为期2年的劳动合同,从2008年4月1日开始到2010年3月31日结束。合同约定,劳务派遣单位把袁某派遣至上海某A公司工作,约定袁某的工资为每月5000元。如果用工单位与袁某解除劳动合同,那么劳务派遣公司与袁某的合同即行终止。

2008年4月2日,袁某开始在A公司上班,刚刚开始的时候,由于袁某工作勤奋,双方合作愉快。2008年8月4日,公司发现袁某经常为了回家加班方便,把工作邮件用U盘拷回家,然后回家在自己的电脑上工作。A公司随即以袁某严重违反公司规章制度为由将袁某退回劳务派遣公司。袁某不服,与A公司进行理论,认为A公司规章制度违反的是保密规定,导致客户资料严重外泄的,才属于严重违反保密制度的行为。自己仅仅把工作信息用U盘拷回家,在自己的电脑上工作,并没有构成客户资料的严重外泄,同时自己在家中工作用的电脑,是自己为了方便在家中加班专门配备的一台裸机,没有和任何形式的网络相连接,自己也设置了安全性很高的密码。因此,除非别人在自己的电脑上拷贝,否则不可能泄露工作信息。但是,A公司仍然把袁某退回劳务派遣公司。于是劳务派遣公司以之前与袁某的约定为由,解除与袁某的劳动关系。袁某不服,认为劳动派遣公司不能与其解除劳动合同,无奈之下,只好向劳动派遣公司所在地的劳动争议仲裁委员会申请仲裁,要求恢复与劳务派遣公司的劳动关系,并要求劳务派遣公司按照5000元/月的标准,支付自解除至劳动关系恢复期间的工资。

劳动争议仲裁委员会受理了袁某的申请。在仲裁庭审理时,劳务派遣公司主张,之所以解除与袁某的劳动关系,是因为工作期间袁某将代表处的工作邮件用U盘拷贝至其私人的电脑,这严重违反了代表处的规章制度。劳动争议仲裁委员会认为,对于袁某是否严重违反公司的规章制度问题,根据袁某提供的A公司的规章制度,袁

---

① 《中华人民共和国劳动合同法适用与实例》,法律出版社2013年版,第138~139页。

某的行为并不构成严重违反规章制度，A 公司把袁某退回劳务派遣公司没有事实上的依据，也缺乏法律依据。因此劳务派遣公司不能据此解除与袁某之间的劳动合同。

对于袁某在无工作期间劳动报酬支付的问题，依据《劳动合同法》第 58 条的规定，劳务派遣单位应当与被派遣劳动者订立 2 年以上的固定期限劳动合同，按月支付劳动报酬；被派遣劳动者在无工作期间，劳务派遣单位应当按照所在地人民政府规定的最低工资标准，向其按月支付报酬。对于无工作期间，应当是用工单位合法解除与劳动者之间的劳动关系，或者因为与用工单位约定的工作期间届满而无工作。本案中，A 公司违法解除与袁某之间的劳动关系，袁某可以要求劳务派遣公司继续支付其约定的工资。

后经过劳动仲裁委员会的调解，A 公司同意按照原有约定进行聘用袁某。劳务派遣公司则撤销解除与袁某之间劳动合同的决定。

一、劳务派遣法律关系的性质

世界各国和地区对劳务派遣法律关系的性质都存在不同认识，争议的焦点在于劳务派遣是一重劳动关系还是双重劳动关系。

（一）一重劳动关系

一重劳动关系论认为，在劳务派遣中只存在劳务派遣机构和劳动者之间一个劳动关系。德国、日本等国的立法采纳了这种观点，我国《劳动合同法》也采纳了这种观点。

对于劳动者和用工单位之间的关系，特别是用工单位基于什么基础，拥有对劳动者的指挥、监督权，一重劳动关系论则存在下述三种不同观点：

第一，劳务给付请求权让与说[①]。该说主张劳务派遣单位把自己对劳动者的劳务给付请求权让与要派单位，要派单位基于此有权对被派遣劳动者进行指挥、监督，并把被派遣劳动者纳入自己的经营组织之中。

第二，真正的利他契约说[②]。该说是我国台湾学者黄程贯提出，他认为在劳务派遣中，劳务派遣单位先是与被派遣劳动者建立劳动关系，然后把被派遣劳动者派遣到要派单位，向要派单位履行劳动给付，劳务派遣的这一特点符合利他合同的本质特征。用工单位作为利他合同的第三人，对劳动者有直接的履行请求权。因此，劳务派遣机构与用工单位之间是合同一方当事人与合同第三人之间的关系。

第三，双层运行说或者委托代理说[③]。该说由王全兴教授提出，他认为劳务派遣

[①②] 黄程贯：《德国劳工派遣关系之法律结构》，载《政大法学评论》1998 年第 6 期。
[③] 王全兴、侯玲玲：《劳动关系双层运行的法律思考——以我国的劳务派遣实践为例》，载《中国劳动》2000 年第 4 期。

是一重劳动关系的双层运行,而不是双重劳动关系。在劳务派遣过程中,用工单位进行劳动过程的组织和管理并负责工资、福利、社会保险费等项费用,其他劳动管理实务诸如劳动合同的签订、社会保险手续的办理则委托给劳务派遣机构代为实施,劳务派遣机构只是用工单位劳动管理事务的代理主体。所以,用工单位和劳务派遣机构之间是委托代理关系,即劳务派遣机构仅是用工单位的代理机构,本身并非用人单位。这种观点实质上是认为,在劳务派遣中,只存在异常劳动关系的双重运行,而不是双重劳动关系。

(二) 双重劳动关系

这是美国的通说。双重劳动关系说认为,被派遣劳动者是由劳务派遣单位直接雇佣,因此在所有相关事项上,劳务派遣单位均须承担雇主责任。对于直接使用被派遣劳动者的要派单位,依据美国法所谓的"共同雇主"概念,要派单位也要承担雇主责任。至于要派单位是否要承担雇主责任或者在多大程度上承担雇主责任,则取决于它对被派遣劳动者是否行使监督管理权或者行使监督管理权的程度。

我国学者董保华持这种观点[1],不过他认为在劳务派遣中劳务派遣单位、要派单位与被派遣劳动者之间构成的是双重特殊劳动关系。这种所谓的特殊劳动关系是介于"标准劳动关系"和"民事劳务关系"之间的过渡状态,这种特殊劳动关系一个明显的特征就是只受到部分劳动基准法的限制,双重特殊劳动关系的叠加构成了一个完整的劳动关系,由此涉及两个单位的劳动关系实际上各是半个劳动关系,因此两个单位或者说两个雇主共同对被派遣劳动者承担劳动法上的义务。

二、劳务派遣法律关系的界定

在劳务派遣中存在三方主体,即用人单位(劳务派遣单位)、用工单位(要派单位)和被派遣劳动者,三方之间基于特定事实实现了劳动力的雇佣和使用上的分离,从而导致形成了复杂的法律关系。

具体的法律关系如下:

(一) 用人单位与被派遣劳动者

用人单位与被派遣劳动者之间订立劳动合同,双方之间建立劳动关系。用人单位依据与劳动者之间订立的劳动合同,承担劳动法上的雇主法定义务,即向劳动者支付劳动报酬、缴纳社会保险费即提供福利待遇。但是,劳动者不直接向用人单位提供劳动,劳动者须接受用人单位的派遣向第三方即用工单位提供劳动。

---

[1] 董保华:《劳务派遣的法学思考》,载《中国劳动》2005年第6期。

（二）用工单位与被派遣劳动者

用工单位与被派遣劳动者之间不存在劳动关系，而是一种特殊的劳动关系。即用工单位虽然实际使用被派遣劳动者，对被派遣劳动者进行一定程度的约束，但用工单位不负责劳动者的人事管理，只对劳动者进行使用管理或者岗位管理。所以，用工单位不需承担《劳动法》、《劳动合同法》上规定的义务[①]，用工单位只是依据与用人单位之间的劳务派遣协议在实际使用被派遣劳动者，而《劳动法》、《劳动合同法》上规定的义务，要由用人单位来承担。

（三）用人单位与用工单位

用人单位与用工单位是两个独立、平等的民事主体，双方之间不存在任何的管理与从属关系，因此双方之间签订的劳务派遣协议不是劳动合同，而是劳务合同。一般地，用人单位把自己招聘的员工派遣到用工单位进行工作，由用工单位向用人单位支付劳务费。用人单位与用工单位之间就派遣劳动者数量、派遣时间、劳务费用、支付期限、支付方式等内容，通过平等协商的原则，签订书面的劳务派遣协议，约定与明确双方的权利义务关系。如果双方之间因劳务派遣事项发生争议、产生纠纷，应当适用《民法》、《合同法》的相关规定进行处理。

三、劳务派遣法律关系的主体

（一）派遣单位

是与劳动者签订劳动合同，建立劳动关系，并将劳动者派到用人单位工作的主体。劳动者与用人单位之间是劳动关系的两方主体，这种劳动关系的建立是双方通过签订劳动合同进行实现的。在劳务派遣用工形式中，劳动者虽在用工单位实际工作，但其与用工单位之间并不存在劳动关系。劳动者是受到劳务派遣单位的指派到用工单位进行工作的，当用工单位不需要派遣工时，劳动者就会回到派遣单位，等待再次指派。在劳动合同存续期间，劳动者可能在多家用工单位工作，但其与劳务派遣单位之间的关系始终存在，并受用人单位的监督管理。

1. 劳务派遣单位组织形式的限制。《劳动合同法》对劳务派遣单位组织形式实行

[①] 需要注意的是，用工单位也需承担一定的《劳动法》、《劳动合同法》上的雇主责任，这部分雇主责任是从用人单位对劳动者承担的雇主责任中分离出来的，即在用工单位实际使用被派遣劳动者过程中，需要依照法律的规定，对劳动者提供符合法律规定的安全生产、劳动保护的条件等。如果用工单位在使用被派遣劳动者的过程中，违反以上的义务，应追究其《劳动法》、《劳动合同法》上的法律责任。

强制性规定和任意性规定相结合的方式,即强制性规定主要体现在要求劳务派遣单位须依照《公司法》的规定设立,不能根据其他法律的规定设立。经营劳务派遣单位只能采用公司的形式设立,不能采取独资企业、合伙企业等形式设立。而对公司组织形式的具体类型,法律采取任意性规定,对此不予以干涉,由发起人和股东自行决定。

2. 劳务派遣单位注册资本的限制。2008年《劳动合同法》第57条对劳务派遣单位的法定注册资本作出了强制性规定,即劳务派遣单位设立时的法定注册资本最低不得少于50万元人民币,而最高数额则不作限制。2012年全国人民代表大会修改了《劳动合同法》第57条,将劳务派遣单位设立时的法定注册资本规定为不少于200万人民币;有与开展业务相适应的固定经营场所和设施;有符合法律、行政法规规定的劳务派遣管理制度;法律、行政法规规定的其他条件,经营劳务派遣业务,应当向劳动行政部门依法申请行政许可;经许可的,依法办理相应的公司登记。未经许可的,任何单位和个人不得经营劳务派遣业务。[①] 与《公司法》规定的公司设立最低资产资本3万元人民币相比,劳务派遣公司的设立条件相对较为严格,还须经过行政许可。

3. 劳务派遣单位设立子公司与分公司的限制。《劳务派遣行政许可实施办法》第21条对劳务派遣单位设立子公司与分公司进行了明确的规定,即劳务派遣单位设立子公司经营劳务派遣业务的,应当由子公司向所在地许可机关申请行政许可;劳务派遣单位设立分公司经营劳务派遣业务的,应当书面报告许可机关,并由分公司所在地人力资源社会保障行政部门备案。

(二) 用工单位

用工单位是接受以劳务派遣形式用工的单位,即使用被派遣劳动者的主体。用工单位虽不是劳动合同的缔约人,却是劳动力的使用人和劳动合同的履约人。劳动力使用关系的实质是劳动关系,用工单位与派遣单位相比,更易被人认为是用人单位。

(三) 被派遣劳动者

被派遣劳动者是指具有劳动权利能力和劳动行为能力,并与派遣单位签订劳动合同的自然人。

四、劳务派遣协议

(一) 劳务派遣协议的定义

劳务派遣协议是指派遣单位(用人单位)与要派单位(用工单位)之间签订的

[①] 2013年7月1日人力资源与社会保障部实施的《劳务派遣行政许可实施办法》第7条中规定,申请经营劳务派遣业务的注册资本不得少于人民币200万元。

关于派遣单位为要派单位提供劳务派遣服务的书面协议。

(二) 劳务派遣协议的性质

关于劳务派遣协议的性质，学界一般公认为是民事协议，因为劳务派遣协议的主体是地位平等的派遣单位与要派单位，它们在平等协商的基础上达成关于把派遣单位招聘的劳动者的劳动力使用权在一定期限内由要派单位占有、使用与控制的协议，具备民事合同的基本特征。但是，劳务派遣协议并非一般普遍的民事协议，而是特殊的民事协议，因为协议的内容涉及第三人——被派遣劳动者的利益。因此，劳务派遣协议的内容不得损害劳动者的利益，其受到劳动法的特别限制，性质应为劳动法上的劳动合同之外的一种特殊合同。劳务派遣单位向用工单位提供人才派遣服务，收取服务费尽管具有市场交易行为的性质，但与商品买卖等普遍民事合同不同，涉及劳动者权益保护问题，因此该协议不能完全遵循民法上的意思自治原则，而受到劳动法的诸多限制。

(三) 劳务派遣协议的内容

《劳动合同法》第59条规定，劳务派遣单位派遣劳动者应当与接受劳务派遣形式用工的单位（用工单位）订立劳务派遣协议。劳务派遣协议应当约定派遣岗位和人员数量、派遣期限、劳动报酬和社会保险费的数额与支付方式以及违反协议的责任。用工单位应当根据工作岗位的实际需要与劳务派遣单位确定派遣期限，不得将连续用工期限分割，订立数个短期劳务派遣协议。

1. 派遣岗位和人员数量。被派遣劳动者的工作岗位是指被派遣劳动者被派到用工单位被安排做什么性质的工作、该工作岗位有何能力要求等，并且在劳务派遣协议中载明用工单位需要的劳动者人员数量。劳务派遣协议对派遣岗位的规定，是为了明确被派遣劳动者知道自己到用工单位从事的工作性质、自己能否胜任工作，并利于劳务派遣单位派遣符合用工单位要求的被派遣劳动者。

2. 派遣期限。派遣期限是指被派遣劳动者到用工单位从事工作的劳动时间的范围。用工单位应当根据工作岗位的实际需要与劳务派遣单位确定派遣期限，不得将连续用工期限分割，订立数个短期劳务派遣协议。为了防止用工单位把连续用工期限分割订立数个短期劳务派遣协议，逃避法律责任，在劳务派遣协议中，必须明确载明派遣期限。

3. 劳动报酬。劳动报酬是指用工单位根据被派遣劳动者提供的劳动质量与数量，以货币形式支付给被派遣劳动者的劳动报酬和其他报酬。用工单位应当把要支付给被派遣劳动者的劳动报酬交付给劳务派遣单位，然后再由劳务派遣单位发放给被派遣劳动者，劳务派遣单位不得克扣用工单位按照劳务派遣协议支付给被派遣劳动者的劳动报酬。劳动报酬的约定应当符合法律规定,并且支付给被派遣劳动者的劳动报酬不得低于所在地人民政府规定的最低工资标准,否则该约定条款无效。依据《劳动合同法》第63条的规定,被派遣劳动者享有与用工单位的劳动者同工同酬的权利。用工单位应当按照同工同酬的原则,对被派遣劳动者与本单位同类岗位的劳动者实行相同的劳动报酬分配办法,用工单位无同类岗位劳动者的,参照用工单位所在地相同或者相近岗位劳动者的劳动报酬确定。此外,用工单位有告知被派遣劳动者在劳务派遣协议中关于其报酬的约定。

4. 社会保险费的数额与支付方式。社会保险是保障劳动者的重要制度,劳动者在丧失部分或者全部劳动能力时,具有从国家获得帮助以维持基本生存权的权利,用人单位不得以任何行为违反与规避。

在劳务派遣法律关系中,被派遣劳动者也享有社会保险的权利。在劳务派遣中,由于被派遣劳动者与劳务派遣单位和用工单位之间都有关系,究竟由哪一个单位为其办理社会保险及费用的支付,根据《劳动合同法》的规定,劳务派遣单位与用工单位双方对社会保险的数额和支付方式,在符合法律规定的条件下,可以在劳务派遣协议中作出约定,如果没有约定或者约定不明,则由劳务派遣单位负责办理缴纳。劳务派遣单位应代表被派遣劳动者向当地的社会保险机构办理申报和登记,并为劳动者建立相应的社会保险账户,并应每月按时代被派遣劳动者缴纳保险费。

5. 违反协议的责任。劳务派遣单位和用工单位在劳务派遣协议中应明确违反协议的责任,便于在一方或者双方违反协议的情况发生时,对各自责任范围的界定。

第四节 劳务派遣的效力

【案例8-3】

劳务派遣中加班工资的支付[①]

黄某从事市场工作多年,在业内也小有名气。2008年1月1日,黄某与A劳务派遣公司签订劳动合同,被派往B外资企业担任市场部经理。劳动合同期限自2008年1月1日开始,到2009年12月31日结束。双方约定黄某月薪15000元。随后A公司与B公司签订了劳务派遣协议,A公司则与黄某签订了聘用协议。

黄某在公司刚开始的时候,工作努力,与用工单位B公司相处很愉快,但是由于2008年底国际经济形势的恶化,黄某所在的公司为了减少企业开支,希望缩减在华

---

① 《中华人民共和国劳动合同法适用与实例》,法律出版社2013年版,第125~126页。

的业务。相应地，B公司也决定减少在中国办事机构的人员。黄某所在的市场部被企划部合并，因此黄某也成了减员中的一员。由于黄某本身业务过硬，人缘广，不愁找不到新的工作。因此黄某同意A公司结清之间工作期间的加班费共计30000多元，黄某拿出了详细的考勤记录作为证明。但是，A公司认为与黄某的劳动合同非常明确，每月工资为15000元，至于加班费，在劳动合同中没有提及，同时A公司与B公司之间签订的劳务派遣协议也非常明确，就是黄某到B公司担任市场部经理，如果黄某在工作过程中加班，应当向B公司要求支付加班费。B公司则认为自己与黄某之间没有实际意义上的劳动关系，因此B公司无须向黄某支付加班费。

在与双方都无法协商一致的情况下，黄某向当地的劳动争议仲裁委员会提出了仲裁申请。劳动争议仲裁委员会在审理中认为，黄某与A公司签订了劳动合同，虽然没有对加班费等事项作出规定，但依据《劳动合同法》第31条的规定，用人单位应当严格执行劳动定额标准，不得强迫或者变相强迫劳动者加班。用人单位安排加班的，应当按照国家有关规定向劳动者支付加班费。因此，A公司应当按照法律规定向黄某支付加班费。后经过仲裁委员会的调解，A公司同意向黄某支付加班费22000元。

【案例8-4】

自我劳务派遣无效[①]

上海M文化发展有限公司是隶属于S电视台的专业人才服务公司，专门为S电视台提供劳务派遣、人事代理等业务。1990年初S电视台只有5个频道、1500多名事业编制人员，现在已经有13个频道，马上要分成15个频道，人员编制却远远不能满足需求。其实从1995年开始，他们就进行了编制外用工的尝试，2008年在全台范围内推进编外人员管理改革，通过劳务派遣的方式解决编外人员的身份问题。除了台里有编制的职工，其他的职工全部同M公司签订劳动合同，然后再派遣到S电视台工作，成为企聘人员。全台的6000多人里，曾有4000多人与S电视台签订了企聘合同，占了全体人员的2/3。

《劳动合同法》第67条规定，用人单位不得设立劳务派遣单位向本单位或者所属单位派遣劳动者，明确禁止自我派遣行为。

但是，《劳动合同法》没有明确规定哪些情形属于自设劳务派遣单位。《劳动合同法实施条例》第28条规定，用人单位或者其所属单位出资或者合伙设立的劳务派遣单位，向本单位或者所属单位派遣劳动者的，属于《劳动合同法》第67条规定的不得设立的劳务派遣单位。即M公司属于S电视台或者其所属单位出资或者合伙设

[①] 黎建飞：《劳动法案例分析》，中国人民大学出版社2007年版，第108~109页。

立的劳务派遣单位，不能再向 S 电视台或者其所属单位派遣劳动者。

M 文化发展有限公司是 S 电视台自设的专业人才服务公司，也是专门为 S 电视台提供劳务派遣和人事代理等业务的一家公司，双方之间的关系因违反劳动合同法而属于无效。但是，劳动者与 M 文化发展有限公司自用工之日起就形成了实质性的劳动关系，劳动者也向 M 公司履行了劳动义务。所以，劳动者应以 M 公司为用人单位，向其主张劳动权利。

一、用人单位与被派遣劳动者之间的权利义务

在劳务派遣中，用人单位与被派遣劳动者为劳动合同的主体，双方之间建立了劳动关系，但是，劳务派遣中用人单位与被派遣劳动者之间的权利义务关系与一般劳动合同主体之间的权利义务关系相比，存在明显的不同。

（一）签订劳动合同的义务

《劳动合同法》第 58 条第 1 款规定，劳务派遣单位是劳动者的用人单位，应当履行用人单位对劳动者的义务。劳务派遣单位与被派遣劳动者订立的劳动合同，除应当载明本法第 17 条①规定的事项外，还应当载明被派遣劳动者的用工单位以及派遣期限、工作岗位等情况。

1. 对劳动合同必备条款的限制。在劳务派遣中，劳务派遣单位作为用人单位与被派遣劳动者之间的劳动合同与一般劳动合同有所不同，这是基于劳务派遣对劳动力的雇佣与使用相分离的特点。即劳务派遣单位是劳动者的法定用人单位，这决定了劳务派遣单位与劳动者之间的劳动合同具有一般劳动合同的共性，包含着一般劳动合同必备的条款，同时劳务派遣单位不是劳动者的实际用工单位，这加大了劳务派遣单位与被派遣劳动者之间的劳动合同还具有一般劳动合同所不具有的个性，这体现在：劳动合同的内容中除一般劳动合同必备条款外，还应当具备劳动者被派遣方面的规定，即被派遣劳动者的用工单位以及派遣期限、工作岗位等关系劳动者切身利益方面的情况。

2. 对劳动合同形式的限制。劳动用工可以划分为全日制用工和非全日制用工两种形式，在这两种不同形式的一个制度下，劳动者的权益存在着明显的差别。为保障被派遣劳动者的权益，《劳动合同法实施条例》第 30 条规定，劳务派遣单位不得以非全日制形式招用被派遣劳动者。

---

① 劳动合同应当具备以下的条款：用人单位名称、住所、和法定代表人或者主要负责人；劳动者的姓名、住址和居民身份证或者其他有效身份证件号码；劳动合同期限；工作内容和工作地点；工作时间和休息休假；劳动报酬；社会保险；劳动保护、劳动条件和职业危害防护；法律、法规规定应当纳入劳动合同的其他事项。

对于全日制用工形式具体又分为三种不同形式，即固定期限劳动合同、无固定期限劳动合同和以完成一定工作任务为期限的劳动合同。对此，《劳动合同法》第58条第2款规定，劳务派遣单位应当与被派遣劳动者订立2年以上的固定期限劳动合同，按月支付劳动报酬。

（二）支付劳动报酬的义务

劳动报酬是劳动者在用人单位进行劳动获得的对价，也是劳动者维持自己和家庭生活的物质基础。

1. 支付劳动报酬的责任主体。在劳务派遣中，实际使用劳动者的是用工单位，用工单位有依法获得劳动者提供劳动的权利，但是用工单位并不承担向劳动者支付报酬的义务。根据法律的规定，与劳动者签订劳动合同的劳务派遣单位，是劳动者的用人单位，负有及时足额向劳动者支付劳动报酬的义务。

但是对于劳动者的劳动报酬的数额与支付方式，却是用人单位与用工单位在劳务派遣协议中，对劳动报酬支付的数额和支付的方式等进行的明确约定。如果用工单位没有按照约定向劳务派遣单位支付劳动报酬，劳务派遣单位应当依法先向劳动者支付劳动报酬，然后再依据劳务派遣协议的约定追究用工单位的法律责任。

2. 劳动报酬支付的方式。《劳动合同法》第58条明确规定，劳务派遣单位应当依法按月向劳动者支付劳动报酬，被派遣劳动者在无工作期间，劳务派遣单位应当按照所在地人民政府规定的最低工资标准，向其按月支付报酬。

第一，劳务派遣单位向劳动者按月支付劳动报酬是法定的支付方式，对此劳务派遣单位不得以任何借口采取其他支付方式来取代，也不得拖延支付，否则劳动者可以要求其承担相应的法律责任。

第二，不管劳动者是否在工作期间，劳务派遣单位都要按月向劳动者支付劳动报酬。在劳动者无工作期间，劳务派遣单位仍然负有向劳动者按月支付报酬的义务，并且支付的劳动报酬不得低于其所在地人民政府规定的最低工资标准。

第三，劳务派遣单位不得克扣劳动报酬。《劳动合同法》第60条第2款规定，劳务派遣单位不得克扣用工单位按照劳务派遣协议支付给被派遣劳动者的劳动报酬。向劳动者发放的劳动报酬，在劳务派遣中，存在两种支付劳动报酬的规定，一是根据《劳动合同法》第58条第1款的规定，劳务派遣单位与劳动者之间签订的劳动合同中约定的劳动报酬；二是根据《劳动合同法》第59条第1款的规定，劳务派遣单位和用工单位在劳务派遣协议中约定的对被派遣劳动者的劳动报酬。对此，产生了对劳动合同中约定的劳动报酬与劳务派遣协议中约定的劳动报酬如何处理的问题，笔者认为，应本着对劳动者倾斜保护的原则，看哪一种劳动报酬对劳动者更为有利，即适用哪一种劳动报酬的约定。

第四，如果跨地区派遣劳动者的，劳动报酬的标准按照用工单位所在地的标准执行。《劳动合同法》第61条规定，劳务派遣单位跨地区派遣劳动者的，被派遣劳动者享有的劳动报酬和劳动条件，按照用工单位所在地的标准执行。这里，需要注意的是，按照用工单位所在地的标准执行，仅仅适用于劳动者在被劳务派遣期间，一旦劳动者跨地区派遣的期间结束，仍然应当按照劳务派遣单位所在地的标准执行。

（三）告知劳动者的义务

《劳动合同法》第60条第1款规定，劳务派遣单位应当把劳务派遣协议的内容告知被派遣劳动者。这是贯彻劳动者知情权的体现，虽然被派遣的劳动者不是劳务派遣协议的主体，但是劳务派遣协议的内容在诸多方面涉及劳动者的切身利益，如被派遣劳动者在用工单位工作的岗位、期限等，对此被派遣劳动者应当具有知情权，劳务派遣单位应负有告知劳动者上述内容的义务。

（四）禁止向被派遣劳动者收取费用的义务

《劳动合同法》第60条第3款规定，劳务派遣单位和用工单位不得向被派遣劳动者收取费用。劳务派遣单位不是职业中介机构，因此不能向被派遣的劳动者收取任何费用。

（五）承担连带赔偿责任的义务

根据《劳动合同法》第92条的规定，用工单位给被派遣的劳动者造成损害的，劳务派遣单位与用工单位承担连带赔偿责任。在劳务派遣期间，劳动者的合法权益受到损害的，劳动者为维护自己的权益具有选择权，即劳动者可以要求劳务派遣单位承担赔偿责任，也可以要求用工单位承担赔偿责任。对此，劳务派遣单位和用工单位之间不得推脱，否则依法承担对其不利的法律后果。

（六）对被派遣劳动者保障其参加或者组织工会的义务

《劳动合同法》第64条规定，被派遣劳动者有权在劳务派遣单位或者用工单位依法参加或者组织工会，维护自身的合法权益。工会是劳动者的自治性组织，如果被派遣的劳动者在劳务派遣单位参加或者组织工会，劳务派遣单位应当依照《工会法》的要求予以支持，并负有保障的义务。

（七）禁止自我派遣的义务

《劳动合同法》第62条规定，用工单位不得把被派遣劳动者再派遣到其他用人单位。为避免用人单位利用劳务派遣的方式逃避《劳动法》、《劳动合同法》规定其应承担的义务,使得劳动者从正式员工的身份变成派遣工,《劳动合同法》第67条规定,用人单位不得设立劳务派遣单位向本单位或者所属单位派遣劳动者。

但是,如果用人单位自己没有设立劳务派遣单位,而是用人单位所属的单位出资设立劳务派遣单位,这种情况劳务派遣单位是否可以向用人单位派遣劳动者?对此,《劳动合同法实施条例》第28条规定,用人单位或者其所属单位出资还是合伙设立的劳务派遣单位,向本单位或者所属单位派遣劳动者的,属于《劳动合同法》第67条规定的不得设立的劳务派遣单位。

(八) 依法解除、终止劳动合同时支付经济补偿金的义务

《劳动合同法实施条例》第31条规定,劳务派遣单位或者被派遣劳动者依法解除、终止劳动合同的经济补偿,依照劳动合同法第46条、第47条的规定执行。具体如下:

第一,劳动者依照《劳动合同法》第38条规定解除劳动合同的;第二,用人单位依照《劳动合同法》第36条规定向劳动者提出解除劳动合同并与劳动者协商一致解除劳动合同的;第三,用人单位依照《劳动合同法》第40条规定解除劳动合同的;第四,用人单位按照《劳动合同法》第41条第1款的规定解除劳动合同的;第五,除用人单位维持或者提高劳动合同约定条件续订劳动合同,劳动者不同意续订的情形外,按照《劳动合同法》第44条第1款的规定终止固定期限劳动合同的;第六,按照《劳动合同法》第44条第4项、第5项规定终止劳动合同的;第七,法律、行政法规规定的其他情形。

(九) 违法解除、终止劳动合同时支付赔偿金的义务

《劳动合同法实施条例》第32条规定,劳务派遣单位违法解除或者终止被派遣劳动者的劳动合同的,依照《劳动合同法》第48条的规定执行。在用人单位违法解除、终止劳动合同的情形下,劳动者具有选择权,既可以要求用人单位继续履行劳动合同,也可以要求用人单位不继续履行劳动合同,而直接向其支付经济赔偿金。用人单位在违法解除、终止劳动合同的情况下,负有向劳动者支付经济赔偿金的法定义务。但用人单位在依法支付经济赔偿金后,就无须再向劳动者支付经济补偿金。

二、用工单位与被派遣劳动者之间的权利义务

虽然用工单位与被派遣劳动者之间并不存在劳动关系,但是用工单位依法仍需对被派遣劳动者承担一定的《劳动法》上的义务,这也是二者之间的特殊劳动关系的体现。《劳动合同法》第62条中对用工单位对被派遣劳动者所负的法定义务进行了

明确的规定，同时《劳动合同法实施条例》第 29 条再次重申了用工单位应当履行对被派遣劳动者的义务，即用工单位应当履行《劳动合同法》第 62 条规定的义务，维护被派遣劳动者的合法权益。

用工单位应当履行下列的义务为：

（一）执行国家劳动标准，提供相应的劳动条件和劳动保护

在劳务派遣中，用人单位不是实际的劳动力使用者，因此不能履行提供劳动条件和劳动保护的义务。为了对被派遣劳动者权益的保护，使其不受到侵害，《劳动合同法》规定用人单位与用工单位在劳务派遣协议中，要明确劳动执行标准及双方在劳动条件和劳动保护方面的义务和责任，并对用工单位负有的提供劳动条件和劳动保护的义务也在《劳动合同法》中予以明确地规定。

（二）告知被派遣劳动者的工作要求和劳动报酬

用工单位负有告知的义务体现在：第一，用工单位应当告知被派遣劳动者具体的工作要求，即劳动者的劳动内容；第二，用工单位有义务告知被派遣劳动者应支付的劳动报酬及支付方式，防止用人单位克扣被派遣劳动者的劳动报酬。

（三）支付加班费、绩效奖金，提供与工作岗位相关的福利待遇

加班是在正常工作劳动之外的工作。因此，在劳务派遣中，用工单位安排劳动者加班的，用工单位应当依法向被派遣劳动者支付加班费；被派遣劳动者在劳动过程中给用工单位作出特殊贡献的，用工单位应当依法向其支付绩效奖金。对于被派遣劳动者工作的岗位所应当提供的其他福利待遇，被派遣劳动者有权享受同等待遇，用工单位有义务提供。

（四）对在岗被派遣劳动者进行工作岗位所必需的培训

在劳务派遣中，用工单位负有义务对被派遣劳动者进行必要的职业技能培训，并应当根据被派遣劳动者实际的工作岗位性质、特点和要求，对其进行必需的培训。

（五）连续用工的，实行正常的工资调整机制

在劳务派遣中，如果用工单位不是短期用工，而是连续使用被派遣劳动者的，用工单位应当对被派遣劳动者实行与本单位同样的工资调整机制，这正是被派遣劳动者同工同酬权利的要求和体现。如果用工单位未能实行正常的工资调整机制，是对被派遣劳动者的歧视，被派遣劳动者可以依法要求用工单位承担相应的法律责任。

此外，《劳动合同法》还规定用工单位负有下述的义务：第一，不得把被派遣劳

动者再派遣到其他用人单位；第二，保障被派遣劳动者的同工同酬权利；第三，保障被派遣劳动者参加或者组织工会的权利；第四，不得向被派遣劳动者收取费用。

如果用工单位没有履行上述的义务，根据《劳动合同法实施条例》第35条的规定，由劳动行政部门和其他主管部门责令改正；情节严重的，以每位被派遣劳动者1000元以上5000元以下的标准处以罚款；给被派遣劳动者造成损害的，劳务派遣单位和用工单位承担连带赔偿责任。

三、用人单位与用工单位之间的权利义务

用人单位与用工单位之间的权利义务主要体现在双方订立的劳务派遣协议中，我国《劳动合同法》第59条对此进行了相应的规定，劳务派遣单位派遣劳动者应当与接受以劳务派遣形式用工的单位（以下称用工单位）订立劳务派遣协议。劳务派遣协议应当约定派遣岗位和人员数量、派遣期限、劳动报酬和社会保险费的数额与支付方式以及违反协议的责任。据此，用人单位与用工单位之间的权利义务关系是通过劳务派遣协议来确定的。在劳务派遣协议中，双方应当明确各自的权利义务，主要体现在双方约定的被派遣劳动者的派遣岗位和人员数量、派遣期限、劳动报酬和社会保险费的数额与支付方式以及违反协议的责任等内容上。

同时，我国《劳动合同法》对劳务派遣协议的内容进行了一定的限定，即《劳动合同法》第59条第2款规定，用工单位应当根据工作岗位的实际需要与劳务派遣单位确定派遣期限，不得把连续用工期限分割订立数个短期劳务派遣期限。

【理论链接】

美国劳务派遣的法律规制[①]

（一）州法

美国许多州制定了专门法律对劳务派遣进行规制，这些州规制的对象主要包括雇员租赁公司，即劳务派遣公司的设立和资本要求、劳务派遣协议的内容、雇员工伤保险与失业保险费用的分担以及派遣公司和客户公司（用工单位）在其他方面义务和责任的分担。除了制定专门的规制劳务派遣的法律，许多州在保险或者其他领域的法律中都会涉及劳务派遣的相关问题。

1. 对劳务派遣公司设立和资本的要求。美国对劳务派遣公司市场准入的监管相当严格，包括对公司的所有者和控制人都有监管的要求。这可能是考虑到劳务派遣公

---

① 参见谢增毅：《劳动法的比较与反思》，社会科学文献出版社2011年版，第63~75页。

司作为一种经营人力资源管理的公司，雇员集中风险较大，雇主及其控制人是否诚实守信对雇员利益的影响较大，因此，需要控制劳务派遣公司的门槛，对劳务派遣公司的财物要求主要是基于劳务派遣公司负有支付雇员工资和其他福利费用的义务，这些费用的支付与派遣劳动者的切身利益密切相关，如果雇主无力支付这些费用，将对派遣劳动者造成严重影响，因此，必须让雇主提供一定的资金来用于担保。

2. 劳务派遣协议内容的控制。对劳务派遣协议内容的规制，涉及雇员租赁公司或者职业雇主组织（派遣公司）和客户公司（用工单位）之间的权利义务和责任的分担。法律对派遣公司和用人单位的协议有许多限制规定，这些限制规定主要体现在立法者对派遣公司和用人单位权利、义务和责任的分担上。

对派遣公司和客户公司之间协议的规制重点在于明确劳务派遣公司的义务和责任，即派遣公司必须承担最低的义务和责任，这些义务和责任不能通过合同转移到客户公司。归纳起来，派遣公司通常享有的权利和义务以及应该承担的义务和责任为：指挥、控制雇员的权利，支付派遣劳动者工资以及支付工资税的义务，雇用、解雇和派遣劳动者的权利保障雇员安全的义务以及负责派遣劳动者赔偿请求的义务。这些义务体现了派遣公司和派遣劳动者之间的劳动关系，是一般雇主通常应当承担的义务，不得转移到客户公司。还应注意的是，为了保障雇员的人身安全，即使雇员被派遣到客户公司工作，派遣公司仍有义务保障雇员的安全。

3. 工伤保险。大部分州法要求劳务派遣公司必须支付派遣劳动者的工伤保险费用，这是劳务派遣公司作为派遣劳动者的雇主的主要体现之一，也是对劳动者利益的重要保障。当然，由于派遣劳动者被派遣到客户公司，客户公司在一定程度上指挥和控制了派遣劳动者，劳动者的风险处于客户公司的控制下，由客户公司承担工伤保险费用也是可以的。

4. 排他性和替代责任。雇员租赁公司作为派遣雇员的雇主，必须承担一般雇主通常承担的责任，但雇员租赁公司对派遣雇员的义务并非无限。许多州都有"排他性和替代性责任"的规定，即雇员租赁公司和客户公司不为对方的行为或者疏忽负责。同时，派遣劳动者在客户公司实施的普通责任保险、汽车保险、职工忠诚保险、履约保证以及雇主责任保险中，应视为客户公司的雇员。在雇员租赁公司实施的上述保险中，除非保险或者保证合同另有规定，派遣雇员也不被视为雇员租赁公司的雇员。

（二）联邦法

除了各州成文法的规定，通过判例的解释，法院解决了许多联邦法律如何适用劳务派遣场合的问题，尤其是派遣公司和客户公司之间的责任分担。法院许多判例表明。在适用联邦法律时，客户公司在符合某些条件时将和派遣公司构成派遣劳动者的共同雇主，客户公司也必须承担派遣公司依据联邦法应承担的雇主责任。法院的解释主要涉及客户公司在《国家劳动关系法》、1964年《民权法》、《公平劳动标准法》、

《职业安全和卫生法》以及《家庭和医疗休假法》中的责任问题。在适用这些法律时，法院主要考虑客户公司是否应当认定与派遣公司构成共同雇主，而判断客户公司是否属于共同雇主的最重要因素是客户公司是否"有权控制"派遣劳动者。

在联邦法律有关雇主义务的适用中，客户公司在符合某些条件的情况下可能被认定与派遣公司构成共同雇主，从而单独承担或者与派遣公司连带承担有关不公正劳动行为、就业歧视、最低工资和加班费用、安全和卫生、休假等雇主义务和责任。而在判断客户公司是否和派遣公司构成共同雇主时，法院通常使用的标准是客户公司是否对雇员实施了"控制"，并参与了劳动条款、条件等内容的决定。即对支付工资和社会保险福利的义务由派遣公司承担，让客户公司与派遣公司连带承担雇主在工作场所中的义务和责任。

【思考题】

1. 试述劳务派遣的概念与特征。
2. 试述劳务派遣协议。
3. 试述劳务派遣法律关系。
4. 劳务派遣的效力是什么？

【案例分析题】

1. 某劳务派遣公司在2008年成立，公司成立之初注册资本为50万元人民币，并办理了相应的公司登记，符合法律规定的要求。公司成立后，劳动派遣业务规模持续扩大，2010年，公司增加注册资本为100万元，现在派遣劳动者在3000人左右。

   问：劳动派遣公司有无违法之处？法律依据是什么？

2. 王某在2008年9月1日入职于某国有企业担任销售部主管，身份为劳动派遣工。王某与劳动派遣单位签订了为期5年的劳动合同，合同期限到2013年8月31日止。

   问：本案中劳动派遣公司有无违法之处？法律依据是什么？

3. 李某被自己所在的劳动派遣公司派遣到一家从事文件销售的公司担任文书职务，其很快适应了岗位的需要。但工作后，李某感到很郁闷，因为在公司她总是低人一头，无论工作多么出色，她的工资、奖金水平一直是公司中最低的，得不到相同岗位、相同工种的正式工的工资的一半，而且公司的职工福利也从来没有她的份。

   问：用工单位有无违法之处？法律依据是什么？

4. 李某是北京市的劳务派遣工人，在一家公司从事保洁工作，工资为每月900元。这一年，北京市作出决定，把北京市企业职工的月工资最低标准由原来的920元提高到1160元。但是，在这一决定作出后，李某的工资仍停留在原有标准。

   问：本案应如何处理？

第九章

非全日制用工

教学目标

通过本章的学习，了解非全日制用工的历史、特征，重点掌握非全日制用工合同，难点是非全日制用工中的多重劳动关系。

关键术语

非全日制　试用期　多重劳动关系

第一节　非全日制用工的概述

一、非全日制用工的概念与特征

非全日制用工（part-time work）亦称为部分工时工作、短时间劳动，是相对于全日制用工（full-time work）而言的，其中又以小时工为最主要的形式，是灵活就业或者非典型就业的一种主要形态。

（一）非全日制用工的概念

迄今为止，国际社会尚未形成一个世界性公认的统一标准定义。国际劳工组织第175号公约即《1994年非全日制工作公约》第1条第1款规定，非全日制劳工是指正常工作时间较类似全日制劳工为少的受雇者。依据我国《劳动合同法》第68条规定，所谓非全日制用工，是指以小时计酬为主，劳动者在同一用人单位一般每日工作时间不超过4小时，每周工作时间不超过24小时的用工形式。

劳动和社会保障部《关于非全日制用工若干问题的意见》中规定，每日工作时间不超过5小时，累计每周工作时间不超过30小时。根据我国《劳动法》和《国务院关于职工工作时间的规定》，我国劳动者的标准规制时间为每天8小时，每周40小时，扣除每周两天的休息日和全年10天的法定节假日，我国劳动者目前每年的标准工作时间为251天，平均每月的工作天数为20.29天，每月工作小时数为167.4小时。而劳动和社会保障部发布的《关于职工全年月平均工作时间和工资折算问题的通知》，将月计薪天数由原来的20.92天调高至21.75天，而月工作日为20.83天。根据我国现行法律，每天工作4小时以上8小时以下的，或者每周工作24小时以上但低于40小时的，这类劳动者到底是全日制劳动者还是非全日制劳动者，尚不明确，有待于法律的进一步界定。

（二）非全日制用工的特征

非全日制用工作为一种新型的用工形式，是对传统全日制用工形式的一种突破。一般来说，非全日制用工主要包含下列法律特征：

第一，在非全日制用工的劳动关系上，可能存在双重甚至多重劳动关系。一般来说，我国劳动法律对于全日制用工只承认一重劳动关系，而非全日制用工中，劳动者可以同时与两个或者两个以上的用工单位建立劳动关系，前提是后订立的劳动合同不得影响先订立的劳动合同的履行。

第二，在非全日制用工中，不得约定试用期。全日制劳动者与用人单位初次签订劳动合同时可以依据合同期限的长短，约定不同的试用期，但是非全日制的劳动者与用人单位签订劳动合同时，双方当事人之间不得约定试用期。

第三，在非全日制用工的工作时间上，与全日制用工的工作时间相比，非全日制用工的工作时间相对较少。对于全日制用工的规制时间，1995年《国务院关于修改〈国务院关于职工工作时间的规定〉的决定》规定：职工每日工作8小时，每周工作40小时。而非全日制用工的工作时间则为劳动者在同一用人单位一般平均每日工作时间不超过4小时，每周工作时间累计不超过24小时。

第四，非全日制用工在计酬方式上，与传统的全日制用工按月支付劳动报酬不同，非全日制用工是以小时为单位进行计酬。需要注意的是，如果劳动力和用人单位协商一致，也可以日或者周为单位进行计酬。

二、非全日制用工的适用

非全日制用工的适用主要是非全日制用工的适用主体、适用方式，这对界定非全日制用工具有重要的指导意义。

（一）非全日制用工的适用主体

非全日制用工已普遍适用于超市、餐饮、旅店、家政等服务性领域以及一些专业性、技术性强的行业。非全日制用工界定标准之一是主体因素及劳动者与用人单位符合《劳动合同法》上的适格主体。实务中符合非全日制用工的主体主要有两类：一类是专业技术含量低、一般的劳动力都能承担工作的从业人员，如超市的临时促销员、清洁工、报纸杂志的兼职送货员等，属于单位用工，不适用于个人用工；另一类为有专业技能的从业者，如兼职会计、兼职教师、拥有专业理工科技术的从事非全日制的人员等。劳动者通过劳务派遣单位被单位、家庭、个人为非全日制劳动的，其用人单位为派遣单位，可以使用《劳动合同法》关于非全日制用工的规定。在校学生的兼职，聘用、留用的离、退休人员和再就业的个人、非通过家政公司而直接雇佣的家政人员。这些主体所从事的同一用人单位一般每日工作时间不超过 4 小时，每周工作时间不超过 24 小时的就业都不属于非全日制用工，因为按我国相关法律规定，他们与雇主之间属于劳务关系，应该由《民法通则》来调整，不属于劳动关系，不受《劳动法》、《劳动合同法》的调整。

（二）非全日制用工劳动合同的适用形式

非全日制用工双方当事人签订的劳动合同是否必须以"非全日制劳动合同"为名，法律并没有强制要求。《劳动合同法》第 69 条第 1 款在充分考虑到非全日制用工的短期性、灵活性、便捷性特点的基础上，作了更为宽松的规定，即"非全日制用工双方当事人可以订立口头协议。"依据《劳动合同法》第 17 条的规定，非全日制劳动合同 2003 年《关于非全日制用工若干问题的意见》曾实行区别对待的方式，即劳动合同一般以书面形式订立。劳动合同期限在一个月以下的，经双方协商同意，可以订立口头劳动合同。但劳动者提出订立书面劳动合同的，应当以书面形式订立。

第二节　非全日制用工的立法概况

一、国外立法概况

20 世纪 70 年代以来，世界各国尤其是经合组织（OECD）国家由于经济增长减速、劳动力市场政策和社会保障制度等因素的综合影响，劳动力市场供求失衡，失业率大幅上升。许多国家注意到灵活多样的就业方式，开始因势利导，提倡、鼓励劳动者灵活就业。这些国家不仅修订不利于灵活就业的法律法规，减少对灵活就业的限制，也制定了一些政策措施，直接开创灵活就业岗位。例如，1983 年英国政府发布了《就业分割制度》，其核心内容是：企业若将一个全日制雇员的工作分配给两个以上非全日制劳动者,则可获得政府奖励性补助;法国政府对通过缩短工时来安排失业人员或者扩增雇员并达到政府要求的连续三年的企业,将补助其为安置的劳动者承担的社会保险费的30%~40%;西班牙1994年通过一项立法,放开对雇佣临时工的限制,并对临时工工作地位作出了重要的更改①。各国政府的积极支持对灵活就业方式的扩展起到了推波助澜的作用。当前,许多国家对非全日制都略有规定,如挪威规定,每星期工作时间不满37小时,则为非全日制用工;美国、日本、瑞典、澳大利亚等国家规定为每星期工作时间不满35小时;芬兰、马来西亚规定每星期工作时间不满30小时;法国规定每星期或者工作时间比法定工作时间少1/5②。

二、国内立法概况

近年来,随着我国经济结构的调整,以小时工为主要形式的非全日制用工已经成为灵活就业的一种主要形式,与全日制用工相比,非全日制用工时间长短不同,具体使用规则也有所不同,但是在非全日制用工与全日制用工中,劳动者与用工单位之间形成的是劳动关系,劳动合同法不能对目前社会中广泛存在的非全日制用工现象视而不见,为了规范用工单位非全日制用工行为,保护非全日制从业人员的合法权益,促进非全日制就业健康发展,劳动和社会保障部在2003年5月发布《关于非全日制用工若干问题的意见》,随后一些省、自治区、直辖市对非全日制劳动关系也制定了规范性文件,起到了较好的社会效果,但也存在不少问题。因此,2007年《劳动合同法》对非全日制用工在特别规定一章中作了专节规定,以明确非全日制用工中劳动合同双方的权利和义务,更好地保护非全日制用工中劳动者的合法权益。

第三节　非全日制用工合同

【案例9-1】

非全日制用工的认定案③

2008年3月11日,王某经朋友介绍,进入上海某宾馆在前台工作,工作时间为晚上9点到早上7点,每月工资800元,工作至2009年4月10日。随后在一次闲谈中,王某从朋友李某处得知,2008年上海市最低工资标准为840元,某宾馆给其的

---

① 徐智华:《劳动合同法研究》,北京大学出版社2011年版,第268页。
② 参见姚琳、姚涛、马勇:《非全日制就业透析》,载《四川教育学院学报》2004年第1期。
③ 《中华人民共和国劳动合同法适用与实例》,法律出版社2013年版,第143页。

工资还不足最低工资，于是王某向用人单位提出要求补发工资差额，同时认为自己每天工作10小时，超过了标准工作时间的8小时，属于超时加班，所以还要求单位补发2008年3月至今的加班费。某宾馆则辩称，王某是在晚上上班，属于公司的非全日制员工，其工资不适用于最低工资标准，同时不存在加班现象。于是，王某向当地的劳动争议仲裁委员会提起仲裁。

仲裁委员会在审理时认为，非全日制与全日制最大的区别在于：工作时间。依据《劳动合同法》第68条的规定，非全日制用工，是指以小时计酬为主，劳动者在同一用人单位一般平均每日工作时间不超过4小时，每周工作时间累计不超过24小时的用工形式。王某在宾馆上班，每日工作时间长达10小时，因此不属于非全日制用工，应当适用上海市最低工资标准，王某的工作，已经属于加班。

综上，仲裁委员会裁定某宾馆应当依法补足王某工资差额，并向王某支付加班费。

【案例9-2】

非全日制用工的劳动合同终止案[①]

蒋某在初中毕业后，由于本身成绩不好，同时家里经济状况也不好，于是就来到省城福州打工。到了福州后，由于知识水平不高，没有特定文化技能，只能从事一些保洁类的工作。2006年，蒋某的一个老乡知道福建某工业学校在招聘保洁员，由于学校里相对工作环境较好，也不会拖欠工资，于是蒋某就于2006年9月开始，在福建某工业学校从事卫生保洁工作。双方口头约定蒋某每周工作5天，工资为550元。2007年10月起，学校方面把蒋某的工资调整为750元，2008年3月，蒋某按学校要求与学校签订了一份"非全日制用工劳动协议书"，工作期限为8个月。

此后，为了把学校后勤部分工作市场化运作，2008年10月15日，学校方面与福州市鼓楼区的一家清洁服务公司签订了卫生保洁承包服务合同，把学校的卫生保洁委托给该公司负责，蒋某继续留下工作，但是其身份有了变化，从学校的一名非全日制工作人员转变为清洁服务公司的一名员工。工资从2008年11月起开始计算。可让蒋某没有想到的是，由于清洁服务公司的领导认为蒋某的工作方式不符合公司的工作理念，在新的单位只工作了25天，公司负责人就把其辞退，没有与清洁服务公司签订劳动合同的蒋某只拿到了11月的工资546元。

失去工作之后的蒋某非常郁闷，由于失去了经济来源，因此蒋某把学校告上了法庭，要求赔偿其经济损失。

---

① 《中华人民共和国劳动合同法适用与实例》，法律出版社2013年版，第148页。

人民法院庭审时，学校方面坚持蒋某是计时工，属于非全日制用工，并称按照《劳动合同法》，计时工被辞退不需要支付经济补偿。蒋某则称，自己为学校服务了近3年，存在事实劳动关系，非全日制用工劳动协议书是学校强迫其签订的，该协议书明显违反了《劳动合同法》的有关规定，要求学校继续履行劳动合同。

人民法院认为，依据《劳动合同法》第71条的规定，非全日制用工双方当事人任何一方都可以随时通知对方终止用工。终止用工，用人单位不向劳动者支付经济补偿。蒋某主张和学校签订的非全日制用工劳动协议书是学校强迫其签订的，没有相应的证据佐证，不予支持。蒋某在劳动合同期限内的8个月工资，即合同期外的2个月工资校方已全部支付。蒋某从2008年11月1日起至11月25日止，在清洁公司的工资已经全部支付，故对蒋某的诉讼请求，人民法院不予支持。

一、非全日制用工合同的内容

依据《劳动合同法》第17条的规定，非全日制劳动合同必须包括：用人单位的名称、住所和法定代表人或者主要负责人；劳动者的姓名、住址和居民身份证或者其他有效身份证件号码；劳动合同期限；工作内容和工作地点；工作时间和休息休假；劳动报酬；社会保险；劳动保护、劳动条件和职业危害防护及其他规定。2003年《关于非全日制用工若干问题的意见》规定，非全日制劳动合同的内容由双方协商确定，应当包括工作时间和期限、工作内容、劳动报酬、劳动保护和劳动条件五项必备条款。

（一）工作时间

在非全日制用工的工作时间问题上，应当把握两点：第一，工作时间的长短上，应当符合《劳动合同法》规定的上限规定。第二，在具体的工作时段的安排上，应当由非全日制用工合同的双方当事人进行协商确定具体的工作时段。

（二）合同期限

非全日制用工合同的期限问题，考虑到非全日制用工的短期性、灵活性的特点，《劳动合同法》对此没有明确的规定。一般来说，非全日制用工合同的期限应当由非全日制用工合同的双方当事人通过自由协商予以确定，没有约定的，视为不定期。同时，即使双方当事人在合同中约定了合同期限的，非全日制用工双方的当事人任何一方都可以随时通知对方终止用工行为。

（三）劳动报酬

我国《劳动合同法》第72条第1款规定，非全日制用工小时计酬标准不得低于用人单位所在地人民政府规定的最低小时工资标准。据此，用人单位应当按时足额支付非全日制劳动者的工资，并且用人单位支付非全日制劳动者的小时工资不得低于当地政府颁布的小时最低工资标准。关于非全日制用工的小时最低工资标准应当执行《关于非全日制用工若干问题的意见》第 8 条的规定，即"非全日制用工的小时最低工资标准由省、自治区、直辖市规定，并报劳动保障部备案。确定和调整小时最低工资标准综合参考一下因素：当地政府颁布的月最低工资标准；单位应缴纳的基本养老保险费和基本医疗保险费（当地政府颁布的月最低工资标准未包含个人缴纳社会保险费因素的，还应考虑个人应缴纳的社会保险费）；非全日制劳动者在工作稳定性、劳动条件和劳动强度、福利等方面与全日制就业人员之间的差异。小时最低工资标准的测算方法为：小时最低工资标准 = [（月最低工作标准 ÷ 20.92 ÷ 8）×（1 + 单位应当缴纳的基本养老保险费和基本医疗保险费比例之和）] ×（1 + 浮动系数）"。

劳动报酬的具体支付问题，一般由劳动者与用人单位协商予以确定，如《关于非全日制用工若干问题的意见》第 9 条的规定，非全日制用工的工资支付可以按小时、日、周或者月为单位结算。需要注意的是，《劳动合同法》原则上遵循了上述规定，但对非全日制用工劳动报酬的支付周期进行了强制性的规定，《劳动合同法》第 72 条第 2 款规定，非全日制用工的劳动报酬结算支付周期最长不得超过 15 日。

（四）社会保险

我国《劳动合同法》对非全日制用工的社会保险问题，没有作出规定。《关于非全日制用工若干问题的意见》规定，在养老保险方面，从事非全日制工作的劳动者应当参加基本养老保险，原则上参照个体工商户的参保办法执行。对于已参加过基本养老保险和建立个人账户的人员，前后缴费年限合并计算，跨统筹地区转移的，应办理基本养老保险关系和个人账户的转移、接续手续。符合退休条件时，按国家规定计发基本养老金。

在基本医疗保险方面，从事非全日制工作的劳动者可以以个人身份参加基本医疗保险，并按照待遇水平与缴费水平相挂钩的原则，享受相应的基本医疗保险待遇。参加基本医疗保险的具体办法由各地劳动保障部门研究制定。

在工伤保险方面，用人单位应当按照国家有关规定为建立劳动关系的非全日制劳动者缴纳工伤保险费，从事非全日制工作的劳动者发生工伤，依法享受工伤保险待遇；被鉴定为伤残 5~10 级的，经劳动者与用人单位协商一致，可以一次性结算伤残待遇及有关费用。

但是，由于非全日制劳动者可能与不止一家用人单位建立了劳动关系，到底由哪一家用人单位还是所有用人单位缴纳工伤保险并不明确。

二、非全日制用工合同的终止

《劳动合同法》第71条规定,非全日制用工双方当事人任何一方都可以随时通知对方终止用工。终止用工,用人单位不向劳动者支付经济补偿。

第一,双方当事人都有单方终止劳动合同的权利。非全日制劳动合同的双方当事人都享有单方终止权,只要向对方提出终止,无须对方同意就可以终止劳动合同。

第二,当事人双方都享有随时通知对方终止劳动合同的权利。无论劳动合同到期与否双方当事人都可以随时通知对方终止劳动合同,而无须预先通知对方。

第三,终止劳动合同不需要任何实体条件。《劳动合同法》对全日制用工的劳动合同终止,规定了法定的终止条件。而《劳动合同法》对非全日制用工,没有规定任何实体条件。这说明,非全日制用工的终止突破了全日制用工解除的实质性要件的规定。

第四,劳动合同终止用人单位无需向劳动者支付经济补偿。依据《违反和解除劳动合同的经济补偿办法》以及《劳动合同法》的规定,劳动合同解除时,用人单位需要支付经济补偿金的情况包括四种:(1)经双方协商一致,由用人单位解除劳动合同的;(2)用人单位依据客观原因而非劳动者的主观原因解除劳动合同的,也称为非过失性解除;(3)用人单位因经济性裁员而解除劳动合同的;(4)推定解雇的情形,即由于用人单位过错致使劳动者解除劳动合同的。

与全日制用工不同,非全日制用工劳动合同终止后,用人单位不向劳动者支付经济补偿。之所以如此规定,原因在于:非全日制用工对用人单位来说是一种灵活的用工形式,通过采取该种用工形式,可以在一定程度上减少用工的成本;要求用人单位在非全日制用工劳动关系终止后给予劳动者经济补偿,将过多地加重用人单位的用人成本,与用人单位选择非全日制用工以降低劳动力成本的初衷相悖。

此外,经济补偿的本质之一在于对劳动者贡献的补偿,而劳动贡献的大小一般与工作年限的长短有关,非全日制用工具有灵活性,法律不宜硬性规定用人单位在非全日制用工劳动合同终止时给予劳动者经济补偿。但是,这种规定却使本就不稳定的劳动关系变得更为不稳定。

三、非全日制工作与全日制工作的转换问题

我国《劳动合同法》、《就业促进法》没有对此问题进行规定。

德国《非全日制及定期劳动契约法》第8条及第9条规定,劳动者对其工作时间的缩短或者延长具有请求权,雇主对劳动者之请求,除非基于经营上的合理考虑,否

则应予以同意。工作时间转换请求权包括非全日制转换成全日制、全日制转换为非全日制。该法第 11 条规定，雇主不得因劳动者拒绝从全日制工作转换为非全日制工作或者从非全日制工作转换为全日制工作而予以解雇，违反者，其解雇无效。雇主基于其他原因所为之解雇行为，不受影响①。

第四节　非全日制用工的特殊规定

【案例 9-3】

多重劳动关系案②

范某，高级工程师，35 岁，专长修理德国、日本进口的印刷机。他没有与任何单位签订全日制或者非全日制的书面劳动合同，但与各家印刷厂口头约定：他同时受聘几家印刷厂，每周一定时间内到各受聘厂巡查和保养机器，其他时间里则在印刷厂机器出现故障、接到电话通知后去检修机器，在履行特定印刷厂故障期间受到的伤害应由该印刷厂负责，并约定了工资报酬等待遇以及范某要接受用人单位内部的规章制度等。有一次，范某在接到某一家印刷厂电话通知后，赶去检修出现故障的机器，在路上被机动车撞伤。

该案件是典型的口头劳动合同，属于一个劳动者与多家用人单位之间建立劳动关系——没有签订书面劳动合同，与多家用人单位建立了非全日制用工关系。对工伤的认定，依据《工伤保险条例》、《工伤认定办法》等处理。

【案例 9-4】

非全日制用工不得约定试用期③

2009 年 5 月 20 日，刘某来到北京发展，经朋友介绍，与某商贸公司签订了为期 3 年的劳动合同，双方一致约定刘某的用工方式为非全日制用工，某商贸公司按照 70 元/小时的标准向刘某支付劳动报酬。但是，某商贸公司以公司岗位技术性比较强为由，要求刘某必须经过公司的 3 个月试用期之后才能够成为商贸公司的正式员工。试用期工资为 56 元/小时。刘某对《劳动合同法》并不熟悉，加之认为商贸公司提供的条件不错，就与商贸公司签订了劳动合同。

---

① 喻术红：《劳动合同法专论》，武汉大学出版社 2009 年版，第 208~209 页。
② 黎建飞：《〈中华人民共和国劳动合同法〉最新完全释义》，中国人民大学出版社 2008 年版，第 205 页。
③ 《中华人民共和国劳动合同法适用与实例》，法律出版社 2013 年版，第 147~148 页。

上班几个月后，在一次同学聚会中，刘某无意中与朋友说起此事，朋友比较了解《劳动合同法》，随即向其指出公司的行为违法，认为刘某可以向商贸公司要求补足其试用期的工资。于是，刘某向公司提出，要求按正常工作标准补足自己在试用期间的工资差额。商贸公司以双方协商一致，并签订书面劳动合同为由，拒绝了刘某的要求。于是，刘某向当地的劳动争议仲裁委员会提起了仲裁。

仲裁委员会在审理中认为，《劳动合同法》第70条规定，非全日制用工双方当事人不得约定试用期。这是对用人单位的强制性义务。

综上，仲裁委员会确定，商贸公司不得与刘某约定试用期，双方关于试用期期限即工资的约定为无效条款，商贸公司应当按照正常工资水平补足刘某在试用期间的工资差额。

一、试用期

非全日制用工是种灵活用工形式，劳动关系的不确定性比全日制用工要强，而且非全日制劳动者的收入也往往低于全日制劳动者，考虑到很多单位把试用期人员当成廉价劳动力，甚至利用试用期解除劳动合同相对容易的特点，频繁地更换试用人员，为了更好地维护非全日制劳动者的权益，我国《劳动合同法》第70条规定，"非全日制用工双方当事人不得约定试用期"。本条针对非全日制用工的特殊性，对《劳动合同法》第17条，"用工单位与劳动者可以约定试用期等其他事项"，作出了限制性的规定，明确禁止非全日制用工约定试用期，更严格控制试用期来加强对非全日制劳动者的保护。这是继承2003年劳动保障部发布的《关于非全日制用工若干问题的意见》的相关规定。同时，用工单位违反规定与非全日制用工的劳动者约定试用期的，应当承担相应的法律责任。按照《劳动合同法》第82条的规定，由劳动行政部门责令改正，违法约定的试用期已经履行的，由用人单位以劳动者试用期满月工资为标准，按已经履行的试用期的期限向劳动者支付赔偿金。

二、多重法律关系

（一）非全日制劳动者建立多重劳动关系的具体形式的确定

《劳动合同法》第69条第2款规定，"从事非全日制用工的劳动者可以与一个或者一个以上的用人单位订立劳动合同。但是，后订立的劳动合同不得影响先订立的劳动合同的履行。"这明确了非全日制用工可以建立多重劳动关系，但是就"多重"来看可能存在以下两种情形：一是建立多个非全日制劳动关系；二是建立非全日制劳动关系与全日制劳动关系的混合形态的多重劳动关系。对于前一情形来说，只要符合本条款的"但书"规定即后订立的劳动合同不得影响先订立的劳动合同的履行，应该是可以的。但是对于后一情形是否允许，学界存在不同的观点，有人认为是可以的①。

如果把混合型多重劳动关系进行细分，可以分为：一是先建立全日制劳动关系，后建立非全日制劳动关系；二是先建立非全日制劳动关系，后建立全日制劳动关系。对于前者，在现在我国不承认"双重劳动关系"的情况下，在建立了全日制劳动关系后，除法律有特别规定外②，其他"劳动关系"就只能被认定为劳务关系。而对后者的情况，采用相反的规定，则会使法律的适用不统一。因此，此处的多重劳动关系只是指非全日制用工形式。

（二）后订立的非全日制劳动合同

《劳动合同法》第69条第2款规定，"后订立的劳动合同不得影响先订立的劳动合同的履行。"从法律的规定，可以看出《劳动合同法》确认了后订立的劳动合同的效力。一方面，劳动合同作为债的一种，具有债的兼容性，"一个已经产生的劳动关系不会阻止其他有效的劳动合同。这里只可能产生可履行问题、双方解约或者双方劳动关系解除以及损害赔偿问题。"③那么，先订立的非全日制劳动合同用工单位方可以请求非全日制劳动者以及后订立的非全日制劳动合同的用人单位方依据《劳动合同法》第91条规定承担赔偿责任，即："用人单位招用与其他用人单位尚未解除或者终止劳动合同的劳动者，给其他用人单位造成损失的，应当承担连带赔偿责任。"另一方面，依据劳动合同履行具有的人身属性的特点，其既不能强制履行，也不能强制劳动者不向其他用人单位履行劳动给付，即用人单位不享有对劳动者的不作为请求权，"要求雇员停止在另一雇主那里雇工，因为这方面雇员不存在独立的义务。"但是，当"雇员违反竞业禁止义务在有竞争关系的公司从事劳动的，无论如何雇主都享有不作为请求权。"④

三、加班费

工作时间是非全日制用工的认定标准。只要劳动者在同一用人单位一般每日工作

---

① 如果说全日制劳动是非全日制劳动以外，则可能存在全日制劳动与非全日制劳动并存的兼职劳动。参见林海权：《双重劳动法律问题研究》，载《中国劳动关系学院学报》2007年第1期。
② 参见《国务院办公厅转发国家科委关于科技人员业余兼职若干问题意见的通知》、中共中央国务院发布的《关于切实做好下岗职工基本生活和再就业工作的通知》。
③ [德] W. 杜茨著，张国文译：《劳动法》，法律出版社2005年版，第44页。
④ 同上，第78页。

时间不超过4小时,每周工作时间不超过24小时的用工形式就能认定为非全日制用工。如果劳动者在同一用人单位一般每日工作时间超过4小时,每周工作时间超过24小时的用工就会被认定为全日制用工,非全日制就业人员每日工时超过双方约定及法律规定的工时或者每周工时总和超过双方约定及法定工时限制的应属于超时加班。但实务中往往会出现这样的情况,非全日制劳动者与用人单位签订的劳动合同中约定每日工作时间不超过4小时,每周工作时间不超过24小时,但在实际的工作中用人单位会要求劳动者加班,那么劳动者加班后该如何认定;是否应该一概否认非全日制工时限制,而认定为全日制用工;对于用人单位安排劳动者工作超过工时限制及加班费问题如何处理,《劳动合同法》没有明确规定,但依据现在一些地方性法规,对于超过工时限制的,视为全日制用工。如北京市劳动和社会保障局《关于北京市非全日制就业管理若干问题的通知》规定,"劳动者在同一用人单位每日工作时间超过4小时的视为全日制从业人员。"用人单位不能试图以非全日制用工来规避《劳动合同法》的相关规定,也不能恶意拖延工作时间。一旦出现这种情况,被认定为全日制用工,就必须按照全日制用工的法律规定来严格规制,这样用人单位将会有更多的法律义务,也会承担更加严格的法律责任。

非全日制用工人员同全日制用工人员一样享有休息休假的权利,对于国家法律、法规规定的法定节假日,非全日制劳动者同样享受。对于用人单位在法定节假日安排非全日制劳动者劳动的应当按有关规定支付加班工资,一些地方作了明确规定。如北京市劳动和社会保障局《关于北京市非全日制就业管理若干问题的通知》规定,非全日制从业人员工资每小时不得低于6元。非全日制从业人员在法定节假日期间工作的最低小时工资标准不得低于13.3元。但对于公休假日,由于非全日制用工形式实行每周不超过24小时的工时制度,所以用人单位可以在总的工作时间限制内,安排劳动者在公休日劳动,是需要支付加班工资的。如天津市《关于做好非全日制用工工资支付工作的通知》中规定实行非全日制用工的工资,若周六、周日提供劳动的,视为正常工作,不享受加班工资待遇,若在法定休假日提供劳动的,用人单位应当按照《劳动法》第44条第3项的规定支付不低于小时工资的300%的加班工资。

【理论链接】

非全日制多重劳动关系的性质[①]

非全日制用工形式中,非全日制劳动者与用人单位订立是多重劳动关系而非劳动关系与劳务关系的重合,明确地区分劳动关系与劳务关系,依赖于我们厘清劳动关系

---

① 参见问清泓、何飞:《非全日制用工中的多重劳动关系》,载《当地经济》2011年第8期,第30页。

和民事关系的界限，当事人之间是否存在隶属和管理与被管理的关系是区分的关键。是否具有管理关系，可以从劳动者是否成为用工组织中的成员、劳动者是否要遵守用工组织的劳动纪律、服从用工组织的指挥与调配、用工组织对劳动者有无处理和处罚权限等方面进行判断。而劳务合同的当事人之间是平等的民事关系，劳务提供者不是劳务接受方的内部成员，双方之间不存在隶属关系，也不存在管理与被管理的关系，反映的是一次性使用劳动力的商品交换关系。劳务合同主要存在于建筑业、加工承揽等行业。

（一）工作时间

累计的工作时间应受到标准工时制度的限制。我国一些省、自治区、直辖市的法律规范对非全日制劳动者建立多重劳动关系时的累计工作时间作出了相应规定。例如：2001年11月15日颁布的《上海市劳动合同条例》第46条规定："劳动者与一个或者一个以上用人单位确立非全日制劳动合同关系的，劳动者与每个用人单位约定的每日、每周或者每月工作时间，应当分别在法定工作时间的百分之五十以下。劳动者在多个用人单位的工作时数总和，不得超过法定最高工作时数。"2003年4月23日北京市劳动和社会保障局制定的《北京市非全日制就业管理若干问题的通知》中第3条规定："非全日制从业人员在多个用人单位工作时间，每月总计不得超过标准工作时间。"

（二）加班工资

如果非全日制劳动者在某一工作日里的工作时间超过了4小时，但用人单位在其他工作日里相应减少了其工作时间，一周累计下来工作时间不超过24小时，则不存在加班问题，某一天超过4小时的工作时间也不需要支付加班费。

（三）最低工资标准

不论劳动者是否与多个用人单位建立多重劳动关系，只要劳动者提供了正常劳动，每个用人单位都应按时足额地按照不低于当地人民政府规定的小时最低工资标准给付工资。

（四）工伤保险

因国家法规规定职工个人不缴纳工伤保险费，所以用人单位必须依法为职工缴纳工伤保险费，当然，非全日制劳动者也不例外。非全日制劳动者在多个劳动合同履行过程中的工伤如何处理，对于明确责任，保护劳动者合法权益至为重要，但是现行法律法规没有规定。

【思考题】

1. 试述非全日制用工的概念与特点。
2. 试述非全日制用工与全日制用工的转化。

3. 试述非全日制用工的终止。
4. 非全日制用工的特殊规定是什么?

【案例分析题】

1. 某单位在与多名非全日制劳动者签订的劳动合同中约定了试用期,要求劳动者工作的第 1 个月是试用期,在试用期内某单位可以单方无理由解除劳动合同,并且该单位与多名非全日制劳动者多次约定试用期。

问:某单位的违法之处在哪里?法律依据是什么?

2. 陈某在 2008 年 8 月以非全日制员工的身份进入到杭州某 A 软件公司工作。双方口头约定陈某的工作时间为上午 8 点到 11 点 30 分。工作期限到 2009 年 1 月 15 日。由于陈某的工作能力强,经过一段时间的工作,陈某发现自己完全可以在规定的时间内完成工作任务,而且仍有余力。为了多挣一份工资,陈某又继续在招聘网站上寻找非全日制的工作,正好另一家 B 软件公司也急需要非全日制软件开发人员,于是双方签订了劳动合同,约定上班时间为每天下午 2 点到 5 点,劳动报酬为 60/小时。2009 年 4 月 7 日,A 软件公司发现陈某在 B 软件公司上班,遂要求陈某辞去 B 软件公司的工作。为此,双方发生争议。

问:陈某的行为是否合法?法律依据是什么?

3. 2009 年 2 月 5 日,田某在大学毕业后,就进入上海某公司从事传媒宣传工作,双方口头约定每天只工作 3 小时,劳动报酬为 80/小时,工作期限到 2009 年 10 月 20 日。田某向公司提出其未与自己签订书面劳动合同,按照《劳动合同法》的规定,用人单位在用工之日起超过 1 个月未与劳动者签订书面劳动合同的,应当向劳动者支付双倍工资。为此,双方发生争议。田某向劳动争议仲裁委员会申请仲裁。

问:劳动争议仲裁委员会应如何处理本案?

第十章

劳动争议处理制度

教学目标

通过本章的学习，了解劳动争议处理的分类、特点，劳动争议处理的原则，重点掌握劳动争议仲裁，难点在劳动争议诉讼。

关键术语

劳动争议　劳动争议的范围　劳动争议调解　劳动争议仲裁　劳动争议诉讼

第一节　劳动争议处理制度概述

一、劳动争议的概念与特点

（一）劳动争议的概念

劳动争议由广义与狭义之分：广义的劳动争议是指以劳动关系为中心所发生的一切争议，狭义的劳动争议是指用人单位与劳动者之间以劳动权利与义务为中心所发生的纠纷。

（二）劳动争议的特点

第一，从争议主体看，劳动争议的主体限于劳动关系的双方当事人及其团体；第二，从争议的内容看，劳动争议是以劳动权利与义务为中心。劳动关系的核心内容是劳动力提供者与使用者之间的权利、义务，这是劳动争议的内容[①]。劳动争议是因遵

[①] 林嘉：《劳动法与社会保障法》，中国人民大学出版社2012年第3版，第240页。

守劳动法订立、履行、变更与终止劳动合同与集体合同所发生的争议,劳动权利与义务不以书面的劳动合同或者集体合同为唯一的依据,只要事实上存在劳动用工行为,即使没有书面的劳动合同,也会产生劳动权利、义务,由此发生的争议,也属于劳动争议。

二、劳动争议的分类

劳动争议的分类的意义在于,因为争议的种类不同,而设置不同解决争议的机构,采用不同的程序。

(一) 依据争议的主体不同

以劳动争议产生的主体不同为标准,劳动争议分为个体劳动争议与集体劳动争议。个体劳动争议是指因个别劳动关系发生的争议;集体劳动争议,因集体劳动关系发生的争议。在我国集体劳动争议主要指劳动者一方3人以上,并有共同理由的劳动争议。

(二) 依据劳动争议性质不同

以劳动争议产生的性质不同,劳动争议分为权利争议与利益争议。权利争议是指因实现劳动法、集体合同和劳动合同所规定的权利与义务所发生的争议。利益争议是指因主张有待确定的权利与义务所发生的争议。

权利争议与利益争议的区别:权利争议中,当事人双方的权利、义务是确定的,只是在权利、义务履行的过程中发生了争议,实质是一方不履行义务造成的,是违反劳动法的规定或者违反劳动合同的行为。利益争议中,当事人对劳动权利、义务是否存在及内容都存在争议,利益争议一般存在于集体合同的订立或者变更环节。争议发生时,双方当事人还不是劳动关系当事人,所以这种争议并非真正的劳动争议。

三、劳动争议处理的目的与原则

(一) 劳动争议处理的目的

确立劳动争议处理制度的目的是,公正及时处理劳动争议,建立和谐稳定的劳动关系,保护劳动者合法权益。

第一,公正及时处理劳动争议。公正及时处理劳动争议,保障用人单位与劳动者合法权益,有利于平衡劳动合同双方当事人的利益,有利于建立和谐稳定的劳动关系。

第二，建立和谐稳定的劳动关系。劳动争议，特别是集体劳动争议，如果不能及时预防和有效解决，就会引发停工、罢工，影响社会稳定与经济发展。这就需要建立解决纠纷的相应机构，通过法定程序解决纠纷，使劳动关系在稳定、协调、有序的轨道上发展，促进劳动关系双方的合作与共同发展。

第三，保护劳动者合法权益。只有把劳动争议纳入法律的轨道，切实保护双方当事人的合法权益，妥善的处理纠纷，才能发展良好的劳动关系。

（二）劳动争议处理的原则

《劳动争议调解仲裁法》第3条规定，解决劳动争议，应当根据事实，遵循合法、公正、及时、着重调解的原则，依法保护当事人的合法权益。

依据《劳动争议调解仲裁法》的规定，我国劳动争议处理的原则为：

1. 着重调解、及时处理原则。

第一，调解是处理劳动争议的基本手段，贯穿于劳动争议处理全过程。企业劳动争议调解委员会处理劳动争议的工作程序全部是进行调解；仲裁委员会与人民法院处理劳动争议，也应先行调解，在裁决和判决前还要为当事人提供一次调解解决争议的机会。

第二，调解在双方当事人自愿的基础上进行。调解是双方当事人自愿进行的，不能有任何的强制；否则，企业调解委员会的调解协议书、仲裁委员会或者人民法院的调解书的法律效力就会受到影响。

第三，调解应依法进行。调解劳动争议应依法进行，既依据实体法，也依据程序法。

第四，对劳动争议的处理及时。企业劳动争议调解委员会对案件调解不成，应在规定的期限内及时结案，不能使当事人丧失申请仲裁的权利；劳动争议仲裁委员会对案件先行调解不成，应及时裁决；人民法院在调解不成时，应及时判决。

2. 在查清事实的基础上，依法处理的原则。

第一，正确处理调查取证与举证责任的关系。调查取证是劳动争议处理机构的权力与责任，举证是当事人应尽的义务和责任，只有将二者相结合，才能达到查清事实的目的。

第二，劳动争议处理机构与当事人必须在查清事实的基础上依法协商，解决劳动争议。

第三，处理劳动争议要坚持灵活性与原则性相结合。

3. 当事人在适用法律上一律平等原则。劳动争议当事人法律地位平等，双方具有平等的权利与义务，任何一方当事人都不得有超越另一方当事人的特权，劳动争议当事人双方在适用法律上是平等的。

四、劳动争议处理的受案范围

《劳动争议调解仲裁法》第2条规定，中华人民共和国境内的用人单位与劳动者发生的下列劳动争议，适用本法：因确认劳动关系发生的争议；因订立、履行、变更、解除和终止劳动合同发生的争议；因除名、辞退和辞职、离职发生的争议；因工作时间、休息休假、社会保险、福利、培训以及劳动保护发生的争议；因劳动报酬、工伤医疗费、经济补偿或者赔偿金等发生的争议；法律、法规规定的其他劳动争议。

依据《劳动争议调解仲裁法》的规定，我国的劳动争议处理的受案范围包括：

第一，因确认劳动关系发生的争议。劳动者与用人单位发生劳动权利与义务主要的是建立劳动关系，是否存在劳动关系，决定了劳动者能否享有劳动法规定的各种权益。

第二，因订立、履行、变更、解除与终止劳动合同发生的争议。《劳动争议调解仲裁法》第一次把因订立劳动合同发生争议纳入劳动合同争议的范围。劳动争议中的大部分都是围绕劳动合同的争议而发生，确定劳动者与用人单位之间权利、义务的基本依据也是劳动合同。

第三，因除名、辞退和辞职、离职发生的争议。这通常是劳动者被强迫或者自动解除劳动合同，终止劳动合同而发生的争议。

第四，因工作时间、休息休假、社会保险、福利、培训以及劳动保护发生的争议。这些既是劳动者享有的权利，也是用人单位承担的义务。2001年《最高人民法院关于审理劳动争议案件适用法律若干问题的解释》（法释［2001］14号）第1条规定，劳动者与用人单位之间发生的下列纠纷，属于《劳动法》第2条规定的劳动争议，当事人不服劳动争议仲裁委员会作出的裁决，依法向人民法院起诉的，人民法院应当受理……劳动者退休后，与尚未参加社会保险统筹的原用人单位因追索养老金、医疗费、工伤保险待遇和其他保险费而发生的纠纷。《最高人民法院关于审理劳动争议案件适用法律若干问题的解释（三）》（法释［2010］12号）第1条规定，劳动者以用人单位未为其办理社会保险手续，且社会保险经办机构不能补办导致其无法享受社会保险待遇为由，要求用人单位赔偿损失而发生争议的，人民法院应予受理[①]。

第五，因劳动报酬、工伤医疗费、经济补偿或者赔偿金等发生的争议。这类争议的解决是否公正合法，直接关系到他们的生活甚至生命。《劳动合同法》第85条规定，用人单位有下列情形之一的，由劳动行政部门责令限期支付劳动报酬、加班费或

---

① 《解释（三）》（法释［2010］12号）比《解释（一）》（法释［2001］14号）在社会保险争议受案范围上的突破主要体现在：不仅退休对社会保险享有诉权，在职也可请求人民法院诉请社会保险诉权的，人民法院也应受理。

者经济补偿；劳动报酬低于当地最低工资标准的，应当支付其差额部分；逾期不支付的，责令用人单位按应付金额的50%以上100%以下的标准向劳动者加付赔偿金：未按照劳动合同的约定或者国家规定及时足额支付劳动者劳动报酬的；低于当地最低工资标准支付劳动者工资的；安排加班不支付加班费的；解除或者终止劳动合同，未依照本法规定向劳动者支付经济补偿的。《最高人民法院关于审理劳动争议案件适用法律若干问题的解释（三）》（法释〔2010〕12号）第3条规定，劳动者依据劳动合同法第85条规定，向人民法院提起诉讼的，要求用人单位支付加付赔偿金的，人民法院应予受理①。

第六，法律、法规规定的其他劳动争议。这是一个弹性的条款，除以上5种劳动争议外，法律、法规规定的其他劳动争议也应纳入《劳动争议调解仲裁法》的受案范围。《最高人民法院关于审理劳动争议案件适用法律若干问题的解释（三）》（法释〔2010〕12号）第2条规定，因企业自主进行改制引发的争议，人民法院应予受理。而将政府改制企业而引发的劳动者被辞退、拖欠劳动者工资的劳动争议，排除在受案范围之外。第7条规定，用人单位与其招用的已经依法享受养老保险待遇或者领取退休金的人员发生用工争议，向人民法院提起诉讼的，人民法院应当按劳务关系处理。依据劳动部《关于实行劳动合同制度若干问题的请示》的复函、《国有企业富余职工安置规定》等规范性文件，企业停薪留职人员、未达到法定退休年龄的内退人员、下岗待业人员以及企业经营性停产放长假人员，与原单位仍旧保持劳动关系，这些人员再就业，而与原单位没有解除劳动关系，依据第8条的明确规定，这类关系属于劳动关系。即企业停薪留职人员、未达到法定退休年龄的内退人员、下岗待业人员以及企业经营性停产放长假人员，因与新的用人单位发生用工争议，依法向人民法院提起诉讼的，人民法院应当按劳动关系处理。

五、劳动争议处理机构

《劳动争议调解仲裁法》第10条第1款规定，发生劳动争议，当事人可以到下列调解组织：企业劳动争议调解委员会；依法设立的基层人民调解组织；在乡镇、街道设立的具有劳动争议调解职能的组织。

我国劳动争议调解组织包括：

（一）劳动争议调解组织

1. 企业劳动争议调解委员会。《劳动争议调解仲裁法》第10条第2款规定，企

---

① 加付赔偿金诉讼有一个前提，即劳动者必须就用人单位拖欠其劳动报酬、加班费或者经济补偿的违法行为先向劳动行政部门投诉，劳动行政部门在责令用人单位限期支付后，用人单位仍没有支付。如果未经过这一前提程序，劳动者直接向人民法院主张加付赔偿金的，人民法院不予受理。

业劳动争议调解委员会由职工代表和企业代表组成。职工代表由工会成员担任或者由全体职工推举产生，企业代表由企业负责人指定。企业劳动争议调解委员会主任由工会成员或者双方推举的人员担任。即企业劳动争议调解委员会是在企业内部建立的从事劳动争议调解工作的专门组织，主要针对本单位内部发生的劳动争议案件，在当事人双方提出调解方案后，在查清事实的基础上，运用法律、法规对劳动争议予以解决。

2. 基层人民调解组织。1989年6月颁布的《人民调解委员会组织条例》规定，人民调解委员会是村民委员会与居民委员会下设的调解民间纠纷的群众性组织。基层调解委员会由委员3~9人组成，设主任1人，必要时可设副主任若干人。人民调解委员会委员除由村民委员会或者居民委员会兼任的以外，由群众选举产生，每3年改选一次。人民调解委员会委员不能任职时，由原选举单位补选。

人民调解委员会的任务是为解决民间纠纷，并通过调解工作宣传法律、法规和政策。通过基层人民调解委员会对劳动争议的解决，有利于对劳动争议处理的效率提高，节约司法成本。

3. 在乡镇、街道设立的具有劳动调解职能的组织。《劳动争议调解仲裁法》第11条规定，劳动争议调解组织的调解员应当由公道正派、联系群众、热心调解工作，并具有一定法律知识、政策水平和文化水平的成年公民担任。在乡镇、街道设立的劳动争议调解组织，是在一些经济发达的地区为了解决劳动争议的实际需要而设立的区域性、行业性调解组织。

与企业调解委员会比较而言，区域性、行业性调解组织的调解员与企业没有任何利害关系。调解更具有权威性。

（二）劳动争议仲裁委机构

1. 劳动争议仲裁委员会。《劳动争议调解仲裁法》第17条规定，劳动争议仲裁委员会按照统筹规划、合理布局和适应实际需要的原则设立。省、自治区人民政府可以决定在市、县设立；直辖市人民政府可以决定在区、县设立。直辖市、设区的市也可以设立一个或者若干个劳动争议仲裁委员会。劳动争议仲裁委员会不按行政区划层层设立。即劳动争议仲裁委员会是国家授权，依法独立处理劳动争议的专门机构。这一规定明确了劳动争议仲裁委员会的设立原则、设置权限和设立方式。即仲裁委员会不按照行政区划在省、市、县三级设立，而是仅仅在市、县、区设立。各仲裁委员会之间没有上下级隶属关系，不存在级别管辖，而是相互独立的争议处理机构。

劳动争议仲裁委员会由劳动行政部门代表、同级工会代表与企业方面代表组成，它的组成人员应是单数，采用三方性的组织原则由政府、用人单位、劳动者三方代表组成。

《劳动争议仲裁委员会组织规则》和《劳动争议仲裁委员会办案规则》中规定，劳动争议仲裁委员会的办事机构主要包括以下的职责：承办处理劳动争议案件的日常工作；依据仲裁委员会的授权，负责管理仲裁员、组织仲裁庭；管理仲裁委员会的文书、档案、印鉴；负责劳动争议及其处理方面的法律、法规及政策咨询；向仲裁委员会汇报、请示工作；办理仲裁委员会授权或者交办的其他事项，如审批等。

2. 劳动人事争议仲裁委员会办事机构。劳动人事争议仲裁委员会办事机构负责办理劳动人事争议仲裁委员会的日常工作，具有两种主要方式：实体化的办事机构；设在劳动人事行政部门内部的办事机构。

3. 仲裁庭。劳动人事争议仲裁委员会处理劳动争议实行仲裁庭制度，即按照"一案一庭"的原则组成仲裁庭，受理劳动争议案件。仲裁庭的组织形式分为独任制与合议制。

独任制指由仲裁委员会指定的仲裁员一人独立审理仲裁案件，主要适用于事实清楚、案件简单、法律适用明确的劳动争议案件。

合议制是指由仲裁委员会指定3名或者3名以上的单数仲裁员共同审理劳动争议案件。《组织规则》规定，10人以上的集体劳动争议，人事争议，有重大影响的争议，仲裁委员会认为应当由3名仲裁员审理的其他案件，应当实行合议制。

4. 仲裁员。仲裁员，是指劳动人事争议仲裁委员会依法聘任的，能够成为仲裁庭组成人员从事劳动争议处理工作的工作人员。

仲裁员有专职仲裁员和兼职仲裁员，二者在执行职责时具有同等的权利。《劳动争议调解仲裁法》第20条规定，劳动争议仲裁委员会应当设仲裁员名册。仲裁员应当公道正派并符合下列条件之一：曾任审判员的；从事法律研究、教学工作并具有中级以上职称的；具有法律知识、从事人力资源管理或者工会等专业工作满五年的；律师执业满三年的。《组织规则》对仲裁员的选聘、培训与管理作出了详尽的规定。劳动人事争议仲裁委员会应设立仲裁员名册。

第二节　劳动争议调解

一、劳动争议调解概念

劳动争议的调解，是指劳动争议调解组织对用人单位与劳动者之间发生的劳动争议，以法律、法规为依据，以民主协商的方式，促使双方当事人达成协议，消除纷争。

劳动争议调解既不属于司法范畴的基础政权组织设立的调解机构——人民调解委员会，也与企业主管部门所进行的行政调解不同，同时与劳动争议仲裁程序和诉讼程序中的调解也不同。它是基层群众性组织作出的调解，是我国处理劳动争议的基本形式。

二、劳动争议调解的原则

（一）自愿原则

劳动争议调解遵循双方当事人自愿原则进行调解，经调解达成协议的，制作调解协议书，当事人双方应当履行；调解不能达成协议的，当事人双方在规定的期限内，可以向劳动争议仲裁委员会申请仲裁。

当事人自愿原则体现在：

第一，争议双方当事人自行决定，是否向劳动争议调解组织申请调解，对任何一方不能强迫。在我国劳动争议处理程序中，劳动争议调解组织的调解不是必经程序，是否向劳动争议调解机构申请调解，是争议当事人双方之间的自愿选择。

第二，在调解的过程中，自愿原则贯彻始终。劳动争议调解组织本身没有决定权。所以，在调解的过程中，劳动争议调解组织不能强行调解或者强迫当事人达成调解协议。

第三，双方当事人执行调解协议是自愿的。经劳动争议调解组织达成的调解协议，没有强制执行的效力。当事人不履行调解协议的，劳动争议调解组织不具有强制执行力。

（二）民主说服的原则

劳动争议调解组织的性质决定了这个原则。劳动争议调解组织不是国家的机关，在调解纠纷时，只能运用说服教育的方法、民主讨论的方法，依据法律、法规，促使争议双方当事人达成调解协议。

三、劳动争议调解的程序

劳动争议调解的程序比较简单：争议双方当事人首先提出调解申请，申请可以书面形式提出，也可以口头形式提出。口头申请的，劳动争议调解组织应当场记录申请人的基本情况、申请调解的争议事项、理由和时间。发生劳动争议的劳动者一方在10人以上的，并有共同的诉讼请求，可以推选代表参加调解活动。推举的代表所达成的调解协议,对共同的争议劳动者具有约束力。调解不是劳动争议处理程序的必经程序,如果一方当事人申请调解,而另一方当事人向仲裁委员会申请仲裁,则仲裁委员会应受理。

劳动争议调解委员会在收到当事人的调解申请后,要进行审查,决定是否接受申请。劳动争议调解组织对是否属于受案范围与条件进行审查,劳动争议调解组织对另一方当事人进行通知与询问其是否愿意接受调解。在双方当事人都接受调解时,调解委员会工作人员填写"立案审批表",报调解委员会批准,调解委员会在4日内作出同意受理或者不同意受理的决定。对于同意受理的填写"受理决定通知书",并告知当事人调解的时间、地点等;如果经审查决定不予受理的,应填写"不受理决定意见书",向申请人说明情况,告知其解决劳动争议的方法与途径。调解组织在受理争议当事人的申请后,应当充分听取双方当事人对事实与理由的陈述,促使其达成调解协议。对于调解没有特别严格的程序要求,进行调解的一般形式是,由调解组织主持召开争议双方当事人参加的调解会议,依据事实在当事人之间进行调解。《劳动争议调解仲裁法》第14条规定,经调解达成协议的,应当制作调解协议书。调解协议书由双方当事人签名或者盖章后,经调解员签名并加盖调解组织的印章后生效。在劳动争议调解组织收到调解申请之日起15日内未达成调解协议的,当事人可依法申请仲裁。即这一规定明确了调解协议书的期限。

四、劳动争议调解的效力

《关于审理劳动争议案件适用法律若干问题的解释(二)》第17条规定,当事人在劳动争议调解委员会主持下达成的具有劳动权利义务内容的调解协议,具有劳动合同的约束力,可以作为人民法院裁判的根据。作为人民法院裁判的根据,是指法院在审理劳动争议案件中对当事人达成的调解协议,能够查证属实,是依据当事人的真实意思表示,则调解协议中关于当事人权利义务的安排将成为法院最终判决的重要依据。

(一) 支付令

《劳动争议调解仲裁法》进一步增强了调解协议的约束力,赋予某些调解协议具有申请支付令的效力。《劳动争议调解仲裁法》第16条规定,因支付拖欠的劳动报酬、工伤医疗费、经济补偿或者赔偿金事项达成的调解协议,用人单位在协议约定的期限届满时不履行的,当事人可以持调解协议书依法向人民法院申请支付令。如果用人单位在支付令的规定期限内,没有提出异议的,则应当履行;否则劳动者可以申请人民法院强制执行。《关于审理劳动争议案件适用法律若干问题的解释(三)》第17条第3款规定,依据调解仲裁法第16条的规定,申请支付令被人民法院裁定终结督促程序后,劳动者依据调解协议直接向人民法院提起诉讼的,人民法院应予受理。

(二) 司法确认

《人民调解法》第 33 条规定,经人民调解委员会调解达成调解协议后,双方当事人认为有必要的,可以自调解协议生效之日起 30 日内共同向人民法院申请司法确认,人民法院应当及时对调解协议进行审查,依法确认调解协议的效力。人民法院依法确认调解协议有效,一方当事人拒绝履行或者未全部履行的,对方当事人可以向人民法院申请强制执行。为贯彻《人民调解法》,最高人民法院《关于人民调解协议司法确认程序的若干规定》(法释〔2011〕5 号) 对司法确认程序作出了具体的规定,《最高人民法院关于审理劳动争议案件适用法律若干问题的解释(四)》第 4 条规定,当事人在人民法院调解委员会支持下仅就给付义务达成的调解协议,双方认为有必要的,可以共同向人民调解委员会所在地的基层人民法院申请司法确认。即对调解协议的司法确认作出了具体的规定。即只有人民调解委员会进行主持下达成的调解协议能获得司法确认,而对企业劳动争议调解委员会、在乡镇、街道设立的具有劳动争议调解职能的组织达成的调解协议是否可以申请司法确认,法律没有相应的明文规定。

(三) 仲裁程序置换调解书

《企业劳动争议协商调解规定》第 27 条规定,双方当事人可以自调解协议生效之日起 15 日内共同向仲裁委员会提出仲裁审查申请,仲裁委员会受理后,应当对调解协议进行审查,并依据《企业人事争议仲裁办案规则》第 54 条规定,对程序和内容合法有效的调解协议,出具调解书。但是,在司法实践中,仲裁程序置换方式的加固效力只适用于以企业为用人单位的情况,不适用于事业单位、社会团体等其他性质的用人单位与劳动者之间调解协议。

第三节 劳动争议仲裁

【案例 10-1】

仲裁时效中止、中断案[①]

陈某在 2005 年 3 月入职某公司工作,直至 2009 年 12 月 31 日双方劳动合同到期终止。

---

① 王林清、杨心忠:《劳动合同纠纷裁判精要与规则适用》,北京大学出版社 2014 年版,第 421 页。

▶劳动合同法导引与案例

2010年3月11日,陈某就其与某公司劳动争议纠纷一案向劳动争议仲裁委员会提出仲裁申请,要求某公司支付其2008年度年终奖金、违法解除劳动合同的赔偿金和未提前30天通知解除劳动合同的经济补偿金。

2011年2月23日,陈某又以要求某公司向其支付2009年度税后奖金为由再次向仲裁委员会提出申请,该委在2011年6月7日以申请已过仲裁时效为由裁决驳回陈某的申请请求。陈某不服该仲裁结果,以其与某公司的劳动关系仍然存在,且其在2010年3月11日第一次向仲裁委员会提出仲裁申请后,仲裁时效中断,其主张的2009年度税后奖金未超过仲裁时效为由向一审法院提出诉讼。某公司则抗辩称,仲裁时效应该自双方劳动关系终止之日起即2009年12月31日起算,且不存在法定中断情形,陈某在本案提出仲裁申请,已超过仲裁时效。

本案争议的焦点是:陈某在2010年3月11日向某公司主张2008年度年终奖金按申请劳动仲裁,是否构成对本案仲裁时效的中断,本案是否适用最高人民法院《关于审理民事案件适用诉讼时效制度若干问题的规定》第11条的规定。

【案例10-2】

用人单位承担举证责任案①

石某(原告)在2008年10月21日到被告南京市电子有限公司处从事冲床作业工作,原、被双方签订了劳动合同,缴纳了社会保险。2010年10月9日,原告在工作中受伤,被认定为工伤,致残程度为5级。医院在2011年4月23日给原告开具假条,假期为1个月。2011年6月8日,原告申请仲裁,申请解除劳动关系,并由公司支付其伤残补助等。2011年7月29日,劳动争议仲裁委员会仲裁裁决如下:(1)被告一次性支付原告一次性伤残补助金1.7672万元、一次性工伤医疗补助金19.752万元、一次性伤残就业补助金7.98万元;(2)驳回原告的其他申诉请求。

石某不服裁决,诉至法院,要求被告支付2011年5月份的伤残津贴1400元。

被告辩称,原告在劳动仲裁时未提出要求被告支付5月份工伤期间的工伤津贴,也未提交病假条等证据,现在提交证据不符合法律规定,请求法院依法驳回原告的不合理的诉讼请求。

法院经审查,原告在申请劳动仲裁时,确实未提出要求被告支付5月份工伤期间的工伤津贴的请求。

一审法院经审理认为,依据《工伤保险条例》的规定,职工因公致残被鉴定为5级伤残,保留与用人单位的劳动关系,由用人单位安排适当工作。难以安排工作的,

---

① 王林清、杨心忠:《劳动合同纠纷裁判精要与规则适用》,北京大学出版社2014年版,第425~426页。

由用人单位按月发给伤残津贴，标准为本人工资的70%。原告在2011年6月8日申请解除劳动关系，原告的伤残津贴应当发至2011年5月份。

一审法院判决：原告每月工资1939元，被告应支付原告2011年5月份伤残津贴1357元。

被告不服，提起上诉。

二审终审判决：驳回上诉，维持原判。

一、劳动争议仲裁的概述

（一）劳动争议仲裁的概念与特点

1. 劳动争议仲裁的概念。劳动争议仲裁是指劳动关系当事人把劳动争议提交法定仲裁机构——劳动人事争议仲裁委员会，由其对双方的争议进行处理，并作出对双方具有约束力的裁决，进而解决劳动争议。

2. 劳动争议仲裁的特点。我国劳动争议处理制度的核心是仲裁，其具有的特点为：

第一，公正性。仲裁是由作为中立第三者居中进行裁判，劳动争议仲裁委员会由干部主管部门代表、人力资源和社会保障等相关行政部门代表、军队及聘用单位文职人员工作主管部门代表、工会代表、用人单位代表组成，仲裁程序实行回避制、合议制等，保障了对劳动争议处理的公正性。

第二，及时性。与诉讼相比，仲裁具有快捷的特点，仲裁程序的申请、受理、审理与裁决作出都较为简单。

第三，强制性。仲裁程序的启动，只要有一方当事人申请仲裁即可，不需要当事人之间达成仲裁协议；仲裁前置程序，即劳动争议的处理必须经过仲裁，才能进入诉讼程序。

（二）劳动争议仲裁与民事仲裁的区别

第一，仲裁主体不同。民商事仲裁机构具有民间性，属于事业单位法人；劳动人事仲裁委员会具有行政性，是设在劳动行政部门内部的机构，具有官方性。

第二，仲裁适用范围不同。民商事仲裁适用于平等主体之间发生的民商事纠纷；而劳动争议仲裁委员会适用于用人单位与劳动者之间发生的劳动争议纠纷。

第三，启动程序不同。民商事仲裁属于自愿仲裁，必须由争议双方当事人在事前达成仲裁协议，才能启动仲裁；劳动争议仲裁是强制性仲裁，只要当事人一方提出仲裁申请，就可启动仲裁程序。

第四，是否前置不同。在民商事仲裁中，由争议双方当事人约定，是否先经过仲裁程序。劳动争议仲裁是劳动争议处理的必经程序，当事人双方只有经过劳动争议仲裁，才能向人民法院起诉，否则，人民法院不予受理。

第五，是否具有可诉性不同。民商事仲裁实行一裁终局，当事人不服仲裁裁决的，不能再向人民法院提起诉讼；劳动争议仲裁程序中，只有部分案件对用人单位实行一裁终局，其余案件仍可向人民法院提起诉讼。

二、劳动争议仲裁原则

劳动争议仲裁原则是指导劳动争议仲裁委员会进行仲裁活动的基本准则，是仲裁参加人与其他参与人参加仲裁活动必须遵守的行为准则。具体包括：

（一）着重调解原则

《劳动争议调解仲裁法》第42条规定，仲裁庭作出裁决前，应当先行调解。调解达成协议的，仲裁庭应当制作调解书。调解书应当写明仲裁请求和当事人协议的结果。调解书由仲裁员签名，加盖劳动争议仲裁委员会印章，送达双方当事人。调解书经双方当事人签收后，发生法律效力。调解不成或者调解书送达前一方当事人反悔的，仲裁庭应当及时作出裁决。即调解原则贯穿于劳动仲裁全过程。

（二）及时、迅速原则

《劳动争议调解仲裁法》第43条规定，仲裁庭裁决劳动争议案件，应当自劳动争议仲裁委员会受理仲裁申请之日起45日内结束。案情复杂需要延期的，经劳动争议仲裁委员会主任批准，可以延期并书面通知当事人，但是延长的期限不得超过15日。逾期未作出仲裁裁决的，当事人可以就该劳动争议事项向人民法院提起诉讼。仲裁庭裁决劳动争议案件时，其中一部分事实已经清楚，可以就该部分先行裁决。

（三）区分举证责任的原则

区别举证责任，是指为避免出现劳动争议双方当事人之间的隶属关系，在举证责任分配问题上由法律规定不同情况下，区别情形实行证明责任与举证责任倒置的规则。《最高人民法院关于审理劳动争议案件适用法律若干问题的解释》（法释[2001]14号）第13条规定，因用人单位作出的开除、除名、辞退、解除劳动合同、减少劳动报酬、计算劳动者工作年限等决定而发生的劳动争议，用人单位负举证责任。最高人民法院《关于民事诉讼证据的若干规定》第6条规定，在劳动争议纠纷案件中，因用人单位作出开除、除名、辞退、解除劳动合同、减少劳动报酬、计算劳动者工作年限的决定而发生劳动争议的,由用人单位负举证责任。

三、劳动争议仲裁的管辖

(一) 级别管辖

法律中没有对劳动争议调解仲裁委员会的级别管辖,作出明确的规定。

现在主要存在二种级别管辖的方式:在直辖市、计划单列市、省辖市和地区一级的仲裁委员会受理本市具有重大影响的、案情复杂的劳动争议案件,以及外商投资企业和大型企业的劳动争议案件;省、自治区仲裁委员会,只负责指导全省、自治区的劳动争议仲裁工作,不直接受理劳动争议案件。

(二) 地域管辖

劳动人事争议仲裁委员会主要管辖本区域范围内的劳动争议。劳动争议仲裁主要实行地域管辖,劳动争议主要由劳动合同履行地或者用人单位所在地的劳动人事争议仲裁委员会管辖。争议双方当事人分别向劳动合同履行地和用人单位所在地的劳动人事争议仲裁委员会申请仲裁的,由劳动合同履行地的劳动人事争议仲裁委员会管辖。

发生劳动争议的企业与劳动者不在同一仲裁委员会管辖区域内的,由劳动者工资关系所在地的仲裁委员会管辖。我国劳动者与境外企业订立的劳动合同履行地在我国领域内,因履行该劳动合同发生争议的,由劳动合同履行地的仲裁委员会受理①。

(三) 移送管辖

劳动争议人事仲裁委员会发现已经受理的案件不属于自身管辖范围的,应当移送有管辖权的仲裁委员会,并书面通知争议双方当事人。受移送的劳动争议人事仲裁委员会,对移送的案件应当受理。受移送的劳动争议人事仲裁委员会认为受移送的案件不属于本仲裁委员会管辖的,或者仲裁委员会之间因仲裁管辖发生争议,协商不成的,应报请共同的上一级仲裁委员会主管部门指定管辖。

(四) 管辖异议

劳动争议当事人对仲裁委员会管辖存在异议的,应在答辩期届满前书面提出。当事人逾期提出的,不影响仲裁程序的进行,当事人因此原因,对仲裁裁决不服的,可

---

① 劳动合同履行地是劳动者实际工作场所地、用人单位所在地是用人单位注册、登记地;用人单位未经注册、登记的,其出资人、开办单位或者主管部门所在地为用人单位所在地。案件受理后,劳动合同履行地和用人单位所在地发生改变的,不改变仲裁的管辖。多个仲裁委员会都有管辖权的,由先受理的仲裁委员会管辖。

以向人民法院起诉或者申请撤销仲裁。

四、劳动争议仲裁举证责任与质证

(一) 举证责任的概述

举证责任,是指当事人在仲裁、诉讼中对自己的主张加以证明,并在自己的主张最终不能得到证明时承担不利法律后果的责任。

《劳动争议调解仲裁法》第6条规定,发生劳动争议,当事人对自己提出的主张,有责任提供证据。与争议事项有关的证据属于用人单位掌握管理的,用人单位应当提供;用人单位不提供的,应当承担不利后果。即把"谁主张、谁举证"与"用人单位举证责任"相结合,并明确规定了用人单位拒绝提供相应证据的法律后果。《劳动人事争议仲裁办案规则》重申了以上的规则,并进行了详细的规定,即在法律没有具体规定,依以上的推定规则无法确定举证责任承担时,仲裁庭可依据公平原则和诚实信用原则,综合当事人举证能力等因素确定举证责任的承担。

此外,还规定了举证时限制度,即当事人因客观原因不能自行收集证据的,仲裁委员会可以依据当事人的申请,收集证据;仲裁委员会认为有必要的,也可参照《民事诉讼法》的相关规定,自行对证据进行收集。

对于证据在有关仲裁程序规范中没有规定的,应参照民事诉讼证据规则的相关规定。

(二) 质证

《劳动争议调解仲裁法》第38条规定,当事人在仲裁过程中有权进行质证和辩论。质证和辩论终结时,首席仲裁员或者独任仲裁员应当征询当事人的最后意见。

1. 质证概念。质证,是双方当事人之间对彼此提供的证据的真实性、合法性、关联性以及有无证明力、证明力大小进行说明与质辩。"真实性"是证明所反映的内容应当是真实的、客观存在的;"关联性",是指证据与案件事实之间存在客观联系;"合法性",是指证明案件真实情况的证据必须符合法律规定的要求。

2. 质证顺序。在仲裁庭质证的顺序为:申请人出示证据,被申请人进行质证;被申请人出示证据,申请人进行质证;第三人出示证据,申请人、被申请人对第三人出示的证据进行质证;第三人对申请人或者被申请人出示的证据进行质证。对第三人没有争议的事实,无须举证、质证。

经仲裁庭许可,第三人及其代理人可以就证据相互发问,也可以向证人、勘验人、鉴定人发问。对书证、物证、视听资料进行质证时,第三人有权要求出示证据的原件或者原物,但有下列情况之一的除外:出示原件或者原物确有困难并经人民法院准许出示复制件或者复制品的;原件或者原物已不存在,但有证据证明复印件、复制品与原件或者原物一致的。

3. 证人证言的质证。证人应出庭作证,接受当事人的质询。出庭作证的证人不能旁听案件的审理。仲裁庭询问证人时,其他证人不能在场,但对证人组织质证的除外。证人如果有困难确实不能出庭作证的,经仲裁庭许可,证人可以提交书面证言。

4. 视听资料的质证。视听资料应当当庭播放或者显示,并由当事人进行质证。涉及国家秘密、商业秘密与个人隐私或者法律规定的其他保密证据,不能在开庭时公开质证。

五、劳动争议仲裁时效

劳动争议仲裁时效,是指劳动者与用人单位在法定期限内不向劳动争议仲裁机构申请仲裁,就将丧失请求劳动争议仲裁机构保护它的权利实现的制度。通常也把仲裁时效称为申诉时效。时效期间届满,当事人丧失请求保护的权利,仲裁委员会也将对其申请不予受理。

(一)仲裁时间的期间与起算

《劳动争议调解仲裁法》第27条第1款规定,劳动争议申请仲裁的时效期间为一年。仲裁时效期间从当事人知道或者应当知道其权利被侵害之日起计算。争议发生之日,是指知道或者应当知道权利被侵害之日,这是法律上认为的争议产生之日。

(二)仲裁时效的中断

劳动争议仲裁时效的中断,是指在仲裁时效进行期间,因发生一定的法定事由,使已经经过的仲裁时效期间归于无效,等时效期间中断的事由消失后,仲裁时效期间重新计算的一种时效制度。

《劳动争议调解仲裁法》第27条第2款规定,前款规定的仲裁时效,因当事人一方向对方当事人主张权利,或者向有关部门请求权利救济,或者对方当事人同意履行义务而中断。从中断时起,仲裁时效期间重新计算。

(三)仲裁时效的中止

劳动争议仲裁时效中止,是指劳动争议仲裁的一方当事人在法定的仲裁申请期限内,因不可抗力或者其他正当理由阻碍权利人行使请求权,仲裁程序依法暂时停止,待法定事由消灭之日，再继续计算仲裁时效期间的一种时效制度。

《劳动争议调解仲裁法》第 27 条第 3 款规定，因不可抗力或者有其他正当理由，当事人不能在本条第一款规定的仲裁时效期间申请仲裁的，仲裁时效中止。从中止时效的原因消除之日起，仲裁时效期间继续计算。即仲裁时效中止的时间不计入仲裁时效，而是把仲裁时效中止前后的时效时间合并计算为仲裁时效期间。

（四）劳动争议仲裁时效的特殊规定

《劳动争议调解仲裁法》第 27 条第 4 款规定，劳动关系存续期间因拖欠劳动报酬发生争议的，劳动者申请仲裁不受本条第一款规定的仲裁时效期间的限制；但是，劳动关系终止的，应当自劳动关系终止之日起一年内提出。即劳动者因追索劳动报酬发生争议的，劳动者应当在劳动关系终止之日起 1 年内申请仲裁，超过 1 年的期限，仲裁委员会不予受理。

六、劳动争议仲裁程序

（一）申请与受理

1. 共同当事人与第三人。

（1）共同当事人。依据《劳动合同法》第 92 条第 2 款规定，用工单位给被派遣劳动者造成损害的，劳动派遣单位与用工单位承担连带赔偿责任。《劳动争议调解仲裁法》第 22 条规定，发生劳动争议的劳动者和用人单位为劳动争议仲裁案件的双方当事人。劳务派遣单位或者用工单位与劳动者发生劳动争议的，劳务派遣单位和用工单位为共同当事人。

（2）第三人。《劳动争议调解仲裁法》第 23 条规定，与劳动争议案件的处理结果有利害关系的第三人，可以申请参加仲裁活动或者由劳动争议仲裁委员会通知其参加仲裁活动。

劳动争议仲裁第三人，是指与劳动争议案件处理结果有直接利害关系而参加到当事人之间已经开始的劳动争议仲裁活动中的人。利害关系是指仲裁委员会对劳动争议的处理结果能影响到第三人的权利。第三人在仲裁程序中，具有独立的法律地位，它的申请请求，与申请人或者被申请人都不一致。

2. 劳动争议仲裁当事人的申请。劳动争议仲裁当事人申请仲裁，应当提交书面仲裁申请，并按照被申请人人数提交副本。如果劳动争议仲裁申请人书写仲裁申请书有困难的，可以口头申请，由仲裁委员会记入笔录，经申请人签名或者盖章确认。劳动人事仲裁委员会在收到仲裁申请后,应当进行审查[①]。

3. 劳动人事仲裁委员会受理。《劳动争议调解仲裁法》第29条规定,劳动争议仲裁委员会收到仲裁申请之日起5日内,认为符合受理条件的,应当受理,并通知申请人;认为不符合受理条件的,应当书面通知申请人不予受理,并说明理由。对劳动争议仲裁委员会不予受理或者逾期未作出决定的,申请人可以就该劳动争议事项向人民法院提起诉讼。

(二) 开庭准备

《劳动争议调解仲裁法》第30条规定,劳动争议仲裁委员会受理仲裁申请后,应当在5日内将仲裁申请书副本送达被申请人。被申请人收到仲裁申请书副本后,应当在10日内向劳动争议仲裁委员会提交答辩书。劳动争议仲裁委员会收到答辩书后,应当在5日内将答辩书副本送达申请人。被申请人未提交答辩书的,不影响仲裁程序的进行。即被申请人在答辩期内,可以提出反申请,仲裁委员会应在收到被申请人反申请之日起5日内决定是否受理并通知被申请人。仲裁委员会决定受理反申请的,应将申请与反申请合并审理。仲裁庭应在开庭5日前把开庭日期、地点书面通知劳动争议双方当事人。当事人有正当理由,可在开庭3日前申请延期开庭。是否延期开庭,由劳动人事争议仲裁委员会作出决定。

(三) 开庭与审理

1. 仲裁人员回避。《劳动争议调解仲裁法》第33条规定,仲裁员有下列情形之一,应当回避,当事人也有权以口头或者书面方式提出回避申请:是本案当事人或者当事人、代理人的近亲属的;与本案有利害关系的;与本案当事人、代理人有其他关系,可能影响公正裁决的;私自会见当事人、代理人,或者接受当事人、代理人的请客送礼的。劳动争议仲裁委员会对回避申请应当及时作出决定,并以口头或者书面方式通知当事人。仲裁员回避有两种方式:自行回避与申请回避。自行回避,是指仲裁员知道自己具有应当回避的情况,向仲裁委员会提出回避申请,主动不参加对案件的审理。申请回避,是仲裁员没有主动提出回避申请,当事人认为仲裁员存在回避情况时,向仲裁庭提出申请,请求更换仲裁员。

2. 仲裁庭审理。仲裁庭在审理前,应先行进行调解,能够达成调解协议的,制作调解书结案。当事人不能达成调解协议的,仲裁庭继续审理。审理的基本程序是,仲裁员在开庭审理时,应先听取申请人的陈述,然后听取被申请人的答辩,仲裁员对

---

① 审查的内容包括:申请人是否与本案有直接利害关系、申请仲裁的争议是否属于劳动争议、是否属于仲裁委员会受理内容、是否属于本仲裁委员会管辖、申请书及有关材料是否齐备并符合要求、申请时间是否符合仲裁时效规定。对申请材料不齐备和有关情况不明确的,应要求申请人补正。

庭审调查、质证与辩论进行主持，最后征询劳动争议仲裁当事人的意见。

申请人收到书面通知后无正当理由拒不到庭，或者未经仲裁庭同意中途退庭的，视为撤回仲裁申请，重新再申请仲裁的，仲裁委员会不予受理。被申请人收到书面通知后没有正当理由拒不到庭的或者未经仲裁庭同意中途退庭的，可以缺席判决。

《劳动人事争议仲裁办案规则》还规定了中止审理制度，即在出现案件处理依据不明确而请示有关机构；案件处理需要等待工伤认定、伤残等级鉴定、司法鉴定结论，公告送达以及其他需要中止仲裁审理的客观情况时，经仲裁委员会主任的批准，可以中止案件的审理，并书面通知劳动争议仲裁当事人。中止审理的客观情况消除后，仲裁庭应恢复审理。

《劳动争议调解仲裁法》第40条规定，仲裁庭应把开庭情况记入笔录。当事人和其他仲裁参加人认为对自己的陈述记录有差错或者遗漏的，有权申请补正。如果不能补正，应记录该申请。笔录由仲裁员、记录员、当事人与其他仲裁参加人签名或者盖章。

（四）仲裁庭裁决

1. 先行裁决。《劳动争议调解仲裁法》第43条第2款规定，仲裁庭裁决劳动争议案件时，其中一部分事实已经清楚，可以就该部分先行裁决。先行裁决，是指劳动争议仲裁庭在仲裁过程中，对部分事实清楚的案件可先行作出仲裁裁决，其他部分等相关事实查明后，再进行后续裁决。

先行裁决后，整个劳动争议案件的并未结束，仲裁庭还需对其他请求事项进行裁决。先行裁决的效力是终局的，与终局裁决一样具有法律约束力。仲裁庭不能在后期的终局裁决中，对先行裁决的结果进行改变，也不能对已经先行裁决的事项再进行裁决。此外，先行裁决的内容应与最终裁决的内容保持一致。

2. 先予执行。《劳动争议调解仲裁法》第44条规定，仲裁庭对追索劳动报酬、工伤医疗费、经济补偿或者赔偿金的案件，根据当事人的申请，可以裁决先予执行，移送人民法院执行。仲裁庭裁决先予执行的，应当符合下列条件：当事人之间权利义务关系明确；不先予执行将严重影响申请人的生活。劳动者申请先予执行的，可以不提供担保。

先予执行，是指对追索劳动报酬、工伤医疗费、经济补偿或者赔偿金的给付之诉，在作出裁决前，裁定一方当事人履行一定义务，并立即执行的制度。在先予执行的程序中，劳动争议当事人应先提出申请，仲裁庭才能作出先予执行的裁决。先予执行带有强制性，仲裁庭决定先予执行的，要由人民法院执行。

3. 裁决。《劳动争议调解仲裁法》第41条规定，当事人申请劳动争议仲裁后，可以自行和解。达成和解协议的，可以撤回仲裁申请。第42条规定，仲裁庭在作出裁决前，应当先行调解。调解达成协议的，仲裁庭应当制作调解书。调解书应当写明仲裁请求和当事人协议的结果。调解书由仲裁员签名，加盖劳动争议仲裁委员会印章，送达双方当事人。调解书经双方当事人签收后，发生法律效力。调解不成或者调解书送达前，一方当事人反悔的，仲裁庭应当及时作出裁决。《最高人民法院关于审理劳动争议案件适用法律若干问题的解释（三）》第11条规定，劳动人事仲裁委员会作出的调解书已经发生法律效力的，一方当事人反悔提起诉讼的，人民法院不予受理；已经受理的，裁定驳回起诉。

调解不成或者调解书送达前一方当事人反悔的，仲裁庭应当及时作出裁决。裁决应按照多数仲裁员的意见作出，少数仲裁员的不同意见应记入笔录。仲裁庭不能形成多数意见时，裁决按照首席仲裁员的意见作出，对特殊重大、疑难案件可提交仲裁委员会决定。仲裁庭裁决案件时，裁决内容同时涉及终局裁决和非终局裁决的，应分别作出裁决。裁决书由仲裁员签名，并加盖劳动人事争议仲裁委员会印章。对裁决持不同意见的仲裁员，可以签名，也可以不签名。

《劳动争议调解仲裁法》第43条规定，仲裁庭裁决劳动争议案件，应当自劳动争议仲裁委员会受理仲裁申请之日起45日内结束。案情复杂需要延期的，经劳动争议仲裁委员会主任批准，可以延期并书面通知当事人，但是延长期限不得超过15日。逾期未作出仲裁裁决的，当事人可以就该劳动争议事项向人民法院提起诉讼。

七、劳动争议仲裁裁决的效力

《劳动争议调解仲裁法》第47条规定，下列劳动争议，除本法另有规定的外，仲裁裁决为终局裁决，裁决书自作出之日起发生法律效力：追索劳动报酬、工伤医疗费、经济补偿或者赔偿金，不超过当地月最低工资标准12个月金额的争议；因执行国家的劳动标准在工作时间、休息休假、社会保险等方面发生的争议。

《最高人民法院关于审理劳动争议案件适用法律若干问题的解释（三）》第13条规定，劳动者依据调解仲裁法第47条第1项的规定，追索劳动报酬、工伤医疗费、经济补偿或者赔偿金，如果仲裁裁决涉及数项，每项确定的数额均不超过当地月最低工资标准12个月金额的，应按照终局裁决处理。第14条规定，劳动人事争议仲裁委员会作出的同一仲裁裁决同时包含终局裁决事项和非终局裁决事项，当事人不服该仲裁裁决向人民法院提起诉讼的，应当按照非终局裁决处理。

《劳动争议调解仲裁法》第48条规定，劳动者对本法第47条规定的仲裁裁决不服的，可以自收到仲裁裁决书之日起15日内向人民法院提起诉讼。

劳动争议仲裁裁决的生效时间分为两种：部分裁决一经作出立即生效；其他裁决待当事人收到裁决书之日起15日内不起诉后生效。仲裁调解书自送达当事人之日起生效。

生效的仲裁调解书、裁决书对双方当事人具有法律约束力，当事人应按照法定的期限履行义务。一方当事人逾期不履行义务的，另一方当事人可以向人民法院申请执行。

八、仲裁不收费制度

《劳动争议调解仲裁法》第53条规定，劳动争议仲裁不收费。劳动争议仲裁委员会的经费由财政予以保障。即法律明确规定了劳动争议仲裁不收费。以前，劳动争议当事人申请仲裁，应向劳动争议仲裁委员会缴纳仲裁费，仲裁费包括案件受理费和处理费，处理费包括鉴定费、勘验费、差旅费及证人误工补助等费用。

第四节　劳动争议诉讼

【案例10-3】

用人单位减少劳动报酬案①

原告邹某与其丈夫莫某均在被告南宁市电机厂工作。1990年6月，莫某打报告申请调出电机厂，被告同意，并要求原告随夫一起调走。莫某的调令下达后，原告仍未找到接收单位。被告南宁市电机厂即提出要原告先调走，然后才能将莫某调走。原告夫妇在同年8月打报告，向被告申请批准莫某先办理到新单位的报到手续，并约定原告在报告之日起3个月内调走，逾期则不发工资。3个月期限届满后，原告仍未能调走，被告就根据报告内的约定，在同年12月发出通知停发了原告的工资，直至1992年9月原告调走。在此期间，原告除1990年12月20日至24日请事假4天，1992年2月10日到3月22日请探亲假22天外，其余时间都在厂里上班。被告亦未批准原告再请事假或者停薪留职，原告在1992年10月调出电机厂后，曾要求被告补发工资，并向南宁市城北区人民法院起诉，要求被告补发其调出该厂前工作22个月的工资。

被告辩称，从1990年12月起停发原告的工资，是根据原告的申请并经领导同意后执行的，且原告的诉讼请求已超过诉讼时效，不同意补发工资给原告。

南宁市城北区人民法院经公开审理，查明了上述事实。认为，公民有劳动的权利

---

① 孙瑞玺：《劳动合同法原理精要与实务指南》，人民法院出版社2008年版，第580~582页。

与义务,也有通过劳动取得合理报酬的权利。被告停发原告的工资后,未批准原告请事假或者停薪留职,即表明被告允许原告继续在厂劳动。原告继续在该厂工作22个月,理应获得相应的劳动报酬。原告的起诉并未超过诉讼时效。依据《民法通则》第84条的规定,在1993年8月31日判决如下:

被告南宁市电机厂补发原告邹某22个月的工资共计3918.4元。自判决发生法律效力之日起,7日内由被告将款交到本院,再由本院转交原告。

一审判决后,被告南宁市电机厂不服,上诉到南宁市中级人民法院。主要理由为:被上诉人夫妇自己写有报告,保证3个月内调走,本厂按约定停发其工资,其并未提出异议;被上诉人没有按规定程序办理请事假或者停薪留职,而不是上诉人不批准。原审程序不合法,适用法律不当,要求改判。

被上诉人辩称,其所写的报告是按上诉人的授意所写,并非自愿,该报告是无效的。要求维持原判。

南宁市中级人民法院经审理认为,国有企业虽享用用工自主权,有权决定职工的调进调出,但必须依法行政,不得随意侵害职工的合法权益。上诉人以维护企业合法权益为理由,借调动要求被上诉人写报告是不对的。被上诉人在工资停发后,仍然上班,依据社会主义按劳分配的原则,被上诉人有权要求按劳取酬。被上诉人工资是逐月被扣的,侵权行为始于扣工资的第1个月,整个侵权行为结束在扣工资的最后1个月,时效应从最后1个月起算,被上诉人主张权利超出1年诉讼时效。目前,劳动法没有颁发,劳动争议纠纷案只能参照有关政策、法规处理。因此,一审法院审理的程序并未违反法定程序。但是一审法院在审理此案时,适用《民法通则》有关债的条款是不妥的。

南宁市中级人民法院依照《民法通则》第5条、第75条第2款即《民事诉讼法》第153条的规定,在1993年12月2日判决如下:维持原判。

【案例10-4】

<h3 style="text-align:center">劳动合同赔偿责任纠纷案①</h3>

陈某在1990年12月到首钢日电电子有限公司工作。1992年10月,陈某又与电子公司签订《劳动合同书》和《出国人员技术培训合同》。其中,《劳动合同书》第12条规定:如甲方对乙方进行培训,在合同规定的年限内,乙方提出辞职或者擅自离职时,甲方有权要求乙方偿付部分或者全部培训费,第13条规定,在合同期内,乙方如擅自离职,应按规定赔偿甲方经济损失,其赔偿数额为本企业3个月的人均实得工资;从乙方擅自离职之日起本合同自动终止。合同签订后,陈某受电子公司派

---

① 最高人民法院中国应用法学研究所编:《人民法院案例选(民事卷,下册)》,中国法制出版社2003年版,第1728~1730页。

遣，在 1992 年 11 月到 1993 年 10 月出国去日本参加技术培训。出国前，陈某向电子公司借支 2 万日元差旅费。在日本期间，陈某参加了 177 个培训日，电子公司为其支付培训费共 3461273 日元。陈某回国后，经电子公司批准，在 1993 年 11 月 22 日到 12 月 4 日回四川休假探亲。假期届满后，陈某未回电子公司上班，也未按规定办理请假手续，而是由其父亲写信待其向电子公司请假，并附有一张经过涂改的陈某患有乙肝的假医院证明。1994 年 1 月 21 日，电子公司派人前往四川陈某家中探望，但其不在家中。同年 2 月 2 日，电子公司向陈某发出"责令其上班通知书"，限其于 1994 年 2 月 16 日返回公司上班，逾期将按《企业职工奖惩条例》的规定处理。陈某收到通知后，未在限期内回公司上班，也未给公司任何答复，直到 1994 年 3 月 10 日才返回北京。

电子公司鉴于陈某擅自离职达 2 个月之久，依据双方签订的《劳动合同书》的有关规定，终止了与陈某的劳动合同。1994 年 2 月，电子公司向北京市劳动争议仲裁委员会申请仲裁，要求陈某偿还培训费、出国借款和所造成的经济损失。1994 年 4 月，该劳动争议仲裁委员会作出裁决：陈某赔偿电子公司培训费 3461273 日元，差旅费 2 万日元，经济损失 2400 元人民币。

陈某不服北京市劳动争议仲裁委员会的仲裁裁决，在 1994 年 5 月向北京市中级人民法院提起诉讼，要求电子公司恢复其原工作并补发工资，同时提出去日本参加技术培训的培训费是由日本政府提供的，不应赔偿。

电子公司辩称，本公司按《劳动合同书》的规定，在陈某擅自离职的情况下，终止了与陈某的劳动合同，并无不当；反诉要求陈某依据所签的《劳动合同书》，赔偿公司培训费、经济损失即返还差旅费。

北京市中级人民法院经审理认为，电子公司与陈某签订的《劳动合同书》和《出国人员技术培训合同》，系双方真实的意思表示，也符合国家的有关法律规定，应受到法律保护。陈某在休假期满后未能及时返回单位，既未提供合法有效的病休证明，也未办理请假手续。陈某收到电子公司责令其上班的通知后，仍未及时返回单位，属于擅自离职行为。依据双方所签订的劳动合同的有关规定，自陈某擅自离职时起，双方签订的劳动合同已自行终止。陈某要求电子公司恢复其原工作并补发工资的诉讼请求，没有道理，不予支持。陈某在日本接受技术培训的培训费，有证据证明是电子公司支付的。依据双方签订的《劳动合同书》和《出国人员技术培训合同》的有关规定，电子公司要求陈某赔偿培训费、经济损失和返还差旅费的反诉理由成立，要求合理，应予支持。北京市中级人民法院在调解无效后，作出判决：（1）驳回陈某的诉讼请求；（2）终止陈某与电子公司的劳动合同；（3）在判决生效后的 1 个月内，陈某赔偿电子公司培训费 3461273 日元，差旅费 2 万日元，经济损失 2400 元人民币。

【案例10-5】

劳动纠纷案[①]

2000年7月，石油大学卓越科技有限公司与许某签订《合作经营企业合同》（以下简称《合同》）。《合同》约定：合作经营企业的总投资额为人民币5万元；许某投资5万元，销售卓越公司产品；合作期限暂定为5年。同日，卓越公司做出了《卓越公司分公司管理规定》（以下简称《规定》）。《规定》称：为积极开辟全国炼油助剂市场，公司决定在西北地区设立区域性销售分公司；总公司把给各分公司和其他销售人员制订统一的销售基准价，高出销售基准价后差价，在扣除增值税和城建、教育费附加后，剩余部分作为销售费用，直接划拨分公司账户，由分公司负责人自行决定其使用权。按照《合同》和《规定》，在2001年度许某为卓越公司销售产品年回款额达8743566元，应得提成额为1808058元，双方业已确认，扣去许某已从卓越公司支付的费用513340元，尚有1294728元未兑现，2002年应得提成额为927964元，亦未按约支付许某。另外，依据卓越公司2001年2月11日作出的《关于科研销售工作奖励制度》的规定，卓越公司应给许某2001年度销售奖励——价值15万元的小轿车一辆或者15万元的住房一套，未兑现。因此，双方形成争议。2002年5月22日，许某向山东省东营市中级人民法院提起诉讼，请求：

（1）判令被告支付原告2001年度销售提成款1294718元；损失31811元；（2）判令被告支付2002年度销售提成额9279964元；（3）判令被告兑现2001年度销售奖励——价值15万元的小轿车或者价值15万元的房屋一套。

东营市中级人民法院经审理认为，原告以被告不兑现其做出的《规定》和《关于科研销售工作奖励制度》所承诺的提成额及奖励为由，向本院提出劳务报酬纠纷诉讼，其理由不能成立。原告作为被告的员工，在执行被告内部制定的奖惩办法的过程中发生的纠纷，是用工单位与劳动者之间在劳动报酬方面的纠纷，属于劳动争议的范畴，应由劳动法律规范调整。按照相关法律规定，劳动争议案件实行先裁后审的原则，即发生争议后，应首先由劳动仲裁部门进行裁决。当事人对仲裁裁决不服，才可以向人民法院提起诉讼。依照《劳动法》第79条的规定，裁定如下：驳回原告的起诉。一审裁定送达后，当事人均服判息讼。

一、劳动争议诉讼概念

《劳动法》第83条规定，劳动争议当事人对作出裁决不服的，可以自收到仲裁裁

[①] 山东东营市中级人民法院（2002）东中民一初第5号民事裁定书，东营市中级人民法院网。

决书之日起 15 日内向人民法院提起诉讼。一方当事人在法定期限内不起诉又不履行仲裁裁决的，另一方当事人可以申请人民法院强制执行。

劳动争议诉讼，是指当事人不服劳动争议仲裁委员会的裁决，在规定的期限内向人民法院起诉，人民法院按照民事诉讼的程序，依法对劳动争议案件进行审理与判决的活动。

关于劳动争议诉讼司法机构的设置，各国的做法各不相同。有的国家设置专门的劳动法院或者劳动法庭，但我国没有设置专门的劳动法院，实践中一般是由人民法院的民事审判庭审理劳动争议案件。

二、劳动争议调解、仲裁与诉讼之间的关系

《劳动争议调解仲裁法》重点规范的是劳动争议调解与仲裁，而对劳动争议诉讼并没有太多涉及。该法虽对调解、仲裁与诉讼程序之间的关系作了基本的规定，但是比较原则。

最高人民法院通过一系列司法解释，对调解、仲裁与诉讼的关系作出了许多的特别规定，却较为零散。

（一）法院直接受理劳动争议案件的特殊情况

《最高人民法院关于审理劳动争议案件适用法律若干问题的解释（二）》第 3 条规定，劳动者以用人单位的工资欠条为证据直接向人民法院起诉，诉讼请求不涉及劳动关系其他争议的，视为拖欠劳动报酬争议，按照普遍民事纠纷受理。《劳动合同法》第 30 条第 2 款规定，用人单位拖欠或者未足额支付劳动报酬的，劳动者可以依法向当地人民法院申请支付令，人民法院应当依法发出支付令。《最高人民法院关于审理劳动争议案件适用法律若干问题的解释（三）》第 17 条第 2 款规定，依据劳动合同法第 30 条第 2 款的规定申请支付令被人民法院裁定终结督促程序后，劳动者就劳动争议事项直接向人民法院起诉的，人民法院应当告知其先向劳动人事争议仲裁委员会申请仲裁。

（二）劳动争议调解与诉讼的关系

劳动争议当事人经过调解后，不能直接向人民法院提起诉讼，必须先经过劳动争议仲裁程序。但有以下的例外情况：

第一，《最高人民法院关于审理劳动争议案件适用法律若干问题的解释（二）》第 17 条第 2 款规定，当事人在劳动争议调解委员会支持下仅就劳动报酬争议达成调解协议的，用人单位不履行调解协议确定的给付义务，劳动者直接向人民法院起诉

的，人民法院可以按照普遍民事纠纷受理。

第二，《劳动争议调解仲裁法》第 16 条规定，因支付拖欠劳动报酬、工伤医疗费、经济补偿或者赔偿金事项达成调解协议，用人单位在协议约定期限内不履行的，劳动者可以持调解协议书依法向人民法院申请支付令。人民法院应当依法发出支付令。

第三，《最高人民法院关于审理劳动争议案件适用法律若干问题的解释（三）》第 17 条第 3 款规定，依据调解仲裁法第 16 条规定申请支付令被人民法院裁定终结督促程序后，劳动者依据调解协议直接向人民法院提起诉讼的，人民法院应予受理。

第四，《最高人民法院关于审理劳动争议案件适用法律若干问题的解释（四）》第 4 条规定，当事人在人民调解委员会主持下仅就给付义务达成的调解协议，双方认为有必要的，可以共同向人民调解委员会所在地的基层人民法院申请司法确认。

第五，《企业劳动争议协商调解规定》第 27 条规定，当事人把达成的调解协议向仲裁委员会申请审查，仲裁委员会出具调解书置换原调解协议，依法不履行的，对方可申请法院强制执行。

（三）仲裁与诉讼的关系

第一，当事人申请劳动仲裁，仲裁委员会不予受理，当事人向人民法院起诉。《最高人民法院关于审理劳动争议案件适用法律若干问题的解释（四）》第 1 条规定，劳动人事争议仲裁委员会以无管辖权为由对劳动争议案件不予受理，当事人提起诉讼的，人民法院按照以下情况分别处理：经审查认为该劳动人事争议仲裁委员会对案件确无管辖权的，应当告知当事人向有管辖权的劳动人事争议仲裁委员会申请仲裁；经审查认为该劳动人事争议仲裁委员会有管辖权的，应当告知当事人申请仲裁，并将审查意见书书面通知该劳动人事争议仲裁委员会，劳动人事争议仲裁委员会仍不受理，当事人就该劳动争议事项提起诉讼的，应予受理。

第二，仲裁委员会逾期没有作出受理决定或者仲裁裁决，当事人直接向人民法院提起诉讼的，人民法院应当受理①。当事人以仲裁委员会逾期没有作出仲裁裁决为理由向人民法院提起诉讼的，应提交仲裁委员会逾期出具的受理通知书或者其他已接受仲裁申请的凭证或者证明。

第三，不服仲裁裁决向人民法院提出诉讼。《劳动争议调解仲裁法》第 47 条规定，下列劳动争议，除本法另有规定的外，仲裁裁决为终局裁决，裁决书自作出之日

---

① 《最高人民法院关于审理劳动争议案件适用法律若干问题的解释（三）》第 12 条规定，申请仲裁的案件存在以下事由时，当事人不能直接向人民法院提起诉讼：移送管辖的；正在送达或者送达延误的；等待另案诉讼结果、评残结论的；正在等待劳动人事争议仲裁委员会开庭的；启动鉴定程序或者委托其他部门调查取证的；其他正当事由。

起发生法律效力：追索劳动报酬、工伤医疗费、经济补偿或者赔偿金，不超过当地月最低工资标准十二个月金额的争议；因执行国家的劳动标准在工作时间、休息休假、社会保险等方面发生的争议。对于一裁终局事项的裁决，劳动者不服的，可以向人民法院起诉，不服一审判决的，可以上诉。用人单位无权起诉，在具有法定申请撤销仲裁裁决的事由时，可申请人民法院撤销仲裁委员会作出的终局裁定。对第47条规定以外的情况，当事人双方都可向人民法院提起诉讼，在不服一审判决的，均可上诉。

《最高人民法院关于审理劳动争议案件适用法律若干问题的解释（四）》第2条规定，仲裁裁决的类型以仲裁裁决书确定为准。仲裁裁决书未载明该裁决为终局裁决或者非终局裁决，用人单位不服该仲裁裁决向基层人民法院提起诉讼的，应当按照以下情形分别处理：经审查认为该仲裁裁决为非终局裁决的，基层人民法院应予受理；经审查认为该仲裁裁决为终局裁决的，基层人民法院不予受理，但应告知用人单位可以自收到不予受理裁定书之日起30日内向劳动人事争议仲裁委员会所在地的中级人民法院申请撤销该仲裁裁决；已经受理，裁决驳回起诉。《最高人民法院关于审理劳动争议案件适用法律若干问题的解释（三）》第14条规定，劳动人事争议仲裁委员会作出的同一仲裁裁决同时包含终局裁决事项和非终局裁决事项，当事人不服该仲裁裁决向人民法院提起诉讼的，应当按照非终局裁决处理。

《最高人民法院关于审理劳动争议案件适用法律若干问题的解释（三）》第18条规定，劳动人事争议仲裁委员会作出终局裁决，劳动者向人民法院申请执行，用人单位向劳动人事争议仲裁委员会所在地的中级人民法院申请撤销的，人民法院应当裁定中止执行。用人单位撤回撤销终局裁决申请或者其申请被驳回的，人民法院应当裁定恢复执行，仲裁裁决被撤销的，人民法院应当裁定终结执行。用人单位向人民法院申请撤销仲裁裁决被驳回后，又在执行程序中以相同理由提出不予执行抗辩的，人民法院不予支持。

三、人民法院受理的劳动争议案件范围

（一）属于人民法院受理的劳动争议案件范围

劳动者与用人单位之间发生的劳动纠纷，当事人不服劳动争议仲裁委员会作出的裁决，依法向人民法院起诉的，人民法院应当受理：

《最高人民法院关于审理劳动争议案件适用法律若干问题的解释（一）》第1条规定，劳动者与用人单位之间发生的下列纠纷，属于《劳动法》第2条规定的劳动争议，当事人不服劳动争议仲裁委员会作出的裁决，依法向人民法院起诉的，人民法院应当受理：劳动者与用人单位在履行劳动合同过程中发生的纠纷；劳动者与用人单

位没有订立书面劳动合同，但已形成劳动关系后发生的纠纷；劳动者退休后，与尚未参加社会保险统筹的原用人单位因追索养老金、医疗费、工伤保险待遇和其他社会保险费而发生的纠纷。

《最高人民法院关于审理劳动争议案件适用法律若干问题的解释（二）》第4条规定，用人单位和劳动者因劳动关系是否解除或者终止，以及应否支付解除或者终止劳动关系经济补偿金产生的争议，经劳动争议仲裁委员会仲裁后，当事人依法起诉的，人民法院应予受理。第5条规定，劳动者与用人单位解除或者终止劳动关系后，请求用人单位返还其收取的劳动合同定金、保证金、抵押金、抵押物产生的争议，或者办理劳动者的人事档案、社会保险关系等转移手续产生的争议，经劳动争议仲裁委员会仲裁后，当事人依法起诉的，人民法院应予受理。第6条规定，劳动者因为工伤、职业病，请求用人单位依法承担给予工伤保险待遇的争议，经劳动争议仲裁委员会仲裁后，当事人依法起诉的，人民法院应予受理。

（二）不属于人民法院受理的劳动争议案件范围

《最高人民法院关于审理劳动争议案件适用法律若干问题的解释（二）》第7条规定，下列纠纷不属于劳动争议：劳动者请求社会保险经办机构发放社会保险金的纠纷；劳动者与用人单位因住房制度改革产生的公有住房转让纠纷；劳动者对劳动能力鉴定委员会的伤残等级鉴定结论或者对职业病诊断鉴定委员会的职业病诊断鉴定结论的异议纠纷；家庭或者个人与家政服务人员之间的纠纷；个体工匠与帮工、学徒之间的纠纷；农村承包经营户与受雇人之间的纠纷。

四、劳动争议案件的诉讼管辖

劳动争议案件的诉讼管辖，是指各级人民法院之间以及同级人民法院之间受理第一审劳动争议案件的分工和权限。

《最高人民法院关于审理劳动争议案件适用法律若干问题的解释（一）》第8条规定，劳动争议案件由用人单位所在地或者劳动合同履行地的基层人民法院管辖。劳动合同履行地不明确的，由用人单位所在地的基层人民法院管辖。

一般地，劳动争议当事人不服仲裁裁决，可以向仲裁委员会所在地的人民法院提起诉讼，但是如果劳动争议案件具有涉外因素或者案件的难度大、影响范围广，可由中级人民法院作为第一审法院进行审理。

劳动争议当事人双方分别就同一仲裁裁决向有管辖权的人民法院提起诉讼的，后受理的人民法院应把受理的案件移送至先受理的人民法院。

五、劳动争议诉讼案件的当事人

（一）被告的确定

《最高人民法院关于审理劳动争议案件适用法律若干问题的解释（一）》第 10 条规定，用人单位与其他单位合并的，合并前发生的劳动争议，由合并后的单位为当事人；用人单位分立为若干单位的，其分立后的实际用人单位为当事人。用人单位分立为若干单位后，对承受劳动权利义务的单位不明确的，分立后的单位均为当事人。《最高人民法院关于审理劳动争议案件适用法律若干问题的解释（三）》第 4 条规定，劳动者与未办理营业执照、营业执照被吊销或者营业期限届满仍继续经营的用人单位发生争议的，应当把用人单位或者其出资人列为当事人。第 5 条规定，未办理营业执照、营业执照被吊销者营业期限届满仍继续经营的用人单位，以挂靠等方式借用他人营业执照经营的，应当把用人单位与营业执照出借方列为当事人。

《最高人民法院关于审理劳动争议案件适用法律若干问题的解释（一）》第 11 条第 3 款规定，原用人单位以新用人单位和劳动者共同侵权为由向人民法院起诉的，新的用人单位与劳动者列为共同被告。《最高人民法院关于审理劳动争议案件适用法律若干问题的解释（二）》第 9 条规定，劳动者与起有字号的个体工商户产生的劳动争议诉讼，人民法院应当以营业执照上登记的字号为当事人，但应同时注明该字号业主的自然情况。第 10 条规定，劳动者因履行劳动力派遣合同产生劳动争议而起诉的，以派遣单位为被告；争议内容涉及接受单位的，以派遣单位和接受单位为共同被告。第 12 条规定，劳动者在用人单位与其他平等主体之间的承包经营期间，与发包方和承包方双方或者一方发生劳动争议，依法向人民法院起诉的，应当把承包方和发包方作为当事人。

（二）第三人

《最高人民法院关于审理劳动争议案件适用法律若干问题的解释（一）》第 11 条第 1 款规定，用人单位招用尚未解除劳动合同的劳动者，原用人单位与劳动者发生的劳动争议，可以列新的用人单位为第三人。第 2 款规定，原用人单位以新的用人单位侵权为由向人民法院起诉的，可以列劳动者为第三人。

六、劳动争议诉讼中的举证责任

《最高人民法院关于审理劳动争议案件适用法律若干问题的解释（一）》第 13 条

规定，因用人单位作出的开除、除名、辞退、解除劳动合同、减少劳动报酬、计算劳动者工作年限等决定而发生的劳动争议，用人单位负举证责任。《最高人民法院关于审理劳动争议案件适用法律若干问题的解释（三）》第9条规定，劳动者主张加班费的，应当就加班事实的存在承担举证责任。但是劳动者有证据证明用人单位掌握加班事实存在的证据，用人单位不提供的，由用人单位承担不利后果。对于工伤的认定，依据《工伤保险条例》第19条第2款规定，职工或者其近亲属认为是工伤，用人单位不认为是工伤的，由用人单位承担举证责任。

七、劳动争议诉讼时效

依据《劳动法》、《劳动合同法》和《劳动争议调解仲裁法》的规定，劳动争议当事人对仲裁裁决不服的，可以自收到裁决书之日起15日内，向人民法院提起诉讼。当事人在法定期限内，既不起诉又不履行仲裁裁决的，另一方当事人可以申请人民法院强制执行。

《最高人民法院关于审理劳动争议案件适用法律若干问题的解释（二）》第1条规定，人民法院审理劳动争议案件，对下列情形，视为劳动法第82条规定的"劳动争议发生之日"，在劳动关系存续期间产生的支付工资争议，用人单位能够证明已经书面通知劳动者给付工资的，书面通知送达之日为劳动争议发生之日。用人单位不能证明的，劳动者主张权利之日为劳动争议发生之日。因解除或者终止劳动关系产生的争议，用人单位不能证明劳动者收到解除或者终止劳动关系书面通知时间的，劳动者主张权利之日为劳动争议发生之日。劳动关系解除或者终止后产生的支付工资、经济补偿金、福利待遇等争议，劳动者能够证明用人单位承诺支付的时间为解除或者终止劳动关系后的具体日期的，用人单位承诺支付之日为劳动争议发生之日。劳动者不能证明的，解除或者终止劳动关系之日为劳动争议发生之日。

八、劳动争议诉讼的程序

简单的劳动争议案件适用民事诉讼的简易程序审理，一般案件适用普通一审程序审理，包括申请、受理、开庭准备、当事人陈述、法庭辩论、最后陈述、进行调解和法院判决等。

在劳动争议案件诉讼的程序中，法院审理的主要对象是劳动的权利与义务，如果诉讼请求中，包括与劳动权利与义务相联系的民事权利、义务事项，法院应一并审理，但是所适用的实体法不同。在人民法院受理劳动争议案件后，当事人增加诉讼请求的，增加的诉讼请求与讼争的劳动争议具有不可分性时，人民法院应当合并审理；

如果增加的诉讼请求具有独立性，人民法院应告知当事人向劳动人事仲裁委员会申请仲裁。

在劳动争议诉讼程序中，当事人有权申请回避。劳动者可在诉讼过程中，向人民法院申请采取财产保全措施。人民法院作出财产保全的裁定，应告知当事人在劳动仲裁委员会的裁决书或者人民法院的裁判文书生效后 3 个月内申请强制执行，逾期申请的，人民法院应裁定解除保全措施。

人民法院经过审理后，应依法作出判决，用人单位对劳动者作出的开除、除名、辞退等处理，或者因其他原因解除劳动合同，确有错误的，人民法院可依法判决予以撤销；对于追索劳动报酬、养老金、医疗费以及工伤保险待遇、经济补偿金、培训费及其他费用等案件，给付数额不当的，人民法院可以予以变更。对于当事人申请执行仲裁裁决以及某些具有执行效力的调解协议的，人民法院应当依法启动执行程序。

对于当事人申请执行的裁决书、调解书，被申请人提出证据证明劳动争议仲裁裁决书、调解书具有下列情况之一，人民法院裁定不予执行：

第一，裁决的事项不属于劳动争议仲裁范围，或者劳动人事争议仲裁委员会无权仲裁的；第二，适用法律确有错误的；第三，仲裁员仲裁该案时，有徇私舞弊、枉法裁决行为的；第四，人民法院认定执行该劳动争议仲裁裁决违背社会公共利益的。

人民法院在不予执行的裁决书中，应告知当事人在收到裁定书之次日起 30 日内，可就该劳动争议向人民法院提起诉讼。

【理论链接】

一、德国劳动争议处理制度[①]

在德国，劳动法院是解决个人与集体劳动纠纷的主要机构。劳动法院依据 1953 年《劳动法院法》而设立。依据有关劳动事项的法院程序法，联邦劳动法院是唯一拥有创制劳动法权力的法院。因此，尽管德国属于大陆法系国家，但是劳动法院的判决是劳动法的重要渊源。

劳动法院对雇主和雇员之间的法律纠纷享有排他的管辖权，包括劳动关系是否存在、劳动合同解除后的法律义务以及和劳动关系相关的侵权问题。

1957 年修改后的《劳动法院法》改变了民事法院程序的一般规则，使劳动法院可以提供一种便利、及时和费用低廉的程序。劳动法院首先适用调解程序，由审判庭的主席主持，大约有 1/3 的案件当事人达成和解，如果当事人无法达成和解，法院将进入审判程序。劳动法院也对所有的集体争议拥有广泛而排他的管辖权。但是集体纠纷案件和个人纠纷案件适用不同的程序。

---

① 参见谢增毅：《劳动法的比较与反思》，社会科学文献出版社 2011 年版，第 209～210 页。

德国在普遍民事争议程序之外建立了一套独特而完善的劳动争议处理程序，劳动法院充分贯彻三方原则，由专业法官和非专业人士组成审判庭，而且适用比普遍民事争议程序更为简单和快捷的程序；调解也称为个人纠纷解决的必经程序，劳动行政部门对劳动法院的组成也发挥了重要作用。

二、中国香港劳动争议处理制度

中国香港并没有针对劳动纠纷的专门法院，但重视案件的调解和仲裁，并且对案件在法院的上诉进行了限制。中国香港把调解作为一部分调解仲裁的前置程序，仲裁也是案件提交到法院的前置程序。中国香港法律规定，凡到小额仲裁处申诉的案件，必须经过劳资关系科调解，未经调解的不予受理，但该处受理的案件约80%是经劳资关系科调解不成后转送的，只有20%左右的案件当事人直接申请仲裁。小额仲裁处和劳资审裁处受理仲裁申请后，在审理过程中，仍然注重调解，只有确实不愿调解或者调解不成的，才予以裁决。

中国香港还建立了案件在法院审理程序中的上诉限制机制。《劳资审裁条例》规定，如任何一方不满审裁处的裁断、命令和裁定，而其理由是该裁断、命令或者裁定：在法律论点上有错，或者超越审裁处的司法管辖权范围，则可向高等法院的原讼法庭申请上诉许可，原讼法庭对申请上诉许可的案件，不可推翻或者更改审裁处对事实问题作出的裁定，或者收取其他证据。当事人如对原讼法庭的决定不服，还可向上诉法庭申请上诉，但所上诉的问题，必须是上诉法庭认为其上诉涉及对公众具有普遍重要性的法律问题，否则不予许可。

中国香港的做法保留了当事人把不服仲裁裁决中的法律问题起诉到法院的权利，但当事人起诉到法院之后，只有涉及重大法律问题的案件才能上诉到上级法庭。

中国香港的劳动争议处理机制的目的是尽量使案件通过法院之外的程序解决，促进案件的及时解决。

【思考题】

1. 试述劳动争议的概念与分类。
2. 试述劳动争议的受案范围。
3. 试述劳动争议仲裁与诉讼的关系。
4. 劳动争议仲裁裁决的法律效力是什么？

【案例分析题】

1. 2002年5月，张强与新华羊绒衫厂签订了为期10年的劳动合同。2008年12月，张强因一次偶然的机会结识了刑满释放人员吴某。此后，张强经常擅离职守，并且在缺勤后找班长、组长补假，有时甚至拿着单位医务室以外的其他医院病历直接请假。班、组长对张强曾多次批评并进行耐心的教育工作。张强本人也写了书面检查，表示愿意悔过自新，认真工作。但是，事后张强仍然经常旷工。2009年2月，新华羊绒衫厂发生一起成品失窃案。4月底，据盗窃犯交代，曾在张强家看见过3、4件崭新的羊绒衫。于是，在2009年5月10日，新华羊绒衫厂以张强"有盗窃嫌疑，经常旷工"为由把其辞退。新华羊绒衫厂派人将辞退通知书送达张强，为此，双方发生争议。张强向劳动争议仲裁委员会申请仲裁。

问：当事人提出劳动争议仲裁的条件是什么？劳动争议仲裁委员会应如何处理本案？

2. 2008年2月9日，某公司与吕某签订了一份劳动合同，合同期限为2年（2008年2月9日到2010年2月8日）。合同约定，公司安排吕某在基础研发岗位从事研发工作；合同期限内任何一方要求解除劳动合同需向对方赔偿，赔偿数额是违约期限乘以1个月的全薪；合同还对其他事项作出了约定。2008年7月，公司与吕某解除了双方之间的劳动合同，吕某签订了与公司的离职保证书，承诺在1年内不从事与原工作性质相同的工作。吕某在2008年7月10日，到顺达集团通信设备有限公司工作，其从事的工作与其在某公司从事的工作性质基本相同。某公司得知此事后，以吕某的行为构成不正当竞争为由向人民法院提起诉讼。

问：吕某与某公司之间的争议是什么性质？法院应如何处理本案？

3. 付某等52名劳动者系某百货公司的员工，2000年10月百货公司改制分流，原有的400多名劳动者纷纷下岗分流，其中350余人解除了劳动合同，作了妥善安置。但付某等52人就买断工龄安置费、转岗补偿金和押金与百货公司发生纠纷，向当地劳动争议仲裁委员会申请仲裁，不服仲裁委员会的裁决，又向人民法院提起诉讼。

问：人民法院受理劳动争议的范围是什么？本案是否属于受案范围？

4. 2006年8月5日，易某与宝成公司就劳动合同的履行发生争议，对此与公司进行交涉没有结果，易某在2006年8月25日向劳动争议调解委员会申请调解。因双方无法达成调解协议，易某在2006年9月10日向劳动争议仲裁委员会申请仲裁，劳动争议仲裁委员会以易某的仲裁申请已超过仲裁时效为由，作出了不予受理的决定。

问：劳动争议仲裁时效的中止与中断的情形有哪些？本案是否超过仲裁时效？

5. 袁某系天津市某文化用品公司的员工，双方在2004年8月签订了一份劳动合同，合同期限为1年。2005年1月，袁某因生病口头请病假，经公司同意后休假。半个月后，当袁某回到公司，被公司经理告知其由于旷工多日被公司开除。袁某不服公司决定，向劳动争议仲裁委员会申请仲裁。

问：本案件中的举证责任如何分配？

6. 严某是某市一家外资企业的员工，该企业经营效益一直不错，员工的工资及奖金是按月发放的。2005年由于该企业生产的产品出口数量剧减，企业的资金周转出现困难，员工的工资无法按月结清。于是，经过企业领导与员工的协商，该企业财务部以企业的名义向严某等员工出具欠条。严某的欠条上写明："该外资企业欠严某2005年4月份工资及奖金人民币2000元，在明年1月份前还清。"2005年4月到12月，严某共收到这样的欠条9张。2006年1月，严某等拿着欠条向企业财务部领取现金，可是财务部只付给员工2个月的工资和奖金。严某不服，拿着"工资欠条"诉诸法院。法院以劳动争议未经仲裁为由不予受理。

问：法院应如何处理本案？

第十一章

违反劳动合同法的法律责任

教学目标

通过本章的学习，了解违反劳动合同法的法律责任的概念与特征，重点掌握劳动者违反劳动合同法的法律责任，难点是用人单位违反劳动合同法的法律责任。

关键术语

违反劳动合同法的法律责任　民事责任　行政责任　刑事责任

第一节　违反劳动法的法律责任概述

一、违反劳动法的法律责任概念与特点

（一）违反劳动合同法的法律责任的概念

违反劳动合同法的法律责任，是指劳动法的各类执法主体，即各类用人单位、劳动者以及劳动行政部门对于自己的违反劳动法律、法规的行为应当承担的法律上的后果。即行为人违反了《劳动合同法》上有关法律责任的规定而应当承担的对其不利的法律后果。

（二）违反劳动法的法律责任的特点

违反劳动合同法的法律责任具有一般法律责任的共性，同时又有区别于其他法律责任的特征，主要体现在：

第一，法律责任的法定性。即法律责任的性质、种类、范围、大小即承担方式等都由法律明确具体地加以规定。

第二，法律责任的强制性。国家强制力保障法律责任的追究与执行。

第三，承担责任形式的多样化。劳动合同法的责任涉及民事责任、行政责任与刑事责任。

二、违反劳动合同法的法律责任的构成要件

违反劳动合同法的法律责任的构成要件有两个，即过错与违法行为。

第一，当事人主观上具有过错，即故意与过失。无论当事人出于故意不履行或者不适当履行劳动合同，还是出于过失不履行或者不适当履行劳动合同，都应当承担违约责任。

第二，当事人实施了不履行劳动合同或者不适当履行劳动合同的行为。当事人一方或者双方没有按照劳动合同的约定履行劳动合同。具体的违反劳动合同法的行为，可以是积极的作为，也可以是消极的不作为。

三、劳动合同法律责任的形式

（一）民事责任

民事责任是指用人单位与劳动者因违反《劳动合同法》的规定或者劳动合同的约定，给对方造成损失的，依法向对方承担赔偿的责任。

依据《劳动合同法》的规定，民事责任主要体现为经济补偿金与经济赔偿金，即承担的民事责任主要是财产责任。

（二）行政责任

行政责任是指违法者的行为违反了劳动法律法规，没有达到严重程度，依法应当承担的行政处分与行政处罚。这种违法行为承担轻微，不构成刑事责任。

行政责任的处罚方式为：

1. 行政处罚。行政处罚，是指劳动行政部门或者有关部门对于用人单位违反劳动法律法规的行为给予的处罚。主要处罚的方式为：罚款、责令改正、责令停业整顿、吊销营业执照。

罚款是对未违法者的经济性处罚。罚款的数额由单项的劳动法律法规规定。罚款应全部上缴财政。

责令改正，是劳动行政部门在发现用人单位的轻微违法行为后，立即要求用人单位停止违法行为，立即改正。

责令停产整顿，是劳动行政部门要求用人单位停止正常的生产经营活动，停止违法行为，并采取有效措施纠正违法行为，使各项活动符合法律法规的要求。

吊销营业执照，是指由工商行政部门取消违法者生产经营资格，法律后果为取消用人单位的法人资格、取缔用人单位进行合法生产经营。

2. 行政处分。行政处分又称为纪律处分，主要针对用人单位负责人与劳动行政部门的工作人员滥用职权、玩忽职守、徇私舞弊的行为，尚未构成犯罪的，给予的处罚。行政处分的形式为警告、记过、降职、撤职、留用察看等。

（三）刑事责任

刑事责任是指对违反劳动法律责任，情节严重、构成犯罪的，应当依法追究其刑事责任。刑事责任是一种最为严厉的法律责任，制裁的是最严重的违法行为——犯罪行为。其主要针对的对象为：用人单位及其责任人员、劳动者、劳动行政部门的工作人员。追究刑事责任的方式主要有主刑与附加刑。

第二节　用人单位违反劳动合同法的法律责任

【案例 11-1】

用人单位劳动规章制度违法①

王某是一名服装加工工人，从2008年6月开始进入北京某服装加工公司工作。并与公司签订了为期2年的劳动合同，到2010年5月底结束。进入公司工作之后，王某收到了公司发放的员工手册，其中有一条明确规定，因公司在日常发放给员工的工资中已包含了将来员工离职的经济补偿，因此不论员工因何原因导致离职，员工均不得向公司主张任何经济补偿金。由于王某认为自己肯定不会和公司提前解除劳动合同，因此也就不在意这一条规定。随后，由于公司业务量的增加，公司开始要求员工进行加班，几乎每天都要加班4~5小时，王某等员工疲惫不堪，但是公司也没有提出加班工资的事情。2009年5月，不堪重负的王某，找到公司人事部门领导协商，要求公司补发自己的加班费，但是公司只是说会在年终提成的时候予以考虑工作表现，并没有满足王某的要求。于是王某以未支付加班工资为由向劳动争议仲裁委员会提起仲裁，要求解除与公司的劳动合同，并补发其加班费以及经济补偿金。公司则表示，对于经济补偿金的问题，在公司的员工手册中已经做了明确规定，因此对王某的

---

① 《中华人民共和国劳动合同法的适用与实例》，法律出版社2013年版，第164页。

请求不予理睬。

劳动争议仲裁委员会在审理时认为，公司的规章制度应当合法，不论在制度程序上，还是在内容上。当公司有《劳动合同法》规定的违法行为，劳动者因此提出解除劳动合同时，劳动者提出的经济补偿权利是劳动者的法定权利。用人单位的规章制度不能否定这种法定权利，否则规章制度的这一条款被认定无效。

《劳动合同法》第31条规定，用人单位应当严格执行劳动定额标准，不得强迫或者变相强迫劳动者加班。用人单位安排加班的，应当根据有关规定向劳动者支付加班费。

所以，劳动争议仲裁委员会裁定，公司支付王某加班费并支付经济补偿金。

【案例11-2】

某市政工程公司未能提供劳动条件致使劳动合同解除案①

太某在2002年1月5日被招为某市政工程公司合同工，经协商一致达成协议，签订为期1年的劳动合同。合同约定：（1）招用乙方（太某）担任汽车司机，甲方（某市政工程公司）保证提供适合驾驶的车辆，每月工资500元；（2）乙方预交1000元保证金，如因乙方原因解除劳动合同的，不退还保证金，若因甲方原因提前解除劳动合同的，则如数退还；（3）若甲方违约，则补发乙方3个月工资为补偿金。合同开始履行后，某市政工程公司提供给太某的车辆系市政工程公司租用汽车出租公司的车辆。太某在市政工程公司开车不到两个月的一天，因某市政公司逾期不交汽车出租公司的租金，违反了租用汽车合同中的条款，造成太某无车可开。市政工程公司便提出把太某改为泥瓦工，太某不同意，宣称市政工程公司不能提供劳动合同中约定的履行合同的条件，要求提前解除合同，以便另找工作单位发挥个人专长。市政工程公司不同意。决定从3月10日起停止太某工作，停发工资，待公司找到车辆后再复工。但直到3月底市政工程公司仍没有购买或者租用车辆。市政公司只好于4月30日给太某办理终止劳动合同手续，退还保证金，但工资只发到3月10日。同时市政工程公司以太某提出终止合同为由，拒付赔偿金，也不按规定发给解除合同的经济补偿金，太某不服，向当地劳动争议仲裁委员会申请仲裁，要求解除与市政工程公司的劳动合同，并要求市政工程公司按合同约定的责任条款承担赔偿责任。劳动争议仲裁委员会经调解无效，遂作出裁决：（1）解除某市政工程公司与太某之间的劳动合同，某市政工程公司返还太某的1000元保证金；（2）某市政工程公司补发自3月10日至4月10日的工资833元；（3）某市政工程公司应按劳动合同约定支付太某相当于3

---

① 转移自黎建飞：《劳动法案例分析》，中国人民大学出版社2007年版，第306页。

个月的违约赔偿金 1500 元。

某市政工程公司不服该仲裁裁决,向某区人民法院提起诉讼。

某区人民法院经审理认为,因某市政工程公司未按照劳动合同约定向太某提供劳动条件,太某向某市政工程公司提出解除劳动合同,符合法律和相关司法解释的规定,应予支持。某市政工程公司只同意补发太某 2002 年 3 月 10 日前的工资,但对其 3 月 10 日至 4 月 30 日的工资不予支付没有事实依据和法律根据。因此,某市政公司不支付自 2002 年 3 月 10 日至 4 月 30 日止的工资的请求不予支持。某市政工程公司同意返还太某的保证金 1000 元,本院照准。双方签订的劳动合同系当事人意思表示一致的结果,不违反法律、行政法规的规定,合法有效,因某市政工程公司存在违约行为,即没有按照劳动合同约定为太某提供劳动条件,应承担违约责任,因此,市政工程公司不支付违约金的请求不予支持。

依据《劳动法》第 32 条第 2 项、最高人民法院《关于审理劳动争议案件适用法律若干问题的解释》第 15 条第 2 项及其他法律、法规的规定,判决如下:(1) 解除市政工程公司与太某的劳动合同;(2) 某市政工程公司返还太某保证金 1000 元,于判决生效之日起 10 日内支付;(3) 某市政工程公司补发自 3 月 10 日至 4 月 30 日的工资 833 元,于本判决生效之日起 10 日内支付;(4) 某市政工程公司应按劳动合同约定支付太某相当于 3 个月工资的违约赔偿金 1500 元,于判决生效之日起 10 日内支付。

一审宣判后,当事人双方均服从判决。

【案例 11-3】

用人单位扣押劳动者的居民身份证[①]

某公司是上海的一家小型企业,公司以生产小零件为主。由于近年来劳动力成本的上升,企业之间招工之间非常激烈,许多中小企业招人比较困难。某公司虽然效益不错,但是由于公司科技含量较高,因此公司的熟练工人在市场上非常受欢迎,经常出现被其他企业挖墙脚的现象。为了保证用工稳定,公司想出了一个办法:扣押员工的身份证。白某是公司员工之一,在进入公司后,身份证也被公司扣押。3 个月后,由于白某的朋友也开了同类型企业,希望白某过去工作。于是白某提前 1 个月通知公司要求解除劳动合同。公司为了留住白某,拒绝返还身份证,导致白某无法前往朋友公司工作,无奈下,白某向人民法院提起诉讼,要求公司返还其身份证,并赔偿其无法在朋友公司工作的损失。

人民法院经过审理后,认为某公司为了保证用工的稳定,扣押劳动者的居民身份

---

① 《中华人民共和国劳动合同法的适用与实例》,法律出版社 2013 年版,第 1174~1175 页。

证违法。依据《劳动合同法》第9条、第84条的规定，用人单位招用劳动者，不得扣押劳动者的居民身份证和其他证件。用人单位违反本法规定，扣押劳动者身份证等证件的，由劳动行政部门责令限期退还劳动者本人，并依照有关法律规定给予处罚。

综上，判决某公司返还白某的居民身份证，同时赔偿白某因为无法去朋友公司上班所产生的损失1万元。

【案例11-4】

被吊销营业执照的用人单位招用劳动者发生人身损害案[①]

王某在李某投资开办的木制品厂工作，2006年2月25日王某在制作木线时被电动木锯切到右手，造成拇指断裂，送到医院治疗后出院。王某到劳动行政部门要求处理，因木制品厂无营业执照，只能按雇佣关系处理。2006年6月20日，王某向人民法院提起诉讼，要求李某给付损失和支付各项医疗费等人民币2万元，并申请人民法院委托鉴定机构给予伤残等级评定，待鉴定结果确定后追加伤残赔偿金，经查实，李某的木制品厂前身为集体企业，2002年被吊销营业执照。

在本案中，李某为木制品厂名义从事经营活动，既无营业执照也未进行依法登记备案，以营利为目的，长期用工，且具有一定规模，符合企业的特征。王某在李某的木制品厂工作，按月领取工资报酬，与李某的木制品厂已经形成了事实劳动关系。应认定李某的木制品厂为非法用工主体。2003年劳动与社会保障部发布《非法用工单位伤亡人员一次性赔偿办法》第2条规定，非法用工单位伤亡人员，是指在无营业执照或者未经依法登记、备案的单位以及患职业病的职工，或者用人单位使用童工造成的伤残、死亡童工。非法用工单位必须依照本办法的规定向伤残职工或者死亡职工的直系亲属、伤残童工或者童工的直系亲属给予一次性赔偿。

【案例11-5】

用人单位丢失劳动者档案[②]

近日，河南省内黄县人民法院宣判一起档案丢失引发的赔偿纠纷案，内黄某银行因丢失职工档案，被判赔偿40000元。1992年4月份，张某从外单位调到被告银行工作，其档案材料亦一并转入被告银行存放。张某于1999年被解聘。2007年元月份，张某因调动工作到银行提取其档案，被银行告知其档案已找不到了。2008年5月，张某申请内黄县劳动仲裁委员会进行仲裁，该委员会以人事档案丢失不属于受理

[①] 黄松有：《劳动争议司法结束案例释解》，人民法院出版社2006年版，第297页。
[②] 中国劳动与社会保障法律网案例分析-裁判实录，www.cnlsslaw.com，2009-3-25。

范围为由,不予受理。故张某起诉到法院。

法院审理认为,根据张某提供的证据,其与银行之间存在档案保管关系。关于档案是否转移问题,银行负有举证责任。因银行未提供出张某已将其档案提走的证据,现又提供不出张某的档案,应认定银行已将档案丢失。人事档案是记载公民个人履历,获得社会荣誉,进行就业及享受相关待遇的重要凭证,其记载的内容对公民的生活有重大影响。银行将张某的人事档案丢失,影响了张某就业及享受的相关待遇,给其取得相关利益造成了可预见损失,同时也带来了精神压力,银行应承担丢失人事档案的民事责任,赔偿损失。

【案例11-6】

用人单位违法不与劳动者签订无固定期限劳动合同案[①]

王某1976年8月参加工作,1993年10月7日进入深圳某公司工作并担任财务部经理,签订有劳动合同,最后一份劳动合同期限自2003年1月1日到12月31日止。2003年12月初,在某公司召开的全体职工大会上,新上任的总经理公开宣布董事会决议,提升其兼任总经理助理职务,为某公司下一届领导班子成员之一。截至2004年2月23日止,王某连续工龄满27年以上、在某公司工龄满10.5年。2004年2月2日,某公司在全体职工大会上,宣布免去王某总经理职务,并要求其尽快办理财务部工作交接。王某认为,其已有连续工龄28年,在某公司已连续工作12年,且距法定退休年龄只差4年多,与某公司之间已经在法律事实上存在着无固定期限劳动关系,应以原劳动合同确定双方的权利义务。2004年2月9日,王某向公司领导递交了要求与公司订立无固定期限劳动合同的书面报告。2004年2月23日,某公司发出书面通知,不与王某续签劳动合同,要求其立即办理离职手续。王某遂向劳动争议仲裁委员会申请仲裁,请求裁令某公司支付解除劳动合同赔偿金及其他经济补偿金。

仲裁庭经审理认为:双方当事人签订的劳动合同合法有效,双方劳动关系明确。王某在合同期满后,提出与某公司订立无固定期限劳动合同,符合《深圳经济特区劳动合同条例》第10条第3款的规定。某公司虽未接受王某的要求,但依据最高人民法院《关于审理劳动争议案件适用法律若干问题的解释》第16条第2款的规定,王某与某公司之间视同存在无固定期限劳动合同关系。某公司未向仲裁委员会提供证据证明王某严重违反公司规章制度,对公司利益造成重大损害,因此,某公司以合同期满、不再续签为由解除与申请人的劳动合同,缺乏法律依据,理由不充分。鉴于王某已于2004年2月23日停止工作离职,依据《深圳经济特区劳动合同条例》第30条、

---

① 苏号朋:《劳动合同法案例评析》,对外经济贸易大学出版社2008年版,第87~88页。

第 31 条及《违反和解除劳动合同的经济补偿办法》第 10 条规定，对王某提出某公司支付解除劳动合同的经济补偿金及 50% 额外经济补偿金的请求，仲裁庭予以支持。某公司应按王某的实际工作年限及离职前 3 个月的月平均工资予以计发王某解除劳动合同的经济补偿金 68049.87 元及 50% 额外经济补偿金 34024.93 元，合计 102074.8 元。

据此，仲裁庭裁决如下：被申请人支付申请人解除劳动合同的经济补偿金 68049.87 元及 50% 额外经济补偿金 34024.93 元，合计 102074.8 元；被申请人支付申请人工龄补助 31027.50 元；被申请人支付申请人 2004 年 2 月份工资、奖金合计 6700 元；驳回申请人其他申诉请求。

我国《劳动合同法》第七章法律责任[①]，主要规定了用人单位的法律责任，主要内容为：

一、用人单位规章制度违法的法律责任

《劳动合同法》第 4 条规定，用人单位应当建立与完善劳动规章制度，保障劳动者享有劳动权利、履行劳动义务。用人单位在制定、修改或者决定有关劳动报酬、工作时间、休息休假、劳动安全卫生、保险福利、职工培训、劳动纪律以及劳动定额管理等直接涉及劳动者切身利益的规章制度或者重大事项时，应当经职工代表大会或者全体职工讨论，提出方案与意见，与工会或者职工代表平等协商确定。在规章制度和重大事项决定实施过程中，工会或者职工认为不适当的，有权向用人单位提出，通过协商予以修改完善。用人单位应当将直接涉及劳动者切身利益的规章制度和重大事项决定公示，或者告知劳动者。第 80 条规定，用人单位直接涉及劳动者切身利益的规章制度违反法律、法规规定的，由劳动行政部门责令改正，给予警告；给劳动者造成损害的，应当承担赔偿责任。

依据以上的法律规定，用人单位直接涉及劳动者切身利益的规章制度，在内容与程序上违反法律、法规规定的，应当承担两种责任：

第一，行政责任。由劳动行政部门责令改正，给予警告；

第二，经济责任。给劳动者造成损害的，应当承担经济赔偿责任。

二、用人单位违反劳动合同文本制度的法律责任

《劳动合同法》第 81 条规定，用人单位提供的劳动合同文本未载明本法规定的劳

---

① 除第 90 条规定劳动者的法律责任，第 95 条规定劳动行政部门及其他有关主管部门及其工作人员的法律责任外，规定的都是用人单位的法律责任。

动合同必备条款或者用人单位未将劳动合同文本交付劳动者的，由劳动行政部门责令改正；给劳动者造成损害的，应当承担赔偿责任。

三、用人单位违法不签订劳动合同

第一，用人单位不签订书面劳动合同。《劳动合同法实施条例》第6条规定，用人单位自用工之日起超过1个月不满1年未与劳动者订立书面劳动合同的，应当依照劳动合同法第82条的规定向劳动者每月支付2倍的工资，并与劳动者补订书面劳动合同……即与劳动者签订书面劳动合同，是用人单位的法定义务。如果用人单位违反法律规定，用人单位向劳动者每月支付2倍工资的起算时间为用工之日起满1个月的次日，终止时间为补订书面劳动合同的前1日。

第二，用人单位不签订无固定期限的劳动合同。《劳动合同法实施条例》第7条规定，用人单位自用工之日起满1年未与劳动者订立书面劳动合同的，自用工之日起满1个月的次日至满1年的前1日应当依照劳动合同法第82条的规定向劳动者每月支付2倍的工资，并视为自用工之日起满1年的当日已经与劳动者订立无固定期限劳动合同，应当立即与劳动者补订书面劳动合同。即用人单位违反法律规定，不与劳动者签订无固定期限劳动合同的，应自应当订立无固定期限劳动合同之日起向劳动者每月支付2倍的工资。

四、用人单位约定试用期违法

《劳动合同法》第83条规定，用人单位违反本法规定与劳动者约定试用期的，由劳动行政部门责令改正；违法约定的试用期已经履行的，由用人单位以劳动者试用期满工资为标准，按已经履行的超过法定试用期的期间向劳动者支付赔偿金。为了防止用人单位利用试用期条款侵犯劳动者的合法权益，劳动合同法对试用期的设置与期限进行了明确的规定，用人单位违反法律规定的，应向劳动者支付赔偿金。

五、用人单位违法要求劳动者提供担保

《劳动合同法》第84条规定，用人单位违反本法规定，扣押劳动者居民身份证等证件的，由劳动行政部门责令限期退还劳动者本人，并依照有关法律规定给予处罚。用人单位违反本法规定，以担保或者其他名义向劳动者收取财物的，由劳动行政部门责令限期退还劳动者本人，并以每人500元以上2000元以下的标准处以罚款；给劳动者造成损害的，应当承担赔偿责任。劳动者依法解除或者终止劳动合同，用人单位

扣押劳动者档案或者其他物品的，依照前款规定处罚。

六、用人单位违法招用劳动者

第一，用人单位非法使用童工的法律责任。《劳动法》第94条规定，用人单位非法招用未满16周岁的未成年人的，由劳动行政部门责令改正，处以罚款；情节严重的，由工商行政管理部门吊销营业执照。国务院1991年《禁止使用童工规定》中规定，除了文艺、体育和特种工艺单位经县级以上劳动部门批准招用未满16周岁的工作者、运动员和艺徒外，任何与未满16周岁的未成年人发生劳动关系的情况，都属于非法招用童工。即用人单位应承担的法律责任为：向劳动者支付劳动报酬；对患病或者伤残的童工应负责治疗并承担治疗期内的全部医疗和生活费；造成童工死亡的，应向其监护人支付丧葬费，并支付经济补偿金；对使用童工的用人单位的法定代表人及直接负责人，由县级以上劳动行政部门予以行政处分；构成犯罪的，由司法机关依法追究刑事责任。

第二，用人单位违法招用在职劳动者。《劳动合同法》第91条规定，用人单位招用与其他用人单位尚未解除或者终止劳动合同的劳动者，给其他用人单位造成损失的，应当承担连带赔偿责任。但是《劳动合同法》对赔偿的具体标准并没有作出规定，依照《违反〈劳动法〉有关劳动合同规定的赔偿办法》的规定，除法定兼职的劳动者外，招用没有解除劳动关系的劳动者系非法行为，用人单位与劳动者共同侵犯了原用人单位的合法权益，应承担连带法律责任。向原用人单位赔偿的损失包括：对生产、经营和工作造成的直接经济损失，及为获取商业秘密给原用人单位造成的经济损失；承担的连带赔偿的数额不低于对原用人单位造成的经济损失总额的70%。

第三，违反招用农村劳动力的法律责任。依据《全民所有制企业招用农民合同制工人的规定》，企业违法招用农民工，应视情节轻重，由劳动行政部门给予经济处罚，或者提请有关主管部门对直接责任者给予行政处分。依据《农村劳动力跨省流动就业管理规定》，用人单位未经本单位所在地劳动就业服务管理机构核准，或者未委托职业介绍机构代招，而跨省招用农村劳动力的，在本地直接招收外省农村劳动力不符合本地劳动行政部门规定条件和程序的，适用无流动就业证的农村劳动力，劳动行政部门应责令改正，并处以罚款。

七、用人单位支付劳动报酬与经济补偿金违法

《劳动合同法》第85条规定，用人单位有下列情形之一的，由劳动行政部门责令限期支付劳动报酬、加班费或者经济补偿：劳动报酬低于当地最低工资标准的，应当

支付其差额部分；逾期不支付的，责令用人单位按应付金额的50%以上100%以下的标准向劳动者加付赔偿金：未按照劳动合同的约定或者国家规定及时足额支付劳动者劳动报酬的；低于当地最低工资标准支付劳动者工资的；安排加班不支付加班费的；解除或者终止劳动合同，未依照本法规定向劳动者支付经济补偿的。

《劳动合同法实施条例》第34条规定，用人单位依照劳动合同法的规定应当向劳动者每月支付2倍的工资或者应当向劳动者支付赔偿金而未支付的，劳动行政部门应当责令用人单位支付。

八、用人单位订立的劳动合同无效

《劳动合同法》第86条规定，劳动合同依照本法第26条规定被确认无效，给对方造成损害的，有过错的一方应当承担赔偿责任。即在劳动合同被确认为无效后，劳动者已付出劳动的，用人单位应向劳动者支付劳动报酬。

九、用人单位违法解除或者终止劳动合同

《劳动合同法》第87条规定，用人单位违反本法规定解除或者终止劳动合同的，应当依照本法第47条规定的经济补偿标准的2倍先给劳动者支付赔偿金。即用人单位在依法解除与终止对劳动者的劳动合同时，只需向劳动者支付经济补偿金，无须支付经济赔偿金。只有在用人单位违法解除或者终止劳动合同时，才向劳动者支付经济赔偿金。

劳动部1996年发布的《关于实行劳动合同制度若干问题的通知》第15条规定，在劳动者履行了有关义务终止、解除劳动合同时，用人单位应当出具终止、解除劳动合同证明书，作为该劳动者按规定享受失业保险待遇和失业登记、求职登记的凭证，证明书应写明劳动合同的期限、终止或者解除的日期、所担任的工作。如果劳动者要求，用人单位可在证明中客观的说明解除劳动合同的原因。《劳动合同法》第89条规定，用人单位违反本法规定未向劳动者出具解除或者终止劳动合同的书面证明，由劳动行政部门责令改正；给劳动者造成损害的，应当承担赔偿责任。

十、用人单位侵犯劳动者人身权利的法律责任

《劳动法》第92条规定，用人单位的劳动安全设施和劳动卫生条件不符合国家规定或者未向劳动者提供必要的劳动防护用品和劳动保护设施的，由劳动行政部门或者有关部门责令改正，可以处以罚款；情节严重的，提请县级以上人民政府责令停产停业整顿；对事故隐患不采取措施，致使发生重大事故，造成劳动者生命和财产损失

的，对责任人比照刑法第 187 条的规定追究刑事责任。

《劳动合同法》第 88 条规定，用人单位有下列情形之一的，依法给予行政处罚；构成犯罪的，依法追究刑事责任；给劳动者造成损害的，应当承担赔偿责任：以暴力、威胁或者非法限制人身自由的手段强迫劳动的；违章指挥或者强令冒险作业危及劳动者人身安全的；侮辱、体罚、殴打、非法搜查或者拘禁劳动者的；劳动条件恶劣、环境污染严重，给劳动者身心健康造成严重损害的。

用人单位违反《劳动法》关于工时的规定，强迫劳动者延长工作时间或者每日延长工作时间超过 3 小时或者每月延长工作时间超过 36 小时的，由劳动行政部门给予警告、责令改正，并可按每名劳动者每超过工作时间 1 小时罚款 100 元以下的标准处罚。按照上述的规定，履行劳动合同期间，用人单位以暴力、威胁或者非法限制劳动者人身自由的手段强迫劳动者劳动；侮辱、体罚、殴打、非法搜查和拘禁劳动者的；由公安机关对直接责任人处以 15 日以下的拘留、罚款和警告；符合《刑法》第 224 条的规定，构成强迫职工劳动罪的，对直接负责人处以 3 年以下有期徒刑、并处或者单处罚金。

劳动部《违反〈劳动法〉行政处罚办法》的规定，用人单位未向劳动者提供必要劳动防护用品和劳动保护设施或者未对从事有职业危害作业的劳动者定期检查身体的，劳动行政部门应责令改正，并处以 5000 元以下的罚款。用人单位劳动安全设施和劳动卫生条件不符合国家规定的，应责令改正；逾期不改正的，可以处以 5 万元以下的罚款。

十一、用人单位的其他违法行为

（一）个人承包经营违法招用劳动者

《劳动合同法》第 94 条规定，个人承包经营违反本法规定招用劳动者，给劳动者造成损害的，发包的组织与个人承包经营者承担连带赔偿责任。

（二）劳务派遣单位和用工单位违法招用劳动者

第一，劳务派遣单位违法招用劳动者。《劳动合同法》第 92 条规定，违反本法规定，未经许可，擅自经营劳务派遣业务的，由劳动行政部门责令停止违法行为，没收违法所得，并处违法所得 1 倍以上 5 倍以下的罚款；没有违法所得的，可以处 5 万元以下的罚款。劳务派遣单位、用工单位违反本法有关劳务派遣规定的，由劳动行政部门责令限期改正；逾期不改正的，以每人 5000 元以上 1 万元以下的标准处以罚款，对劳务派遣单位，吊销其劳务派遣业务经营许可证。用工单位给被派遣劳动者造成损害的，劳务派遣单位与用人单位承担连带赔偿责任。

第二，用工单位违法招用劳动者。《劳动合同法实施条例》第35条规定，用工单位违反劳动合同法和本条例有关劳务派遣规定的，由劳动行政部门和其他主管部门责令改正；情节严重的，以每位被派遣劳动者1000元以上5000元以下的标准处以罚款；给被派遣劳动者造成损害的，劳动派遣单位和用工单位承担连带赔偿责任。

（三）不具备合法经营资格的用人单位违法招用劳动者

不具备合法经营资格的用人单位，是指该单位没有按照相关法律的规定获得相应的营业执照，具备相应的经营资格。依据2003年3月1日实施的《无照经营查处取缔办法》第4条的规定，无营业执照经营行为主要包括：应当取得而未依法取得许可证或者其他批准文件和营业执照，擅自从事经营活动的无照经营行为；无须取得许可证或者其他批准文件即可取得营业执照而未依法取得营业执照，擅自从事经营活动的无照经营行为；已经依法取得许可证或者其他批准文件，但未依法取得营业执照，擅自从事经营活动的无照经营行为；已经办理注销登记或者被吊销营业执照，以及营业执照有效期届满后未按照规定重新办理登记手续，擅自继续从事经营活动的无照经营行为；超出核准登记的经营范围、擅自从事应当取得许可证或者其他批准文件方可从事的经营活动的违法经营行为。

《劳动合同法》第93条规定，对不具备合法经营资格的用人单位的违法犯罪行为，依法追究法律责任；劳动者已经付出劳动的，该单位或者其出资人应当依照本法有关规定向劳动者支付劳动报酬、经济补偿、赔偿金；给劳动者造成损害的，应当承担赔偿责任。

（四）用人单位未建立职工名册

《劳动合同法实施条例》第33条规定，用人单位违反劳动合同法有关建立职工名册的规定，由劳动行政部门责令限期改正；逾期不改正的，由劳动行政部门处2000元以上2万元以下的罚款。

第三节 劳动者违反劳动合同法的法律责任

【案例11-7】

劳动者违法解除劳动合同[①]

某公司主要从事广告制作、室内外装饰、承办国内外展览等业务，刘某应聘到该

[①] 童卫东：《〈中华人民共和国劳动合同法〉解读与案例》，人民出版社2013年版，第315页。

公司支持市场部工作,并签订了为期4年的劳动合同。公司为其配置了通讯设备,出资送其参加汽车驾驶培训,并提供汽车一辆供其使用。1年后公司送刘某到国外培训了3个月,当时签订了服务期协议。该协议规定:由公司出资培训刘某,培训期满后,刘某在2年内不得辞职,提出辞职必须得到公司的批准,否则公司要求刘某偿付培训费。刘某回国后仅为公司服务了1年,即辞职到另一家公司担任副总经理职务。公司多次与刘某通过多种途径接触,但刘某始终回避违约责任问题,交接工作也未积极配合,造成公司多种业务工作陷入混乱。针对刘某的行为,公司做出决定,撤销刘某部门经理职务,要求其赔偿损失,退还公司为其配置的通讯设备、汽车,并办理工作交接手续,另外赔偿培训费。刘某接到上述决定后,仍不办理交接手续也不承担赔偿责任。公司遂向劳动争议仲裁委员会申请仲裁。

公司应根据刘某已经服务的时间,要求刘某承担余下服务期分摊的培训费用。刘某应赔偿违约金5万元,劳动者单方解除劳动合同,应以书面形式提前30日通知用人单位。《劳动合同法》第90条规定,劳动者违反本法规定解除劳动合同,给用人单位造成损失的,应当承担赔偿责任。劳动合同解除后,劳动者应办理工作交接的手续,否则,应承担不利的后果。

【案例11-8】

用人单位招用尚未解除劳动合同的劳动者①

2005年8月20日,刘某与某机械研究所签订了含有竞业禁止等条款的5年劳动合同。由于机械所与某精工科技公司业务关联密切,刘某的研发能力受到精工科技公司的赏识。精工科技公司提出,如果刘某离职到精工科技公司工作,将给刘某丰厚待遇。2006年5月20日,刘某在未提出与机械所解除劳动合同的情况下,在离职后1个月后,就到精工科技公司工作。机械所在2006年7月20日向某劳动争议仲裁委员会申诉,把刘某和精工科技公司作为共同被诉人,请求赔偿机械所经济损失20万元。劳动争议仲裁委员会审理后认为,精工科技公司与刘某签订的劳动合同无效;精工科技公司聘用尚未解除劳动合同的刘某,其对机械研究所造成10万元的损失承担连带赔偿责任。

【案例11-9】

劳动者违法解除劳动合同案②

陈某在2009年到重庆某房地产有限公司上班。2009年7月29日,某公司制作了

---

① 黎建飞:《〈中华人民共和国劳动合同法〉最新完全释义》,中国人民大学出版社2008年版,第269页。
② 王林清、杨心忠:《劳动合同纠纷裁判精要与规则适用》,北京大学出版社2014年版,第344页。

《考勤管理制度》，载明：旷工达3天以上作自动离职处理。2009年10月1日，某公司颁布的《重庆某房地产有限公司员工手册》载明：员工请事假应事先以书面形式向部门主管申请，经部门主管批准予以生效；如未办任何手续或者请假未经同意而缺勤者，一律作旷工处理；员工连续旷工3天，或者1年内累计旷工7天的，公司有权解除合同。陈某《2010年1月工资表》载明：应出勤26天、实出勤13.5天。2010年2月初起，陈某就没有在公司上班，也未履行请假手续。

2010年12月30日，陈某以公司没有依法为其缴纳社会保险为由，申请仲裁，请求再次解除双方之间的劳动合同关系并要求公司支付经济补偿金。

一审法院经审理认为，陈某在2010年2月初起即没有在公司上班，亦没有证据证明其向公司请假并经公司同意，所以，应当认定自2010年2月初起陈某的诉讼请求不予支持。

一审法院判决：驳回陈某的诉讼请求。

陈某不服一审判决，提起上诉。

二审法院经审理认为，陈某从2010年2月初起就没有到公司上班，亦没有举示相应证据证明其离职是依据《劳动合同法》第38条的规定，要求与公司解除劳动合同。因此，陈某的离职行为应视为其因个人原因单方解除与公司的劳动合同。时隔8个月后，陈某又以公司没有为其缴纳社会保险为由申请仲裁，请求再次解除双方之间的劳动合同关系并要求公司支付经济补偿金，没有事实基础和法律依据。

二审法院判决：驳回上诉，维持原判。

一、劳动者违反劳动合同法的法律责任的特征

第一，承担法律责任的前提是劳动者有过错。即劳动者主观上有过错，并实施了违反劳动合同法规定的行为。

第二，责任的性质是约定责任。劳动者承担的法律责任主要是通过劳动合同、集体合同的约定，没有约定，没有法律的明确规定，劳动者不承担法律责任。

二、劳动者违反劳动合同法的法律责任

《劳动合同法》第90条规定，劳动者违反本法规定解除劳动合同，或者违反劳动合同中约定的保密义务或者竞业限制，给用人单位造成损失的，应当承担赔偿责任。

（一）劳动者违法解除劳动合同的法律责任

劳动者违法解除劳动合同的法律责任体现在：第一，不符合解除劳动合同条件

的，用人单位要求劳动者继续履行劳动合同的，劳动者应当继续履行劳动合同。第二，符合劳动合同解除条件的，但是不符合解除程序的，应当补办手续。第三，劳动者违法解除劳动合同，给用人单位造成损失的，应承担赔偿责任。

（二）劳动者违反保密义务的法律责任

劳动者违反保密义务的法律责任为：第一，责令停止。对劳动者违反约定保密义务的行为，用人单位应当责令其停止。第二，承担赔偿责任。劳动者违反约定保密义务的行为，给用人单位造成经济损失的，应当依照《反不正当竞争法》第20条规定给予赔偿，损失难以计算的，赔偿额是侵权人在侵权期间所获得的利润；并应承担被侵害人因调查侵权人侵犯其合法权益的不正当行为所支付的合理费用。第三，承担刑事责任。如果劳动者违反约定的保密义务造成用人单位重大损失或者特别严重的后果，构成侵犯商业秘密罪的，应按照《刑法》第219条的规定追究刑事责任。

（三）劳动者违反竞业禁止义务的法律责任

劳动者违反竞业禁止的法律责任为：第一，支付违约金。劳动者违反与用人单位之间的竞业禁止义务的，应当按照约定向用人单位支付违约金。第二，承担赔偿责任。劳动者违反与用人单位之间的竞业禁止义务，给用人单位造成损失的，应当承担赔偿责任。

（四）劳动者违反约定培训后工作期限条款的法律责任

在确定劳动者培训费的赔偿责任时，需要注意的是：

第一，劳动者赔偿培训费时，应以劳动合同中有关培训费赔偿的约定为前提，没有约定的，用人单位不能要求支付赔偿。

第二，劳动者支付赔偿费，是在用人单位本身无过错的前提下。如果劳动者是由于用人单位有过错导致的即时辞职，其就不应承担赔偿责任。

第三，劳动者承担的赔偿费的范围仅限于用人单位为该劳动者所投入的培训费用。生产费用与工资福利等待遇不属于赔偿的范围；此外，劳动者在培训结束后，工作一定期限再辞职的，应当按照其已工作的期限在约定工作期限内所占比例相应的减少赔偿额，即劳动者仅须就约定的剩余工作期限支付赔偿费。

（五）劳动者违反劳动纪律的法律责任

劳动者在劳动过程中。违反劳动合同中约定的劳动纪律条款，用人单位可给予其处分，包括：警告、记过、记大过、降级、撤职、留用察看、开除或者除名、辞退。同时，还可处以罚款、降低工资、停发工资、扣发工资等处罚，给用人单位造成经济损失的，还应赔偿经济损失。劳动者违反劳动纪律，情节严重，构成犯罪的，应依法追究刑事责任。

（六）在职劳动者与新用人单位签订劳动合同的法律责任

《劳动合同法》第91条规定，用人单位招用与其他用人单位尚未解除或者终止劳动合同的劳动者，给其他用人单位造成损失的，应当承担连带赔偿责任。

第四节　劳动行政部门的法律责任

《劳动合同法》第76条规定，县级以上人民政府建设、卫生、安全生产监督管理等有关主管部门在各自职责范围内，对用人单位执行劳动合同制度的情况进行监督管理。

《劳动法》第103条规定，劳动行政部门或者有关部门的工作人员滥用职权、玩忽职守、徇私舞弊，构成犯罪的，依法追究刑事责任；不构成犯罪的，应当依法承担赔偿责任。第104条规定，国家工作人员和社会保险基金经办机构的工作人员挪用社会保险基金，构成犯罪的，依法追究刑事责任。

《劳动合同法》第95条规定，劳动行政部门和其他有关主管部门及其工作人员玩忽职守、不履行法定职责，或者违法行使职权，给劳动者或者用人单位造成损害的，应当承担赔偿责任；对直接负责的主管人员和其他直接责任人员，依法给予行政处分；构成犯罪的，依法追究刑事责任。

一、劳动行政部门和其他主管部门及其工作人员违法行为的认定

《劳动法》第9条规定，国务院劳动行政部门主管全国劳动工作。县级以上地方人民政府劳动行政部门主管本行政区域内的劳动工作。《劳动合同法》第73条规定，国务院劳动行政部门负责全国劳动合同制度实施的监督管理。县级以上地方人民政府劳动行政部门负责本行政区域内劳动合同制度实施的监督管理。县级以上各级人民政府劳动行政部门在劳动合同制度实施的监督管理工作中，应当听取工会、企业方面代表及有关行业主管部门的意见。依据国务院1998年关于《劳动和社会保障部职能设置、内设机构和人员编制规定的通知》的规定，劳动和社会保障部是主管劳动和社会保障事务的国务院组成部门，是执法主体，负有贯彻实施劳动法律的职责。"其他有关主管部门"，是指公安部门、工商行政管理部门、卫生行政部门以及安全生产监督管理部门。

《劳动合同法》第95条规定，劳动行政部门和其他有关主管部门及其工作人员玩忽职守、不履行法定职责，或者违法行使职权，给劳动者或者用人单位造成损害的，应当承担赔偿责任；对直接负责的主管人员和其他直接责任人员，依法给予行政处分；构成犯罪的，依法追究刑事责任。

（一）玩忽职守、不履行法定职责

在实际中，具体表现为：

第一，明确拒绝履行，行政机关及其工作人员明确否认其对该事项具有处理权或者管辖权，明确拒绝采取相应的行政行为；

第二，无正当理由超过法定的期限仍不履行；

第三，行政机关超越职权实施行为，违法行使自己职权范围内的权力。

（二）违法行使职权

违法行使职权主要指劳动行政部门和其他主管部门及其工作人员超越法律的规定或者无法律依据而行使权力的违法行为。

二、劳动行政部门和其他主管部门及其工作人员违法行政应当承担的法律责任

劳动行政部门和其他主管部门及其工作人员违法行政应当承担的法律责任包括：国家赔偿责任、行政责任、刑事责任。

（一）国家赔偿责任

劳动行政部门和其他主管部门及其工作人员行使违法行为，给劳动者或者用人单位造成损失的，应承担赔偿责任。依据《国家赔偿法》第2条规定，国家机关及其工作人员行使行政职权，侵犯公民、法人和其他组织的合法权益造成损害的，受害人有获得国家赔偿的权利。

（二）行政责任

劳动行政部门和其他主管部门及其工作人员行使违法行为尚未构成犯罪的，对直接负责的主管人员及其责任人员应依法给予行政处分。

（三）刑事责任

劳动行政部门和其他主管部门及其工作人员行使违法行为，构成犯罪的，依法追

究刑事责任。《刑法》第397条规定了国家机关工作人员玩忽职守罪[①]、滥用职权罪[②]。

【理论链接】

劳动行政部门责令用人单位承担民事责任的性质[③]

（一）行政处罚说

该说认为它就是一种行政处罚，至于处罚种类，各学者还有不同看法。有的学者认为，它是救济罚。对于权利受损害者来说，救济罚是救济措施，对违法者却是惩罚措施。有的认为它是申诫罚。应当说，"赔偿、恢复原状、停止侵害等属于权利救济的手段，本身不具有惩戒性，不承认这一点就会混淆赔偿等救济措施与处罚手段之间的界限。"

（二）行政制裁说

该说认为，它并不是一种处罚，但却是一种行政制裁，"这类行政制裁措施，我们认为主要包括下列具体形式：责令改正违法行为、履行法定义务、责令恢复原状、责令赔偿损失等，其主要理由是这类制裁不具有直接惩罚的目的，而具有补偿性，依据民法规则即可使这些律责任得以解决，这些法律责任既是行政法律责任，而更多地属民事责任的性质，它只是通过行政行为手段而使责任得以实现，从而具有行政制裁性质。"

（三）行政法律责任说

该说认为，"以恢复原状和等价赔偿为内容的'责令行为'，实际上就是以民事责任为内容的行政处理，它是行政法律责任的一种。但不具有行政制裁的性质，不属于行政处罚。当然，它也不是民事法律责任。因为，这些责令恢复原状或赔偿的行为，就是行政机关凭借其行政职权责令相对人承担民事责任，或者说是借行政之拘束力实现民事责任的内容。在这种情形下，民事责任成为了该行政处理行为的内容，而我们不能根据这点民事内容就认定其行为的性质是民事责任。"

"行政主体责令承担民事责任"最为符合行政裁决的特征。关于行政裁决，目前我国学者已基本达成共识，即认为行政裁决是指行政主体依照法律授权，以中间人的身份对平等主体之间发生的、与行政管理活动密切相关的、特定的民事纠纷进行审查

[①] 玩忽职守罪，是指国家机关工作人员严重不负责任，不履行或者不正确履行自己的工作职责，致使公共财产、国家和人民利益受到重大损失的行为。

[②] 滥用职权罪，是指国家机关工作人员行使职权违反法律规定或者超越职权，或者故意违法处理事务，致使公共财产、国家和人民利益受到重大损失的行为。

[③] 胡建淼、吴恩玉：《行政主体责令承担民事责任的法律性质》，载《中国法学》2009年第1期，第78～81页。

并作出裁决的具体行政行为。

【思考题】

1. 试述违反《劳动合同法》的法律责任的概念与特征。
2. 试述用人单位违反《劳动合同法》的法律责任。
3. 试述劳动者违反《劳动合同法》的法律责任。

【案例分析题】

1. 2001年5月,某建筑工程有限公司与常某等50名农民工签订了劳动合同,承建木工工程。2001年6月10日,常某等人进入该公司承建的建筑工地进行施工。11月20日,某建筑工程有限公司项目经理刘某出具了有关材料,确认了完成的施工任务,经核算,刘某应支付常某等人工资共计5万元。常某虽经多次催要,刘某仍借故推托,甚至避而不见。

问:农民工应如何维护自己的合法权益?本案应如何处理?

2. 易某是某工程队的起重工。2001年5月16日,工程队承建某居民生活小区内的桥梁工程,易某被派前往吊装水泥桥面板,因施工场地狭窄,把桥面从载重车上吊到施工现场要跨过一条正在施工的道路,易某向现场负责人提出,把正在路面上铺设水泥的工人暂时撤离现场才能调运,负责人不予理会,命令易某继续作业。易某认为这样存在很大的安全隐患,可能发生事故,于是坚持要求路面施工工人离开,否则不干,现场负责人很是恼火,打电话给工程队队长,另派了一名起重司机,同时决定以"不服从正常工作安排"为由,扣发易某当天工资和当月奖金,易某不服,向劳动争议仲裁委员会申请仲裁。

问:工程队施工有无违法之处?本案应如何处理?

3. 2000年1月3日,陈某到北京某信息科技有限公司工作,任财务经理,并与信息公司签订了为期1年的劳动合同,月工资4000元。同年10月,信息公司与北京某网络技术有限公司业务合并,两公司一起办公,但是其法人资格仍然存在。2001年1月3日,信息公司通知陈某不再续签劳动合同,并经协商,同意陈某工作至同年2月9日。2月9日,网络公司负责人曾书面以"加班确认说明"的形式确认陈某在信息公司期间曾加班46天、实际休假6天。陈某与信息公司的劳动合同终止后,要求该公司支付其加班工资,遭其拒绝。2月19日,陈某诉至市劳动争议仲裁委员会,请求市劳动争议仲裁委员会裁决信息公司支付其46天的加班工资3100元人民币。

问:劳动争议仲裁委员会应如何处理本案?

4. 陈某在高中毕业后由于没有考上大学,就进城到一家木材加工厂打工,陈某由于没有技术,但是身强力壮,就在厂内干起了搬运工。由于搬运工需要整天与原木打交道，有一定的危险。企业老板为了避免风险，减少劳动中劳动者伤害赔偿的支出，在签订劳动合同时，都特别加了一条，伤害由工人自己负责，"工伤概不负责"，厂方每月每人多支付 50 元作医药包干费，其他概不负责。

1 年后，尽管在劳动中非常注意劳动安全，陈某还是被原木砸伤了脚，花去了医疗费 5000 多元。因为厂方没有为其支付工伤保险费，依据劳动合同的约定，这笔费用只能由陈某自己负担。在陈某与厂方交涉无果后，陈某向人民法院提起了诉讼。

问：法院应如何处理本案？

5. 1997 年，吕某在中专毕业后，就进入上海市某修理公司担任修车工。2008 年 2 月，吕某与公司签订了无固定期限的劳动合同。随后，由于金融风暴的影响，公司的盈利状况开始下滑。2008 年 5 月 4 日，公司领导找吕某谈话，以吕某学历不高，文化水平过低，同时身体素质不好，不能承担公司强体力维修汽车的工作，因此与吕某解除劳动合同，为了表示对吕某的关心，公司多发吕某 1 个月的工资 3000 元。吕某不服，向劳动争议仲裁委员会申请仲裁。

问：本案劳动争议仲裁委员会应如何处理？

参 考 文 献

[1] 王林清、杨心忠：《劳动合同纠纷裁判精要与规则适用》，北京大学出版社 2014 年版。

[2] 陈卫佐：《德国民法典》，法律出版社 2004 年版。

[3] 孙瑞玺：《劳动合同法原理精要与实务指南》，人民法院出版社 2008 年版。

[4] 黄越钦：《劳动法新论》，中国政法大学出版社 2003 年版。

[5] 林嘉：《劳动法和社会保障法》，中国人民大学出版社 2014 年版。

[6] 王全兴：《劳动法学》，高等教育出版社 2004 年版。

[7] 苏号朋：《劳动合同法案例评析》，对外经济贸易大学出版社 2008 年版。

[8] 张俊浩：《民法学》，中国政法大学出版社 1998 年版。

[9] 张华贵：《劳动合同法：理论与案例》，清华大学出版社、北京交通大学出版社 2011 年版。

[10] 谢增毅：《劳动法的比较与反思》，社会科学文献出版社 2011 年版。

[11] 董保华：《劳动合同研究》，中国劳动社会保障出版社 2005 年版。

[12] 邹杨、荣振华：《劳动合同法理论与实务》，东北财经大学出版社 2012 年版。

[13] 林嘉：《劳动法和社会保障法》，中国人民大学出版社 2012 年版。

[14] 劳动和社会保障部组织编写：《中华人民共和国劳动合同法讲座》，中国劳动社会保障出版社 2007 年版。

[15] 李国光：《劳动合同法教程》，人民法院出版社 2007 年版。

[16] 王伟杰：《劳动合同法原理与应用》，中国人民大学出版社 2009 年版。

[17] 黎建飞：《〈中华人民共和国劳动合同法〉最新完全释义》，中国人民大学出版社 2008 年版。

[18] 林嘉：《劳动合同法条文评注与适用》，中国人民大学出版社 2007 年版。

[19] 王少波：《劳动关系热点问题研究》，知识产权出版社 2012 年版。

[20] 喻术红：《劳动合同法专论》，武汉大学出版社 2009 年版。

[21] 黄乐平：《劳动合同法疑难案例解析》，法律出版社 2007 年版。

[22] 最高人民法院中国应用法学研究所编：《人民法院案例选（民事卷下册）》，中国法制出版社 2003 年版。

［23］王全兴：《劳动法学》，高等教育出版社 2008 年版。

［24］董保华：《劳动关系调整的社会化与国际化》，上海交通大学出版社 2006 年版。

［25］程延园：《劳动关系》，中国人民大学出版社 2002 年版。

［26］苏号朋：《格式合同条款研究》，中国人民大学出版社 2004 年版。

［27］童卫东：《〈中华人民共和国劳动合同法〉解读与案例》，人民出版社 2013 年版。

［28］《中华人民共和国劳动合同法适用与实例》，法律出版社 2013 年版。

［29］黎建飞：《劳动法案例分析》，中国人民大学出版社 2007 年版。

［30］徐智华：《劳动合同法研究》，北京大学出版社 2011 年版。

［31］［德］W. 杜茨著，张国文译：《劳动法》，法律出版社 2005 年版。

［32］黄松有：《劳动争议司法结束案例释解》，人民法院出版社 2006 年版。

［33］常凯：《论个别劳动关系的法律特征——兼及劳动关系法律调整的趋向》，载《经济法学、劳动法学》2004 年第 9 期。

［34］林嘉：《劳动合同若干法律问题研究》，载《法学家》2003 年第 6 期。

［35］梁慧星：《合同法的成功与不足（下）》，载《中外法学》2000 年第 1 期。

［36］潘志江：《解除高级管理人员职务的法律适用〈劳动合同法〉第 35 条与〈公司法〉第 147 条之冲突与解决》，载《中国劳动》2008 年第 8 期。

［37］李哲：《公司高级管理人员雇主地位问题之探讨》，载《兰州学刊》2007 年第 12 期。

［38］徐妍：《事实劳动关系基本问题探析》，载《当代法学》2003 年第 3 期。

［39］董保华：《公司并购中的新话题——劳动合同的承继》，载《中国人力资源开发》2007 年第 9 期。

［40］史探径：《中国工会的历史、现状及有关问题探讨》，载《环球法律评论》2002 年第 2 期。

［41］刘志鹏：《民法债编修正对劳动契约关系之影响》，载《法律月刊》2000 年第 10 期。

［42］杨继春：《企业规章制度的性质与劳动者违纪惩处》，载《法学杂志》2003 年第 5 期。

［43］胡立峰：《劳动规章制度与劳动合同之效力冲突》，载《法学》2008 年第 11 期。

［44］陶建国：《德国集体合同制度及其纠纷解决机制》，载《中国劳动关系学院学报》2009 年第 23 卷第 3 期。

［45］黄程贯：《德国劳工派遣关系之法律结构》，载《政大法学评论》1998 年

第 6 期。

[46] 王全兴、侯玲玲:《劳动关系双层运行的法律思考——以我国的劳动派遣实践为例》,载《中国劳动》2000 年第 4 期。

[47] 董保华:《劳务派遣的法学思考》,载《中国劳动》2005 年第 6 期。

[48] 追田章子:《就业分享的途径——小时工劳动论》,载《社会学研究》2000 年第 4 期。

[49] 姚琳、马勇:《非全日制就业透析》,载《四川教育学院学报》2004 年第 1 期。

[50] 林海权:《双重劳动法律问题研究》,载《中国劳动关系学院学报》2007 年第 1 期。

[51] 问清泓、何飞:《非全日制用工中的多重劳动关系》,载《当地经济》2011 年第 8 期。

[52] 胡建淼、吴恩玉:《行政主体责令承担民事责任的法律性质》,载《中国法学》2009 年第 1 期。

[53] 鄢文宏:《我国用人单位规章制度的规定及对我国的借鉴》,载《法制与社会》2009 年第 22 期。

[54] 《2008 年新劳动法全文解读》,安徽省住房和城乡建设厅网站,http://www.ahjst.gov.cn/ahjst/infodetail/? infoid＝830160ac－889c－4dbf－a5cc－b6295b4c2c0e&categorynum＝003005。

[55] 中国劳动与社会保障法律网案例解析,www.cnlsslaw.com,2017－1－2。

[56] 北大法益网,http://www.lawyee.net/Case/Case－Hot－Display.asp? RID＝118153,2008－6－25。

[57] 东营市中级人民法院网。